Z. 987

PETITS TRAITEZ
EN FORME DE
LETTRES
ESCRITES A
DIVERSES PERSONNES
STVDIEVSES.

A PARIS,
Chez AVGVSTIN COVRBE', Au Palais,
dans la petite Salle des Merciers, à la Palme.

M. DC. XLVIII.
AVEC PRIVILEGE DV ROY.

A
MONSEIGNEVR
MOLE
PREMIER
PRESIDENT
DV PARLEMENT.

MONSEIGNEVR,
Il y a long-temps que ie
me sens vostre redeuable, du

a ij

EPISTRE.

fauorable jugement qu'il vous a pleu faire de quelques petits ouurages que j'ay defia donnez au public. Ie ferois trop mefconnoiffant, fi au deffaut de tout autre moyen ie ne vous tefmoignois mon reffentiment plein de zele à voftre feruice, en vous offrant cette derniere compofition. Ce n'eft pas que j'ignore qu'au lieu de m'acquitter, ie multiplie de beaucoup ma debte, fi vous me faites l'honneur de receuoir ces Lettres de bon œil, me permettant de les au-

EPISTRE.

thoriser de vostre nom. Mais pour n'estre pas trop injurieux à mon propre trauail, permettez-moy de vous dire qu'encore que ce genre d'escrire ne soit pas le plus consideré parmy les Rheteurs, si j'auois réüsci au dessein dont ie m'explique d'abord par ma premiere lettre, ie ne croirois pas vous faire vn present indigne de vostre accueil, ny de vostre attention. Epicure eut la hardiesse d'escrire à Idomenée, que les siennes contribueroient plus à sa gloire,

EPISTRE.

& à l'immortalité de son nom, que ny sa haulte naissance ny toute sa Politique. Celles de Ciceron à Atticus l'ont rendu plus celebre, que l'amitié d'Auguste, ny l'alliance des Cesars. Seneque promet franchement le mesme auantage à Lucilius quand il luy escrit. Et s'il est permis de mesler le sacré auec le prophane, comme cela se fait souuent sans crime, ne pouuons-nous pas dire que les deux Epistres de Sainct Paul à Timothée, sont seules cause qu'il nous

EPISTRE.

reste quelque connoissance de luy? Ie suis bien esloigné, MONSEIGNEVR, de vouloir tirer aucunes lignes paralleles de ces grands hommes à moy. Ie respecte leur merite extraordinaire, & ma conscience me fait reconnoistre ma foiblesse. Mon intention n'est autre que de recommander en general, ce que ie sçay bien qui peut reüscir tout autrement dans l'espece. Si j'osois neantmoins me promettre que mes veilles, telles qu'elles sont, peussent estre

EPISTRE.
de quelque consideration à la Posterité, ie receurois par auance vne merueilleuse satisfaction, qu'elle y deuſt voir marquée l'estime & la veneration que j'ay euë pour vne Vertu telle que la voſtre. Iamais Souuerain Magiſtrat ne remplit sa place auec tant de dignité, de suffisance, & d'integrité, par des temps orageux comme sont ceux dont vous surmontez, autant qu'il est possible, toutes les difficultez. Vous auez joint la solide pru-

d'hommie

EPISTRE.

d'hommie à la plus haulte capacité. Et l'on ne sçauroit mieux comprendre la verité de cét aphorisme moral, qui porte que la Iustice contient en soy toutes les autres vertus, qu'en contemplant vostre vie, que leur vnion esclatante rend vne des plus illustres de ce siecle. Il y a long-temps qu'elle m'a imprimé dans l'esprit le respect que ie luy porte, puis qu'elle m'esbloüit de ses premiers rayons dans la fonction, où

EPISTRE.

ie vous voyois tous les jours, d'vne tres-grande & tres-importante Charge, quoy qu'inferieure à celle que vous exerçez. I'ay toufiours nourry depuis dans mon ame ce mefme refpect, joint à vne fecrette inclination qui me fait fouhaitter, qu'auec autant de vigueur & de parfaicte fanté que la Nature en peut donner, nous voyons vos jours prolongez, pour le bien de cét Eftat, jufques au plus hault terme ou

EPISTRE.

peut arriuer noſtre humanité. C'eſt

MONSEIGNEVR,

Voſtre tres-humble,& tres-obeïſſant ſeruiteur.
DE LA MOTHE LE VAYER.

TABLE
DE TOVTES LES LETTRES.

LETTRE I. Du sujet de ces Lettres, p. 1.
Lettre II. De la Prudence, p. 11.
Lettre III. Des Bagues & Anneaux, p. 20.
Lettre IV. Des Odeurs, p. 40.
Lettre V. De la Pudeur, p. 49.
Lettre VI. De l'Utilité des Voyages, p. 62.
Lettre VII. De l'inutilité des Voyages, p. 76.
Lettre VIII. De l'Ennuie, p. 87.
Lettre IX. De la Peinture, p. 97.
Lettre X. De l'instruction des Enfans, p. 123.
Lettre XI. Des Promesses, p. 132.
Lettre XII. Des bonnes & des mauuaises compagnies, p. 140.
Lettre XIII. Du moyen de dresser vne Bi-
è

TABLE.

bliotheque d'vne centaine de liures seulement, p. 149.
Lettre XIV. De l'Amour, p. 164.
Lettre XV. De la Beauté, p. 171.
Lettre XVI. De la Curiosité, p. 180.
Lettre XVII. Des Festins & des Parasites, p. 189.
Lettre XVIII. Des Epithetes, p. 199.
Lettre IX. De l'insolence des Riches, p. 210.
Lettre XX. Du Froid. p. 224.
Lettre XXI. Des Jaloux, p. 233.
Lettre XXII. De la Faueur des Juges, p. 240.
Lettre XXIII. Des Pompes Funebres, p. 250.
Lettre XXIV. De l'Esperance, p. 272.
Lettre XXV. De la Deuotion, p. 279.
Lettre XXVI. De ceux qui ont pris de faux noms, p. 288.
Lettre XXVII. De la Liberalité, & de ce qui luy est contraire, p. 300.
Lettre XXVIII. Des Courses, p. 311.
Lettre XXIX. Du Temps & de l'Occasion, p. 324.

TABLE.

Lettre XXX. Des Victoires, p. 333.
Lettre XXXI. De la Cholere, p. 346.
Lettre XXXII. De la Nouueauté, p. 357.
Lettre XXXIII. Des Noms, p. 365.
Lettre XXXIV. Des Langues, p. 380.
Lettre XXXV. Du Larcin secret, p. 390.
Lettre XXXVI. Contre le Larcin, p. 397.
Lettre XXXVII. Des Ruses de Guerre, p. 404.
Lettre XXXVIII. Des Procez & de l'inobseruation des Loix, p. 422.
Lettre XXXIX. De la Flatterie & de la Correction. p. 434.
Lettre XL. Des Characteres Magiques. p. 442.
Lettre XLI. Des Cheuaux, p. 452.
Lettre XLII. Des Supplices. p. 472.
Lettre XLIII. Des Bastards, p. 482.
Lettre XLIV. Des Mathematiques, p. 493.
Lettre XLV. Des Nopces, p. 501.
Lettre XLVI. De la Memoire, p. 514.
Lettre XLVII. Des Magistrats, p. 526.
Lettre XLVIII. Des Remedes, p. 535.
Lettre XLIX. Du Destin, p. 546.
Lettre L. De l'Agriculture, p. 564.

TABLE.

Lettre LI. *Des Baſtimens,* p. 577.
Lettre LII. *Des Poiſons,* p. 598.
Lettre LIII. *Du Commendement Souuerain,* p. 610.
Lettre LIV. *Des Animaux,* p. 626.
Lettre LV. *De l'Examen de conſcience des Pythagoriciens,* p. 645.
Lettre LVI. *Des Brindes,* p. 662.
Lettre LVII. *Des nouuelles Remarques ſur la Langue Françoiſe,* p. 675.
Lettre LVIII. *Sur le meſme ſujet,* p. 693.
Lettre LIX. *Sur le meſme ſujet,* p. 715.
Lettre LX. *& derniere. Sur le meſme ſujet,* p. 740.

PETITS TRAITEZ
EN FORME DE
LETTRES,
ESCRITES A DIVERSES PERSONNES STVDIEVSES.

DV SVIET DE CES
Lettres.

LETTRE I.

ONSIEVR,
Vous verrez bien par les Lettres que ie vous adresse, que j'ay beaucoup d'heures

de ma vie à perdre, puisque j'en donne tant à des pensées si creuses & de si peu d'vtilité. Que voulez-vous c'est le propre des Muses de nous amuser inutilement, & nos peres qui opposoient le vieux mot *musart* à celuy de guerrier, ont assez tesmoigné qu'ils tenoient les hommes d'estude pour fort mal propres à l'action, sur tout dans vn temps martial comme le nostre. Si est-ce que le mestier des neuf Sœurs & celuy de Bellone ont cela de commun, qu'ils font mourir esgalement, puisque la contemplation est vne certaine separation des deux parties qui nous composent, & que les Hebreux, aussi bien que les Academiciens, l'ont si proprement nommée vne mort precieuse. Tant y a que Iupiter, auec tous les honneurs & toutes les richesses qu'il distribuë, n'a jamais pû venir à bout de mon Saturne; ny l'auantage de ce qu'on nomme aujourd'huy employ, préualoir dans mon esprit sur les douceurs de mes infructueuses resveries. Mais il faut que ie vous rende quelque raison de ce qui m'a

OV LETTRES.

porté à vous faire voir des Lettres de si peu de prix, apres tant d'autres excellentes dont nostre langue se trouue enrichie, & qui difficilement peuuent estre esgalées, soit pour la politesse du style, soit pour beaucoup d'ingenieuses pensées qui les releuent. Que sçauroit-on voir dans le Politique de plus considerable que celles du Cardinal d'Ossat? N'en vient-on pas d'imprimer d'autres qui portent l'ame doucement iusques au Ciel par des mouuemens merueilleux de pieté? Et si ie ne m'esloignois expressement, à l'esgard des Escriuains qui viuent encore, de tout ce qui peut auoir quelque air de flaterie, ne vous pourrois-ie pas nommer icy deux ou trois Autheurs de Lettres, qui ont excellé chacun dans le genre d'expression qui luy est propre? Trouuez-bon neanmoins que ie vous dise qu'aucun que ie sçache n'a encore tenté d'en donner de Françoises à l'imitation de celles de Seneque, puisque ce seroit estre trop temeraire de pretendre à la ressemblance. Vous sçauez comme il est impossible de lire la

A ij

moins considerable des siennes, sans que la volonté soit esmeuë, & l'entendement illuminé. Il paraphrase de telle sorte les paroles, & souuent les pensées de tant de Philosophes, de Poetes, & d'Orateurs, Grecs & Latins, qui l'ont precedé, qu'vn quart d'heure de sa lecture vous fournit dequoy mediter trois iours de suitte, & vous comble l'esprit de notions dont l'vsage n'est pas de moindre durée que la vie. Auoüez que les Lettres les mieux couchées que nous ayons, & qui flattent le plus doucement l'oreille, n'ont rien de pareil. Elles apprennent à bien parler & à bien escrire, tout ce qu'elles contiennent est plein d'agrément, & l'on y voit des choses si ingenieuses & si bien ajustées, qu'elles causent de l'admiration. Mais le profit qui s'en recueille (ie laisse à part ce qui touche la pieté Chrestienne) n'a garde d'estre comparable à celuy qu'on tire des Epistres de Seneque. Les siennes instruisent par tout, & n'ont presque ligne où vous ne trouuiez pour arrester vostre esprit, & pour charger vtilement vostre

memoire. Vne bonne partie des autres
se contentent de plaire, ne touchent gueres que l'imagination, & souuent apres
auoir passé dessus beaucoup de temps
auec bien de la satisfaction, l'on ne sçauroit pourtant dire ce qu'on y à veu qui
doiue estre retenu pour seruir à l'auenir.
Ie ne pretends pas de vous rendre ces dernieres mesprisables par-là. Tant s'en faut
ie les tiens pour tres-accomplies dans le
genre où elles sont escrites. Mais comme il est fort esloigné du Dictatique, ce
n'est pas merueille que ie donne l'auantage aux premieres en ce qui est d'enseigner
& d'instruire.

Si i'auois donc tant soit peu reussi, dans
le dessein que i'ay eu de suiure, quoy que
de bien loin, vn si grand Maistre que Seneque, ie ne penserois pas auoir peu fait.
Ma bonne volonté doit du moins estre
prise en bonne part. Et ie m'asseure qu'il
n'y à gueres d'hommes d'estude qui ne
me sçachent par fois quelque gré en lisant
la plus legere de mes Lettres, lorsque ie les
feray souuenir de quelque chose assez re-

marquable, si leur profonde érudition ne me permet pas de la leur apprendre. Ie puis parler ainsi sans qu'on me doiue reprocher d'estre vain, parce que les pensées & mesme les paroles de tant d'illustres personnages que ie cite, à l'exemple non seulement de Seneque, mais encore de Ciceron, de Pline, & de Plutarque, me donnent cette hardiesse. Que s'il se trouue des gens si ennemis des citations, qu'ils ne les puissent non plus souffrir icy, que dans vn Roman, ou dans vn Panegyrique, vous me permettrez de les renuoyer à ce que i'ay desia escrit en plus d'vn lieu contr' eux. C'est vn fait estrange qu'ils respectent si peu l'authorité de tant d'excellens Autheurs, & que *tam insolenter parentis artium antiquitatis reuerentiam verberent*, pour parler auec Macrobe. Du moins ne sçauroient-ils nier qu'il ne vaille mieux dire apres d'autres de bonnes choses, qu'escrire des sottises de son cru. Mais quoy, vous ne ferez iamais que le goust des Scarabées, dit Dion Chrysostome sur vn sujet approchant de celui-cy,

1. Saturn. c. 5.

Orat. 32.

s'acommode au miel Attique quelque doux & proffitable qu'il soit. Et il n'y à point d'ouurage studieux, pour bon & vtile qu'il puisse estre, qui plaise à de certains genies ennemis de tout ce qu'ils desesperent de pouuoir imiter. Quand on ne doit rien à personne des materiaux qu'on employe, apres les auoir achettez au prix de ses veilles, il n'y à point de des-honneur à les mettre en œuure de quelque lieu qu'on les ait tirez. Ie puis dire en particulier qu'encore que ie me serue tres-souuent & tres-volontiers de ce que les anciens me peuuent fournir, ie ne le fais gueres sans y adjouter du mien, sans ioindre l'Histoire moderne à l'ancienne, la sainéte à la profane, & celle du nouueau monde à ce que nous sçauons il y à si long-temps du vieil. Ie prens de mesme la licence de faire venir par fois l'Italien ou l'Espagnol, au secours du Grec ou du Latin. Et il faut estre bien injuste pour ne pas reconnoistre, que ie me rends propre assez souuent par l'application d'vn sens nouueau, ce que j'ay emprunté de bonne foy, & fans qu'on me puisse reprocher le crime des Plagiaires.

Il me reste à vous iustifier mon procedé douteux, dont il semble que vous ayez quelque auersion, & qui fait que sans rien déterminer ie balance souuent les raisons contraires, laissant la liberté à chacun de prendre tel parti qu'il lui plaira. L'ancienne Academie iointe à la Sceptique m'ont donné cette suspension d'esprit, & Sainct Paul apres Salomon m'y ont confirmé par leurs declamations contre la vanité des sciences; & par cette sentence de l'Ecclesiastique *in multis esto quasi inscius, & audi tacens simul & quærens*. Ie vous veux communiquer à ce propos l'obseruation que i'ay faite de trois degrez differens de connoissance qui se trouuent parmy les hommes d'estude. Le premier est de ceux qui pour n'auoir pas esté instituez de bonne main, ny dans l'ordre necessaire des disciplines, ne sçauent pas quand ils sçauent autant qu'on peut humainement sçauoir, *nesciunt se scire*, comme Aristote le dit de ceux qui manquent

OV LETTRES.

quent de Logique. Ie mets au second estage tous ces superbes Dogmatiques qui croiét sçauoir en perfection tout ce qu'ils sçauent, qui font profession de ne rien ignorer, & qui souftiennent toutes leurs opinions comme s'il n'y en auoit point de meilleures, *credunt se scire & nesciunt*, certainement ce sont les plus à plaindre de tous. Le troisiesme degré, qui se trouue de beaucoup au dessus des deux autres, est de ceus qui par vne longue estude, & par vne profonde connoissance des choses, sont paruenus iusques au plus haut poinct de la science humaine, dont ils ont reconnu la foiblesse & les doutes, *sciunt se nescire*, ils auoüent là-dessus ingenument leur ignorance, & font profession d'vne Philosophie Sceptique qui n'a rien de ce que l'Apostre condamnoit en celle des seducteurs de son tems. En verité il ne pouuoit nous faire trop de peur de l'orgueilleuse vanité des sciences. Le Diable est vne des plus sçauantes creatures du monde. Et les plus resolutifs Dogmatiques seront tousiours contrains de recon-

B

noiſtre, apres y auoir bien penſé, qu'il n'y à que Dieu ſeul qui ſçache auecque certitude, & qui puiſſe dire *non mutor.* C'eſt tout ce que vous aurez de moy ſur vn ſujet qui m'emporte par fois plus loin que ie ne voudrois. Seneque dit qu'vne lettre ne doit iamais importuner par ſa longueur, *non debet ſiniſtram manum legentis implere.* Si vous en trouuez icy quelques-vnes plus eſtenduës que les autres, au moins m'accorderez-vous qu'il n'y en à point du volume de celles qui peuuent paſſer pour des Liures.

Ep. 45.

Peut-eſtre aurez vous enuie de ſçauoir à qui elles ont eſté eſcrites, apres en auoir reconnu que vous auez autrefois receuës de moy. Ie contenteray voſtre curioſité quand il vous plaira, me permetant cependant de n'engager le nom de perſonne à la deffence d'vn mauuais ouurage. S'il n'a pas dequoy ſe ſouſtenir de luy-meſme, ie renonce de bon cœur à toute l'approbation qu'il pourroit receuoir d'ailleurs, & i'aime mieux le voir ſans reputation, que de luy en donner par vne artificieuſe cabale,

OV LETTRES.

DE LA PRVDENCE.

LETTRE II.

MONSIEVR,
Pourquoy trouuez-vous si estrange l'imprudence de cét homme, n'ignorant pas qu'il n'y a rien de plus attaché qu'elle à nostre humanité, ny de plus commun dans le monde que l'erreur ? C'est peut-estre vn secret de la Prouidence, qui veut que comme il y a peu de Rois & beaucoup de subjets, il se trouue tres-peu de personnes de bon sens, & vne infinité d'inconsiderées.

......gaudet stultis natura creandis,
Vt maluis, atque vrticis, et vilibus herbis.

Quoy qu'il en soit si les choses extraordinairement rares peuuent passer pour

Mart.
Paling. in
Sagitt.

des prodiges ou pour des monstres, nous serons contraints d'auoüer qu'vn homme sage à ie ne sçay quoy de monstrueux, ce qui nous doit faire trouuer moins estrange le peu de Iugement des autres. Ciceron disoit de son temps que les Muses engendroient plus souuent, qu'on ne voyoit naistre de personnes veritablement sages; & vous sçauez que l'ancienne Grece n'en pût iamais compter que sept, encore leur a-t'on disputé cette prerogatiue. S'ils croioient estre tels, il ne faut que cette seule pensée pour prouuer qu'ils ne l'estoient pas. Et s'ils ne l'ont esté qu'au iugement des autres? de quel poids, & de quelle consideration peut estre l'opinion des fous, ou pour le moins de gens qui n'auoient pas la teste bien faitte, puis que sept seulement possedoient cét auantage. Mais ie ne vous donne pas ce dilemme pour estre si concluant que Lactance l'a creû, l'aiant tiré d'vne response de Xenophane à Empedocle. Celuy-cy soustenoit qu'il n'y auoit rien de plus difficile à trouuer qu'vn homme sage. Cela vient, repar-

l. 2. de Diuin.

id. in Lælio.

Diog. Laert. & ssesj.

tit le premier, de ce qu'il faut l'estre pour bien discerner celuy qui merite vn si hault tiltre. Ce discours neanmoins n'empesche pas que Solon, Bias, & les autres n'aient pû estre sages selon la portée de nostre humanité. Les choses de Morale ne se doiuent pas examiner auec toutes les subtilitez de la Logique. Et le seul renuoy qu'ils firent tous sept de ce fameus Trepied d'or au Dieu des Oracles, pour dire que toute nostre sagesse venoit du Ciel, me fera tousiours consentir à l'opinion commune qu'ils estoient les plus sages hommes de leur tems, & que la vanité qu'on leur impute ne leur sçauroit estre reprochée sans quelque sorte d'iniustice. Quant au reste des hommes qui leur donnoient vn nom de si grande veneration, encore qu'il soit vray que pour bien reconnoistre toutes les parties essentielles de la sagesse, il la faudroit posseder parfaittement, ce n'est pas à dire qu'ils fussent absolument incapables d'en iuger. Vn homme pauure, en appelle vn autre riche sans se tromper, aussi bien que sans participer

B iij

à son opulance. Et nous ne laissons pas d'admirer auec raison la puissance & la bonté de nostre createur, quelques foibles, & quelques mauuaises creatures que nous soyons.

Ie sens bien que vous me pouuez reprocher la confusion que ie mets populairement entre deux choses fort distinctes dans la Philosophie, la prudence, & la sagesse. Celle-cy est vne science des choses diuines & humaines, accompagnée de demonstration & de certitude. Lautre change selon les tems & les lieux differens, n'aiant pour obiect que la suitte, ou la fuitte, du bien, ou du mal. Ne laissons pas pourtant de les confondre, puisque l'vsage ne s'accorde pas icy auec l'Eschole, & qu'à l'esgard du personnage dont vous me descriuez le peu de iugement, l'imprudence & la folie paroissent inseparables. Vous aurez agreable aussi que ie vous represente encore à sa descharge, qu'à prendre, comme fait Platon, l'ignorance & cette mesme folie pour des maladies de l'ame, il y a si peu de gens qui se puissent

in Timaeo.

OV LETTRES. 15

dire sains, que c'est peut estre tesmoigner sa propre infirmité, de s'estonner de celle des autres, Nous sommes icy comme dans l'Arche, auec beaucoup de bestes, & fort peu d'hommes. Si quelques personnes discretes y font des propositions, les fous les y resoluent aussi bien que dans Athenes. Et possible que les plus auisez sont ceus qui pour s'accommoder à l'vsage, suiuent librement & en riant les folies du commun. Aristote parle d'vn Tauernier *de Mi-* de Tarente, qui exerçoit fort prudem- *rab, au sc.* ment son mestier tout le long du iour, mais qui ne manquoit iamais de tomber en phrenesie à l'entrée de toutes les nuits. Certes on peut dire que la chance a tourné auiourd'huy, l'on ne voit quasi que des fous tant que dure la iournée, qui n'ont point de meilleurs interuales que ceux que leur fournit le sommeil de la nuit, si ce n'est que leurs debauches les empesche de le prendre. Ha que l'antiquité nous a fait vne belle leçon de ce que peut valoir toute nostre science, ou toute nostre sagesse, auec sa fable de Promethée. Cét Heros ne déroba le feu du Ciel qui nous anime, que par le moien de la plante des Asnes qu'on nomme Ferule, pour dire, ce me semble, que nos plus haultes connoissances ne sont que des asneries, & nostre plus fine prudence qu'vne ridicule resuerie. Aussi n'y a-t'il rien de plus conforme que cette moralité, à ce qu'à prononcé la Sagesse Incarnée, que son Royaume n'estoit pas de ce monde. Et ie croy qu'il ne se treuue gueres d'homme qui ait vescu si sagement iusques à la mort, de qui l'on ne pust dire sans l'offencer le mot de Neron sur celle de Claudius, *mórari eum inter homines desijsse*, en allongeant comme il fit la premiere syllabe.

Suet. in Ner. art. 33.

Pardonnez-moy cette petite saillie, ma Sceptique est preste de vous faire raison, & de reparer le tort que i'aurois fait à vne vertu qui vous est si familiere, si ie ne couchois rien ici à l'auantage de la prudence. Quoy que la foiblesse de nostre nature donne de grands empeschemens à cette fille du Ciel, & bien que les organes corrompus que nous luy fournissons pour agir,

agir, peruertiffent fouuent fes meilleures intentions, fi faut-il auoüer que la main de Dieu, toute-puiffante qu'elle eft, ne nous pouuoit rien communiquer de plus excellent: Il eft vray que l'ignorance & le defreglement d'efprit font fort eftroittement attachez à noftre Eftre; mais vn grain de prudence, comme dit le Poëte Callimaque dans Clement Alexandrin, eft vn medicament fi fouuerain, qu'il n'y à point de Panacée qui l'efgale. C'eft cette vertu qui nous ouure l'entrée à toutes les autres, & qui eft de telle confideration à l'efgard de celles que nous nommons morales, que la prud'homie qui les comprent toutes tire fon nom d'elle, puifque nous auons formé celuy de prud'homme, de prudent homme. Qui a-t'il de comparable à l'affiette d'vne perfonne qui voit tout au deffous de foy, parce que fa Prudence luy a fait prendre place au deffus de la Fortune. Et ne faut-il pas auoüer qu'Agamemnon auoit raifon dans fes fouhaits ordinaires, de defirer pluftoft dix hommes auffi auifez que Neftor,

L. 5. ſtrom.

C

qu'aussi vaillans qu'Aiax ou qu'Achille. En effet, ce pauure petit insulaire d'Vlysse que la prudente Minerue fauorisoit, fût le principal autheur de la prise d'vne des plus grandes villes qui furent iamais. Et nous sçauons que l'Oiseau consacré à cette mesme Deesse, se fait plus admirer dans la mythologie, que le Pan auec toutes ses plumes, le Rossignol auec ses serenades, ny le Cygne auec sa derniere melodie. Le conseil qu'il donna à tous les volatiles de ruiner le Chesne deuant qu'il produisît la glu; de consommer la graine du lin qui ne leur pouuoit estre que tres-preiudiciable; & de prendre garde que l'homme ne se preualust de leurs plumes, pour rendre des fleches de telle vistesse qu'elles les deuanceroient dans l'air; luy ont acquis ce merueilleux respect que Dion Chrysostome a si admirablement descrit dans deux

Orat. 12. & 72. oraisons differentes. Le chant du Hibou n'est pas veritablement fort agreable, non plus que beaucoup d'auis que la Prudence suggere. Il donne par fois de mauuais augures, comme elle nous fait preuoir les maux dont nous sommes menacez. Et pour le regard de ce qu'il ne se monstre gueres que de nuit, c'est pour nous faire leçon que la sagesse ne se manifeste pas inconsiderement, & qu'on ne sçauroit mieux faire en ce monde que de tenir son ieu caché, *bene vixit qui bene latuit*. Mais voulez vous sçauoir le plus grand fruit qu'on peut retirer de la Prudence, & dont nous auons le plus de besoin auiourd'huy; Souuenez-vous qu'elle a tousiours esté la conseillere de la Paix, *viæ eius, viæ pulchræ, & omnes semitæ eius pacificæ*, dit Salomon au troisiéme Chapitre de ses Prouerbes. Elle enseigne à mettre iudicieusement vn cloud à la rouë de la plus fauorable Fortune. Et ceux qui la croyent n'ont iamais le cœur plus grand que le cerueau, iugeant bien que la nature qui forme ces deux parties en mesme temps, nous veut insinuër dans l'esprit que la raison doit tousiours accompagner le courage, & que toute ambition est blasmable qui n'a pas sa iuste proportion à nos forces.

DES BAGVES
& Anneaux.

LETTRE III.

MONSIEVR,

Encore que la Bague qui vous a esté donnée soit d'vn prix tres-considerable, mon opinion est qu'il augmente de beaucoup par la consideration de la main dont vous tenez vn si beau present. La vostre pourtant est celle qui le fera principalement valoir, si i'ay bien retenu le sens d'vn prouerbe qu'on m'a souuent dit en Espagne, *la espada, y la sortija, en cuya mano estan*. Quelques esclattantes que soient les facettes de vostre diamant, & quoi que sa grosseur & son poids le recommandent

merueilleusement, il s'en trouuera tousiours assez d'autres dans le monde qui le
surmonteront pour ce regard, mais fort
peu qui se soient arrestez en si bonne
main, apres auoir passé par vne autre
remplie de tant de merite. Les Rois de Bis-
nagar se reseruent encore aujourd'huy
ceux qui excedent le poids de cent quinze grains : Le Cam des Tartares fait le
mesme des plus belles Turquoises qui
sortent de la meilleure roche : Et l'on
sçait qu'autrefois les Souuerains d'Egypte retenoient pour eux les Topases d'vne
excellence extraordinaire. C'est donc a-
uec raison que ie considere la valeur de
vostre anneau hors de luy-mesme, & que
sans le comparer aux pierreries d'vn prix
inestimable, ie luy en donne vn qui ne luy
peut estre raisonnablement contesté.
Mais pour vous tesmoigner combien m'a
esté douce la nouuelle de cette gratification, ie vous veus faire part de quelques
pensées qu'elle m'a fournies, & qui m'ont
seruy, depuis vostre obligeante Lettre,
d'vn tres-agreable entretien.

C iij

Desja ie fais grande distinction entre la bonté interieure & essentielle des pierres precieuses, & la bonté ou vertu qu'on leur attribuë auec trop de credulité. Car de dire que la pierre nommée Alectorie, parce qu'on la trouue par fois dans le ventre d'vn Coq, ait eu le pouuoir de rendre inuincible Milon le Crotoniate: Qu'il y en ait qui donnent des songes diuins, ou qui fassent predire l'auenir : Et que d'autres soient propres tantost à éuoquer du Ciel en Terre l'image des Dieux, tantost à faire venir des Enfers les vmbres des Trespassez, selon que Pline escrit tout cela dans son trente-septiesme liure, c'est ce que ie ne croiray iamais que quand mon esprit se disposera à receuoir toute sorte de fables pour autant de veritez. Il faut mettre au mesme rang les deux anneaux, d'oubli, & de souuenance, du premier desquels Moyse fit present à sa femme Egyptienne, afin qu'elle ne pensast plus en luy : Cét autre dont parle Iosephe, qui chassoit les Demons en la presence de Vespasien : Celuy de Midas, ou de

Gyges, qui rendoit inuisible: Et les sept encore que le Prince des Brachmanes Iarchas donna au grand Apollonius, qui portoient le nom de sept estoiles, & seruoient l'vn apres l'autre à chaque iour de la semaine. C'est sans doute sur tels patrons qu'ont esté fabriquez les contes des bagues qui charmerent l'esprit de l'Empereur Charles-Magne, & de Henry second Roy de France, au rapport de Petrarque, & d'Antoine de Laual.

Philostr. l. 3. de vita Apoll. c. 13.

l. 1. ep. 3.

Ie ne veux pas nier pourtant que les pierres que nous appellons precieuses, *vbi in actum coacta rerum natura majestas*, comme dit le mesme Pline que nous venons de citer, ne puissent auoir quelques vertus ou facultez naturelles, puisque l'Aimant nous en fait voir tous les iours de si merueilleuses. Elles agissent sans doute comme les autres mixtes, ou par leur forme substantielle, ou par leur matiere, & il n'y à rien que ie ne leur accorde librement de ce qui peut venir de là, pourueu qu'il n'excede pas le cours de la nature, & qu'on ne leur attribuë point d'effets manifestement surnaturels comme le sont les precedens, & assez d'autres semblables dont on abuse les esprits credules. Quelle apparence y a-t'il de s'imaginer qu'vne Turquoise, ou vne Esmeraulde tombée d'vne bague, predise l'infortune qui menace celuy qui la portoit? Cependant il se treuue des personnes si persuadées de cela, que nous voyons dans nostre histoire moderne le sieur de Teligni allant auec douze cens hommes pour vne entreprise sur la ville de Nantes, s'arrester tout court trouuant le matin apres auoir bien cheminé que la pierre de son anneau estoit cheute, sans qu'il y eust moyen de le faire passer outre, parce qu'il auoit perdu toute esperance auec le verd de son Esmeraulde. Car quand mesme il seroit vray, que la pierre Selenite creust & décreust selon les faces differentes de la Lune, ce n'est pas à dire neantmoins qu'il faille admettre toutes ces proprietez occultes, qu'on veut que les pierres taillées & enchassées dans des bagues reçoiuent du Ciel, en vertu des figures qui leur sont données durant

Aubigné tom. 1. p. 301.

de

de certaines constellations. Tous ces Talismans & Gamahez dont la faulce Astrologie fait tant de parade, ne doiuent passer que pour des preuues de la vaine superstition de beaucoup d'Esprits, qui ne croyent iamais rien auec plus d'opiniastreté que ce qui est le moins croyable par raison. Mais quand aux autres vertus des pierres qui operent par des emanations ou escoulemens de leurs substances, comme il s'en fait de tous les corps & dans tous les ordres de la nature, il est aisé d'y acquiescer par les raisons qu'en donnent autant qu'il y à de diuerses sectes de Philosophie. C'est pourquoy ie ne trouue pas estrange ce qu'escriuent Aulu-gelle & Macrobe, que les Grecs & les Romains portassent leurs anneaux au doigt de la main gauche, nommé pour cela annulaire, ou medicinal; si tant est que ce nerf dont ils parlent s'y rencontre, qui responde au cœur, & qui par consequent puisse seruir de vehicule à la vertu cardiaque d'vne pierre precieuse. Si est-ce qu'il n'y à point eu de doigt, qui n'ait esté preferé

l. 10. noct. Att. c. 10. l. 7. Saturn. c. 13.

D

par quelques-vns pour ce regard; iufques-là que celuy du milieu, appellé infame, & où nous voulons que les foux feuls mettent leurs bagues, feruoit à cét vfage aux anciens Gaulois, & aux Anglois, comme Pline l'a remarqué dans le trente-troifiéme liure de fon Hiftoire naturelle. Quoy qu'il en foit les pierres precieufes, tant celles qui font renfermées dans vn anneau, que les autres, ont des proprietez fi efficaces, ou à noftre auantage, ou à noftre preiudice, qu'on leur attribuë entr'autres effets la mort d'vn Pape, & d'vn Empereur. Car pour commencer par le dernier, celle de Leon quatriéme arriua, comme l'on croit, de ce qu'apres auoir pillé dans Conftantinople le Temple de fainéte Sophie, il portoit ordinairement vne couronne fi chargée de pierreries qu'il y trouua, qu'outre le poids, leur froideur, & les mauuaifes qualitez dont elles luy toucherent le cerueau, le firent mourir fubitement. Platine rapporte à la mefme caufe, l'apoplexie qui ofta de ce monde Paul deuxiéme, qui l'auoit tant perfecu-

C. 1.

té. Il dit que ce Pape confomma tout le *In vita Hadriani 1.* thrésor de l'Eglife en perles, diamans, & autres ioyaux, dont il fe fit vne thiare plus propre à repréfenter vne Cybele auecque fa tour fur fa tefte, qu'vn fouuerain Pontife ; & que cette machine portée trop *In vita Pauli 2.* fouuent fut le plus apparent fujet de fa mort, encore qu'il remarque ailleurs, que fon intemperance à manger des melons y pouuoit bien auoir contribué.

Mais puifque le prefent que vous auez reçeu, m'arrefte particulierement l'efprit fur la confideration des Anneaux, ie vous veus dire comme il n'y a gueres de parties du corps humain, où la galanterie n'en ait fait mettre aufsi bien qu'aux doigts de l'vne & de l'autre main. Les relations de l'Inde Orientale affeurent que fes habitans les portoient ordinairement au nez, aux lévres, aux jouës, & au menton. André Corfal en dit prefque autant des femmes Arabes du port de Calayate. Nous lifons à peu prés la méme chofe dans Ramufio des Dames de Narfingue vers le Leuant. Et Diodore Sicilien témoigne au troifief-

D ij

siéme liure de sa Bibliotheque, que celles d'Ethiopie auoient accoustumé de se parer lès lévres d'vn anneau d'airain. Pour le regard des oreilles, c'est par tout le monde qu'on s'est pleu, hommes & femmes, à y faire pendre des bagues de prix.

C. 15. Car bien que les oreilles percées passent dans le Deuteronome pour vne marque entre les Iuifs de seruitude perpetuelle; que nous lisions dans la vie de Xenophon escrite par Diogenes Laertius, comme ce Philosophe reprochoit à vn certain Apollonides pour luy faire iniure, qu'il auoit aussi les oreilles percées; que la basse naissance de l'Empereur Macrinus parust, à ce que Dion Cassius, en ce qu'il en auoit vne trouée à la façon des Maures; & qu'encore auiourd'huy il n'y ait que les femmes dans l'Europe qui portent des pendans-d'oreille: Si est-ce qu'il a aussi des Caualiers, qui prennent parmy nous, & ailleurs, la licence de s'en parer. Les

L. 5. Perses, dit Diodore, & les Arabes Panchées mettent ordinairement des anneaux à leurs oreilles. Les Grecs sans dou-

OV LETTRES.

te en vsoient de mesme, puisque nous sça- *L. 1. adu.*
uons par l'authorité de Sextus le Pyrrho- *Math. c.*
nien, que Platon estant encore ieune hom- *12.*
me auoit l'vne des deus percée, où pendoit vne bague. Ie ne veus pas oublier là
dessus que les Incas Empereurs du Perou *Hist. des*
donnoient l'ordre de Cheualerie en per- *Incas. l.*
çant les oreilles, comme on peut voir dans *6. c. 27.*
Garcilasso de la Vega. Cesare de Federici
represente les Naires, qui sont les Gentilshommes de l'Inde Orientale, auec de si
grandes oreilles, & si bien troüées, qu'on
y peut passer le bras. Et Odoardo Barbosa monstre en parlant de ceus de Zeilam dans la mesme region, que cela se fait
par la grosseur & pesanteur de leurs pendants-d'oreilles, qui les leur font venir iusques sur leurs espaules. Ne pouuons-nous
pas remarquer encore auec quel trásport
d'affection Antonia femme de Drusus *Pline l. 9.*
mit d'autres pendans-d'oreille à vne Lam- *c. 55. & l.*
proie dont elle faisoit ses delices? Et com- *32. c. 2.*
me les Anguilles d'vne fontaine de Iupiter
Labradien en portoient de mesme? Ie ne
dis rien de ceux des femmes, par ce que

D iij

de tout temps, & en tous lieux, elles en ont fait vne de leurs plus grandes vanitez; d'où vient la plainte de Seneque, qu'elles portoient deux & trois patrimoines au bout de chaque oreille, *video vniones*, dit-il, *non singulos singulis auribus comparatos, iam enim exercitatæ aures oneri ferendo sunt : junguntur inter se, & insuper alij binis superponuntur : Non satis muliebris insania viros subiecerat, nisi bina ac terna patrimonia auribus singulis pependissent.* Mais quelle inuectiue n'eust-il point faite contre celles qui se percent les extremitez de leurs plus secrettes parties, pour y passer des anneaux d'or, qui s'ostent & se remettent quand bon leur semble ? Le Capitaine Portugais Pierre de Sintre tesmoigne, que les Dames de qualité d'vne certaine coste de Guïnée, ne se contentant pas de ceux dont elles se parent le nez & les oreilles, s'en ajustent encore au lieu que nous venons de dire, sans quoi elles ne penseroient pas estre galantes. Il est vray que les hommes ne sont pas plus modestes en beau-

L. 7. de benef. c. 9.

coup de païs. Odoardo Barbosa dit qu'ils portent au Royaume du Pegu de petites sonnettes de differens metaux, attachées au bout du membre viril, ou fourrées entre la chair & la peau du prepuce, les faisant sonner par les ruës s'ils y voyent passer quelque femme qui leur plaise. Linschot & assez d'autres prennent cette inuention pour vn remede contre la Sodomie ordinaire dans tous ces quartiers. Mais quoi qu'il en soit la mesme chose s'obserue au Roiaume de Siam, sinon que le Portugais qui a fait le sommaire de l'Inde Orientale traduit par Ramusio, adjouste que les grands Seigneurs ont souuent outre les sonnettes des Diamans de prix en cette mesme partie. Nicolas di Conti asseure que les habitans de la ville d'Aua ne croiroient pas se pouuoir rendre agreables à leurs maistresses, s'ils n'auoient vne douzaine de ces sonnettes ainsi enchassées en forme de petites noisettes. Et Pigafetta tesmoigne que ceux de l'Isle de Zubut, portent tous par gentillesse des anneaux d'or de la grosseur d'v-

Ramusio tom. I. p. 316. 335. 340. & 360.

ne plume d'oie qui leur trauerſent la prépuce; de meſme que ie me ſouuiens d'auoir leu dans Nicolay, qu'il y à des Religieux Turcs nommez Calanders, qui s'y en mettent encore de plus gros, & de fer, pour conſeruer leur virginité. En verité le luxe & la luxure d'Orient vont bien au de-là de ce qui ſe pratiquoit à Rome du temps de Seneque, & de celuy de Pline l'aiſné, quoy que ce dernier ſouſtienne que le premier homme qui mit vn anneau au doigt de ſa main, commit vn crime deteſtable, *peſsimum vitæ ſcelus fecit, qui anulum primus induit digitis.* C'eſt bien faire pis dans la doctrine des mœurs d'en porter aux doigts des pieds, comme l'ont en vſage non ſeulement les femmes Indiennes, & entr' autres les Guzzerates, mais encore ceus de noſtre ſexe. Quant Pierre Aluarez reçeut ſa premiere Audience du Roy de Calicut, il le veit tout lumineux de pierreries enchaſſées dans des pendants-d'oreille, des bracelets, & des anneaux tant aux doigts des mains que des pieds; faiſant voir par ce moyen

Hiſt. nat. l. 33. c. 1.

Ind. Orien. par L. p. 39. & Odo. Barboſa f. 295.

ſur

sur l'vn de ses orteils vn Rubis, & vne Escarboucle de tres-grand prix. Et Louis Bartheme represente vn autre Roy de Pegu qui estoit encore plus excessif en cela, n'ayant aucun des doigts de ses pieds qui ne fust chargé d'anneaux garnis de pierreries.

Si ie voulois poursuiure ce poinct de Morale, ie considererois combien il y a de mains employées à remüer les entrailles de la terre, pour trouuer dequoy faire paroistre vn petit doigt. *Viscera eius extrahimus, vt digito gestetur gemma quam petimus. Quot manus atteruntur vt vnus niteat articulus? Si vlli essent inferi*, dit ce Payen, *iam profecto illos auaritiæ cuniculi refodissent.* Mais il n'y auroit point d'apparence de parler de la sorte au sujet d'vn anneau tel que le vostre, venu de si bon lieu, & qui est tombé en si bonne main. Disons plustost à son auantage, que depuis celuy de Promethée, le plus ancien de tous, les anneaux ont tousiours passé pour vne marque d'honneur parmy toutes les Nations. Les Philosophes Brachmanes

Plin. l. 2. nat. hist. c. 63.

L. 3. c. 4.

s'en parent, dans Philoſtrate. Ils donnent à connoiſtre dans Ariſtote le merite des gens de guerre parmy les Carthaginois. Et Alexandre preſente le ſien en mourant à Perdicas, comme par vne deſignation de ſon ſucceſſeur ſi nous en croyons Lucien. C'eſt vne choſe certaine que les Spartiates faiſoient gloire d'en porter du plus vil de tous les metaux, qui eſt le fer: & que l'anneau d'or chez les Romains eſtoit la marque des Ambaſſadeurs qui le receuoient en partant; comme encore des Cheualiers, des Senateurs, & des Tribuns, qu'Aſdrubal reconnut par là entre les ſimples ſoldats ſelon que l'eſcrit Appian.

A la verité l'on a pris le doigt annulaire orné d'vne bague, pour le ſimbole des graces & des honneurs qu'on fait aſſez ſouuent à des faineants, & à ceux qui le meritent le moins, à cauſe du peu de ſeruice que rend ce doigt, le plus exemt de tous du trauail, & celuy neantmoins qu'on pare & qu'on enrichit par preference d'or & de pierreries. Mais outre

7. Polit. c. 2.

Dial. Diog. & Alex.

OV LETTRES.

que son peu d'employ est la vraye raison du choix qu'on a fait de luy (laissant à part la consideration du nerf cardiaque dont nous auons desia parlé) d'autant qu'vn anneau n'est pas si sujet à se rompre & briser, où il est en repos & hors d'agitation : Il faut encore prendre garde que dans ce symbole mesme, l'anneau conserue sa dignité, & qu'il n'y a que la mauuaise place où il se rencontre qui soit condamnée. Car d'ailleurs il est de si grande authorité, que dans le droict Romain le priuilege obtenu d'en porter, estoit vn tiltre d'ingenuité aux Libertins, quoy que les loix du Code ne soient pas bien d'accord pour ce regard auecque celles du Digeste. J'ay souuent medité sur vne obseruation que fait Aulu-gelle, qu'il n'estoit pas permis au grand Prestre de Iupiter, nommé *Flamen Dialis*, de porter vn anneau s'il n'estoit fort large, *annulo vti nisi peruio cassoque*; ce que d'autres interpretent s'il n'estoit sans pierre, ou joiau, & percé au lieu où l'on les enchasse ; Pour moy ie pense que le sens mystique de cette

De iure aur. anul. l. 40 Digest. tit. 10. & l. 6. Cod. tit. 2.

Noct. Attic. l. 10. c. 15.

loy Pontificale, n'eſt pas eſloigné de celuy que couuroit le Prouerbe connu des Grecs & des Latins, de ne porter iamais de bague eſtroitte, *annulum arctum ne geſtato*. Et vray-ſemblablement comme le poſſeſſeur de ce grand Sacerdoce eſtoit fort conſideré & reſpecté, les Romains ont voulu dire par là qu'il ne deuoit iamais eſtre contraint en pas vne de ſes actions. Cette façon de s'expliquer myſterieuſement me fait encore ſouuenir d'vn des preceptes de Pythagore, fils d'vn graueur d'anneaus appellé Mneſarche. Il deffendit à ſes diſciples d'en porter ou la figure de Dieu fuſt repreſentée, ce qui a touſiours eſté pris pour vn commandement qu'il leur faiſoit, de ne reueler iamais au peuple ce qu'ils croioient de la Diuinité. Si eſt-ce que les Sectateurs d'Epicure, qui deferoient des honneurs preſque diuins à ſa memoire, mettoient ordinairement ſon portrait dans des anneaux pour l'auoir touſiours deuant les yeux, à ce que nous apprent vn de ſes plus illuſtres partiſan Pomponius, au commencement du

Dei figuram in anulo ne geſtato.

cinquiéme liure qu'à escrit Ciceron, *de finibus bonorum & malorum.*

Et parce que ie vous ay dit dez le commencement de ma Lettre que le diamant de voſtre bague, quoy que tresbeau, eſtoit ce que i'en priſois le moins, ne pouuant aller du pair auec celuy du dernier Duc de Bourgogne, vendu neanmoins vn ſeul Florin ; ny auec cét autre de Sancy, qui fut conſerué dans vn ſi vilain lieu ; ie vous veux faire voir ſur ce reſte de papier quelques-vnes des plus belles pierreries qui ſe repreſenteront à mon imagination. Deſia pour ce qui eſt des Diamans, ie n'en ſçay point de plus admirable que celuy du grand Mogol, qu'on dit eſtre de la groſſeur & de la forme d'vn œuf de poulette ; auſſi le porte-t'il à ſon bras, eſtant trop peſant & trop incommode pour les doigts de la main. Marc Polo diſoit de ſon temps que le Roy de Zeilam auoit le plus beau Rubis du Monde, d'vne palme de longueur, & qui n'eſtoit pas moins gros que le bras d'vn homme ; c'eſt pour-

l. 3. c. 19.

E iij

quoy il escrit que comme il paroissoit sans tache, aussi le croyoit-il sans prix. L'Agathe de Pyrrhus qui representoit naturellement les neuf Muses presidées par Apollon, & que Pline auec Solin ont tant admirée, ne pouuoit pas non plus receuoir sa juste estimation. L'histoire des Incas dit que dans vne valée du Perou l'on adoroit vne esmeraulde, qui estoit presque aussi grosse qu'vn œuf d'Autruche, & que ces Indiens du nouueau monde venoient de fort loin luy faire des sacrifices. Et la relation de Pigafette porte, conformement à celle de Maximilien Transiluain, que le Roy de Borneo auoit à sa couronne des Perles de la grosseur de l'œuf d'vne poule, ou d'vne oye, si parfaitement rondes, qu'elles estoient tousjours en mouuement sur vne table. Ne vous imaginez pas qu'il soit impossible d'en trouuer de si grosses dans la Conche d'vne huistre, puisque les mesmes autheurs asseurent qu'il s'en est pesché dans ces mers là, dont la chair pesoit iusques à quarante-sept liures. Reconnoissez plu-

L. 9. c. 8.

OV LETTRES.

ſtoſt auec moy, que puiſque tous ces chefs-d'œuure du Soleil ſemblent n'eſtre produits que pour les plus grands Monarques, n'y ayant point de richeſſes d'hommes particuliers qui les puiſſent payer, j'ay eu raiſon de faire cas de voſtre anneau par d'autres conſiderations, que par celle du prix de ſon Diamant.

DES ODEVRS.

LETTRE IV.

MONSIEVR,

Nous auons accouſtumé de dire que ceux-là ont bon nez, qui preuoyent auec jugement ce qui peut arriuer; & le Latin les a nommez de meſme, *viros non obeſæ ſed emunctæ naris*, ſurquoy quelques-vns ſe ſont fondez, qui ont creu que l'Odorat excellent pouuoit paſſer pour vne marque de bon entendement. Le Medecin Eſpagnol Huarte eſt en cecy contredit par d'autres de ſa profeſſion, qui s'imaginent tout au contraire que la perfection de ce ſens eſt vn teſmoignage d'eſprit peſant & tardif; d'où vient que la pluſpart
des

Guibelet c. 10. & 50.

des animaux ont vn merueilleux auantage sur nous pour ce qui concerne l'Odorat. Et ie me souuiens qu'Antonio Perez remarque dans vne de ses lettres, que son Maistre le Roy d'Espagne Philippe second n'en auoit point du tout, n'ayant iamais reconnu la difference des Odeurs; quoy que son seul raisonnement suffist à la conduite de ses Estats. *Phelippe segundo mi amo*, dit-il, *nunca olio, ni cognosciò differencia de olores ; y sabemos el que fuè*. Cela semble fauoriser le dernier auis, parce qu'il n'y a gueres d'apparence que la bonté de l'Odorat soit auantageuse à l'esprit, si celui-cy ne laisse pas d'auoir ses operations excellentes dans vne totale priuation de l'autre ; estant encore vrai-semblable que si le deffaut de flairer compatit auec la bonté de l'esprit, la perfection du mesme sens tesmoignera la pesanteur des functions spirituelles.

<small>Cartas seq. cart. 31.</small>

Neantmoins puisque selon l'Eschole la secheresse conuient aux Odeurs, de mesme que l'humidité aux Saueurs ; & que d'ailleurs les meilleurs esprits sont ceux

F

qui ont le plus de cette splendeur seche de Democrite, n'y ayant rien de si contraire aux plus nobles functions de l'ame que l'humidité du cerueau ; n'est-il pas aisé de reconnoistre qu'vne mesme qualité seruant à perfectionner l'Esprit & l'Odorat, ils ne peuuent pas estre dans vn tel diuorce, que la bonté de l'vn cause la foiblesse ou l'engourdissement de l'autre. Aussi ne manque-t'on pas d'exemples formellement opposez à celuy de Philippe second. Phececyde, le Precepteur de Pythagore, auoit cét organe dont nous parlons si subtil, qu'il predit vn tremblement de Terre par l'odeur d'vne eau de Puits. Democrite se fit aussi admirer dans sa conference auec Hippocrate, iugeant de mesme que le laict qu'on leur auoit presenté estoit d'vne Chévre noire, & qui n'auoit encore porté qu'vne fois. Ie sçay bien que l'Escriuain de sa vie parle de ce discernement comme d'vn effect de la veuë. Mais ce que nous lisons dans Philostrate d'vn ieune Pasteur, qui reconnut au flairer que du laict n'estoit pas pur, me fait penser la mesme cho-

Diog. Laert.

se de l'action de Democrite. Ce Rustique, grand & fort à merueille, se nommoit Agathion, & auoit prié le Sophiste Herode de luy tenir prest au lendemain vn vase plein de laict pur à son esgard, c'est à dire, qui n'eust pas esté tiré de la main d'vne femme. Mais il s'apperceut aussi-tost qu'on le luy offrit, comme il n'estoit pas tel qu'il l'auoit demandé, protestant que l'odeur des mains de celle qui l'auoit tiré luy offençoit l'Odorat. Philostrate le nomme Diuin là-dessus; & Pherecyde non plus que Democrite ne passeront iamais pour gens d'esprit grossier, encore qu'ils ayent eu le nez aussi bon & espuré, que Philippe second l'auoit mauuais & sans action.

Quant à ce qui touche l'auantage des Bestes en cecy, d'où l'on pretend tirer vne consequence du peu d'esprit de ceux qui jouïssent d'vn excellent Odorat, puis qu'ils ont cela de commun auec elles; outre que l'argumentation est vicieuse, l'on en combat la presupposition, quoy *In probl.* qu'elle soit d'Aristote, de beaucoup de preuues contraires. Car comme l'on veut que les Corbeaux & les Vaultours ayent ce sentiment admirable, le mesme Aristote ayant laissé par escrit qu'au carnage qui se fit des Medes à Pharsale, tous les Corbeaux d'Athenes & du Peloponese s'y transporterent; & Auerroes qu'vn Vaultour sentit de Damas vne charogne qui estoit en Babylone: Aussi lisons-nous des effets prodigieux de nostre Odorat en diuerses personnes. Iean Leon asseure dans la sixiesme partie de son Affrique, que le Guide d'vne Carauanne y reconnut de quarante mille loin en flairant le sable, qu'elle s'approchoit d'vn lieu habité. Et Garcilasso de la Vega nomme vn certain Pierre Moron, habitant de la ville de Bayamo dans l'Isle de Cube, & de ceux que les Espagnols appellent Metifs, qui alloit à la queste des Indiens & les suiuoit du nez à la piste, mieux que les chiens de chasse ne font le gibier; adjoustant qu'il sentoit de mesme l'odeur de quelque lieu que ce fust où il y eust du feu allumé, bien qu'il s'en trouuast

L. 9. de hist. anim. c. 31.

Hist. de la Floride 2. part. l. 2. c. 7.

esloigné de plus d'vne lieuë. Nous voila
donc à deux de ieu pour ce regard auec
le reste des animaux, quoy qu'à parler
franchement tout ce que nous auons
raporté des vns & des autres me soit grandement suspect, aussi bien que ces veuës de
Lincées qui percent les murailles, & ces
oüies subtiles qui entendent la musique
des spheres celestes, ou qui connoissent s'il
y a quelqu'vn dans vne chambre au bruit
que fait la porte qu'ils frappent.

C'est ce que ie vous ay bien voulu
escrire au sujet de ce nez que vous nommez ennemy de tous les autres par ce
qu'il leur est insupportable. Pline & son
abbreuiateur Solin parlent de certains
peuples des Indes vers la source du Gan-
ge, qui ne viuent que de bonnes odeurs,
les mauuaises leur estant si contraires,
qu'elles les font aussi-tost mourir. Que
nous connoissons de personnes qui leur
sont parfaitement Antipodes, & qui ont
vn principe de vie tout a fait different
du leur? Pour moy ie vous aoüe que
ie suis en cela Cyrenaique, & que ie fe-

F iij

rois volontiers des imprecations comme Aristippe contre ces effeminez, qui ont rendu mauuais l'vsage des parfums. Nous voyons dans Suetone que Vespasien reuoqua le don qu'il auoit fait d'vne Prefecture à vn ieune homme, par ce qu'il estoit trop parfumé, luy en faisant de plus vne seuere reprimende ou ces propres termes furent employez, *maluissem allium suboluisses*. Mais si cét Empereur est loüable de s'estre voulu opposer au luxe de son siecle, qui estoit si excellif en cette partie, qu'vn L. Plotius proscript s'estant retiré dans vne cauerne auprez de Salerne, ne fut descouuert qu'à l'odeur des parfums qui le trahirent. L'on peut dire aussi qu'on ne sçauroit condamner absolument les bonnes odeurs & les compositions aromatiques, à moins que de tesmoigner de l'auersion contre plusieurs mysteres de nostre Religion. En effet elle employe tous les iours l'encens, les pastiles, & les cassolettes dans nos Temples. Le Thymiame dont elle se seruoit dans l'ancienne Loy estoit si excellent & si ap-

In Vespas. art. 8.

Solinus c. 46.

proprié à Dieu, qu'il y a menace dans *c. 30.* l'Exode contre ceux qui euffent vfé de cette confection pour leur fatisfaction particuliere. Et fi l'on y prend garde, le contentement des parfums eft prefque le feul des plaifirs du corps que la Deuotion s'eft referué, & dont noftre Seigneur a iuftifié l'vfage en fa propre perfonne. Ie confidere encore que ceux qui s'en offencent & qui ne les peuuent foufrir, ont cela de commun auec les plus vils ou les plus immundes des animaux, puis qu'Ariftote nous apprent que ces *L. de mirab. aufc.* mefmes parfums, nommez vnguens par les Romains, font perir les Vaultours, & que la douce odeur des Rofes tuë les Scarabées. Nous auons auffi le Prouerbe *Afinus in vnguento*, qui femble porter tefmoignage contre de certaines perfonnes qui font mine de mefprifer les bonnes Odeurs. Et puifque les mauuaifes ne plaifent qu'aux Efprits immundes, qu'on dit en laiffer toufiours des reftes par tout où ils paffent, n'eft-ce pas vne grande iuftification pour celles qui leur font contraires ? Le courroux du Ciel paroiſt autant par la puantueur que par le coup du Tonnerre. Et quand les anciens ont eſcrit que Venus irritée contre les femmes de Stalymene ou de Lemnos, les punit de cette infection d'aiſſelles qu'ils leur reprochoient, ç'a eſté aſſez nous declarer qu'ils eſtoient du ſentiment dont ie penſe que vous n'eſtes pas plus eſloigné que moy.

OV LETTRES. 49

DE LA PVDEVR.

LETTRE V.

MONSIEVR,
Ie ne nie pas qu'il n'y ait sujet de mettre de la difference entre cette Pudeur qui est tousiours honneste, & cette Honte dont quelques-vns font vne passion, Quintilien vn vice aymable, & d'autres vne Vertu. Mais aussi deuez-vous demeurer d'accord que nostre langage ordinaire les confond souuent, comme si ce n'estoit qu'vne mesme chose ; que la definition qu'en donnent les Philosophes conuient à toutes deux, les nommant vne crainte d'vne iuste reprimende ; & qu'elles sont l'vne & l'autre opposées à cette diuinité *L. 12. In- st. c. 5.*

G

Athenienne l'Impudence, que Menandre appelle la plus grande des Deesses, & à qui Epimenide esleua de vicieus Autels, pour vser des termes de Ciceron au second liure de ses lois. Quant à la question

L. 19.
c. 6.

qu'Aulu-Gelle s'est contenté de proposer sans la resouldre, pourquoy la crainte faisant ordinairement pasir, la honte qui en est vne espece excite au contraire cette rougeur qu'on a si bien nommée la couleur de la Vertu; vous la pouuez voir de-

1. 2. qu.
44 art. 1.
n. 3.

cidée dans Sainct Thomas, où il respond que le mal que craint la honte n'estant pas opposé à la nature, mais seulement à l'appetit animal, ce n'est pas merueille que l'effet soit different, & que l'apprehension de la mort fasse blesmir ceux, qui rougissent, & rien plus, sur l'imagination d'vn petit des-honneur. J'adjouste que les fins differentes que se propose la Nature, est ce qui l'a fait agir diuersement. Car à la crainte d'vn grand desastre, elle songe à fortifier le cœur, retirant au dedans pour cela le sang & les esprits, qui laissent par consequent le visage pasle & descoloré. Mais où l'on ne craint que de receuoir quelque blafme ou reproche, elle fe contente de couurir les parties exterieures, & fur tout le Vifage qui eſt le plus expoſé à la veüe d'autruy, mettant au deuant ce rideau d'efcarlate, ou ce voile de fang, derriere lequel fe cache la Pudeur. L'on void mefme ceux qui en font touchez qui portent parfois leurs mains au deuant du vifage. Et Socrate contraint de prefter les oreilles à des difcours peu honeſtes, fe mit le manteau fur la teſte; action que le Rheteur Antonius Iulianus pratiqua depuis à fon imitation, voulant reciter quelques vers lafcifs Aulu-Gelle prefent. *Macrob. 7 fat. c 9. L. 19. c. 9.*

Or quoy que le vermillon de la Honte s'eſtende fur le front, & fur les joües, de forte que toute la face en demeure teinte; fi eſt-ce que ie me fouuiens d'auoir leu quelque part dans Athenée, qu'il n'y a point de lieu où cette paſſion foit fi viſible que dans les yeux. C'eſt pour cela qu'on dit que ceux qui ont la veüe fort courte, font preſque touſiours effrontez ou impudens. Et c'eſt encore pourquoy Salomon

G ij

assseure que la femme desbauchée ayant perdu toute vergongne, se reconnoist manifestement à ses yeux altiers, & à ses paupieres esleuées, *fornicatio mulieris in extollentia oculorum, & in palpebris illius agnoscetur.* Il est vray qu'il se prent encore quelque indication de la pudeur d'vne personne, par son port, & par sa desmarche. La façon peu modeste dont cheminoit cette Vestale Romaine Claudia, fit croire qu'elle auoit perdu l'honneur auec la Honte. Vne des loix d'Athenes condamnoit à l'amende de mille liures la femme dont l'allure n'estoit pas honneste. Et Lycurgue ordonna dans Sparte que les ieunes hommes iroient par les ruës la veuë basse, & les mains sous le manteau. Cela montre que la modestie honteuse, qui est tousiours bien seante à l'vn & à l'autre sexe, doit sur tout estre inseparable de celles qui ne passent iamais pour pudiques si elles n'ont de la pudeur. *Mulier sine verecundia, est cibus sine sale*, dit vn prouerbe Arabique, dont ie me contenteray de vous donner le Latin ; Aussi bien que de ce qu'à pro-

Eccl. c. 26.

noncé le Sage Hebreu sur le mesme sujet, *gratia verecundiæ illius super aurum.* Cer- Eccl. tes le soin qu'auoient les Romains de la c. 7. Pudeur de leurs femmes ne sçauroit estre trop estimé, Seneque nous apprenant qu'au Temple de la mere des Dieux où elles alloient faire leurs deuotions, la veuë des hommes leur estoit tellement interdite, *ut picturæ quoque masculorum ani-* Ep. 98. *malium contegerentur.* Vous n'ignorez pas aussi que ces filles Milesiennes qu'vn degoust de la vie portoit à se desfaire ellesmesmes, ne purent estre diuerties d'vne si miserable action, que par l'ordonnance qui fut publiée, qu'on exposeroit nuës à la veuë de tout le monde celles qui se seroient donné la mort. L'imagination de *Aul. Gel.* seruir d'vn spectacle si honteus, fut seule l.15.c.10. capable de les guerir de cette estrange manie : Et tous les Poëtes Tragiques de la Grece, dit Clement Alexandrin sur la fin du second liure de ses Tapisseries, ont representé Polixene preste d'estre immolée aus manes d'Achille, qui auoit grand soin de tomber honnestement, &

G iij

de ne laisser par sa cheute nulle partie de son corps dans l'indecence.

Cette loüable apprehension d'vne fille de Roy, me remet dans la memoire l'action du premier des Cesars lors qu'il fut assassiné en plein Senat. Se voyant incapable de resister à vne si grande conspiration, il ne songea plus qu'à la bien-seance de sa fin, & à l'honnesteté de sa personne mourante, *toga caput obuoluit, simul sinistra manu sinum ad ima crura deduxit, quo honestius caderet, etiam inferiore corporis parte velata.* Car ceux de nostre sexe n'ont pas esté souuent moins touchez d'vne vertueuse pudeur, que les filles dont nous venons de parler. Aussi n'y a-t'il rien qui puisse plus qu'elle faire estimer les hommes, ny les rendre plus agreables s'ils en veulent croire Salomon lors qu'il dit, *ante grandinem præibit coruscatio, & ante verecundiam præibit gratia.* Ciceron remarque comme de son tems les enfans depuis l'âge de leur puberté, ne se baignoient plus où estoient leurs peres, ny les gendres en la presence de ceus dont ils auoient espou-

Suet. art. 82.

Eccl. 9. c. 32.

1. de offic.

OV LETTRES.

sé les filles. Et la vergongne de cét Empereur du dernier siecle, qui ordonna qu'on l'enseuelist sans luy oster son caleçon, à bien du rapport aux exemples precedens. Le Poëte Bernia parle d'vn S. Pere qui ne touchoit iamais qu'auec le gan cette partie de son corps, *quam ne ad cognitionem quidem admittere seuerioris notæ homines solent*, pour la designer par les termes d'vn plus ancien satyrique. Xenocrate pratiquoit à peu prés la mesme chose, quand Aristote qui n'estoit pas si scrupuleus luy dit (*quod meiendo virilibus non admoueret manum*) qu'il prist garde que les mains ne fussent plus pures que l'esprit. Et Sozomene obserue dans son histoire Ecclesiastique, que le grand sainct Anthoine pere des Anachoretes ne s'estoit iamais regardé nud. En effet, les plus grands maistres de la Morale ont tousiours donné cét important precepte, de se porter vn grand respect à soi-mesme.

Πάντων δὲ μάλις' αἰχυνέο σαυτόν,

Omnium autem maxime teipsum reuerere,

Disoit autrefois Pythagore. C'est vn

Petr. Arb.

Athen. l. 12. Deipn.

L. 1. c. 13.

poinct de telle confideration dans la vie, que Seneque efcrit à Lucilius qu'il n'aura plus befoin de guide quand il y fera ar-

Ep. 25. riué, *cum iam profeceris tantum, vt fit tibi etiam tui reuerentia, licebit dimittas pædagogum.* Et il reconnoift ailleurs qu'il n'y a plus rien à efperer d'vne perfonne qui a perdu ce refpect, & a qui le vice ne fait

Ep. 39. plus de honte, *tunc confummata eft infelicitas, vbi turpia non folum delectant, fed etiam placent.* Mais outre la reuerence deuë à noftre propre genie, le mefme Se-

Ep. 11. neque fuiuant les preceptes d'Epicure,
L. 2. c. 18. Epictete dans Arrian, & ces autres grands precepteurs du genre humain, enfeignent qu'il n'y a rien de plus vtile à chacun en particulier, que d'auoir inceffamment deuant les yeux de l'efprit quelque perfonnage d'eminente vertu, que nous conftituions arbitre de toutes nos actions, nous imaginant qu'aucune ne luy peut eftre cachée, ce qui donne vne crainte honteufe de faillir deuant vn tefmoin de fi haulte authorité. Pourquoy cela n'arriueroit-il pas à vn particulier, fi tout le

peuple

peuple Romain n'oſa iamais, Caton preſent, demander les jeux nommez Floraux, ou des femmes déſbauchées ſe faiſoient voir toutes nuës? Certes l'interuention reelle ou imaginaire d'vn homme vertueus, eſt capable de nous contenir dans le deuoir, & de reprimer par la pudeur nos plus licencieus mouuemens. Car comme l'on n'a iamais honte de rien deuant ceus qu'on meſpriſe, ce qu'Ariſtote prouue par la conſideration des beſtes, & des petits enfans, qui n'empeſche iamais perſonne d'agir; la preſence au contraire, ou meſme la memoire de ceux qu'on eſtime extraordinairement, nous remplit de honte & de confuſion, ſi nous penſons ſeulement à faire quelque choſe qu'ils ont condamnée comme vicieuſe. Que ſera-ce donc ſi nous conſiderons auſſi pieuſement que nous y ſommes obligez comme rien n'eſt caché à la veuë de Dieu, qui penetre iuſques au plus interieur de noſtre ame; d'où vient, à mon auis, que Zoroaſtre luy attribuë dans Euſebe vnd teſte d'Eſperuier. Thales interrogé ſi vn hôme pouuoit faire

2. *Reth. c.* 6.

1. *præp. En.*

H

quelque chose si secrettemét que Dieu ne s'en apperçeut pas; comment luy seroit-il possible, respondit-il, s'il ne peut pas mesme penser quoy que ce soit sans son interuention, & sans en prendre connoissance. En verité il n'y a point d'impudence à l'espreuue de cette reflexion, si nous la faisons aussi serieusement que le sujet le merite.

Mais ne iugerez vous pas aussi bien que moy vne chose digne de consideration, qu'encore que selon la remarque de Ciceron l'homme soit seul entre tous les animaux qui peut estre touché de honte, ce qui monstre combien elle luy est propre, il ne laisse pas de se trouuer vne plante des Indes qui la ressent, & qui a reçeu pour cela le nom de la Vergongne, parce qu'à la seule approche d'vn homme elle se resserre, & ferme ses feüilles comme si elle estoit honteuse de les laisser voir. Il y en a qui sans considerer la cause de ce sentiment vergongneus, l'ont simplement nommée la Sensitiue. Pleust à Dieu qu'aussi bien que la France a esté enrichie depuis peu de

4. de fin.

cét arbrisseau, elle eust reçeu de mesme vne augmentation de cette vertueuse Pudeur, dont Platon veut que les Peres soient *5. de leg.* soigneus de laisser beaucoup plus à leurs enfans que d'or & d'argent. Car il y en a vne mauuaise, que Plutarque condamne dans vn traitté fait expressément contre ses mauuais effets. Celle qui fut cause de la mort d'Homere, aussi bien que du Dialecticien Diodore pour n'auoir pû respondre à l'argument sophistique de Stilpon *L. 7 c. 53.* (qu'on lit mal dans Pline Stilbon) merite *Diog. Laert. in* plustost blasme que loüange. Et ie me *Diod.* souuiens que Seneque se fait vne seuere reprimende à luy-mesme, d'en auoir esté atteint. Il alloit aus chams fort mal accom- *Ep 88.* pagné dans vne charette tirée par de meschantes mules, & conduite par vn paysan qui estoit nuds pieds. Sa naifueté philosophique luy fait auoüer, qu'autant de fois qu'il rencontroit par le chemin quelque train mieus en ordre que le sien, il ne pouuoit s'empescher de rougir, ny obtenir sur son esprit qu'il ne condemnast tacitement le petit equipage qu'il auoit.

H ij

Surquoy il prononce à sa confusion cette belle sentence, que quiconque sera honteus d'aller dans vne chetifue charette, prendra sottement de la vanité lors qu'il se verra dans vn superbe carrosse, *qui sordido vehiculo erubescit, preciosa gloriabitur.* Il ne faut pas croire aussi que le vermillon de la Honte couure tousiours de vertueuses inclinations. Domitien l'vn des plus cruels & infames Princes de l'Empire Romain, auoit vn visage plein de modestie & de pudeur. C'est vne chose bien rare pourtant que l'impudance n'accompagne pas le vice, comme elle fait presque tousiours la bonne fortune, n'y ayant rien ordinairement de plus effronté que ceux à qui la felicité & les desbauches ont depraué l'esprit.

Suet. art. 18.

Ie finirois icy sans l'enuie que i'ay de vous faire souuenir de l'ingenieuse mythologie d'Esope sur ce sujet. Il feint que Iupiter s'estant oublié de loger separement la Honte, comme il auoit fait les autres passions, dans le corps humain, voulut qu'elle se meslast auecque toutes, sans luy assigner vn lieu ou siege particulier: Pour nous faire entendre sans doute, que nous deuons tousiours accompagner de quelque honte ces mesmes passions, & les retenir dans le deuoir par le moyen de la Pudeur. Mais ce qu'il adjouste est encore plus gentil, que celle-cy ne consentit au commandement qui luy estoit fait, qu'à la charge que l'Amour ne se rencontreroit point où elle seroit, protestant qu'en ce cas là elle quitteroit la place, & sortiroit tout aussi-tost. N'est-ce pas dire proprement ce qui se voit tous les iours, que les amoureux mettent toute honte sous le pied; & encore plus particulierement qu'il n'y a gueres de femmes d'Amour qui ne fassent banqueroute à la Pudeur, & qui ne perdent toute honte au mesme tems qu'elles abandonnent leur Honneur.

DE L'VTILITE' des Voyages.

LETTRE VI.

MONSIEVR,

Puisque vous m'escriuez du dessein de vostre voyage comme d'vne chose arrestée, ie voy bien que vous estes plus en peine de mon approbation, que vous ne l'estes de mon conseil. Ie ne me feray point de violance en vous contentant, & quand ie n'aurois rien pour appuyer vostre resolution, vous pourriez aisément vous persuader qu'vn homme qui a passé ses meilleures années hors de son pays, n'est pas pour trouuer mauuais ce que vous auez intention de faire. Mettez-vous donc à la bonne heure en che-

OV LETTRES.

min, & sans regarder derriere, ny rien regretter de ce que vous laissez pour vn tems, souuenez-vous qu'il prit mal à la femme de Loth de s'estre retournée, & que le Symbole Pythagorique menaçoit des Furies celuy qui commençoit sans acheuer vne entreprise telle que la vostre. Elle est si loüable, que le Poëte Simonide remarque dans Xenophon pour la premiere des disgraces qui accompagnent les Rois, celle d'estre priuez de l'auantage & du contentement de voyager. Si ce n'est qu'ils imitent Mithridate, à qui Iustin fait courir toute l'Asie sans se donner à connoistre: Où ce braue Germanicus, qui ne fut en Egypte que pour y obseruer les belles antiquitez qu'elle auoit, encore, dit Tacite, qu'il prist le pretexte d'aller mettre ordre aux affaires de cette prouince, *curâ prouinciæ prætendebatur.* Aussi peut-on soustenir que celui-cy ne sortoit point pour cela de chez luy, ny l'Empereur Hadrien non plus, qui vouloit voir tous les lieux dont il entendoit estimer quelque singularité, *peregri-*

Iambl. protrept. 15.

In Hierone.

L. 37.

L. 2. annal.

nationis ita cupidus, porte le texte de Spartian, *ut omnia quæ legerat de locis orbis terrarum, præsens vellet addiscere;* ce qu'il executoit mesme en cheminant à pied, *peregrinationis adeo studiosus*, dit vn autre, *ut omnes fermè prouincias pedibus etiam peragrans obierit.* Certes il ne se peut rien adiouster à l'ardeur de connoistre le Monde qu'auoit ce Prince, faisant plus que cét Asclepiade Cynique dont parle Tertulien, qui fut par toute la terre monté sur vne Vache, du laict de laquelle souuent il se nourrissoit.

{marginalia: Bapt. Egnat.}
{marginalia: L. 2. ad Nat.}

Mais pour ne parler que des particuliers, dautant que leur vie à plus de rapport à la nostre, de qui deuons nous plustost imiter les actions, que de tant de braues hommes que la seule Grece nous recommande autant pour leurs voyages, que pour le reste de leurs merites extraordinaires ? Homere, Lycurgue, Solon, Platon, Pythagore, Democrite, Oenopide, Eudoxe, sont tous nommez par Diodore Sicilien comme ayant quitté leurs païs afin de voir les Estrangers, &
parti-

{marginalia: L. 1. Bibl.}

particulierement l'Egypte. C'est où ils se plaisoient si fort à cause des belles choses qu'ils y apprenoient, qu'on y monstroit long-tems depuis le logis ou Platon & Eudoxe demeurerent treize ans ensemble, à ce que nous asseure Strabon, pour pro- *L. 17.* fiter de la conuersation des Prestres de *Geogr.* cette contrée qui possedoient seuls les sciences contemplatiues. Car ces Grecs donnoient tant de tems à leurs voyages, que nous lisons dans la vie de Xenophon qu'il employa soixante-dix ans aus siens, les ayant commencez à vingt-cinq. C'est ce qui a fait dire à Pline lors qu'il parle de *L. 30. c. 1.* la Magie, que pour s'en instruire Empedocle, & quelques-vns de ceux que nous venons de nommer, alloient plustost en exil qu'en pelerinage, s'il est permis de se seruir icy de ce mot, *exilijs verius quam peregrinationibus susceptis*. Platon tesmoigne de luy-mesme dans vne de ses epistres, que les années l'auoient desia rendu caduc quand il reuint de ses longs voyages. Aristote, si nous en croyons Ammonius dans sa vie, fut auec son disciple Alexandre par

I

toute la Perse, & par le reste de l'Asie iusques chez les Brachmanes, où il composa ce grand ouurage de deux cent cinquante cinq polices differentes, quoy que ie ne puisse comprendre qu'il eut veu tant de païs sans en rien dire dans tant d'ouurages qu'il nous a laissez. Et Ciceron obserue à ce propos comme Xenocrate, Crantor, Arcesilas, Lacyde, Aristote, Theophraste, Zenon, Cleanthe, Chrysippe, Antipater, Carneade, Panaëtius, Clitomaque, Philon, Antiochus, Possidonius, & vne infinité d'autres, dit-il, consommerent tout leur âge dans ce noble exercice sans reuoir leur patrie; si ce n'est qu'on la trouue par tout où l'on est bien, & où l'on peut viure commodement, selon le beau mot d'Apollinus dans Philostrate, σοφῷ ἀνδρὶ Ἑλλὰς πᾶν, tout païs est la Grece à vn homme sage.

{Or quand l'imitation de tant de grands personnages ne nous seroit pas également honorable & auantageuse comme elle est, la conformité de nostre Genie au leur, pour ce qui est des voyages, fait qu'on ne

OV LETTRES. 67

nous doit pas blafmer de ce que nous faifons d'vn inftinct naturel auffi bien qu'eus. Ie n'en veus point d'autre preuue que celle que ie puis prendre de l'etymologie de nos noms. Les plus anciens Grecs s'appelloient Pelafgiens au lieu de Pelargiens, dit Strabon, à caufe qu'ils fe tranfportoient inceffamment d'vn lieu en vn autre comme des Cigongnes que ce mot fignifie. Que s'il vous prenoit enuie de faire paffer cela pour des contes à la Cigongne, fouuenez-vous qu'Ariftote mefme nous enfeigne à rechercher la fubftance des chofes dans la fignification des paroles. Tant y à que Cluuerius tire de mefme le nom de nos premiers Gaulois de l'ancien verbe Celtique *Gallen*, qui veut dire aller par païs & voyager. En verité nous aurions tort de rejetter vne etymologie fi belle, qu'elle a quelque chofe de commun auec celle des Dieux, dont les Grecs deriuent l'appellation ἀπὸ τ̃ θέειν, ou de fe qu'ils courent & fe promenent continuellement, dautant que leur premiere Theologie ne reconnoiffoit point d'autre Diuinité que celle

L. 5. Geogr.

L. 1. Germ. ant. c. 9.

I ij

des Astres. Leur Iupiter, venu depuis, ne fait autre chose dans Homere que se promener du mont Athos sur celuy d'Olympe, & des pleines de la Thrace chez ces Ethiopiens où il se plaisoit tant à prendre ses repas, comme auec les plus innocens des hommes. Et le vray Dieu mesme, qui nous apprent que nous ne sommes icy bas que des pelerins ou passagers, *non habentes hic manentem ciuitatem, sed futuram inquirentes*, n'a-t'il pas voyagé toute sa vie? & ne disoit-il pas à Dauid par la bouche du Prophete Nathan, deuant que d'auoir vn temple arresté du tems de Salomon, qu'il auoit iusques alors tousiours changé de demeure? *Neque enim mansi in domo ex eo tempore quo eduxi Israël de terra Ægypti, vsque in diem hanc, sed fui semper mutans loca tabernaculi.* Tenons pour asseuré que ce qu'Abram, entendit de luy, *Egredere de terra tua, & de agnatione tua, & de domo Patris tui, & veni in terram quam monstrauero tibi*, il l'insinuë dans l'esprit de beaucoup de personnes, qui trouuent hors de chez eux de

Paulus ad Hebr. c. 13. art. 14.

1. Paral. c. 17.

Gen. c. 12.

nouueaux sujets d'instruction, & des occasions de bien faire qui ne se fussent iamais presentées, s'ils n'eussent quitté leur premier sejour, comme le Docteur Medecin Huarte l'a fort bien expliqué dans son examen des esprits.

Si le ieune Tobie n'eust point voyagé, il ne se fust pas rendu capable de guerir le mal des yeux, ou plustost, l'aueuglement parfaict de son pere, auec le fiel d'vn Poisson. Si cét Hercule de l'histoire profane n'eust purgé de monstres toutes les parties du monde, il n'eut pas esté deifié, & s'il ne l'eust fort attentiuement consideré, l'on ne l'auroit pas nommé μεγάλων ἐπίστορα ἔργων *magnorum inspectorem operum*. La Toison d'or seruit de recompence aus penibles nauigations des Argonautes. La reputation de Thesée & de son fidele Pyrithous, qu'on fait descendre ensemble iusques aux Enfers, n'a pour fondement que leurs voyages de long cours. Que le fils d'Achille deferant aus prieres & aux pleurs de Lycomede demeure casanier, il perdra la gloire de la prise de Troye. Zamolxis est

Pind. Od 21. & Str. l. 1. Geogr.

I iij

inconnu & sans honneur au milieu de ses Gots ou Getes, on l'adore en Thrace & parmy les Grecs. Il n'y a, selon la pensée d'vn autheur Persan, que le grand & penible chemin qui font les Perles transportées d'vn bout du monde à l'autre, qui leur donnent le priuilege de paroistre sur la teste des Monarques. Et c'est vne chose certaine que sans la connoissance que prit Vlysse des mœurs d'vne infinité de peuples differens où ses destinées le porterent, on n'auroit non plus parlé de luy que du moindre habitant d'Itaque, ou pour nous seruir de la comparaison de Pindare au sujet des victoires d'Ergotele, que de tout ce que fait auec le plus de courage vn coq genereux sur son paillier, dont il n'y a que la basse Cour qui prenne quelque connoissance.

Ode 12. Olymp.

Laissant à part toute sorte d'exageration, ie crois qu'il n'y a point de meilleure ny de plus vtile eschole pour la vie, que celle des voyages, où l'on void incessamment la diuersité de tant d'autres vies, où l'on estudie à toute heure quelque nouuelle leçon dans ce grand liure du Monde, & où le changement d'air, auec l'exercice ordinaire se trouuët si profitables au corps & à l'esprit; que l'vne & l'autre de ces deux parties qui nous composent s'y rendent tous les iours plus vigoureuses, comme il y a des plantes qui deuiennent plus fortes & plus considerables par la transplantation, *non diuenta porro se non quel che si transpianta.* Cela ne se peut mieux reconnoistre que parce que nous lisons dans la vie de Plotin que Porphyre nous a donnée. Celui-cy dit qu'estant trauaillé des hypochondres, & en volonté de perdre la vie en se tuant luy-mesme, Plotin reconnut non seulement sa maladie atrabiliaire, mais mesme le mauuais dessein qu'il auoit. Il le combatit donc là dessus, & non content de le détourner par discours d'vne si mauuaise action, il n'eut point de cesse qu'il ne l'eust engagé à faire des voyages qui luy furent si vtiles, que celuy de Sicile le remit en parfaite santé. Ne sont-ils pas le dernier refuge auquel les plus sçauans Medecins ont assez souuent recours pour surmonter les infirmitez qui se rendent rebelles à leurs remedes ordinaires? Il me reste de vous donner deux ou trois petits auis, qui vous peuuent estre, ce me semble, de quelque vsage.

Et premierement n'oubliez pas de mettre les ordres necessaires pendant vostre absance dans vostre domestique. Sur tout songez que vostre Magistrature vous oblige à prendre du Souuerain la permission de sortir du Royaume, cóme nous voyons dans Suetone & dans Dion Cassius qu'autrefois les Senateurs Romains n'eussent osé quitter l'Italie sans congé. Les mesmes loix sont encore aujourd'huy pour les Nobles au Royaume de Naples, en Angleterre, Escosse, Dennemarc, & Suede. Celles de Moscouie & de la Chine comprennent dans cette deffence les roturiers aussi bien que les Gentilshommes. Et nous sçauons que les citoyens de l'ancienne Sparte n'eussent osé en vser autrement sur peine de la vie.

In Aug. l. 52. hist.

Bodin. l. 1. de Rep. c. 6.

Gardez vous bien de vous embarquer en mauuaise compagnie. L'on menace de de malheur celuy qui va seul, *va soli*; mais c'est encore pis d'estre mal accompagné. L'Ecclesiastique dit, *cum audace ne eas in via, ne forte grauet mala sua in te, & cum stultitia illius pereas*. Et vous pouuez juger combien cét article est important, puis qu'il est presque impossible d'esuiter les riottes entre les plus parfaits. Sainct Paul & sainct Barnabé qui estoient venus ensemble de Hierusalem en Antioche, sont contraints de se separer pour le retour sur le sujet d'vn camarade, & l'vn prent son chemin par la Syrie & Cilicie, l'autre s'embarque pour Cypre ne se pouuant accorder, selon le texte du quinziéme chapitre des Actes des Apostres.

Ayez plus de soin de voir les hommes de merite, que les marbres, ny toutes les raretez des lieux par où vous passerez. Et ie vous supplie que le discours de Toxaris à son compatriote Anacharsis nouuellement arriué dans Athenes, ne sorte point de vostre memoire. Il l'asseure dans Lucien qu'en la personne de Solon il luy fera *In Scytha* voir toute cette grande ville, voire mes- *seu hospite.*

K.

me toute la Grece; & que par le moyen de la familiarité qu'il luy procurera auecque ce grand homme, il sera tout aussitost connu de tous les autres. πάντα ἐώρακας ἤδη, Σόλωνα ἰδών; τοῦτο αἱ Ἀθῆναι, τοῦτο ἡ ἑλλάς, *Viso Solone omnia vidisti; hoc sunt Athenæ, hoc est ipsa Græcia.*

La difference d'vn homme Sage & d'vn mal-auisé est bien aisée à faire, disoit Aristippe, quand l'vn & l'autre se trouue sans assistance loin de leur païs. Ie vous plaindrois si vous vous rencontriez quelque part reduit à de si fascheus termes, mais ie ne doute point que vôtre adresse & vostre bonne conduite ne vous accópagnent par tout, où vous sçaurez-vous accommoder aux mœurs differentes de ceux auec qui vous conuerserez. Alcibiade estoit frugal parmy les Lacedemoniens; plein de luxe dans la Cour de Perse; & quant il fut en Thrace, il se mit à boire comme faisoient ceux de cette regió. Tenez-vous toûjours le plus éloigné du vice qu'il vous sera possible, encore que vous employez toute la souppleße & la dexterité de voftre esprit pour ne choquer iamais iufques au fcandale les façons de faire que vous improuuerez le plus. C'eſt ce qui vous fera bien d'autre vtilité, que ny les brāches de Myrte, ou de Peuplier, tenuës dans la main; ny les Sauges, ou Armoiſes, auec tout le reſte des herbes de la S. Iean; ny les nerfs des aifles, & des cuiſſes de Gruë; quoy que Pline veille que tout cela ſerue de preſeruatif aux voyageurs, contre leurs incommoditez & leurs laſſitudes. Pour concluſion, i'approuue voſtre reſolution, & ie ſuis de voſtre auis, qu'il faut voir le monde deuant que d'en ſortir.

L. 15. c.
29. l. 24.
c. 8. l. 26.
c. 15. l. 30.
c. vlt.

K ij

DE L'INVTILITE' des Voyages.

LETTRE VII.

MONSIEVR,
Vous m'accusez donc de trop de complaisance, & d'auoir mesme peché contre les regles d'vne secte de philosophie, qui ne me permet pas, dites-vous, d'estre si determinement pour quelque opinion que ce soit. Ie veus pourtant m'accommoder encore icy à vostre humeur, & puis que vous trouuez que j'ay fauorisé auecque excez le dessein de vostre voyage, ie prendray le contrepied comme ie voy bien que vous le desirez, & selon les loix de la Sceptique ausquelles vous m'assujettissez,

j'opposeray aux reflexions de ma derniere lettre celles dont ie pense qu'on peut les combattre.

Defia l'on a tort de mes-eſtimer la condition des Rois, parce qu'ils ne peuuent pas voyager comme le reſte des hommes. Alexandre & aſſez d'autres Conquerans ont veû plus de païs, que beaucoup de particuliers qui ne ſont renommez que par là. Et il n'y a rien de plus veritable que ce que prononce dans Tacite cét Alleman, *quomodo lucem noctemque omnibus hominibus, ita omnes terras fortibus viris Natura aperuit.* Mais qui leur pourroit faire quitter l'eſtenduë de leur domination où ils ont tout à ſouhait, qu'vne pure inquietude d'eſprit? *L.12.Annal.*

Οἴκοι μένειν χρὴ τὸν καλῶς εὐδαίμονα.
Domi manendum eſt cuncta cui ſint proſpera.
Voulez-vous ſçauoir combien les Princes ſont eſlongnez de ces fantaiſies, il ne faut que lire dans Herodote comme la ſoeur de Darius obtint de Xerxes vne commutation de peine pour ſon fils qui auoit violé la fille de Zopyre, à condition qu'il *Æſch. apud Clem. Alex. l. 6. ſtrom.*

L. 4.

voyageroit tout autour de l'Affrique. Elle protestoit que ce luy seroit vn supplice plus rude que la mort; & par effect ne s'estant pas plainement acquitté de cette charge, il fut depuis crucifié selon les loix de Perse.

Les hommes mesmes de fortune ordinaire ont esté souuent repris de s'estre trop laissez transporter à ce vain caprice de courir par le Monde; & ie voy que les Grecs, nonobstant l'inclination qu'ils ont euë à cela, se sont moquez d'vn *Execestides* qu'on trouuoit tousiours par les chemins; & que le prouerbe *d'Artemise ou Diane Panagée*, alloit à diffamer ses semblables. Il est aisé d'opposer à tous ces Philosophes errans l'authorité de leur Coryphée Socrate, qui ne fit iamais de voyages, & qui, par la propre confession de Platon, sortoit moins d'Athenes que les boiteux, ny les aueugles. Considerons la fin des courses de Democrite, l'vn encore des plus celebres de cette profession, & ie m'asseure que nous perdrons bien-tost l'enuie de les imiter. Il fut trouuer les Pre-

In Crito-ne.

stres d'Egypte, les Chaldées de Perse, les Brachmanes des Indes, & les Gymnosophistes d'Ethiopie; apres quoy l'escriuain de sa vie tesmoigne qu'il se vid reduit estant de retour à viure tres-bassement, nourry par son frere Damasus, & sujet, si on ne luy eust fait grace, à perdre par les loix de son païs le droict du sepulchre de ses ancestres, comme celuy qui auoit consumé tout son patrimoine à se promener de la sorte. En verité le seul exemple de ce Philosophe Romain Elien, qui a si bien escrit en Grec, & que Philostrate met entre ses plus excellens Sophistes, peut faire auoüer que la vie sedentaire & reposée n'a pas moins de charmes que l'autre dont nous parlons. Il se vantoit de n'auoir iamais passé les bornes de l'Italie, de ne s'estre iamais mis en vaisseau, & de ne connoistre pas seulement la mer, ce qui le faisoit fort estimer dans Rome, dit Philostrate, à cause qu'il paroissoit en cela religieux obseruateur des mœurs de sa patrie. Mais la Grece mesme n'a-telle pas tousiours fait grand cas de cét important Oracle, qui

80 PETITS TRAITEZ,
declara le plus heureux de tous les hommes vn Aglaus Sophidius, possesseur d'vn petit heritage d'Arcadie duquel il n'estoit iamais party, ne connoissant point d'autres terres que celle qu'il cultiuoit, ny d'autres eaus que celles qui seruoient à l'arrouser.

Solinus c. 1. & Val. Max. l. 7. c. 1.

Pour ce qui touche l'authorité Diuine, l'on ne sçauroit nier qu'elle ne soit tres-expresse contre les voyages dans l'Ecclesiastique, lors qu'il asseure que *vita nequam est hospitandi de domo in domum;* apres auoir prononcé ces propres termes, *melior est victus sub tegmine asserum, quam epulæ splendidæ in peregre sine domicilio.* Et l'on peut mesme tirer cette doctrine d'vn passage de Iob, que c'est vne chose tout à fait Diabolique d'aller par le monde comme font ces grands voyageurs, puisque nous y voyons que Dieu ayant demandé à Sathan d'où il venoit, il respondit qu'il auoit esté se promener par toute la Terre, faire le tour de son globe, & mesurer sa circonference, *circuiui terram, & perambulaui eam.* Aussi croit-on que ceux qui ont

C. 29.

C. 1. & 2.

ont le plus couru de païs tiennent cela de l'ennemy de noſtre ſalut, qu'ils mentent auec toute ſorte d'impudence, à cauſe vray-ſemblablement du peu de perſonnes qui les peuuent contredire, *de luengas vias, luengas mentiras*, dit gentiment le prouerbe Eſpagnol.

Le profit qui ſe tire des longs voyages eſt ſi peu conſiderable ſoit pour le corps, ſoit pour l'eſprit, qu'à l'eſgard du premier ſi vn homme en reuient auec quelque reſte de ſanté, cent autres y periſſent, & la pluſpart en rapportent des infirmitez qu'ils reſſentent tout le tems qu'ils doiuent encore viure. Quant à la partie ſuperieure, ce n'eſt pas l'opinion de Seneque, que le changement d'air, ny le mouuement de ceux qui cheminent, ſoient vtiles aux maladies de l'ame. Il ſouſtient dans la derniere du troiſiéme liure de ſes Epiſtres que c'eſt tout au contraire, & que cette nouueauté ne luy eſt ſouuent pas moins preiudiciable, qu'à vn vaiſſeau l'agitation de ſa charge, qui peſe moins arreſtée, & qui ſeroit capable de le faire pe-

L

rir si elle changeoit d'assiette. *Motu ipso*, dit-il, *noces tibi, ægrum enim concutis*; comme si les infirmitez spirituelles demandoient le mesme régime qui s'obserue en celles du corps. Dans vne autre epistre, qui est la premiere du dix-huictiéme liure, il rapporte le beau mot de Socrate à celuy qui luy faisoit plainte de ce qu'ayant beaucoup voyagé, il n'auoit point perdu pour cela ses premieres inclinations. Ne vous en estonnez pas, luy respondit Socrate, c'est qu'en quelque lieu que vous fussiez, vous estes tousiours auec vous-mesme, *non immeritè hoc tibi euenit, tecum enim peregrinabaris*. Il monstre en suitte que iamais les voyages n'ont eu d'eux-mesme le pouuoir de moderer les passions, qui s'aigrissent plustost contre ce remede, de sorte que l'inquietude croist au lieu de diminuër, *ceterum inconstantiam mentis, quæ cum maximè ægra est lacessit, mobiliorem leuioremque reddit ipsa iactatio*. En effet quelque part que nous allions nous ne perdrons iamais nos mauuaises habitudes, si nous souffrons qu'elles nous suiuent; &

OV LETTRES.

pleuft à Dieu qu'elles nous fuiuiffent feulement, nous en ferions vn peu plus efloignez que nous ne fommes; le mal eft que nous les portons inféparablement attachées à nous, & qu'il n'y a point de pofte fi vifte, ny de region fi efcartée, qui puiffe rompre cette vnion. De quoy peuuent feruir les mœurs d'vne contrée nouuelle, fi les noftres ne nous abandonnent iamais? *quien ruyn es en fu villa, ruyn es en Seuilla.*

En verité il y a fouuent plus à perdre dans les voyages, generalement parlant, qu'à profiter du cofté de l'efprit. Si lon en reuient auec quelque connoiffance confufe & imparfaite des païs eftranges, lon y contracte vne ignorance tellement honteufe des affaires domeftiques, & de tout ce qui touche la patrie, qu'vn François apres cinq ou six ans d'abfance, paffe affés ordinairement à fon retour pour vn Alleman dans la plufpart des compagnies. Et ce que Heliodore a dit fimplement au fujet d'vne auanture amoureufe, peut fort bien eftre appliqué icy comme vn axiome tres-certain, ὁ πλανήτης βίος, οἷον τυφλότητα ᾐlù

l. 7.
Æthiop.

ἀγνοίαν ἐπιβάλλει τοῖς ξενιτεύουσι, *vita quæ in errore, cursu, seu peregrinatione agitur, inscitiam tanquam cæcitatis tenebras offundit ijs qui in peregrinis terris & exteris nationibus versantur.* Aussi serons nous tousiours contraints d'auoüer, que le genie du plus grand nombre de ceux qui se plaisent à voyager, n'est pas celuy qui fait les hommes excellens dans toute sorte de professions. Tant s'en faut, lon en voit peu d'entr'eus qui s'y puissent appliquer, & presque point qui y reüscissent. De sorte qu'on peut dire que comme il n'y a que la farine folle qui s'espand de tous les costez de la meule & du moulin, la bonne se recueillant aisément dans le lieu destiné pour la receuoir; la mesme chose arriue aus esprits, dont les plus legers prennent l'essor, & s'escartent qui d'vn costé qui d'vn autre, cependant que les plus solides, qui sont les plus sages, s'arrestent, & prennent vne assiette ferme aux endroits que la Nature semble leur auoir destinez. Qu'est-il besoin de courir comme des vagabons pour acquerir dauantage de connoiſſance, ſi l'ame de l'homme eſt capable d'aller par tout ſans remuër ? Il y a plus de deux mille ans que Cyrne à reçeu de Theognis cette leçon,

Ἀνθρώπου γνώμη πείρατα παντὸς ἔχει,
Hominis mens fines vniuerſi habet.
Et chacun ſe peut dire icy le mot de ſainct Paul en le deſtournant vn peu, *ſi viuimus spiritu, spiritu & ambulemus.* Les plantes que lon tranſporte trop ſouuent, ne prennent iamais bien racine. Il faut que la pierre s'arreſte en vne place, pour acquerir de la mouſſe, *ſaxum volutum non obducitur muſco.* Et afin que les Perſans qui ont parlé pour le party contraire, fauoriſent encore celui-cy auſſi bien que les Grecs, les Romains, & les Eſpagnols ont fait, ie vous feray ſouuenir de ce que vous auez peu lire dans le Guliſtan, que ſi lon mene vn Aſne en Ieruſalem & à la Meque (car les Mahometans font des pelerinages en l'vn & en l'autre endroict) il retournera touſiours vn Aſne ſans auoir gaigné les pardons. C'eſt par où ie finirois, s'il ne ſe preſentoit encore à ma

Ad Gala. c. 5. art. 25.

L iij

86 PETITS TRAITEZ,

memoire vn vers d'Euripide, rapporté par Clement Alexandrin dans le sixiesme liure de ses Tapisseries auec quelques autres d'Eschile & de Menandre qui vont au mesme sens.

Μακάριος, ὅστις εὐτυχῶν οἴκοι μένει,

Felix, beatus si quis & domi manet.

Voila des fruicts Sceptiques tels que vous me les auez demandez.

DE L'ENVIE.

LETTRE VIII.

MONSIEVR,

Est-il possible que ce que Themistocle souhaittoit auec tant de passion, d'auoir des enuieux, vous afflige, & que l'ombre de la gloire, & la compagnie inseparable des grandes actions vous donne tant de peine? Vous sçauez bien qu'il n'y a que les arbres fruictiers qui soient sujets à receuoir des coups de pierre; que le Croissant n'a pas le pouuoir de faire abayer le chiens comme la pleine Lune; & que ceux qui n'ont ny fortune, ny merite, n'ont rien à craindre de cette Megere dont vous vous plaignez. Souuenez-vous d'ailleurs qu'on n'a iamais veu de Vertu si pure, ny de felicité si modeste, qu'elles ayent esuité le coup d'vne dent maligne & enuieuse. Comme il se trouue des personnes qui ne rient iamais que du malheur d'autruy, qui pensent ne pouuoir deuenir riches que des despoüilles de leurs voisins, & qui viuent de sorte qu'on diroit que la mort de ceux à qui ils portent enuie est seule capable de les rendre immortels, *diuites aliorum iacturis, locupletes calamitatibus, immortales funeribus :* Il y en a aussi qui ne s'affligent de rien tant que de la prosperité des autres, qui voudroient que le Ciel n'eust de bonnes influences que pour eux, & qui meurent d'ennuy s'ils voyent viure quelqu'vn dans vne condition plus fortunée, ce leur semble, que la leur. Car l'Enuie à cela de propre qu'elle multiplie les objets, soit du bien, soit du mal, & les rend incomparablement plus grands qu'ils ne sont. Ceux qui en sont preuenus ne jettent les yeux sur la moisson des autres, que pour se plaindre qu'elle est infiniment plus abondante que celle du champ qui leur appartient. Et quand ils considerent

les

Val. Max. l. 4. c. 7.

les moindres deffauts de leur prochain, ce sont des vices enormes, & dont toute la Terre deuroit auoir de l'horreur. Ie vous diray là deſſus ce que les Lunettes, dont ie me ſers pour vous eſcrire me ſuggerent. C'eſt qu'il n'y en doit point auoir de meilleures au monde que celles d'vn enuieux, qui luy groſſiſſent auec tant de facilité tout ce qu'il regarde. Et ie vous adjouſteray encore la penſée d'vn autheur Perſan au ſujet de cette humeur incorrigible que donne l'Enuie. Il dit que l'abondance qu'elle croit touſiours voir au dehors, la rend ſi neceſſiteuſe chez elle, que rien ne la peut iamais ſatisfaire; de ſorte que, pour vſer de ſa façon de parler, les yeux d'vne perſonne enuieuſe ne peuuent eſtre remplis que de la ſeule terre de ſon tombeau.

Or quoy que ce vice ſoit infame au dernier poinct, ſi faut-il auoüer qu'il a de ſi forts attachemens à l'infirmité de noſtre nature, qu'outre qu'il eſt des plus communs, l'on peut dire que de tout tems les plus grands hommes, les plus ſçauans, &

M

mesme les plus iustes, y ont esté sujets comme ceux de la lie du peuple. Les Fables parlent de l'enuie de Dedale contre son neueu, & d'vne autre qu'eut Vlysse contre son Cousin Palamede. Mais celle qu'Aristide, reconnu dans l'histoire pour le plus iuste des Grecs, portoit à Themistocle, dont il ne pouuoit souffrir la gloire ny le commandement, si nous en croyons Lucien, est d'autant plus remarquable, qu'elle passa iusques à donner la volonté au premier de faire perdre la vie à ce grand Capitaine. En effet nous lisons dans sainct Cyrille, qu'Aristide ne se put tenir de dire nettement aus Atheniens, que le meilleur conseil qu'il leur pouuoit donner pour le bien de leur Estat, c'estoit de commander qu'on jettast conjoinctement & luy qui leur parloit, & Themistocle, dans le barathre de leur ville ou les coupables auoient accoustumé d'estre precipitez. Personne n'ignore que l'Ostracisme par lequel ce mesme Aristide fut enuoyé en exil, non plus que le Petalisme de Syracuse, n'estoient fondez que sur l'enuie qu'on por-

Tr. de Calum.

L. 6. contra Iul.

soit aux hommes d'eminente Vertu. C'est pourquoy Heraclite ne put endurer le mesme traittement que firent les Ephesiens à Hermodore, le meilleur & le plus considerable de leurs citoyens. Que dirons nous des Monarques qui n'ont pas esté exemts de cette passion ? Celle d'Alexandre au sujet des victoires de son pere est connuë de tout le monde, & elle fut la principale cause du meurtre de Clitus. Neron fit mourir le Poëte Lucain, pour auoir esté d'vne coniuration ou l'enuie que ce monstre portoit à ses vers l'auoit jetté, *quod famam carminum eius premebat Nero*, dit Tacite. L'Empereur Hadrien voulant passer pour le premier de son tems en toute sorte d'arts & de disciplines, ne put laisser viure l'architecte Apollodore; outre qu'il voulut se deffaire de mesme des Philosophes Phauorin & Denis Milesien, comme l'on peut voir dans Dion Cassius. Et Valentinien premier fut vne copie parfaite d'Hadrien pour cela, au jugement d'Ammian Marcin, *vt solus videretur bonis artibus emi-*

Luc. dial. Alex. & Ph.

L. 15. Annal.

L. 30. hist.

92 PETITS TRAITEZ,
nere, ce font fes termes. N'appellons donc plus l'Enuie le vice des trois M, dont j'ayme mieux qu'vn autre donne l'explication que moy, puis qu'elle n'a pas moins de pouuoir fur l'ame des Princes que fur celle du moindre de leurs fubjets. Il me fouuient de deux exemples qui vont du pair auec les precedens pour ce qui touche les particuliers. L'Architecte de cette belle Eglife de Sainct Ouën qu'on ne fe laffe point d'admirer dans la ville de Roüen, tua fon feruiteur ne pouuant fouffrir les loüanges qu'il receuoit à caufe de la ftructure d'vne des Rofes de ce merueilleux edifice, où le Maiftre n'auoit point eu de part. Et l'on tient pour certain que les fils de George de Trebifonde empoifonnerent à Rome le Mathematicien Iean de Royaumont, que le Pape y auoit fait venir pour la reformation du Calendrier, de rage qu'vn Alleman, difoient-ils, obfcurcift la gloire des Grecs en la perfonne de leur pere.

Thua. l. 76. hift. & l. 90.

  Prenez donc garde que vous n'ayez

tort de vous escrier si hault contre vn vice auquel il semble que tout le monde soit sujet, & que deux considerations encore vous doiuent rendre plus supportable. La premiere, que comme nous auons desia remarqué l'on ne porte enuie qu'aux hommes d'vn merite extraordinaire, *intacta inuidia media sunt,* *ad summa fermè tendit.* Si vous n'estiez du nombre, cette Furie ne vous entreprendroit pas, & l'on ne vous persecute de ce costé-là, que parce que vous ne pouuez estre commodement attaqué par vne autre voye, *infamia intactum inuidia qua possunt vrgent,* comme parle encore Tite-Liue de Scipion l'Affricain. Il vaut bien mieux que vous soyez l'objet de l'enuie, qne celuy de la compassion; & qu'on regarde vostre bonne fortune de trauers, qu'auec pitié vostre misere. Car quel mal vous peut faire vn œil malin & enuieux, s'il n'a d'ailleurs nulle puissance de vous nuire? *Quis oculis in eum potest, in quem mentibus non potest?* pour vser des termes de Tertullien. Vous auez

T. Liuius l. 5. dec. 5.

Dec. 4. l. 8.

L. de Pallio 5. c.

trop bon esprit pour craindre ce sortilege de la veuë qu'on nomme fascination, & vous n'ignorez pas la maxime de l'Escole, que l'enuie est plus preiudiciable à son sujet, qu'à son object, *inuidia plus officit subjecto, quam objecto*. L'autre consideration est fondée sur la condition de ceus de qui vous vous plaignez. Tenez pour asseuré qu'il n'y a point de personfonnes plus mal-heureuses qu'elles sous le Ciel. Le mesme autheur Persan dont ie vous parlois tantost, exalte le jugement d'vn grand Roy, qui pour punir le crime d'enuie en trois hommes differens, apres auoir fait oster les viures au moins coupable, & trencher la teste au second, condamna le dernier, comme le plus criminel, à viure dans des lieux où l'on exerçoit vne infinité de bien-faits & d'actes de charité, jugeant que c'estoit augmenter sa peine par dessus celle des autres, de luy prolonger vne vie trauersée de passions pires que tous les supplices. Ce sentiment est merueilleusement conforme au dire du Poëte Latin, que iamais les

Tyrans de Sicile n'inuenterent aucun tourment esgal à celuy de l'enuie actiue. Vne goutte de son poison corrompt tout ce que nos meilleures iournées peuuent auoir de doux ou d'agreable ; *nunquam erit felix quem torquebit felicior.* Et c'est ce qui fit prononcer si gentiment au Philosophe Bion à la rencontre d'vn enuieux, qu'il ne pouuoit pas bien iuger à sa mine s'il luy estoit arriué quelque desastre en particulier, ou quelque bonne fortune à d'autres, parce que ces choses pour estre diuerses ne laissoient pas de le toucher esgalement.

_{Sen. 3. de ira, c. 30.}

_{Diog. Laert. in Bion.}

Ainsi vous n'estes pas si fort à plaindre, que vostre premiere imagination vous l'a peu persuader. Si vous estes le but de l'Enuie, vous auez cette consolation d'estre au mesme tems l'escueil des Enuieux, *idem inuidiæ scopus, inuidorumque scopulus.* En tout cas la plus acharnée malignité ne dure que iusques au tombeau, qui n'enseuelit pas le merite des actions vertueuses ; & i'ose dire sans vous flatter, que le plus enuié des hommes sera toûsiours regretté s'il vous ressemble,

Horat. ep. 1. l. 2.

. . . *Extinctus amabitur idem.*

Mais gardez-vous bien de nous mettre à l'espreuue de cette verité, ny de seruir d'exemple moral pour ce regard à d'autres qu'à nos arriere-neueux.

DE

DE LA PEINTVRE

LETTRE IX.

MONSIEVR,
Nonobstant que Seneque traite si mal la Peinture dans vne de ses epistres; qu'il luy refuse le rang auantageus que d'autres luy donnent entre les arts liberaus, la mettant mesme d'vne seuerité par trop Stoique au nombre de ceux qui ne seruent qu'aus voluptez: Si faut-il auoüer qu'elle merite par beaucoup de considerations qu'on en fasse bien plus d'estat. Elle est tres-ancienne, quoy qu'elle n'ait esté bien connuë au rapport de Pline que depuis la guerre de Troye. Les Egyptiens l'auoient, sinon six mille ans plustost, comme ils s'en vantent dans le mesme autheur, pour

L.35.c.3.

le moins long-temps auparauant. Et les lois de Moyse, qui luy sont si desauantageuses qu'on a dit en riant que les Peintres s'en vangeoiét en le representant cornu, monstrent assez combien elle a prece-
In exord. Icon. dé l'Empire des Troyens : C'est pourquoy Philostrate à raison d'escrire que si elle n'est de l'inuention des Dieux & de la Nature, pour le moins ne sçauroit-on nier qu'elle ne soit de tems immemorial, & tresamie de cette mesme nature, εὕρημα πρεσβύτατον, καὶ ξυγγενέστατον τῇ φύσει, *vetustissimum inuentum, naturaque cognatum.* I'ay fait voir ailleurs comme elle meritoit l'e-
Instr. de M. le Dauphin p. 209. stime des plus grands Princes, sujet que prit autrefois Aristodeme de Carie ; & i'en ay nommé plusieurs qui l'ont cultiuée auec succez, ne croyant pas se faire tort de tenir le pinceau de la mesme main dont ils manioient le sceptre & l'espée. Adjoustons qu'elle a esté si vtile à quelques-vns
Luitp. pr. l 3. hist. c. 9. d'entr'eus, que Constantin Porphyrogenete reduit à viure de son propre trauail du tems de ce Romanus qui auoit enuahy l'Empire, tira principalement sa subsistan-

ce des ouurages de Peinture qu'il faisoit tres excellens. Et qui ne sçait que l'Illustre famille des Fabiens rapportoit son origine à ce Fabius Pictor, qui auoit peint le Temple de la Santé dans Rome, & que Tite-Liue nomme *scriptorum antiquissimum?* Car les plus grands Philosophes, & les plus beaux esprits, ne l'ont pas creuë non plus indigne de leurs soins. Il est certain que Socrate apprit de son pere l'art de tailler des Statuës, qui fait partie de celuy dont nous parlons, selon que les Grecs ont consideré la *Plastique*, & la *Zographie*, *Philostr.* dependantes d'vn mesme dessein. Platon *ib.* nous est representé dans sa vie faite par Diogene, comme tres-addonné à la Peinture. Il nous asseure encore que Pyrrhon fondateur de la Sceptique estoit Peintre deuant que d'étre Philosophe. Metrodore passoit pour vn homme si accomply en l'vne & en l'autre profession, que L. Paulus ayant demandé aus Atheniens apres auoir subjugué le dernier Roy de Macedoine, vn Philosophe excellent qu'il desti- *Pline l.* noit à l'instruction de ses enfans, & le ³⁵· ᶜ· ¹¹·

N ij

meilleur Peintre qu'ils eussent pour les ornemens de son triomphe, ils ne luy enuoyerent que Metrodore, comme capable luy seul de satisfaire à tout ce qu'il desiroit. Et nous lisons dans ce beau rapport que fait Quintilien des Peintres excellens aus plus parfaits Orateurs, qu'Euphranor auoit conjoint toutes les autres sciences à celle de la Peinture, ce qui oblige Quintilien à luy comparer son grand Maistre Ciceron. Sans mentir l'ouurage du pinceau depend bien plus de la teste que de la main ; & si l'historien de la Nature à peu dire que les Lamproyes auoient l'ame au bout de la queuë, rien ne nous doit empescher de prononcer que l'esprit des Peintres de reputation semble estre tout entier au bout de leurs doigts. Ils font des figures qui parlent, & le Iupiter de Phidias inspiroit plus de deuotion au dire d'vn Payen, que la Religion n'en prescriuoit, *eius pulchritudo adiecisse aliquid etiam recepta religioni videtur, adeo maiestas operis Deum aquauit.* La doctrine paroist mieus dans vn tableau que dans vn liure, parce

L. 12. in-st. c. 10.

Pline l. 32. c. 2.

Quintil. l. 12. c. 10.

que le premier nous inſtruit tout d'vn coup de ce que l'autre ne nous fait connoiſtre qu'à diuers tems & à la longue. Auſſi eſt-il certain qu'il y a des Nations, comme celle de Mexique dans le nouueau monde, à qui la peinture tenoit lieu de lettres. Et pour preuue de ce qu'elle peut eſtre miſe au rang des diſciplines ſerieuſes & honorables tout enſemble, il ne faut que conſiderer comme ce Qu. Pedius muet naturel, que Iule Ceſar auoit laiſſé ſon heritier conjointement auec Auguſte, fut appliqué à l'eſtude de cét art par l'auis, qu'Auguſte trouua fort bon, de l'Orateur Meſſalla ſon parent maternel.

Pline. l. 35. c. 4.

Mais comme la Regle ne ſe contentant pas de nous faire paroiſtre les choſes droites, nous donne encore la faculté de remarquer celles qui ſont tortuës : Et comme la meſme ſcience qui apprent ce que c'eſt que la Verité, nous fait de plus des leçons du menſonge : Outre que la peinture nous porte à bien juger de la perfection de tout ce qu'elle repreſente, ſon art nous fournit des maximes pour en diſcerner les vices, & pour en censurer ce qui s'y rencontre de defectueus. Ainsi lon trouua mesme à redire au Iupiter de Phidias dont nous venons de parler, quoy que Philon Bysantin, qui l'a mis entre les sept merueilles du monde, dise de luy que Saturne n'estoit pas mieus son pere au Ciel, que Phidias en Elide. Les plus capables remarquerent qu'il n'estoit pas proportionné à son Temple, parce que tout assis qu'il se trouuoit, il en touchoit presque la voulte de sa teste, de sorte que presupposant qu'il se fust voulu leuer, lon iugeoit manifestement qu'il eust renuersé tout l'edifice. L'Architecte Apollodore reprit depuis par la mesme raison les statuës du Temple de Venus qu'Hadrien auoit fait bastir, comme trop grandes pour le lieu où elles estoient, à cause, disoit-il, que s'il leur eust pris enuie d'en sortir, il ne leur estoit pas possible de le faire, ce qui fut si des-agreable à cét Empereur, que Dion Cassius veut qu'il en ait cousté la vie au pauure Apollodore. Quoy qu'il en soit, cela vous peut faire souuenir du reproche

L. 69.

qu'on fit à vn ancien Orateur, d'auoir tres-improprement parlé d'vn Promethée peint au Temple de Minerue par Parrhasius dans Athenes. Car luy estant venu dans l'esprit ce qu'on auoit escrit des raisins representez par Zeuxis, que de petits moineaux venoient bequeter; il creut qu'il ne pouuoit mieus louër ce Promethée, que de dire qu'il estoit tel qu'on voyoit souuent les Vaultours se jetter dessus pour luy percer le costé, & se repaistre de son foye. Cependant c'estoit tres-mal rencontré à luy, d'autant qu'il n'est pas imaginable que des Vaultours entrent dans vn Temple frequenté comme celuy de Minerue Athenienne, encore que des moineaux se puissent hazarder d'aller donner du bec contre vn tableau exposé au iour, selon que les Peintres ont accoustumé d'y mettre leurs ouurages.

L'on ne sçauroit donc nier que la peinture ne soit fort spirituelle, & tres-propre à exercer le jugement en beaucoup de façons. Mais son principal vsage n'est pas seulement en de semblables obseruations,

L. 8. Po-lit. c. 3.

ny, comme dit Ariſtote, à donner vne ſi parfaite connoiſſance des tableaus qu'on n'y puiſſe iamais eſtre trompé, ſoit pour la main ou la maniere des grands maiſtres, ſoit pour le fin diſcernement des copies d'auec les originaux, ſoit pour le prix qui depend preſque touſiours de la fantaiſie. Le plus grand auantage qu'on en tire vient de ce qu'elle nous apprent en quoy conſiſte la derniere beauté de tout ce qu'elle repreſente, & ſur tout celle du corps humain. Car il ne faut point douter que les Peintres ne jugent ordinairement mieux que le reſte des hommes de la beauté humaine, tant à cauſe des regles qu'ils ont à l'eſgard de la proportion des membres & des couleurs qui leur conuiennent, que pource qu'ils exerçent inceſſamment leur imagination à former des Idées les plus accomplies qui ſe puiſſent conceuoir. C'eſt pourquoy l'on a ſouſtenu auec beaucoup de raiſon, qu'Apelle fut tout autrement touché qu'Alexandre en voyāt Campaſpe dans ſa nudité, parce qu'il en reconnoiſſoit mieux le veritable merite;

&

& que peut-estre de Prince, qui n'auoit pas moins de Philosophie que de generosité, ne la luy ceda que sur cette seule consideration.

Or dautant que les graces ont esté partagées de tems immemorial entre ceus de cette profession, comme elles le sont par tout ailleurs, & qu'encore auiourd'huy les Peintres qui excellent en quelque chose, sont surmontez par d'autres qui ont de l'auantage à leur tour, n'arriuant que rarement qu'vn seul possede la perfection de son art auec tant d'eminence, qu'il n'y soit deuancé par personne de quelque costé qu'on le puisse prendre : Voyons ce qui s'est dit non seulement des anciens, mais mesme de ceux de ces derniers tems qui ont acquis le plus de reputation dans la peinture.

On remarquoit de Zeuxis qu'encore que ses tableaus, où l'artifice des ombres parut premierement, excedassent toute sorte de prix, ce qui le reduisit à la necessité de les donner gratuitement ; il auoit neantmoins ce deffaut de representer les testes plus grosses qu'elles n'estoient, & la pluspart des membres de mesme, en quoy

L. 12. inst. c. 10. Quintilien trouue qu'il ne faisoit qu'imiter Homere, dont les plus belles femmes sont robustes & pleines d'embonpoint.

L. de Poet. c. 6. Aristote le reprent aussi de n'auoir pas exprimé comme Polygnotus les mœurs, ny fait comprendre les passions, quoy que Pline dise qu'elles étoiét visibles dans sa Pene-

L. 35. c. 9. & 10. lope qui fut vn de ses chef-d'œuures, *fecit & Penelopem, in qua pinxisse mores videtur*, ou plustost, *in qua pinxisse Amores videtur*, afin d'accorder deux Autheurs de si grande consideration. Le Peintre Aristide est le premier de tous qui se seruit de la Morale dans sa profession, & qui sçeut peindre l'Ame auecque ses pensées aussi bien que le corps, par l'expression visible de tous les mouuemens interieurs ; les couleurs dont il se seruoit estoient neantmoins trouuées vn peu rudes de son tems.

Timanthe est prisé d'auoir tousiours donné dauantage à comprendre dans ses ouurages, que son pinçeau ne representoit, & fait en sorte que son esprit y paroissoit plus grand que l'industrie de sa main, bien qu'il l'eust tres-exquise. Ainsi pour faire conceuoir la grandeur de son Cyclope dormant, & fait en petit volume, il mit des Satyres auprés de luy qui mesuroient son poulce auec vne perche. Certes nous luy pouuons comparer pour ce regard le sçauant Rubens que nous venons de perdre, qui a tousiours joint l'inuention à l'excellence de son art, & ce qu'il tenoit d'vne profonde lecture à la beauté de son colorit. Les galeries du Palais d'Orleans le tesmoigneront autant qu'elles dureront, auec le reste de ses pieces, *vbi intelli-* *Plin. ib.* *gitur plus semper quam pingitur; & cum ars summa sit, ingenium tamen vltra artem est.*

 Le merite du Carauaggio à faire apres le naturel, ny son artifice dans l'obscur & le lumineux, ny les graces qu'il mettoit aux derniers traits de sa besongne, ne m'obligent pas tant à tirer quelque parallele entre luy & Parrhasius, que cette humeur fiere qui le dominoit, & qui luy faisoit

O ij

mespriser auec ceux de son tems tous les anciens. *Fœcundus artifex, sed quo nemo insolentius & arrogantius sit vsus gloria artis.* Il est de ces esprits-là dans toute sorte de professions, qui perdent presque tousjours la meilleure partie des loüanges qu'on leur donneroit librement, parce qu'ils y eulent les emporter de haute lutte, & se les approprier sans en faire part à personne.

Mais vn autre eloge que Pline donne à Parrhasius, d'auoir le premier enrichy la peinture de la Symmetrie, ou de cette proportion que doiuent auoir les parties entr'elles, & eu esgard à leur tout; me donne vn nouueau sujet de dire qu'il n'a point eu de semblables dans le dernier siecle, si nous n'attribuons cét honneur à Albert Durer, & à Michel-Ange Buonarotte. En effet, Quintilien adiouste que Parrhasius sçeut si bien donner les regles de cette symmetrie, & prescrire ce qu'il falloit obseruer pour cela, qu'on le nommoit ordinairement le Legislateur, tous ceux de son mestier tenant alors pour constant

OV LETTRES.

que la figure des Dieux & des Heros ne pouuoit estre bien representée que sur le modele qu'il en auoit laissé. Et qui ne sçait comme tout le monde à reconnu Michel-Ange pour incomparable dans toutes les trois parties, d'Architecture, Sculpture & Peinture? Et comme personne n'a iamais mieux enseigné que luy à reconnoistre par l'ongle la grandeur du Lion? Il est vray que luy-mesme vouloit ceder la palme à Albert Durer, comme à celui qui luy auoit tracé le chemin, dans lequel son seul auantage venoit des statuës Grecques & des antiques de Rome, dont il trasportoit les ornemens & les artifices sur ses ouurages, ce que la demeure de l'autre en Allemagne ne luy permettoit pas de faire. Ils ont pourtant esté repris tous deux du mesme deffaut qu'on reprochoit à Demetrius, d'auoir negligé par trop de rendre leurs ouurages agreables, pourueu qu'ils fussent fort semblables, ne se souciant que d'aller apres le naturel; *nam Demetrius tanquam nimius in eo reprehenditur, & fuit similitudinis quam pulchritudinis amantior.*

Ex vngue Leonem.

Comme Appelle accufa de fort bonne grace tous ceux de fon art de cette trop grande exactitude, & de n'auoir pas affez fait eftat dans leurs trauaux de la Charité des Grecs, fe moquant de Protogene qui ne pouuoit ofter fa main de deffus vn tableau, *memorabili præcepto, nocere fæpe nimiam diligentiam* : Raphaël d'Vrbin eft celuy qui a pû de mefme reprendre le foin extréme de ces grands hommes dont nous venons de parler, qui ne facrifioient pas aux Graces comme luy. Il fut excellent en tout, quoy qu'il changeaft par fois de maniere : Il donna l'agrement auec le naturel à la Peinture, proprement prife pour celle qui employe les couleurs : Et ie le nommerois le Phenix de fon art, s'il n'eftoit mort âgé de trente-fept ans feulement, à la veille d'eftre fait Cardinal par Iules fecond, Michel-Ange ayant doublé ce terme, & plus, puis qu'il ne s'en falut qu'vne année qu'il n'arriuaft à la grande climacterique. Ce que Raphaël a eu de plus cõmun auec Appelle, c'eft que la beauté de fes pieces n'oftoit rien à la reffemblance ; de forte qu'vn Phifyonome pouuoit faire deſſus ſes coniectures, comme Apion diſoit d'vn Metopoſcope qu'il dreſſoit ſes jugemens certains ſur le front d'vne teſte tirée de la main d'Appelle.

Le notable precepte qu'il donna de fuïr comme vn crime ce ſoin ſcrupuleux & ſuperflu, qui fait dire par fois que des ouurages ſont trop acheuez, eſt cauſe que pluſieurs chercherent leur gloire dans la promptitude, & qu'en effet ils furent loüez d'vne diligence extraordinaire. Pline en nomme quelques-vns comme Philoxene, Nicophane, & leur precepteur Nicomaque le plus expeditif de tous, & qui n'a point eu ſon pareil en impetuoſité d'eſprit, pour vſer de ſes termes. Il fait mention ailleurs d'vne fille nommée Lala, qui peignoit dans Rome du ſiecle de Varron auec vne ſi grande legereté de main, que perſonne iamais ne l'a paſſée en cela. Et il parle encore d'vn Pauſias de Sicyone, la plus renommée des villes de Grece pour la Peinture, qui piqué de ce qu'on le vouloit faire paſſer pour trop lent, n'employa qu'vn iour à faire ce renommé tableau appellé de la *hemerofios*, où lon voyoit vn ieune enfant representé. Ces Peintres eſtoient tels que Platon les demandoit, lors qu'il deffendoit de mettre aux Temples d'autres figures que celles qu'vn homme de cette profeſſion pouuoit acheuer en vn iour, *formæ ab vno pictore vno abſolutæ die*, pour luy faire vſer du langage de Ciceron. Et ie croy que pour coucher encore icy ce rapport de l'ancienne peinture à la moderne, l'artifice & la promptitude de Romanelli peuuēt étre jointes aux precedentes, ayāt commencé & finy en neuf mois au Palais de M. le Cardinal Mazarin, le trauail de cette grande galerie, que ceux qui s'y connoiſſent ne peuuent contempler ſans eſtonnement.

Les nuditez à la Grecque ſont plus conſiderables dans la peinture, que les drapperies, les armes, ny les habits ſoit des Romains, ſoit de nous, parce qu'il n'y a rien de ſi beau à imiter que la Nature. Il ne faut pas pourtant que ces nuditez puiſſent faire rougir ceux qui les regardent. Parrhaſius

Cic. l. 2. de leg.

rhasius entre les anciens n'estoit pas moins reprehensible en cela, que ceus de nostre tems qui ont exposé aux yeux du public les postures de l'Aretin, *pinxit minoribus tabellis libidines, eo genere petulantis ioci sereficiens*, dit Pline en parlant de luy. Et Suetone nous découurant les turpitudes de Tibere, obserue qu'il auoit placé dans sa chambre vn tableau de la main de ce mesme Parrhasius, où l'on voyoit Atalante qui contentoit d'vne façon abominable les apperits desordonnez de Meleagre. Celuy de Clesides, qui plein d'animosité côtre la Reine Stratonice la representa aus prises auec vn certain pescheur soupçonné d'estre en ses bonnes graces, estoit infame & Satyrique tout ensemble. Car il y a des personnes qui n'exerçent pas moins la medisance auec le pinceau, qu'auec la langue ou la plume. Il s'en trouue qui passent mesme iusques à la profanation des choses du Ciel, comme quand Ctesilochus peignit Iupiter coëffé en matrone, & se pleignant au milieu des Sages-Femmes, tout prest d'accoucher de Bacchus. I'ay-

Art. 44.

Ore morigerabatur.

P

me mieux que le Paganisme nous fournisse des exemples de cette nature, que la vraye Religion, où il ne se trouue que trop de telles impietez. En combien d'Eglises voyons-nous l'effronterie de Praxitele, qui donnoit à Venus le visage d'vne Cratine qu'il aymoit, de mesme que d'autres luy attribuoient celuy de la courtisane Phyrné, & à Mercure celuy d'Alcibiade, selon que Clement Alexandrin l'a remarqué. Il ne faut que lire pour nous en faire honte l'inuectiue de Pline contre vn Arelius, qui pratiquoit à Rome la mesme chose vn peu deuant le tems de l'Empereur Auguste. *Fuit & Arelius Romæ celebert paulo ante Diuum Augustum, nisi flagitio insigni corrupisset artem, semper alicuius fœminæ amore flagrans, & obid Deas pingens, sed dilectarum imagine.*

La Peinture à d'autres gayetez permises, & des diuertissemens innocens. Il ne peut rien tomber de si bigearre, ny de si ridicule dans l'imagination, que ses grotesques ne representent, & cette sorte de figures qui furent nommez *Grylles*, de-

Admon. ad Gentes.

L. 35. c. 10.

puis qu'Antiphile eut habillé dans vn tableau le fils de Xenophon, ou quelqu'autre qui portoit comme luy le nom de Grylle, auec des accouſtremens qui faiſoient rire de leur extrauagance. D'autres ſe ſont pleus, & s'amuſent encore tous les jours à charger leur toile de cuiſines, remplies, outre la batterie, de toute ſorte de viandes. L'on y void des Aſnes chargez d'herbages, & mille autres galanteries de baſſe eſtoffe, qui acquirent le ſurnom de *Rhyparographe* à vn ancien du tout addonné à cela. C'eſt ainſi que les Muſes ſont icy differentes comme par tout ailleurs, ie veus dire les inclinations, qui font que les vns réüſciſſent à vne choſe, & les autres à vne autre. Le grand talent du Baſſan eſtoit dans la repreſentation naïfue des animaux. Le genie d'Antoine Tempeſta le portoit à d'eſcrire parfaictement du pinceau des combats ſanglans, & des batailles rangées. Ceus des pays bas, qui conteſtent auec les Lombards de la beauté du colorit, ne peignent rien ſi volontiers que des mers couroucées, & des vaiſſeaux menacez du nauffrage. Bref le naturel est si puissant, que ie lisois il n'y a gueres dans vne relation des Hurons, qu'encore qu'ils n'ayent ny l'art de la peinture, ny les instrumens propres à l'exercer tels que nous les auons, ils ne laissent pas de rencontrer admirablement en des figures qu'ils font à leur mode, en se laissant aller à la force de leur imagination.

Sagard. c. 7.

De mesme que ie vous ay nommé des Peintres de ce temps, qui semblent aller du pair auec les meilleurs des anciens, & que nous voyons vn Melan, qui soit pour les graces de son pinceau, soit pour la hardiesse des traits de son burin, ne peut estre assez estimé: Aussi en auons nous d'autres, comme il y en a eu de toute antiquité, qui ne sont bons qu'à barboüiller, & qui blanchissant vne muraille deuant que de la peindre, feroient mieux de la peindre premierement, & puis de la blanchir. Aristote met au rang de ces derniers vn Pauson, dont il deffend à la ieunesse de regarder les ouurages dépourueus de toute Morale, & qui eut neantmoins

L. 9. met. c. 8. l. 8. polit. c. 5. & l. de pœ. c. 2.

l'addresse de mettre le premier du verre au deuant d'vn portrait pour l'adoucir & le rendre plus agreable. C'est vne chose certaine qu'il y en a eu dans les commencemens de si grossiers, qu'Eumarus Athenien s'est rendu recommendable pour auoir trouué l'inuention de distinguer dans vn tableau le masle d'auec la femelle. Et l'on sçait que deuant Apollodorus aussi Athenien, & qui viuoit dans la quatrevingts treiziéme Olympiade, pas vn de cette profession n'auoit encore donné des yeux à ses figures, ou du moins representé la viuacité de la veuë, selon que vous voudrez interpreter ces paroles de Pline, *neque ante eum tabula vllius ostenditur, quæ teneat oculos.* *L. 35. c. 8. & 9.*

Ie trouue fort merueilleux que le Cheualier Turpilius peignist si excellemment de la main gauche, qu'on gardoit fort soigneusement dans Verone des pieces de sa façon, le mesme Pline auoüant que deuant luy on n'auoit iamais veu de Peintre gaucher dans son mestier. C'est aussi vne chose tres-digne de consideration, que des *L. 35. c. 6.*

P iij

ouurages imparfaits pour n'auoir pas esté acheuez, ont esté plus estimez que vray-semblablement s'il n'y eust eu rien à redire. Cela s'est veu par l'Iris d'Aristide, par les Tyndarides de Nicomachus, par la Medée de Timomaque, & par la Venus Anadyomene d'Appelle où personne n'osa adjoûster le moindre trait de pinceau ; tous ouurages qui estoient autrefois de beaucoup plus de prix nonobstant ce qu'il y manquoit, qu'aucun des trauaux que ces grands maistres eussent laissez les plus accomplis. Ioignez à cela qu'encore que la perfection de l'art soit dans la ressemblance, lon y a cherché de la recommendation par la dissemblance. Car qu'est-ce autre chose de rendre belles les laides personnes, & de donner des grandeurs de Gean à de fort petits hommes. Cependant il n'y a rien de plus ordinaire parmy les Peintres & les Sculpteurs. La statuë de Sesostris, dit Diodore, estoit plus haulte qu'elle de quatre palmes. Neron, Gallienus & quelques autres affecterent d'estre veus en forme de Co-

Plin. l. 35. c. 11.

L. 1.

losses. Entre les particuliers le Poëte Accius qui estoit de fort basse taille, voulut qu'on la luy fist tres-auantageuse quand on le mit dans le Temple des Muses. Et vous sçauez ce que dit Ciceron du buste de son frere, *frater meus dimidius major est quam totus.* Ce sont des fautes affectées, il y en a d'autres qui se sont glissées insensiblement dans l'art, & qui meritent d'estre remarquées par quelque exemple. L'on peint presque tousiours l'vn des douze trauaux d'Hercule, en luy faisant deschirer vn Lion qu'il tient par les maschoüeres. Si est-ce que tous les anciens ont dit qu'il le suffoqua en luy serrant le gosier, & cela se prouue par vne infinité de passages. Qui a fait designer S. Hierosme par vn Lion, comme les trois autres principaux Docteurs de l'Eglise Latine par leurs hieroglyphiques, qu'vne semblable erreur fondée sur l'allusion de son nom, parce qu'on donnoit tousiours cét animal à sainct Gerasime. Les Poëtes & les Peintres ont des passe-droicts qui couurent tout cela. Ie vous veus faire obseruer vn paradoxe en-

Macr. 2. sat. c. 3.

core plus eſtrange, c'eſt qu'on peut faillir dans cét exellent meſtier pour y trop bien faire. Euphranor trauaillant à ſon tableau des douze Dieux repreſenta d'abord Neptune ſi majeſtueux, que iamais ſon imagination, ny ſon pinceau, ne le peurent ſatisfaire quand il voulut donner apres, comme il y eſtoit obligé, encore plus de majeſté à Iupiter ; les derniers efforts de ſon eſprit & de ſa main ne pouuant s'eſleuer iuſques où il euſt eſté de beſoin pour ſuiure vn ſi noble commancement.

Val. Max. l. 8. c. 12.

Mais d'où vient que tant de perſonnes de reputation ont eu cette fantaiſie de ne ſe laiſſer pas tirer? Cela s'eſcrit d'Ageſilaus, & de Plotin, entre les anciens ; du Pere Paul de Veniſe, & du Cardinal de Berule, entre les modernes. Que ſi nous en croyós Dion Chryſoſtome, le premier ne le faiſoit pas pour eſtre boiteux & de petite ſtature, mais parce que faiſant fort peu de cas du corps, dont il euſt ſouhaitté que ſon eſprit euſt eſté deliuré, il ſe fuſt d'ailleurs faſché de dóner dans ſa copie vn nouueau moyen à la Fortune de le mal-traiter. Le ſecond auoit

Orat. 37.

auoit à peu prés la mesme pensée, fortifiée de cette consideration dans l'escrit de sa vie que nous tenons de Porphyre, que nostre exterieur n'ayant presque rien de nous, dont l'Estre depend d'vne forme interne, il n'y auoit point d'apparence de s'amuser à copier vne chose de neant, & de laisser prendre pour nostre portraict ce qui ne nous ressembloit qu'en la moindre partie de nous-mesmes. Il faut croire que les deux derniers adjoustoient à cela vne humilité Chrestienne, qui n'empesche pas, non plus que les raisons precedentes, que ceux qui en ont vsé tout autrement n'ayent eu aussi de tres-bons motifs. En verité l'image d'vn homme de Vertu nous porte merueilleusement à l'Amour de cette fille du Ciel. Les vrays sectateurs d'Epicure faisoient profession pour cela de n'estre iamais sans vne idée peinte ou grauée de ce qu'il estoit. Et les representations sont par fois si puissantes, qu'on veut que la figure d'Alexandre

Treb. Pol-lio, in Quieto.

Q

122 PETITS TRAITEZ,

ait tousiours fauorisé ceux qui auoient la curiosité de la porter sur eux. L'importance est de suiure en cecy auec grand soin le conseil que donne Isocrate, quand il dit qu'on doit faire en sorte qu'vn portrait serue pluſtoſt au souuenir du merite, que simplement à celuy du visage.

Orat. ad Nico.

DE L'INSTRVCTION
des Enfans.

LETTRE X.

MONSIEVR,
Le choix du precepteur que vous auez donné à vos enfans, & le soin que vous prenez de leur instruction, sont tres-dignes de vous. Si nostre façon de parler, qui porte que nourriture passe nature, est veritable, ils vous seront plus redeuables de l'attention que vous auez à les faire bien esleuer, que de ce qu'ils vous doiuent à cause de leur naissance. Le bien estre que vous leur procurez par ce moyen, est de toute autre consideration que le simple estre, & l'existence toute nuë, que possible

assez de personnes refuseroient si elle dépendoit de leur choix. C'est veritablement vn grand auantage d'estre bien nai, & d'auoir esté gratifié en venant au monde des bonnes graces de la nature. Mais outre que cette faueur est tres-rare, lon remarque tous les iours qu'elle deuient presqu'inutile à ceux qui manquent de bonne education, & dont la ieunesse n'est pas guidée comme il faut. En effet la varieté des esprits qui paroist si grande, procede bien plus de leur culture differente, que de leur premiere constitution. Il en est comme des arbres, qui ne produisent rien qui vaille tant qu'ils sont sauuageons, & qu'il est besoin d'enter pour en auoir des fruits excellens. N'y a-t'il pas mesme des plantes qu'on fait porter contre l'intention premiere de la Nature, par le moyen des greffes, & de ce que l'Agriculture prescrit pour cela? La Georgique de nos ames, pour parler ainsi, est toute semblable; le naturel le plus sauuage s'adoucit par ses preceptes; & l'imbecillité spirituelle de beaucoup de personnes est tellement surmontée par l'art, & par le secours d'vne bonne conduite, qu'on les void réussir par fois auec admiration. L'histoire Romaine porte qu'Hannibal perça les plus hautes montagnes des Alpes, & s'en applanit le passage à force de feu & de vinaigre. L'huile des Estudes, & la chaleur des veilles, n'ont pas moins de puissance au sujet dont ie vous escris ; & c'est vne chose asseurée qu'il n'y a rien dont l'addresse jointe au trauail obstiné, & à ce *labor improbus* des Latins, ne vienne à bout si lon en sçait vser de bonne sorte.

Que vous faites bien de ne mettre iamais l'espargne en consideration aux choses qui peuuent seruir à vos fils pour leur rendre plus facile le bon chemin où vous les auez mis. Le prix de la science qui sert à la sagesse est tel, qu'il n'y a point de thresor qui la puisse payer, ny de richesses à mesnager où il est question de l'acquerir. L'on demandoit vn iour en presence de cét Alphonce que les Arragonois nomment leur grand Roy, si vn Souuerain comme luy pouuoit deuenir pauure. Il prit la parole & dit, que si la Sagesse se trouuoit quelque part à vendre, le cas estoit reüscible; tesmoignant qu'il ne possedoit rien qu'il n'eust volontiers donné pour elle. Ie trouue aussi le conte que fait Dion Chrysostome fort gentil là-dessus. Il accuse ceux d'Alexandrie dans vne de ses harangues, de n'estre pas plus auisez que les Atheniens, qui mirent de l'or aux oreilles de leurs enfans, quand l'Oracle eut fait sçauoir que la felicité de leur Estat dependoit de remplir ces mesmes oreilles de la meilleure chose qui fust au monde. C'estoit, dit Dion, de la science, du bon raisonnement, & des preceptes vertueux, que l'Oracle vouloit parler, & qui sans difficulté pouuoient bien plus contribuer au bon-heur d'Athenes, coulez par l'oreille dans l'esprit de ses ieunes citoyens, que l'or ny l'argent, qui n'ont rien que de vil comparez à des choses si excellentes. Il faut que ie vous rapporte encore sur le mesme sujet le trait d'vn Arabe nommé Hasan, qui passe pour l'vn des plus sçauans hommes de sa nation. Craignant d'oublier

Orat. 3.

Semita sap. c. 10.

vne sentence qu'il venoit d'apprendre, & qui luy plaisoit fort, il ne fit pas difficulté de donner vn escu d'or d'vne plume, afin d'escrire promptement ce qu'il craignoit qui eschapast à sa memoire. La chose peut paroistre fort legere d'abord, n'estant question que d'vne plume. Mais outre que toutes les actions des grands hommes sont dignes d'obseruation, celle-cy me semble merueilleusemét instructiue, dans la perte que ce Philosophe fit si volontiers de ce qui estoit dans sa bource, pour conseruer vne bonne pensée.

Or quoy que vous ayez tout sujet de bien esperer des estudes de vos enfans, sous ce grand personnage que vous leur auez choisi; si faut-il qu'ils contribuent de leur part l'attention, le trauail, & l'assiduité, necessaires pour se rendre dignes escholiers d'vn tel maistre. Vous sçauez ce que le Moine de sainct Gal escrit dans la vie de Charles-Magne, de ces deux Escossois qui vinrent en France sous son Regne, publiant qu'ils y apportoient de la science à vendre. L'Empereur en destina l'vn pour

L. 1. c. 1. & 3.

l'Italie, & s'en allant à quelque entreprise d'importance, il laissa au Docteur Clement, qui estoit le second, vn grand nombre de jeunes garçons à instruire, les vns Gentils-hommes & fils des meilleures maisons de son Royaume, les autres roturiers, & de bas lieu. Le Moine asseure qu'au retour de Charles-Magne, il trouua qu'il n'y auoit que ces derniers qui sçeussent quelque chose, & qu'il fut contraint de mal traiter de paroles ces autres ieunes Seigneurs, qui sous vn mesme Precepteur n'auoient rien appris faute d'application d'esprit, & de bonne volonté pour les lettres. Imprimez leur donc, s'il est possible, fort auant dans l'ame l'amour des sciences, & mesme de celuy sous la discipline de qui vous les commettez. Si Philippe de Macedoine estant ieune homme en ostage dans Thebes, n'eust eu autant d'affection que de respect pour Lysis le Pythagoricien qui auoit soin de son instruction; il n'eust iamais appris de luy ces belles leçons de Morale & de Politique, qui le rendirent depuis le plus grand Roy de tous

ses

ses predecesseurs. Et si son fils Alexandre ne se fust porté aux mesmes inclinations pour Aristote, sa gloire en seroit d'autant moindre que rien n'esleua tant son Genie à cette haute ambition de la conqueste du Monde, que les preceptes du Lycée. Ie vous veux bien obseruer là-dessus, que dans tout ce que les Grecs & les Latins ont escrit de ce Monarque, rien ne m'a paru si beau qu'vne responce que les Arabes seuls luy font faire, & que vous jugerez, ie m'asseure, tres-digne de luy. Ils disent *Semita* que ce grand conquerant à deux cornes, *sap. c. 4.* c'est ainsi qu'ils le nomment, estant interrogé pourquoy il portoit plus d'honneur à son Precepteur qu'à son Pere, repartit aussi-tost que le Roy Philippe en luy donnant la vie l'auoit fait descendre du Ciel en Terre, mais que son Maistre Aristote luy auoit enseigné le chemin qu'il faloit tenir pour monter de la Terre au Ciel. Et qui ne sçait que la valeur d'Achille se sentoit beaucoup plus des enseignemens de ce Phœnix qui l'instruit dans Homere à bien *Ilia. 9.* parler, & à bien faire en mesme tems, que

R

de sa naissance de Pelée. Tant y a que l'exemple de ces Princes qui ont tesmoigné tant d'amour & de reuerence vers ceux qui leur auoient donné le goust des sciences & des Vertus, doit seruir de loy aux particuliers, & leur apprendre ce qu'ils sont obligez de faire. Les mieux nais s'y portent d'eus-mesmes, aussi bien qu'à tout ce qui est de leur deuoir. Il y en a d'autres qu'il faut vn peu exciter, mais qui se rebuttent contre vne trop grande contrainte, semblables à ce Rocher, dont parle Pline, qu'on fait mouuoir aisémét du bout du doigt, encore qu'il soit impossible de l'esbranler si lon y employe toutes les forces du corps. Les pires de tous sont ceux qui ont besoin d'vne rude discipline, & dont on ne peut rien tirer que par la contrainte, non plus que de certaines plantes si on ne leur fait des incisions, *amygdali clauis confixa*, dit Aristote, *meliores redduntur*. Ie suis fort asseuré que vous ne serez pas reduit à faire pratiquer chez vous le traitement que demandent ces derniers. Mais ie vous diray aussi, qu'vne nourritu-

L. 2. c. 96.

L. 1. de plantis c. vlt.

re vn peu auſtere, & meſme accompagnée de quelque ſeuerité, eſt ſouuent vtile à la ieuneſſe. Le pied des cheuaux nourris dans vn païs vni, & dont le terrain n'a rien de rude ny de pierreux, eſt bien plus tendre, & moins à eſtimer, que celuy des autres qu'on eſleue aux montagnes, & parmy les lieux raboteux. La meſme choſe ſe remarque par fois dans l'education des hommes, qui deuiennent effeminez ſi elle eſt trop molle, & s'affermiſſent au contraire quand on la leur donne plus ferme & plus vigoureuſe. Souuenez-vous que la dureté du caillou ſe ſurmonte par la calcination, & qu'vn feu actif le peut conuertir en Eſmeraulde.

DES PROMESSES.

LETTRE XI.

MONSIEVR,

Ce n'est pas sujet qu'on a dit qu'il faloit penser vne heure deuant que de parler, & vn iour entier deuant que de promettre. Il n'y a rien de plus insupportable que de se voir frustré d'vne esperance prise sur des promesses dont on faisoit estat. Et tel ne peut digerer en semblable occasion vn manquement de parole, qui eust souffert patiemment le refus de sa demande. Vsons donc d'vne grande retenuë autant de fois qu'il sera question de promettre quelque chose; mais apres que nous l'auons fait, monstrons-nous tres-religieux observateurs de ce que nous aurons promis, & nous gouuernons sur ce fondement, qu'on s'offence naturellement bien moins d'vne grace desniée, que d'vne perfidie. Si est-ce que la conduite des Grands, & le procedé mesme de la pluspart des hommes, doiuent auoir des regles fort differentes. Les Princes, & beaucoup d'autres qui sont au dessous d'eux, croyent auec cét Empereur Romain qu'ils ne doiuent iamais souffrir que personne sorte triste hors de leur presence. Le Roy Antigone neueu de Demetrius fut sur tous diffamé pour cela, iusques à receuoir le surnom de Doson, comme celuy qui donnoit tout de parole, quoy qu'il ne songeast iamais à rien effectuer. Et la paroemie des Grecs taxe vn Chares General des Atheniens du mesme vice, de promettre indifferemment toutes choses sans auoir dessein d'en tenir pas vne. Pour moy ie pense qu'vne procedure tout à fait differente leur réussiroit bien plus auantageusemēt. Et s'il n'y auoit vn milieu de perfection à tenir entre ces deux extremitez, ie suis

Plutar. in vita P. Æmyl.

d'opinion que celuy qui ne promettroit iamais rien, trouueroit mieux son compte qu'vn autre qui promet tout, dans vne esgale distribution de bien-faits. Quoy qu'il en soit, ceux qui n'obligent que de parole sont semblables à ces arbres qui ne portent que des fleurs sans fruit, & qui courent fortune d'estre en fin arrachez selon le texte de l'Euangile. Il est beaucoup plus à propos de prendre le Figuier pour patron hieroglyphique, qui sans fleurir, & sans donner de vaines esperances, produit ses figues, & nous fait present d'vn des plus agreables fruits qui se mangent.

Or outre l'inconsideration & la legereté d'esprit, qui font promettre à plusieurs des choses qu'ils n'accorderoient iamais s'ils auoient assez pensé ; il se trouue des personnes qui trompent par vn bien plus mauuais principe, leur intention estant de se jouër de la credulité de ceux qui sont si simples que de se fier en leurs paroles. *Est qui promittit, & quasi gladio pungitur conscientiæ*, dit Salomon. Leur fourberie à beau piquer leur con-

Prov. c. 12.

science, & luy donner quelque remords au mesme tems qu'ils promettent; ils l'ont endurcie au mal, & dans l'espoir qu'ils prennent de recueillir quelque auantage de leur perfidie, ils adiousteront si besoin est l'impieté des faux sermens au mensonge, pour mieux palier leur imposture. Combien y en a-t'il qui ne s'engagent tous les iours de parole, estant requis de quelque chose, qu'auec la mesme pensée qu'auoit celuy qui promit, ce dit-on, au Grand Seigneur de faire parler vn Elephant. Il respondit à ses amis qui le reprenoient d'vne si folle entreprise, qu'apparamment deuant le terme porté par sa conuention, ou luy, ou l'Elephant, ou le Grand Seigneur ne seroient plus au monde. Ceux dont nous parlons s'imaginent de mesme, qu'il n'arriuera que trop de coups de fortune pour s'exemter de tenir ce qu'ils promettent, & que les pretextes de quelque costé que ce soit ne leur manqueront iamais, pour couurir l'infamie de leur desloyauté.

Entre les marques qu'on peut auoir pour

reconnoiſtre de tels donneurs de caſſades, celle des offres exceſſiues n'eſt pas des moins certaines. L'Eſpagnol dit fort bien, *quien todo lo da, todo lo niega.* Quiconque promet des montagnes d'or, n'a pas intention de gratifier du moindre marauedis. Et vous pouuez tenir pour tres-aſſeuré que plus vn homme vous donnera de la langue, moins vous receurez de ſa main.

Hort. de art. Poet. *Quid dignum tanto feret hic promiſſor hiatu? Parturient montes, naſcetur ridiculus mus.*
Cependant leur aueuglement eſt eſtrange, de ne pas conſiderer qu'au lieu de faire des amis de ceux qu'ils traittent de la ſorte, comme c'eſt ſans doute leur deſſein, ils s'acquierent pour ennemis capitaux les meſmes qui pouuoient eſtre portez auparauant de quelque bonne volonté pour eux. Il faut bien qu'il en arriue de la ſorte, puiſque l'Eccleſiaſtique nous apprent que celuy qui promet à vn amy auec confuſion d'eſprit, & comme eſtant honteux de le refuſer, pluſtoſt que content de luy accorder ſa demande, ſe met par là bien

auant

auant dans sa malueillance, *est qui præ confusione promittit amico, & lucratus est eum inimicum gratis*. Que sera-ce d'vn autre qu'on s'apperçoit n'auoir eu intention que de fourber ? Et quelle haine ne luy portera-ton point, d'auoir malicieusement abusé de paroles ceux à qui l'on auoit fait esperer tant d'effets ? Si est-ce qu'il estoit aisé de preuoir par la grandeur de ses promesses, le peu qu'on en deuoit attendre ; & il ne faloit que faire mine d'en vouloir esprouuer quelqu'vne, pour le jetter dans la confusion d'vn qui debite de la faulce monnoye, & qui ne craignant rien tant que la touche, ne sçait que deuenir quand on luy parle de l'essay de ce qu'il expose.

Ie vous auoüe pourtant que fort peu de personnes se peuuent empescher de tomber par fois dans l'inconuenient qui vous est arriué, pour auoir donné trop de creance aux promesses qu'on vous auoit faites. Le plus asseuré remede qui s'y puisse apporter, c'est de n'escouter pas seulement celles qui viennent d'vn lieu suspect.

S.

Le Roy de Sparte Cleomene se trouua bien du conseil que luy donna sa fille vnique d'en vser de la sorte. Aristagoras luy voulant persuader d'entreprendre la guerre contre les Perses, apres l'auoir tenté d'abord en luy offrant onze talens, augmenta peu à peu de telle sorte, qu'il luy en promit iusques à cinquante. Mon Pere, dit alors cette fille qui estoit presente, & agée seulement de huict à neuf ans, cét estranger vous corrompra à la fin si vous ne vous en allez. Le mesme inconuenient doit estre apprehendé, lors que nous auons affaire à des gens qui promettent toutes choses d'autant plus librement, qu'ils sont bien resolus de n'en executer aucune. Il les faut mespriser, & ne considerer leurs promesses que comme estant de la nature de ces pommes du lac Asphaltite, qui sous vne beauté & fraischeur apparente se reduisent en cendre aussitost qu'on les touche. Souuenez-vous du mot d'Ouide,

OV LETTRES.

Pollicitis diues quilibet esse potest.   L. 1. de arte ama.
Quand à moy ie vous puis dire auec verité, que c'est du plus loin qu'il me souuienne que d'y auoir esté trompé, tant ie suis deffiant de ce costé là.

DES BONNES
& des mauuaises compagnies.

LETTRE · XII.

MONSIEVR,
Encore que vous ayez peu voir dans vn de mes Opuscules qui traite de la conuersation & de la solitude, combien j'ay tousjours creu qu'il importoit de ne frequenter pas indifferemment auec toute sorte de personnes; le bien que ie vous veus m'oblige à reprendre le mesme propos, pour y adiouster deux ou trois considerations dont ie m'imagine qu'on peut tirer quelque fruict.

Tous ceux qui ont remonté vers nostre Pole, pour y trouuer à droite ou à gauche vn nouueau paſſage aux Indes, s'accordent en cela, qu'il n'y a que les glaces des riuieres qui rendent la mer du Nort contraire à leurs deſſeins, & qu'elle leur ſeroit d'elle-meſme aſſez fauorable, ſi ce qu'elle a de bon pour leur nauigation n'eſtoit corrompu par le froid des eaux eſtrangeres qu'elle reçoit. Certainement on peut dire à peu prez la meſme choſe de beaucoup d'eſprits, qui ſont naturellement portez à la Vertu, & qui ne perdroient iamais ce qu'ils ont de viue chaleur pour s'vnir au bien, ſi les mauuaiſes compagnies ne ruinoient leur bonne inclination, & ſi le vice de certaines ames deſprauées ne ſe gliſſoit dans la leur comme vn froid poiſon, qui leur endurcit le cœur au mal, leur peruertit l'entendement, & leur corrompt la volonté. Car comme il n'y a rien de plus vtile que la frequentation des hommes vertueux, qui ne contribue pas moins à la ſanté & à la force de l'eſprit, que la bonté de l'air & la pureté des lieux où nous reſpirons à la bonne conſtitution du corps: Auſſi voit-on manifeſtement que la chose du monde qui apporte le plus de preiudice aux bonnes mœurs & au droict vsage de la raison, vient presque tousiours des mauuaises habitudes qui se prennent dans la compagnie des meschans. Les Grecs ont eu vne façon de parler prouerbiale, dans laquelle ils soustenoient que la maturité des raisins, & cette haulte couleur qui les fait estimer, ne venoient que du voisinage où ils sont, & de ce qu'ils se regardent les vns les autres, ce qui a fait dire à Iuuenal.

Vuaque conspecta liuorem ducit ab vua.
Mais il est bien plus veritable, que soit en bien, soit en mal, nous prenons le plus souuent la teinture de ceux auec qui nous viuons familiairement, & que, sur tout à l'esgard du mal, les conuersations ont vn merueilleux pouuoir de nous y porter, si nous n'esuitons soigneusement celles qui sont d'autant plus à craindre, qu'elles nous charment d'abord par toute sorte d'agrémens. N'est-ce pas vne chose étrange à considerer dans la Nature, que les bonnes choses n'ont garde de s'y commu-

niquer auec la promptitude ny auec la facilité qu'ont les mauuaises pour cela. Cent pommes vermeilles & bien saines, ne sçauroient en restablir vne qui commence seulement à se corrompre; il n'en faut qu'vne pourrie pour gaster les cent premieres. Qui est-ce qui a iamais remarqué qu'il se soit mieux porté par la hantise des gens de bonne disposition ? Nous contractons à toute heure mille infirmitez dans la compagnie de ceux qui en ont,

Dum spectant læsos oculi, læduntur & ipsi, Ouid. l. 2.
Multaque corporibus transitione nocent. de rem.
Ara.

Il faut donc prendre bien garde dans la Morale que nous ne soyons frappez d'vne contagion qui agit auec beaucoup plus d'actiuité sur l'esprit que sur le corps. Le seul remede est en l'esloignement, & si vous croiez l'Espagnol, vous mettrez plustost vne prouince entiere entre vous & vne personne de mauuaise vie, que de courir la risque de son dangereux voisinage, *con mala persona el remedio, mucha tierra en medio.* L'on ne sçauroit fuïr ny trop tost, ny trop loin, vn si grand peril. Dieu vous preserue sur tout de ces vicieux corrompus, qui s'accostent de vos semblables comme les scelerats des asyles & des Autels, pour y trouuer l'impunité à la faueur de vos premieres années. Elles m'obligent de vous recommander deux ou trois choses en suite, dont ie pense que l'obseruation ne vous sera pas infructueuse.

La principale regle que vous deuez garder d'icy à long-tems en toute sorte de compagnies, c'est de parler peu, & de vous tenir mesme dans le silence en celles où vous serez le plus ieune, si vous n'estes contraint par fois d'en vser autrement par les loix de la ciuilité. Ne pensez pas qu'il vous soit desauantageus de le pratiquer ainsi, ny que vous ayez pour cela moins de part dans la conuersation. Comme les lettres qu'on appelle muettes ne laissent pas de faire vne partie de l'oraison, en se meslant agreablement auec les parlantes que nous nommons voyelles. Il en est de mesme dans les assemblées ordinaires des hommes, ou ceux qui escoutent seulement contribuent beaucoup neantmoins

à

à rendre la compagnie plus plaisante & plus parfaite. Mais outre la bien-seance eu esgard à vostre nouueauté, le profit que vous retirerez de cét vsage est-ce qui vous le doit recommander. Il reüscit auantageusement par fois aux personnes mesmes qui sont auancées dans l'age, à plus forte raison à celles du vostre. Tel s'est teu sur beaucoup de propos où il n'eust peu rien dire de bien, *aiutando si col silentio*, comme disent fort gentiment les Italiens, qu'on croit fort habile homme en tout s'il vient vn peu apres à prononcer trois paroles de bon sens sur vn suiet qui luy est plus connu. Soyez taciturne iusques aux choses que vous entendez le mieux, afin que vostre silence soit fauorablement interpreté en toutes les autres. Lon se repent souuent d'auoir parlé, presque iamais de s'estre teu.

Ne vous degoutez pas du procedé de plusieurs personnes que vous trouuerez rude & peut-estre desraisonnable en vostre endroit. La moderation dont vous vserez en de semblables rencontres vous

T

donnera cent fois plus d'auantage sur ces gens-là, que ne feroit le ressentiment, ny la contestation en des choses au dessus desquelles vous deuez mettre vostre esprit. L'on dit à Rome que l'interest est vn Maistre des ceremonies le plus parfait & le plus absolu qui se puisse establir, parce que chacun y honore son compagnon selon qu'apparemment il doit auoir affaire de luy. C'est à peu prés la mesme chose par tout ailleurs. Mais ie soustiens que ce mesme interest au contraire est le plus iniuste & le plus imparfait de tous les Iuges, puis qu'il n'obserue nul ordre raisonnable, & qu'il defere presque tousiours l'honneur à ceux qui le meritent le moins. Il faut pourtant s'accommoder à tout, & puis que nous ne sommes pas pour reformer le monde, se rire de mille choses pareilles qu'on y trouue authorisées par coustume. Cela se fait aisément, & mesme auec plaisir, apres quelques reflexions conuenables & reïterées.

Souuenez-vous du precepte de Pythagore, qui vouloit qu'on s'abstint de tout ce qui à la queüe noire. Ie vous en veus donner vne interpretation differente de celle d'Iamblique, & neantmoins assez propre. Il y a des reduits de conuersation qui plaisent d'entrée, mais qu'on ne quitte gueres sans y auoir reçeu quelque mortification : Vne certaine humeur chagrine & mal-faisante de ceux qui s'y trouuent, est cause qu'ils rendent tousiours de mauuais offices à la fin. Ce vous doit estre assez de les auoir reconnus pour vous en esloigner. Que le fruit de leur hantise vous soit comme celuy de l'Arbousse, qu'on nomme si proprement *Vnedo* en Latin, à cause qu'il ne prent iamais enuie d'en manger plus d'vne fois. Et pour finir cette lettre par mes premieres maximes, ie vous adiousteray deux mots d'Italien, puis qu'il commence à vous plaire, *chi dorme co i cani, si leua con le pulci.* La *Semita.* pensée d'vn Poëte Arabe se presente en- *sap. c. 3.* core à mon imagination pour la vous

T ij

148 PETITS TRAITEZ

communiquer. Il dit que le feu mesme ne se reduit en cendre, que parce qu'il vid en societé auec elle. Vous ferez aisement l'application de ce caprice estranger, & qui tient du païs d'où il vient.

DV MOYEN DE DRESSER
vne Bibliotheque d'vne centaine
de liures seulement.

LETTRE XIII.

MON TRES-R. P.
Ie ne suis pas en si mauuaise humeur
que deuoit estre Seneque, quand il escriuoit au neufiéme Chapitre du premier
Liure de la tranquillité de cette vie, vne si
notable inuectiue contre les trop curieuses & trop nombreuses Bibliotheques de
son temps. I'ay tousiours au contraire
fomenté les inclinations de ceux de mes
amis que ie me suis apperçeu estre portez à faire de ces loüables amas de liures,

dont le plaisir & l'vtilité sont d'autant plus grands, qu'outre leur vsage & la propre satisfaction de ceux qui les possedent, celle de beaucoup d'autres, qu'ils veulent obliger lors qu'ils y ont recours, s'y trouue auec la leur, *bonum quo communius eo melius*. Et veritablement si nous loüons la charité de quelques bonnes personnes qui font prouision & distribuent par les villes des remedes à beaucoup d'infirmitez corporelles ; qu'elle estime ne deuons nous point faire de ceux qui ont de si belles boutiques, & si bien garnies de seurs & veritables remedes contre toutes les maladies de l'esprit. Ce qui me fait souuenir de la belle inscription que ce grand Roy d'Egypte Osmanduas posa sur la porte de sa sacrée Biblioteque, Ψυχῆς ἰατρεῖον, *animæ medicatorium*, au rapport de Diodore Sicilien. Ce n'est pas pourtant que la reprehension de Seneque ne soit fort sensée, à l'esgard de ceux qu'on void dans la vaine parade, & dans l'ignorante ostentation d'vne Librairie, qui leur est souuent plus incogneuë que les païs où ils ne furent ia-

Lib. 1.

OV LETTRES. 151

màis, *quibus libri non studiorum instrumenta*, comme il dit, *sed cœnationum ornamenta sunt*. Ils furent depuis comparés par le Roy Alphonse aux bossus, qui ne sont iamais sans leur bosses, & si ne la voyent iamais. Mais bien qu'il soit plus de ces φιλόβιβλοι, que de φιλόσοφοι, pour vser des termes de Strabon quand il parle du Bibliotequaire Apellicon, si est-ce que considerant la chose nuëment en soy, ie seray tousiours plus prest à faire estat de ceux qui se plaisent à thesauriser ainsi en nombre de volumes, qu'à pointillier sur le peu de profit que quelques-vns en retirent.

13. *Geogr.*

Voila mon R. P. ce que i'ay bien voulu vous mettre icy sur le sujet dont nous parlions cette apres-disnée, auant que de venir à la demande que vous me faites touchant l'achapt de quelques liures. Pour y satisfaire, ie vous diray que comme ie sçay bien qu'il n'est pas permis à vn chacun de se donner autant de ce beau meuble comme il pourroit en auoir de besoin: Aussi ay-ie tousiours creu qu'vn honneste homme, dans vne grande ville & pleine de gens sçauans comme celle-cy, ayant recours en de certaines occurrences & necessitez studieuses aux Librairies de ses amis, & a beaucoup de Bibliotecques dont l'entrée est tousiours assez libre, pouuoit auec fort peu de despence, & par l'achapt d'enuiron vne centaine de volumes, se dresser vne estude assez fournie pour faire toute sorte de lecture. Car ie considere les liures comme estant ou d'vne estude suiuie & continuée, telle que sont tous ceux qui traitent des arts & des sciences ; ou d'vn vsage & seruice passager, & à temps, ainsi que sont les Onomastiques, Glossaires, Nomenclateurs, Vocabulaires, Dictionaires, & Lexicons.

Quant à ces derniers, ie tiens auec des personnes de grande literature qu'on n'en sçauroit trop auoir, & c'est vne chose éuidente qu'il les faut posseder en pleine proprieté, parce qu'ils sont d'vn journalier & perpetuel vsage, soit que vous soyez attaché à la lecture & intelligence de quelque Autheur, soit que vous vacquiez à la meditation

ditation ou composition de quelque ouurage. Ie voudrois donc pour commencer par ceux-cy, qu'il fist prouision d'vn Dictionaire François-Latin, comme celuy de Nicot, ou de Monet, & d'vn autre Latin-François, comme sont ceux des Estiennes. Qu'il eust de mesme vn Lexicon Grec & Latin de Scapula, auec vn autre Latin & Grec tel qu'est celuy de Morel. Que si les langues Hebraïque, Allemande, Espagnole, ou Italienne luy plaisent, il faut qu'il se donne les meilleurs Onomastiques de chacune; comme le Pagninus pour l'Hebreu, le Dictionnaire de la Crusca, ou du moins son Compendium pour l'Italien ; & le Vocabulaire Espagnol-Latin de Couarruuias ou de Nebricensis, pour ce qui touche la langue Espagnole. Il a besoin encore des Dictionaires de plusieurs langues reünies, tels que sont le Calepin, le Nomenclateur de Iunius, & le Lexicon recent de Martinius. Ceux qui regardent en particulier les arts & les sciences, luy sont aussi necessaires, comme le Dictionaire Poëtique de Robert Estienne, le Geographique d'Ortelius, celuy des Villes de Stephanus, le Philosophique de Goclenius, le Chimique de Rullandus, le Mathematique de Dasypodius & l'Etymologique de Fungerus. Ie mets au mesme rang les Antiquaires de Laurembergius, & de Lubinus ; Les definitions des Gorris pere & fils, auec l'œconomie d'Hipocrate de Fœsius, pour ce qui regarde la Medecine ; & le Lexicon de Brisson en ce qui touche la Iurisprudence. Quand on a le Grec en singuliere recommendation, il faut joindre aux precedens le Glossarium Vetus, le Suidas, l'Etymologicum magnum, le Phauorinus Camertes, le Lexicon d'Harpocration, l'Onomastique d'Erotian par Eustathius, & quelques autres semblables. En suite de ces Dictionaires ie mets volontiers, pour estre quasi aussi necessaires, les liures qui portent titre de Bibliotheques, comme sont celles de Photius, de Gesner, de Posseuin ; & les autres particulieres telles que des Historiens François, ou de quelque matiere determinée. Ie ne voudrois pas mesme negliger le tresor Critique de Gruter, ny de certains ouurages de pareille farine, parce qu'il se trouue des occasions où ils peuuent beaucoup seruir. Voila donc comme auec vingt-cinq ou trente volumes, ie voudrois satisfaire à l'vn des membres de ma diuision, qui regarde les liures de reprise, & qui ne sont vtiles qu'en de certaines rencontres.

Quant aux autres qui ont pour objet l'immensité des sciences, plus le nombre en est grand, voire infiny; plus ie voudrois me restraindre à de certains Autheurs principaux, & qui semblent vniques ou en fort petit nombre en chaque art ou science. Car de mesme que nous nous pouuons accommoder de la pluspart des liures de nos amis, & de ceux qui se trouuent dans ces grandes & renommées Bibliotheques; aussi y en a-t'il qu'il faut tellement se rendre propres par des lectures, & des notes particulieres, sur lesquelles nostre memoire s'attache & se repose, qu'à moins de renoncer au mestier des muses, l'on ne sçauroit se dispenser de les acquerir. C'est ainsi que nous voyons les artisans posseder chacun de particuliers instrumens dont ils se seruent mieux que de tous autres.

 Or puisque la Theologie est la plus noble de toutes les connoissances, remarquons d'abord qu'vne seule Bible vous donnera auec le fondement de toute la positiue, la plus ancienne & plus authorisée de toutes les histoires, comme celle qui commence par la creation du monde. La Somme de sainct Thomas vous fera voir en suite toutes les questions de la Scholastique, & vous tiendra lieu encore d'vn bon commentaire Chrestien sur Aristote.

 A l'esgard de la Philosophie, où nous ne sommes aujourd'huy institués que sur les principes du Peripatetisme, il faut de necessité auoir vn Aristote, que i'accompagnerois tousiours du diuin Platon, & du riche thresor de Diogenes Laertius, pour y voir les autres Systemes Philosophiques, & toutes ces belles pensées qu'il a ramassées des plus grands personnages de l'antiquité. Achettez apres cela tous les Nouateurs reçens qui ont fait bande à part, & qui se sont rendus chefs de party, comme Telesius, & son disciple Campanella, Remond Lulle, Iordanus Brunus, Patrice qui a fait les traitez *nouæ Philosophiæ, & disquisitionum Peripateticarum*, Ramus, Carpentarius, Seuerinus Danus, Gorlæus, Gomesius, & le grand Chancelier Anglois Verulamius. N'oublions pas nos intimes amis Baranzanus, & Gassendus, non plus que Sebastien Basson, Gilbert auec sa Philosophie magnetique ou aimantée, le Iesuiste Cabæus, & Kirker son Coadjuteur.

Pour ce qui concerne la Medecine vn Hippocrate pour l'ancienne, & vn Fernel pour la moderne, doiuent estre pris par ceux mesmes qui ne sont pas de cette profession, auec vn Anatomiste, soit du Laurent, soit autre, & vn Herboriste tel que Mathiol sur Dioscoride. Voire mesme par ce que la santé du corps est si importante & si jointe à l'esprit, ie ne voudrois pas que vous manquassiez d'vn traité fait exprés pour elle, comme est celuy de l'eschole de Salerne, ou quelque autre semblables.

Ayez pour les Mathematiques les œuures de Ptolomée, & d'Euclide, & particulierement pour l'Astrologie, les sistemes nouueaux de Tichon, Copernic, Kepler, & Galilei. Les Cartes Geographiques tant anciennes que modernes ne sont pas seulement d'ornement, mais de necessité; sur tout le supplement d'Ortelius pour l'intelligence des histoires anciennes, & le dernier trauail de Bertius sur ce sujet, quoy qu'assez imparfait. On se doit pouruoir sur les autres parties de ces disciplines selon l'enuie que chacun à de s'y attacher precisement.

Il faut du moins auoir vn autheur de Chronologie, sur les tables duquel la memoire se puisse tenir ferme.

Vous sçauez ce qu'elle est à l'histoire; dont ie ne vous diray autre chose sinon que hors les neuf muses d'Herodote, & les cinq premiers liures de Diodore Sicilien, qu'on peut nommer les Bibles du Gentilifme, la lecture de tous les autres se peut faire en les empruntant. Si ce n'est que vous ayez espousé quelque Historien d'vne affection singuliere. Ie ne vous parle point du Berose, ny des autres autheurs supposés par Annius de Viterbe, dont l'imposture ne peut plus tromper personne. Faites le mesme jugement de l'Itineraire d'Alexandre Geraldin, & des Antiquitez Hetrusques d'Inghiramius, vous contentant d'en sçauoir la fausseté.

Les corps du droit ciuil, & Canon, suffisent à ceux qui ne sont portez que d'vn simple respect vers Iustinien, & la Cour de Rome.

Vous aurez des Preceptes de Rhetorique, & des exemples d'Orateurs, en Ciceron, & Quintilien suffisamment. Mais ie vous donne la Philosophie du premier qui fait le quart de ses œuures, auec Seneque, & le petit Epictete, pour des pieces de cabinet que vous ne sçauriez trop aymer, si vous estes amy de la Morale, c'est à dire, de vous-mesmes. Peu de personnes s'exercent en l'éloquence Grecque : de sorte qu'il semble que les Autheurs des sciences qui ont escrit en cette langue suffisent pour ce regard.

Quant aux Poëtes, vn seul volume vous donnera tous les Grecs, vn autre les Latins, & trois ou quatre moindres suffiront pour les langues vulgaires.

Ie ne vous dis rien des liures de Chymie, ny de ceux de Magie, parce que nous considerons icy l'estude d'vn esprit moderé & bien fait, sans auoir esgard aux passions, ny aux déreglemens des autres. Si faut-il en auoir quelques-vns pour sçauoir ce qu'il y a d'vtile dans la Chymie qui ne se promet rien d'extrauagant, dont le Tyrocinium de Beguin vous donnera quelque connoissance ; & pour recognoistre ce qui se trouue veritable dans la magie qui ne sort point des bornes de la nature, ce que le curieux Baptista Porta vous fera juger par sa magie naturelle.

Mais il ne faut pas oublier ceux qui nous ont particulierement descrit de certains Mestiers, comme Vegece celuy de la Guerre; Vitruue celuy de l'Architecture;

Marc

Marc Varron, Columella, & Caton, qu'on trouue reliez en vn volume, celuy de l'Agriculture; Rodolphus Agricola celuy des metaux; & quelques autres encore de qui l'on peut prendre des lettres de maistrise en ce que chacun d'eus a fait profession d'enseigner.

Il me reste vn liure à vous nommer que ie n'ay reduit expressément soubs aucun predicament, ny mis iusques icy dans pas vne classe, parce qu'il est transcendant & qu'il va par tout. C'est l'histoire naturelle de Pline qui est de si grand vsage dans vne estude, qu'en cette seule piece vous possederez en quelque façon vne Bibliotheque entiere.

Ce sera par elle mon R. P. que ie finiray ce petit diagramme, ou cette breue declination que vous m'auez demandée. Ie pense vous y auoir designé les Liures les plus necessaires, soit pour estre d'vn vsage & seruice quotidien, tels que sont les premiers; soit pour estre de ceux dont parle l'Orateur Romain, *in quibus immorari oportet & senescere.* Vous voyés

X

PETITS TRAITEZ,

que i'ay fait vn catalogue fort fuccinct de ceus-cy, tant à caufe de mon premier deffein, que pource que ie defere beaucoup au confeil que nous a donné Seneque en ces mots, *multo fatius eft paucis te authoribus tradere, quam errare per multos*, Quintilien nous l'a depuis repeté en ces autres termes, *optimis affuefcendum eft, & multa magis, quam multorum lectione firmanda mens, & ducendus eft color.* Or vous fçauez qu'elle eft la couleur des hommes ftudieux, & ce que refpondit l'oracle à Zenon le Stoïcien, quand il luy demanda par quel moyen il pouuoit viure heureux. Si vous n'en auez memoire, ie vous en feray d'autant plus librement fouuenir, que les premieres Peres de l'Eglife fe font fouuent feruis de ces mefmes oracles, pour authorifer les plus haults myfteres de noftre foy. Sa refponfe fut donc, au rapport de Diogenes Laertius, qu'il obtiendroit facilement cette felicité, lors qu'il auroit acquis la couleur des trefpaffez; ce qui le porta à la lecture des Liures, & à l'eſtude ſerieuſe des bons Autheurs, qui luy acquirent enfin auec la paſle couleur des morts dont parloit l'oracle, les ſentimens qui ſeuls peuuent donner moralement parlant la vraye felicité aux viuans.

DE L'AMOVR.

LETTRE XIV.

NON, non, Monsieur, ne vous imaginez pas que la passion d'Amour soit si vicieuse que beaucoup de gens la representent. Elle n'a, non plus que les autres, que ses excez qu'on puisse raisonnablement condamner. La Nature l'auoüe, les plus grands Philosophes comme Socrate l'ont reuerée, & on peut dire qu'il n'y a que le mauuais Demon qui la persecute, desireux qu'il est que tout le monde luy ressemble, & que personne n'ayme puis qu'il ne se peut porter qu'à la haïne. Mais ie vous diray bien dans la connoissance que i'ay de vostre temperament, qu'il n'y a point d'homme qui doiue condescendre plus librement que vous aux diuertissemens qui se prennent auecque les femmes. Car comme les constitutions melancholiques, dont la vostre ne s'esloigne pas, y sont beaucoup plus portées que les autres, tesmoin celle du Liévre, tenu pour le plus lascif & le plus melancholique tout ensemble des animaux : Aussi est-il certain qu'il n'y a rien qui serue tant à ces humeurs sombres & solitaires, ny qui en corrige si vtilement le deffaut, que les passetems amoureux. Pline qui estend leur vtilité sur diuerses sortes de maladies, veut qu'ils profitent particulierement aux Atrabiliaires. Et ie me souuiens d'auoir leu dans Athenée, qu'vne Courtisanne Grecque fut surnômée Anticyre, à cause, dit-il, qu'elle debitoit du Veratre, ou de l'Ellebore, à ceux qui en auoient besoin : Ce fut plustost, à mon auis, par ce que les recreations qu'elle donnoit aux hommes trauaillez de melancolie, leur estoient plus auantageuses que toutes les herbes des Anticyres. Vous ne prendrez pas, s'il vous plaist,

L. 28. c. 4. & 6.

L. 13.

X iij

cecy pour vne approbation des plaisirs qui vont contre les bonnes mœurs. Personne ne sçauroit condamner plus que moy les voluptez des honnestes. Quelques riantes qu'elles soient d'abord, i'ay appris d'Aristote à les regarder dans leur issuë. Et quand ie considere que la mesme estoile de Venus, qui est nommée Phosphore le matin à cause de son agreable lumiere, s'appelle le soir Vesper, & est cette triste auant-couriere de nos plus sombres nuits; ie m'imagine facilement que les Astronomes nous ont voulu faire lire dans le Ciel, ce que nous deuions attendre en Terre d'vne Deesse, dãs la plusmart des contentemens se terminent par la douleur, & vont fondre, comme autant de ruisseaux d'eau douce, dans vn Ocean d'amertume & de desplaisirs. Si est-ce que la mesme Theologie Payenne nous represente les amours, qui pour estre fils de Venus ne sont pas tous d'vne mesme Nature. Il y en a d'honnestes & de prisables, aussi bien que d'impudiques & de condamnables. Et si cét ἔρως qui s'escrit auec vn *Omega*, est tellement à reietter qu'vn ancien difoit que le plus grand des Dieux Iupiter, ne pouuoit pas le receuoir & eftre fage tout enfemble; l'autre ἔρος qui fe contente d'vn petit *Omicron*, n'a rien que d'eftimable & a toufiours paffé pour diuin. La Fable reconnoift de mefme vne Venus celefte, auffi amye de la pureté de fes colombes, qu'on a creu qu'elle abhorroit les ordures, & le naturel immunde du Pourceau, d'où il eft aifé de tirer vne tres-belle moralité fur noftre propos. Ce n'eft donc que de l'autre Venus Ἀφροδίτη qu'il faut fe garder, comme de celle, difoit Euripide, qui a merité ce nom pluftoft parce qu'elle rend les hommes ἄφρενες ou infenfez, qu'à caufe de fa naiffance de l'efcume de la mer. Nous nous en potuons preferuer par l'vfage de la raifon, qui nous fera toufiours reconnoiftre que celuy qui commande aux Dieux mefmes, fi lon en croit les Poëtes, obeït aux hommes raifonnables, lors qu'ils luy fçauent donner la loi. En effet foit que nous confiderions l'Amour comme vn defir de l'immortalité felon Platon, foit que nous

Phornutus de nat. Deo. in Ven.

le definissions auec Aristote & saint Thomas vn mouuement de l'appetit vers le bon & le beau, lon ne sçauroit legitimement le blasmer, puis que l'enuie de nous perpetuer est si attachée naturellement à nostre humanité, & que toutes les beautez d'icy bas qui nous peuuent toucher, ne sont que des écoulemens & des dépendances de la Beauté supréme qui est au Ciel. Si l'Amour estoit vicieux de luymesme, il faut croire que Salomon n'auroit pas pris son voile comme il a fait, pour en couurir les plus secrets mysteres de nostre Religion dans son Cantique des Cantiques. Il est de son feu comme de mille autres choses excellentes, que le mauuais vsage peruertit. Aristippe allant, selon la licence de son siecle, chez vne Courtisane, soustint que ce n'estoit pas l'entrée de son logis qu'on deuoit tenir pour honteuse, mais l'obstination seule à y trop demeurer, & à ne s'en pouuoir tirer. J'auoüe que ce seroit vn crime de parler aujourd'huy de la sorte. Il faut auoir toute la probité de S. Ambroise, & l'innocence de Synesius,

sius, pour iustifier vne frequentation en des lieux si infames. Et difficilement au tems où nous sommes les visites ordinaires dont Socrate honoroit Aspasie receuroient la fauorable interpretation que leur donne le mesme Synesius. Mais il n'y a point de Casuiste si rigoureux, qui vous defende la hantise des femmes d'honneur. C'est parmy elles que ie vous verray volontiers esgayer l'esprit, & eschauffer le temperament que vous auez, au feu d'vn amour vertueux. Faites choix pour cela *In Dione.* d'vn suiet digne de vos affections, & vous y appliquez d'autant plus librement, que la passion amoureuse ressemble au Lierre, s'il est permis de faire cette comparaison apres Plutarque, grimpant & se liant à tout ce qu'elle rencontre, ce qui nous oblige à luy donner vn honneste attachement. En tout cas, comme ie serois tres-fâché de vous voir dans vne volupté reprochable, fussiez-vous couché, comme cét Empereur Verus dans Spartian, sur des licts de roses, auec des couuertures tissuës de fleurs de

Y

lis, & embaumées de parfums Persiques: Aussi me déplairoit-il fort que vous fissiez scrupule d'acquiescer aux iustes demandes de la nature, & à cette necessité *Erotique*, tenuë par Platon au cinquiesme liure de sa Republique pour beaucoup plus pressante & plus forte, que la necessité Geometrique. Souuenez-vous-là dessus de ce beau passage de Tertullien, *Natura veneranda est, non erubescenda. Concubitum libido, non conditio fœdauit. Excessus, non status est impudicus.* Et prenez en bonne part le conseil des-interessé que vous donne vn amy, au mesme temps qu'il peut dire aussi bien que le Pantalon de la Comedie, *io m'inuecchio, & il mundo s'imputanisce*.

DE LA BEAVTÉ.

LETTRE XV.

MONSIEVR,
Ie ne suis pas en humeur d'acquiescer à tous vos sentimens, ny de vous accorder que la Beauté soit vne fleur qui ait tousjours sa racine dans la Bonté. Il y a trop d'exceptions à faire sur cela, dans l'vn & dans l'autre sexe. Les plus belles femmes ne sont que trop souuent les plus fascheuses, pour ne rien dire de pis. Et Nirée qui passa deuãt Troye pour le plus agreable de tous les Princes Grecs, y fut encore reconnu le plus inutile. L'on peut dire d'ailleurs selon sainct Augustin, que Dieu permet assez souuent qu'on voye le vice paré du

L. 15. de ciuit. Dei. c. 22.

masque de la Beauté, afin qu'elle ne soit pas prise pour vn des plus grands biens, & que les personnes de vertu & de bon sens apprennent à n'en faire cas, qu'autant que la raison le veut, *pulchritudinem propterea largitur Deus etiam malis, ne magnum bonum videatur bonis*. Certes si nous y voulons prendre garde vn peu plus exactement que ne fait le commun, nous trouuerons qu'il arriue souuent parmy nous la mesme chose qui s'obserue entre les Plantes qu'on nomme Simples, dont celles qui ont le plus de vertu ou de force, sont ordinairement les moins esclatantes, & qui donnent le moins de satisfaction à la veuë. Vne belle ame n'emprunte iamais sa recommendation du corps, ny de l'exterieur, non plus qu'vne pierre precieuse du metal qui l'enuironne. Et puis que la couleur de nostre teint, ny la iuste proportion de nos membres, d'où dépend la beauté humaine, ne sont pas en nostre pouuoir, pourquoy mes-estimerions nous ceux que la nature n'a pas gratifiez de cette lettre de faueur qu'elle imprime par fois au visage des personnes qui l'ont le moins meritée. Pour moy ie trouue que le Cardinal Caietan repartit fort bien à Louis Sforce surnommé le More, qui auoit fait vn trop desauantageux iugement de luy sur sa mauuaise mine. Ce Prince de Milan allant au Conuent des Dominicains de la mesme ville, y vit Thomas de Vio alors Docteur seulement, mais qui auoit desia acquis vne partie de cette grande reputation qui le porta depuis au Cardinalat. Et parce qu'il estoit de fort chetifue representation, Sforce ne put s'empescher ne le connoissant point, de dire aux Peres qui l'accompagnoient, qu'il s'estonnoit qu'ils tinssent parmy eux vn homme si mal fait. Il fut desabusé sur le champ par le recit qu'on luy fit du merite extraordinaire de Caietan, qui prit neantmoins suiet, dans vne conference qu'il eut quelque temps apres auecque cét vsurpateur, de luy couler ces termes de iustification. Que s'il eust esté l'autheur de son estre & de sa fabrique, il luy auoüoit qu'il se seroit donné vne plus agreable rencontre. Mais que les hômes estant obligez de prendre en bône part tout ce qui vient de la main de Dieu, comme il le faisoit de son costé, aussi y auroit il d'ailleurs trop de rigueur de le rendre responsable d'vn ouurage où il n'auoit rien contribué ; auec ce mot du Breuiaire, dont il se souuint fort à propos, *ipse fecit nos, & non ipsi nos.* Ie veux vous adiouster à cela l'obseruation que fait le Cardinal Federic Borromée, neueu de celuy que l'Eglise a canonisé, dans son traité *Della Gratia Dei Principi*, d'où i'ay pris ce que ie vous viens de rapporter. C'est qu'encore que le portraict de Caietan le representast plustost agreable & de belle presence qu'autrement, il sçauoit auec certitude de ceux-mesmes qui l'auoient veu, qu'il estoit tres-laid & de fort mauuaise physionomie ; les Peintres n'ayant pris la licence de le faire tout autre qu'il n'a esté, que sur l'imagination qu'vn si grand personnage deuoit auoir eu vn visage majestueux & plein de dignité. Surquoy vous pouuez vous souuenir de l'opinion de ceux qui croient

que Iesus-Christ mesme ne posseda iamais
cette beauté exterieure que d'autres luy
attribuent; son humilité qui luy fit eslire
vn Artisan pour pere putatif, l'ayant porté
à se reuestir d'vn corps petit, & si peu auantageux qu'il attiroit les opprobres. Ter- *L. de pa-*
tullien qui paroist estre de cét aduis en *tien. p.*
quatre lieux differens, l'authorise par le *L. adu.*
cinquante-troisiéme chapitre d'Isaie, que *Iul. p.*
sainct Augustin allegue aussi au mesme *L. de car-*
sens dans l'interpretation de plusieurs *Chr. p.*
Pseaumes de Dauid. Origene neantmoins *367. & l.*
au sixiéme liure contre Celsus, qui s'estoit *Marc. p.*
fondé sur ce deffault de grandeur & de *482.*
bonne grace, pour blasphemer contre *In psal.*
l'humanité du Fils de Dieu, respond que *& 127.*
les Apostres ny les Euangelistes n'ayant
rien dit de si desauantageux touchant sa
personne, l'on pouuoit expliquer la Prophetie d'Isaie allegoriquement de ceux à
qui le mesme Dieu n'a pas fait la grace de
reconnoistre la seconde personne de la
Trinité, & qui ont mesprisé sa saincte
parole, trouuant celle des Philosophes
Payens beaucoup plus à leur gré. Mais

vous sçauez bien qu'il y a d'anciennes medalles qui ne le rendent pas le plus beau des hommes, suiuant le texte *speciosus forma præ filiis hominum*; & qu'on prent aussi cette beauté, ou cét agrément, de la forme interieure, au mesme sens qu'en disant de nous dans les Escholes que nous sommes composez de matiere & de forme, l'on entend parler du corps par la premiere, & de l'ame par la forme. Quoy qu'il en soit c'est vne pensée pieuse du Christianisme, que les ieusnes, les veilles, & toute autre sorte d'austeritez, auoient tellement cõsumé & mortifié le corps de nostre Saueur, qu'à l'âge de trente ans il paroissoit n'en auoir gueres moins de cinquante; à quoy se rapporte ce que les Iuifs le voulant lapider luy disent dans le huictiesme chapitre de sainct Iean, *quinquaginta annos nondum habes, & Abraham vidisti?* quoy, vous n'auez pas encore cinquante ans, & vous parlez d'Abraham comme si vous l'auiez veu? Aussi Cardan se fondant sur de semblables passages, a bien osé rendre des raisons Astronomiques d'vne vieillesse

Rigalt. in obs. ad Tert. p. 46.

lesse si auancée, & d'vn visage si austere, si desseché, & si plein de taches, qu'on le prent pour vn Lepreus dans le mesme lieu d'Isaie que nous venons de citer, *putauimus eum quasi Leprosum*. Car encore que cela reçoiue vne explication figurée, j'ayme mieux appuyer les presuppositions de Cardan d'vne veritable prophetie, que d'vn faux texte de Iosephe, qui n'a iamais nommé, comme il l'asseure, *Iesum lentiginosum*. Au dire de Cardan, Saturne & Venus dans l'Ascendant de cette precieuse Natiuité causerent toutes ces disgraces, comme il se trouue dans d'autres parties de son Theme ce qui donnoit à la Geniture (pour vser des termes de l'art) vne santé si ferme, & vne beauté de corps si considerable. En cela ce Iudiciaire ne semble pas estre d'accord auec Tertullien, ny auec luy-mesme, qui n'a fait que suiure le Cardinal Pierre de Alliaco, le Calabrois Tiberius Russillianus, & quelques autres encore

Z.

plus anciens dans vne si hardie entreprise, où il fait voir escrit au Ciel tout ce qui touche la vie de IESVS CHRIST, horsmis, dit-il, sa naissance d'vne Vierge.

Or si Dieu mesme a mesprisé cette beauté externe ; & si la laideur de Caietan, non plus que celle d'Esope & de Socrate n'a rien de reprochable, pourquoy donner tant d'éloges comme vous faites à vne chose de si peu de consideration ? Né m'auoüerez-vous pas que les Cantharides sont ordinairement de plus belle couleur, & bien mieux dorées que les Abeilles ? En verité si vn Autheur moderne à eu raison de dire, que la Beauté Masle n'est rien autre chose qu'vne marque de la bonne constitution de la Puissance actiue dans la Generation : Et si par consequent la Beauté Femelle ne peut estre prise que pour vne marque de la bonne constitution de la Puissance passiue dans la mesme Generation: Il demeure tres-euident que toute sor-

De la Chambre Caract. des Passiōs c. 2. part. 5.

te de Beauté est trop sensuelle, & trop plongée dans la matiere, pour meriter les loüanges exquises & spirituelles dont vous auez voulu remplir vostre lettre.

DE LA CVRIOSITE'.

LETTRE XVI.

MONSIEVR,

Vous auez tort de me prendre pour vn Cesar en me demandant des commentaires de nos Gaules. Ie suis l'homme du monde qui escrits le plus mal volontiers des nouuelles ; & quand i'y aurois de l'inclination, ie ferois conscience de vous en demander, veu que ce seroit fomenter vostre mal, & vous entretenir dans vne humeur vicieuse. Car puis qu'on met aujourd'huy entre les maladies de l'ame, la curiosité de sçauoir ce qui se passe à la Chine, ou dans quelqu'autre partie de la terre moins éloignée de nous, ie ne sçau-

OV LETTRES. 181

rois sans pecher donner nourriture à voſtre paſſion, ny contenter voſtre deſir deſ-reglé d'apprendre ce qui ſe fait ou ſe dit icy, ſans me rendre complice de vôtre crime. Contentez-vous donc que ie vous aye fait rire de cette nouuelle Morale, & qu'en continuant ie vous declare que ie n'ay preſentement nulles nouuelles, dont ie vous puiſſe entretenir plus fraiſches que celles de Boccace, de Ceruantes, ou de Straparole. Si l'on ne ſçauroit neantmoins ſans perdre vos bonnes graces ſe diſpenſer de vous eſcrire vn peu plus au long que de couſtume, i'ayme mieux paſſer du ridicule au ſerieux, & prendre le meſme ſuiet de la Curioſité, pour vous communiquer ce que ie penſe d'vne choſe que ie ne croy nullement mauuaiſe en elle-meſme, mais ſeulement dans ſes excez.

L'enuie de ſçauoir eſt ſi naturelle, qu'il y auroit trop d'iniuſtice de la condamner abſolument, & de faire vn vice de ce qui ſert de fondement aux vertus intellectuelles, la ſcience, la ſageſſe, & l'intelligence.

Z iij

Mais comme les meilleures choses ont toûjours des limites, il en faut prescrire à celle-cy aussi bien qu'aux autres, & tenir pour constant qu'on ne sçauroit estre curieux des arts deffendus comme par exemple de celuy de la Magie noire, sans offencer Dieu ; ny de beaucoup d'autres connoissances, sans interesser la conscience. Ne sçauons-nous pas combien la curiosité de nos premiers parens a cousté cher à toute leur posterité ? Et la Religion ne deffend elle pas celle de penetrer iusques aux plus secrets conseils de la Prouidence ? Il y en a mesme vne qui pour ne se trouuer pas si criminelle, ne laisse pas d'estre à blasmer. On voit des curieux impertinens sans estre coupables. Et ce vain desir d'apprendre toute sorte de nouuelles,

.... vt omne

Lucret. *Humanum genus est auidum nimis auricu-*
l. 4. *larum,*

à besoin d'estre reprimé, parce qu'il est souuent indiscret, & qu'il tesmoigne presque toûjours quelque legereté d'esprit.

OV LETTRES. 183

Ces bornes establies, ie ne voy rien de plus propre à l'homme, ny de plus digne de luy, que l'enuie d'apprendre & de s'instruire. Il n'est placé au milieu de la nature, que pour s'informer de ce qui s'y passe. Le monde est vn Theatre sur lequel il peut ietter les yeux de toutes parts. Et la connoissance mesme des choses mauuaises, à les considerer en general, n'est pas condemnable comme en est la pratique, parce qu'elles n'ont rien de vicieux dans l'entendement comme dans la volonté. Ie sçay bien que l'Eschole blasme ordinairement, auec sainct Thomas, iusques à la recherche de la verité dans les creatures, si l'on ne fait reflexion sur le Createur, & si l'on n'a pour but de le reconnoistre par le moyen de ses œuures. Mais d'autât que ce n'est pas de moy que vous deuez attendre des leçons de Theologie, ie vous renuoye à ce que les Docteurs enseignent de cette sorte de curiosité qu'ils censurent, pour vous dire l'auersion que i'ay d'vne autre, dont fort peu de personnes se peuuent vanter d'estre exemts.

2. 2. qu. 167.

Le desir de sçauoir ce que chacun pense de nous est si grand, que i'entre dans le sentiment de Marc Antonin, qui ne croit pas que nostre nature soit suiette à vne plus grande misere. Nous nous deurions contenter, dit-il, de rentrer en nousmesmes, de nous y obseruer & nostre propre Genie, sans vouloir penetrer iusques dans l'interieur des autres par vne curiosité d'autant plus ridicule, qu'elle nous feroit tout à fait des-auantageuse si nous la pouuions satisfaire. Car il faut tenir pour constant qu'eu esgard aux ialousies, aux ingratitudes, & aux autres deffauts ordinaires des hommes, s'il nous estoit possible de voir ce que nos amis mesmes, ou ceux qui se disent tels, ont souuent dans le cœur, nous en serions mortifiez au dernier poinct. Et ie soustiens que s'il y auoit moyen d'auoir vn miroir magique, qui nous descouurit à nud toutes les enuies, les perfidies, & les mauuaises volôtez qui nous regardent, il seroit plus à propos de le casser ou de s'en défaire, que de le conseruer & retenir, auec les inquietudes &
les

L. 2. de vita sua.

les chagrins qu'indubitablement il nous donneroit. Aussi ne lisons-nous iamais sans vne grande estime dans les histoires, la moderation de ceux qui ont sçeu commander à leurs appetits en des rencontres, où d'autres auroient voulu contenter leur curiosité. Les Atheniens renuoyerent à Philippe de Macedoine les lettres qu'il addressoit à Olympias, sans que la jalousie qu'ils auoient de sa grandeur, ny l'espoir de descouurir quelque secret qui les touchast, leur eust peu persuader de les ouurir. Alexandre victorieux porta le mesme respect à celles que Darius auoit escrites à sa femme. Caligula *Suet. art.* dans ses beaux commencemens brusla 15. beaucoup de papiers de sa mere & de ses freres, capables de donner de l'apprehension à plusieurs personnes, protestant auec fermeté que c'estoit sans les auoir regardés: Et il refusa de receuoir vn libelle ou memoire qui regardoit la seureté de sa vie, comme n'ayant rien fait, disoit-il, pour estre haï, ny qui luy deust faire prester l'oreille à des delateurs. Pompée mit au feu

Aa

toutes les depesches & autres instructions qu'auoit Sertorius, en ayant empesché la lecture. Marc Antonin pratiqua la mesme chose vne autrefois, par cette belle consideration qui se void dans Dion, qu'il ne desiroit pas auoir par force quelque suiet de ressentiment contre qui que ce fust. Et Commodus son successeur ne voulut iamais escouter vn Manilius Secretaire de Cassius qui s'offroit à reueler beaucoup de choses, faisant aussi ietter dans le feu toutes les lettres qu'il auoit, afin que personne ne prist connoissance de ce qui estoit dedans.

Dio Cass. l. 71. & Exc. Const.

Ie grossirois trop cette lettre si ie venois aux exemples modernes, & ie vous serois peut-estre importun, si i'exagerois toutes les sottises que la curiosité de l'auenir fait faire à vne infinité de gens, qui se rendent mal-heureux par son moyen deuant le tems de leurs infortunes, & qui corrompent de mesme tout le bien qui leur peut arriuer, par l'impatience qu'ils ont de le connoistre, jointe à la crainte qu'il ne succede pas. Si l'Empereur Hadrien a esté le plus curieux des hommes, comme on le dit, il peut passer encore pour le plus miserable de tous. Et neantmoins quoy que l'excez de cette passion soit fort à craindre, ce n'est pas à dire pourtant qu'on soit obligé d'y renoncer absolument. Le deffaut de curiosité est vne autre extremité qui cause par fois d'estranges preiudices. Ie sçay bien que Cesar ne se trouua pas mal, d'auoir dit à demain les affaires. Mais il cousta la vie à cét Archias souuerain Magistrat de Thebes, & à vn nombre infiny de ses Citoyens, d'auoir vsé des mesmes termes, negligeant d'ouurir vn pacquet de lettres qui descouuroit vne conspiration de bannis. Finissons par vne autre obseruation de Cardan, qui donne cét important aphorisme dans sa Prudence ciuile, qu'il faut tenir pour les plus grands ennemis que nous ayons, ceux qui sous vn pretexte de familiarité s'informét trop curieusement de nos pensées, de nos desseins, & generalement de ce qui nous touchant ne les regarde point. En effet, leur dessein est sans doute, de prendre par là le

Æm. Probus in Pelop.

C. 31.

Aa ij

plus d'auantage sur nous qu'il leur est possible, & de faire ce que le Satyrique Romain reproche aux mauuais seruiteurs, *Scire volunt secreta domus atq; inde timeri.* Ce n'est pas peu faire que d'esuiter de telles embusches, ny à des François comme nous sommes, de faire qu'on ne nous puisse reprocher vn vice dont Cesar accuse toute nostre nation, comme celle qui arrestoit les passans sur les grands chemins, & les Marchands forains en plein marché, pour leur faire dire par force des nouuelles.

L. 4. de bello Gall.

DES FESTINS,
& des Parasites.

LETTRE XVII.

MONSIEVR,
Prenez garde que l'ordre du festin de ce Seigneur Aleman, où l'on vous à seruy à la mode de son pays les grosses viandes apres les delicates, ne soit plus contre nostre vsage que contre la raison. Car j'ay bonne memoire d'auoir leu en plus d'vn lieu que Socrate ne deffendoit rien si expressément, que cette sorte soit de boisson, soit de viande, qui donne de l'appetance (pour vser de ce mot) au delà de la faim & de la soif. Et vous pouuez voir dans vn autheur Arabe qu'on à depuis peu

Macr. 7. Satu. c. 4.

Semita. Sap. c. 5.

donné au public, cét important precepte contre la gourmandise, de manger tousiours les plus delicats morceaux les premiers. En effet ces saupiquets & ces ragouts qui succedent aux viandes solides, n'ont esté inuentez que pour irriter vn appetit satisfait ; comme l'hypocras & assez d'autres breuuages sont plus propres à boire sans soif, qu'ils ne sont bons à l'estancher. Ce n'est pas que ie condamne absolument la diuersité des mets, & que ie ne me souuienne bien de ce mot d'Hippocrate rapporté par Macrobe, que l'homme estant composé de fort differentes parties, vne nourriture trop simple, & trop vne, s'il faut ainsi dire, ne luy peut pas conuenir, *si homo non vnum, nutriendus est ex non vno.* Ie n'ignore pas non plus qu'apres auoir beu pour s'humecter & se rafraischir, les Philosophes les plus austeres ont donné quelque coup de verre à la gayeté ; & qu'on peut mesme imiter ce Stratonicus qui beuuoit encore de peur d'auoir soif, apres s'estre suffisamment desalteré. Mais ie soustiens que les

marginalia:
7. Satur. c. 5.
Athen. l. 8.

friandises tant du boire que du manger qui viennent lors qu'on a pris toute sa refection, & que Seneque nomme fort proprement *oblectamenta ad edendum sa-* Ep. 109. *turos cogentia*, ne sçauroient estre trop condamnées. Quand vne esthomac n'en peut plus, & que la bouche mesme est lasse d'auoir tant trauaillé à l'assouuir, on presente des viures tellement apprestez & sophistiquez, qu'outre qu'ils réueillent le goust le plus perdu, ils s'aualent insensiblement & sans auoir la peine de les mascher. Ie n'attens plus que l'heure, disoit vn ancien sur cela, qu'on nous donnera les morceaux tous maschez, *expecto* Sen. ep. *iam vt manducata ponantur*; & vous vous 96. pouuez souuenir d'vn certain Sagaris dont parle Athenée, qui faisoit mascher par sa nourrice tous les alimens dont il L. 12. se nourrissoit, encore qu'il fust fort âgé, trouuant qu'il y auoit trop de fatigue à le faire soy-mesme.

Mais pour n'exagerer pas dauantage ce qui se peut dire là-dessus contre le mauuais vsage de nos tables, ie viens à cet homme que vous dites qui se trouue tousiours sans estre prié, comme les Myconiens, aux lieux où il est asseuré de trouuer la nappe mise. Celuy dont vous voulez parler ne m'est pas inconnuë.

Iuu. sat. 2. — *rarum & memorabile magni Gutturis exemplum.*

Et pour vous monstrer que ie le remarque bien, n'est-ce pas le mesme qui ne pouuoit dernierement comprendre que *Jos. ant.* Samson le plus fort des Israëlites n'eut ia-*Iud. l. 5.* mais beu que de l'eau? A ce que ie puis *c. 10.* voir par ce que vous m'escriuez, les Parasites comme luy auront beaucoup à souffrir par tout où ils vous rencontreront. Si serez vous tousiours contraint d'auoüer que leur nom qui semble si odieux, n'a pas esté tousiours pris en si mauuaise part. *L. 6.* Athenée le fait voir par cent passages de differens Autheurs, qui monstrent que la qualité de Parasite n'estoit pas seulement honorable, mais qu'elle estoit mesme autrefois vn terme de veneration & de sainteté: Il rapporte entr'autres textes les vers d'vn Diodore de Sinope, ou le plus grand

grand des Dieux Iupiter Philius passe pour le premier de tous les Parasites. Et n'y lisons nous pas que les Bardes des Celtes, qui estoient les Poëtes de nos anciens Gaulois, les suiuoient à la guerre pour descrire leurs actions heroïques, & qu'on les appelloit par honneur leurs Parasites? Tant y à que vostre Pamphagus se peut vanter d'estre consideré iusques dans les festins comme vn des plus habiles hommes du monde. Auguste estoit bien aise d'oüir en mangeant ceux que Suetone nomme *aretalogos*. L'Empereur Seuere en auoit d'autres entre lesquels Lampridius met le grand Vlpian, qui l'entretenoient de propos d'estude & de recreation tout ensemble, *vt haberet fabulas literatas*, dit cet Historien. Et les Grecs ont fait grand estat de leurs Deipnosophistes, & de leurs τραπεζορήτορας, qui estoient escoutez auec admiration lors qu'ils preschoient sur la vendange. Pourquoy n'estimerons-nous pas autant ceux qui font encore aujourd'huy la mesme profession? Et pourquoy les Parasites de ce tems seront-ils de pire

Art. 74.

Bb

condition que ceux des anciens, s'ils ne leur cedent nullement en tout ce qui concerne le meſtier dont ils ſe meſlent? L'amour que celuy dont vous faites de ſi bons contes à pour les bonnes tables, luy a fait apprendre par tables tout ce qu'il ſçait. S'il n'a pas veu ce que les liures ont de meilleur, c'eſt qu'en les ouurant il court viſtement à leur table qui ne ſe trouue qu'à la fin, & d'où l'on ne peut preſque le retirer, ayant cela de commun auec Protogene que *neſcit manum de tabula*. A la verité il haït extremément celles qu'on nomme d'attente, ce qui luy a donné par fois de grands dégouſts des plus belles pieces d'architecture. Mais en recompence il a des tranſports d'amour merueilleux pour ces anciennes loix Romaines qu'on nommoit des douze tables, & il ne peut s'empeſcher de teſmoigner l'enuie qu'il porte à tant de vieux Iuriſconſultes, qui les auoient touſiours toutes douze deuant eux, ſans eſtre obligez de porter leur veuë ſur vn moins agreable object.

Vous iugez bien que ie m'accommode

à vos railleries, & que c'est pour vous damer le pion que ie me dispense d'escrire de la sorte. Il est vray pourtant que tout ce qu'on a conté des Tithymalles, des Cherephons, & de leurs semblables, se peut fort bien ajuster à ce rare personnage. Il deuore comme les poissons plustost qu'il ne mange,

Pernicies, & tempestas, barathrumque *Hor. l. 1.*
sat. 15.
  macelli,

Du moins peut-on dire que, *mangia da sano, & beue da ammalato*. Et comme Aristote asseure que la Poulpe se laisse plustost mettre en pieces, que de quitter ce qu'elle veut aualer; il n'y a point de force ny d'artifice qui luy puisse oster le verre ou le morceau de la main. Le mesme Autheur rapporte qu'vn homme de Syracuse beut sans cesse durant autant de tems qu'il en falut à faire esclore des œufs, qu'il auoit pour cela mis en terre auec de la paille: Celui-cy continueroit à boire iusques à ce que ces petits poulets fussent en estat d'estre mangez. Il disne indifferemment auec toute sorte de gens qui luy

L. 4. de hist. an. c. 8. & l. 6. c. 2.

Bb ij

font bonne chere, mais il n'y en a point dont il fasse tant d'estat que de ses bons Cœnateurs, comme il les appelle, se plaignant fort qu'il y en ait si peu en France, & particulierement à la Cour, veu qu'on sçait que Rome n'a triomphé que par le merite de ceux qui portoient vn si beau nom. Diogene mangeant en plein marché, dit en riant à celuy qui le reprenoit de cette inciuilité, qu'il ne l'auroit pas faite si la faim ne l'eust pris au mesme lieu : Pamphagus ne trouue point de plus bel apophtegme dans tout Laërce, & il s'en est souuent seruy la bouche & les mains pleines de Ratons & de Craquelains dans la Foire de sainct Germain. Il allegue là dessus ce que Strabon obserue des Indiens, qui mangeoient à toutes heures. Il loüe la Reine d'Angleterre Elisabeth, & le penultiéme Duc de Sauoye, qui prenoient leurs repas à telle heure indifferemment du iour ou de la nuict qu'ils auoient appetit. Pourquoy ne sera-t'il pas permis à ceux qui l'ont tousiours ouuert comme Pamphagus, de le contenter par tout & autant

15. Geogr.
Camden.
2. hist.

OV LETTRES. 197

de fois qu'ils le peuuent faire? Il ne sçauroit souffrir ce mot de l'Ecclesiaste, *melius est ire* c. 7. *ad domum luctus, quam ad domum conuiuij*, qu'il veut auoir esté adiousté par quelque Rabin de Samarie, parce qu'à son dire Salomon enseigne ailleurs vne toute autre doctrine. Il prefere Eschyle à tous les Poëtes Tragiques & Heroïques, comme celuy qui a naifuement representé Iason son principal Heros yure sur le Theatre. Enfin il tourne à son auantage tout ce qu'il a leu ou entendu dire, se mocquant à son tour du reste du monde, & de ceux mesmes qui prennent plaisir à luy faire faire les meilleurs repas, *stultorum diuitum adrosor, & quod sequitur arrisor, & quod duobus his adiunctum est derisor*, pour par- Ep. 27. ler de luy comme Seneque à fait d'vn Satellius Quadratus qui vray-semblablement ne jouoit pas mieux son personnage. Son seul malheur & la seule plainte qu'il fait contre la nature, c'est qu'elle ne luy ait pas donné la faculté de se vuider le ventre quand il voudroit, comme à cét animal *Micheo-* *uo. Olaus.* Rosomaka de Moscouie, qui en est quitte *Gesnerus.*

198 PETITS TRAITEZ,
pour le presser vn peu entre deux arbres, ne faisant par ce moyen que manger toute sa vie s'il trouue dequoy.

C'est ce que ie vous ay voulu dóner pour seruir de dessert au festin que vous m'auez si plaisamment descrit. L'antipathie ou mon temperamment me porte contre les grands mangeurs, & l'auersion que j'ay tousiours euë des Parasites, m'ont suggeré ces trois ou quatre reflexions dont j'ay accompagné les vostres. Si quelqu'vn plus austere que nous ne sommes s'en veut scandaliser, qu'il prenne garde que nos libertez sont innocentes, nos railleries de saison dans le Carnaual,

------ *& istos*

Ouid. l. Trist. el. 8. *Vt non laudandos, sic tamen esse iocos.*

DES EPITHETES.

LETTRE XVIII.

MONSIEVR,
Vous voulez que ie vous mette par escrit les Epithetes que nous remarquasmes dans noſtre derniere promenade eſtre propres à beaucoup de Grands perſonnages. Ie n'ay pas aſſez de memoire pour vous ſatisfaire plainement, mais i'ay aſſez d'affection, & ſi noſtre amitié peut ſouffrir que ie parle ainſi, d'obeïſſance, pour vous contenter autant qu'il me ſera poſſible en cecy, que vous dites fort bien n'eſtre pas abſolument inutile. Car ſi les Philoſophes, & ſur tous les Stoïciens, ont eu raiſon de croire que les noms, generale-

ment parlant, seruoient infiniment à reconnoistre iusques à la substance des choses; l'on ne sçauroit nier que les Epithetes, qui sont comme de secondes appellations, inuentées pour donner vne plus parfaite designation de ce qui est desia nommé, ne doiuent passer pour tres-considerables.

Commençons par ce Mercure Egyptien honoré du surnom de *Trismegiste*, qui n'a esté donné depuis luy à personne. Entre les Philosophes de Grece, Hippocrate & Platon ont eu celuy de *Diuins*; & le dernier des deux est encore connu par cét autre de *Moyse Athenien*, comme Philon Iuif est appellé le *Platon circoncis*. Le *Sage* Socrate, le *Iuste* Aristide, le *Bon* Phocion, sont des termes ordinaires, & l'on n'a point parlé d'Archelaus Precepteur de Socrate, non plus que de Straton de Lampsaque disciple de Theophraste, sans les nommer *Physiciens*. Aristote passe pour le *Genie de la Nature*, qui a laissé vn grand nombre de Sectateurs, dont la pluspart sont aussi souuent citez par leurs Epithetes,

OV LETTRES.

tes, que par leurs propres noms. Auerroes est il y a long-temps le *Commentateur* par excellence. Depuis Petrus de Apono a esté baptisé dans l'Eschole du nom de *Conciliateur*; & Richard Suiseth de celuy de *Calculateur*. Gregoire de Nanzianze y est le *Theologien*, Pierre Lombard le *Maistre des Sentences*, sainct Thomas le *Docteur Angelique*; Lescot son Antagoniste le *Docteur subtil*; Alexander Ales le *Docteur irrefragable*, Michel Angrianus le *Docteur inconnu*, Gerson le *Docteur Tres-Chrestien*, & Raimond Lulle le *Docteur illuminé*. Ie trouue que S. Hilaire & sainct Bonauenture ont tous deux obtenu le surnom de *Docteurs Seraphiques*. Ocham, chef des Nominaux, à eu le tiltre de *Venerabilis inceptor*, Rabi Moses de *Doctor perplexorum*, & Thomas Domus de *Doctor Veritatis*. Vous pouuez vous souuenir encore de deux autres, dont l'vn est *Martinus contra communem*, & l'autre *l'Idiot*, dont on voit les ouurages dans le second tome de la Bibliotheque des Peres, n'estant connu que par ce surnom; qui seroit vne iniure si son humilité ne le luy auoit fait prendre, *nomine proprio ex humilitate suppresso*, dit Bellarmin. Les autres Facultez en ont donné de semblables à leurs Professeurs, aussi bien que la Theologie. Durandus entre les Iurisconsultes à eu celuy de *Speculator*. Et parmy les Medecins Campegius, & Dedondis se disputent cét autre de *Aggregator*.

L. de script. Eccl.

Il me souuient que nous passames de ces hommes de lettres à ceux d'action, pour y remarquer qu'encore que les Alexandres & les Pompées ayent rendu le tiltre de *Grand* si considerable, que les premiers hommes de toutes les Monarchies en ont esté honorez ; la flatterie fit trouuer aux Milesiens vn autre tiltre encore au dessus, quand ils surnommerent *Dieu* cét Antiochus qui les auoit deliurez d'vn Tymarche dont la tyrannie leur estoit insupportable. Le nom de ce dernier nous fit obseruer en suite, comme l'on s'est pleu par fois à renuerser les plus beaux epithetes par des allusions ingenieuses & desauantageuses tout ensemble. Car au

Appian.

lieu de dire Antiochus *Epiphanes*, nous voyons dans Polybe & dans Athenée qu'on prononçoit *Epimanes*, pour le taxer de beaucoup de folies qu'il auoit faites. Ceux d'Alexandrie irritez contre Ptolomée *Euergete*, ou, le *Bien-faisant*, l'appelloient ordinairement *Caquergete*, ou le *Mal-faisant*. Et les propres noms mesmes ont receu des inuersions ou renuersemens de lettres, tantost en bien, & tantost en mal. Ainsi Antisthene pour se railler de *Platon*, prononçoit *Saton*, c'est à dire, *Bien emmenché*. Epicure nommoit de mesme *Democrite Lerocrite*, ou *Lemocrite*, & *Chysippus*, *Chesippus*. On a dit *Biberius* pour *Tiberius*. Et dans nostre histoire le Duc de Sauoye, sous qui vn *Bellegarde* perdit le fort Barrault, ne le nomma plus que *Mallegarde*. Au contraire, la ville de *Maleuent* fut appellée *Beneuent* par les Romains; & celle d'*Epidamnum*, *Dyrrachium*, afin d'oster le mauuais presage des premieres dictions; comme Iean Leon nous apprent que les Arabes changerent le nom à la ville de *Siene*, qui signifie *Lai-*

Math. tom. 2.

Tit. Liu. & Plin.

L. 8. Affr.

de en leur langue, & luy donnerent celuy d'*Asna*, qui veut dire *la Belle*. Le Philosophe *Lycon* fut nommé *Glycon*, receuant fort à propos vne lettre de plus qui tesmoignoit la douceur de son langage. *Lupicine* femme de l'Empereur Iustin premier, & dont le nom Latin a du rapport à celuy de Lycon, prit à son couronnement dans Constantinople celuy *d'Euphemie*, qui la pouuoit autant honorer que l'autre sembloit la diffamer. Mais nostre dessein n'estant pas de parler du changement des noms propres, qui nous eust menez trop loin, nous reprimes les epithetes par la consideration de ceux qu'on a souuent donnez auec cette espece d'Ironie, ou de moquerie, que les Grecs appellent antiphrase. Trois Ptolomées Rois d'Egypte furent traitez de la sorte, quand on nomma l'vn *Philadelphe*, l'autre *Philometor*, & le troisiéme *Philopator*, quoy qu'ils eussent depossedé & fait mourir leur frere, leur mere, ou leur pere. Il y a d'autres epithetes qui semblent iniurieux, & qui neantmoins sont auantageux en effet. Car il ne faut point douter qu'on ne s'offençast d'estre loüé d'auoir des oreilles de Pourceau, des mains d'Araignées, des yeux de Dragon, vn nez de Corbin, vne memoire de Chien, ou vne bouche de Singe, encore que ces animaux excellent en toutes ces parties, dont elles ont les functions, à ce qu'on dit, beaucoup plus parfaites que nous ne les auons.

Vous ne voulez pas, ie m'asseure que ie vous rapporte, quand ie le pourrois faire, cette infinité de surnoms, Grecs, Latins, & autres, dont nous parlasmes, & qui n'ont esté que de simples epithetes attribuez aux premieres personnes de quelques familles. Valere Maxime, ou Probus, en ont fait vn petit traité pour ce qui touche leur nation. Pline monstre en diuers chapitres du liure onziéme de son Histoire naturelle, & en d'autres lieux encore, cóme les *Strabons*, les *Coclites*, les *Scaures*, les *Vares*, & autres semblables, deuoient leurs surnoms à des marques corporelles; les *Stolons*, & les *Frondites*, à des arbres; & les *Pisons*, *Fabies*, *Lentules* & *Cicerons*, à des

Cc iij

legumes dont ils affectionnoient la culture. Macrobe aussi sur la fin du sixiéme chapitre de son premier liure des Saturnales traite le mesme sujet. Nos Rois & Princes ont presque tous leurs Epithetes de mesme que ceux des autres païs. Il y en a de plaisans, comme celuy d'vn Foulques d'Anjou dit *Grisegonelle*, & celuy d'vn Raimond de Barcelonne, dit *Teste-d'Estouppe*. Les Castillans surnommerent le Roy Alphonce *Main-percée*, à cause de sa liberalité; & Ferdinand *el Emplazado*, c'est à dire *le cité en Iustice*. Garcias Sanctius qui fut appellé *le Tremblant*, me fait souuenir d'vn Consul Romain dont parle Tite-Liue, qui se nommoit Q. Martius *Tremulus*; & de ce delateur *Timidius*, dont s'est souuenu Iosephe au dix-neufiéme liure de ses antiquitéz Iudaïques chapitre premier. Il se trouue de ces termes qui ont vn grand rapport à d'autres de nostre langue, comme le *Diuitiacus* de Cesar, à *Richardiere*; le *Lycisque* des Grecs, à *Louuet*; & le P. Aurelius *Pecuniola* de Valere Maxime, à ceux qui se nomment *Argenton*, ou *Argenteau*. La douceur de Q. Fabius Maximus luy acquit le surnom de *Ouicula*, ou de Brebiette ; & à P. Scipio Nasica celuy de *Corculum*, ou de *Petit-cœur*, si ce ne fut plustost à cause de son grand esprit qu'il fut ainsi appellé, comme le veut S. Aurelius Victor dans ses hommes illustres.

C'est le sommaire que vous m'auez demandé de nostre entretien, sinon qu'vn d'entre nous qui faisoit plus de profession que les autres de Iurisprudence fit cette obseruation, que c'estoit vne marque de seruitude parmy les Romains de n'auoir qu'vn nom, alleguant là dessus la loy *Cum precum* du tiltre *De liberali causa*, au Code. Leur prouerbe *Trium literarum homo*, prouue la mesme chose, encore que par raillerie ils s'en seruissent pour dire l'injure de *Fur*, ou de Larron; comme en les imitant vn homme de trois lettres signifie en François vn *Fat*, ou vn *Sot*. Quoy qu'il en soit, les Epithetes firent la pluspart de leurs surnoms, qui deuinrent honorables encore que beaucoup fussent ridicules, & mesme honteux dans leur principe. Car par exemple celuy de Seruius fut la marque de la naissance seruile d'vn Roy des Romains, si nous en croyons Denis d'Halicarnasse au commencement de son quatriéme liure, plustost que cét Autheur du traité *de Prænomine*, qui veut que celui-là fust nommé Seruius, *qui mortuâ matre in vtero seruatus erat*. Mais il y en a qui sans controuerse furent infames dans leur origine, & tres-glorieux dans la suitte des temps. Cét Espagnol Paulus dont Ammian Marcellin fait mention, & qui sçauoit si bien faire des intrigues dans la Cour de l'Empereur Constantius, qu'on luy donna le surnom de *Catena*, ou de *la Chaisne*, pouuoit laisser vne posterité riche, & qui eust tenu à honneur d'estre nommée comme luy. Nous donnerions aisément assez d'exemples modernes de cela, s'il n'estoit plus à propos de briser icy pour ne pas irriter les Fées, & pour finir

L. 14 hist.

finir auec le papier, que i'ay remply de plus de pedanterie que ie ne pensois, encore que ie veisse bien d'entrée que le sujet m'y obligeroit.

DE L'INSOLENCE des Riches.

LETTRE XIX.

MONSIEUR,

La mauuaise reception que vous a faite cét insolent Richard, venu comme vn champignon dans vne nuict, ne vous doit pas estonner. Il n'en fut iamais autrement, & vous pouuez voir par ces vers ce qui se pratiquoit à Rome lors qu'elle estoit la plus ciuile,

Paneg. ad Piso. *Rara domus tenuem non aspernatur amicũ, Raraque non humilem calcat fasto sa clientẽ.*

Ouide dit que du mesme tems il n'y auoit point de plus grande barbarie que d'estre pauure, & cela est encore vray au sens qu'il

le dit, --- *barbaria est grandis habere nihil.* 3. am. c.
Mais ie trouue que la barbarie est sans 7.
comparaison plus grande du costé des richesses, qui rendent si insupportables ceux
qui les possedent depuis peu, qu'on diroit
qu'ils ont despoüillé l'humanité en quittant leurs vieux haillons pour prendre des
habits de Princes. N'auoit-il pas bonne
grace de vous railler sur vostre demeure
philosophique, en vous faisant parade de
ses alcoves dorées, & de ses superbes appartemens, luy que nous auons veu n'ayāt
pas de quoy faire joüer vn aueugle, & qui
eust esté abominable par les loix du Leui- c. 11.
tique comme rempant miserablement sur
la terre. En verité le mesme Aristote qui
met au quatriéme liure de ses politiques c. 8.
la vraye noblesse dans la possession des richesses anciennes jointes à la vertu, à raison de dire ailleurs que ceux qui ne les ont 2. *Rhet. c.*
que d'vne nouuelle acquisition, ont les 16.
mœurs bien differentes de celles des nobles, parce qu'ils sont comme dans vne
ignorance des biens dont ils joüissent,
& dont ils ne sçauent pas le bel vsage.

Dd ij

ὥσπερ γὰρ ἀπαιδευσία πλούτου ἐστὶ τὸ νεόπλουτον ἔἶναι,
*nam quasi imperitia diuitiarum est, nouum
diuitem esse.*

Or si cette ignorance paroist dans la plufpart de leurs actions, elle est extrême en ce qu'ils mes-estiment ceux qui trouuent plus de satisfaction dans vne mediocre fortune, & dans la frugalité, qu'eux parmy le luxe, ny dans toute leur opulence. Pour moy ie ne croy rien de plus veritable que cette belle sentence d'Epicure
6. Strom. rapportée par Clement Alexandrin, par laquelle l'independance philosophique, ou cette pleine satisfaction que trouuent les Philosophes dans leur petite condition, est nommée le plus grand thresor de la vie, πλουσιώτατον αὐταρκεια πάντων, *sufficientia res est omnium ditissima.* Ie sçay bien,
A. Gell. l. disoit Caton le Censeur selon ce senti-
13. c. 22. ment, que plusieurs personnes me reprochent le deffaut de beaucoup de choses, mais ie pense auoir bien ma raison d'eux, quand ie leur fais reproche à mon tour, qu'ils n'ont pas assez de force d'esprit pour supporter ce deffaut, *vitio ver-*

OV LETTRES. 213

tunt quia multa egeo, at ego illis quia nequeunt egere. Et l'incomparable Epictete prouuoit fort bié ce me semble à vn homme tres-riche, qu'il ne l'estoit pas tant que luy dont il mesprisoit l'estat necessiteux. N'est-il pas vray, luy disoit-il, que nonobstant vos grands biens vous n'estes pas content; pour moy ie vous asseure que ie le suis parfaictement, & que ie pense en auoir assez; jugez là dessus equitablement lequel de nous deux doit estre tenu pour le plus opulent. Reuenant à vostre importun glorieux, il doit se souuenir, & ses semblables, qu'vn homme extraordinairement riche à tousiours esté tenu pour vn injuste, ou pour le fils d'vn pere qui l'estoit. C'est aussi vne maxime qui passe pour constante dans la Morale, qu'on ne paruient point en vn instant iusques à vn affluence de biens si immenses que sont les siens, par de bonnes voyes,

Οὐδεὶς ἐπλούτησε ταχέως, δίκαιος ὤν,
Nullus diues euasit repentè, iustus cum esset.
Et si lon ne s'en veut pas rapporter aux plus sages de la Grece, il ne faut qu'escou-

Arria l. 3. c. 9.

ter celuy des Hebreux qui prononce en termes exprés, *qui festinat ditari, non erit innocens.*

Au surplus ie n'ignore pas que les richesses ne puissent seruir à vne personne vertueuse, comme elles en portent assez d'autres au mal. Celuy qui a nommé l'Or vn Estre souuerain auquel tous les autres font hommage, n'a pas mal exprimé sa puissance. C'est vn *Maistre aliboron*, s'il faut ainsi parler, qui transforme les hommes, & les fait paroistre beaux, vertueux, nobles, sçauans, & tels en somme que bon luy semble. Sans luy ils ne joüissent qu'à demy de la vie, *el dinero haze el hombre entero*; & pour peu qu'il se retire d'eux, leur santé se conuertit en maladie, & ils ne font plus que languir, *sanita senza danari mezza malatia*. On dit que le son du fer & de l'airain à le pouuoir de faire fuïr les Esprits que les Magiciens euoquent, celuy de l'or & de l'argent à vne faculté toute contraire sur nous, il fait approcher non seulement les plus beaux esprits, mais les plus fascheux mesme, & les plus difficiles qui

Prou. c. 28.

viennent au bruit de ces derniers metaux, & se rendent faciles & traitables à merueilles. *Virtutem & sapientiam vincunt Testudines*, disoient autrefois ceux du Peloponnese. Et le vieil Theognis n'a-t'il pas remarqué de son tems ce que nous voyons tous les iours, qu'il n'y a point de familles si illustres qui ne se meslent auec les plus viles, pourueu que les commoditez en moyénent l'alliance, Πλῆτος ἔμιξε γένος, *diuitiæ miscuerunt genus*. C'est pourquoy Pindare ayant auancé dans vne de ses Odes cette proposition en faueur de Chromius Sicilien, qu'il se trouuoit dans son Isle des hommes qui auoient l'ame esleuée de beaucoup au dessus des biens de Fortune, il s'en reprent quasi sur le cham, & auoüe qu'il a proferé vne chose presque incroyable. Voila pour vous monstrer que ie ne mesprise pas absolument ces richesses que Salomon appelle dans vne de ses paraboles la couronne des Sages, parce que s'en seruant auecque iugement elles les font respecter de tout le monde.

Mais quelque auantage qu'on leur

9. Nem.

c 14.

donne en les considerant de ce bon biais, cela n'empesche pas que le mespris qu'en ont fait plusieurs personnes ne vaille bien leur possession. Celuy qui neglige genereusement ce que la nature semble n'auoir caché auec tant de curiosité qu'à nostre profit; ne sçauroit estre trop estimé. En effet la Terre nous presente liberalement hors de son sein tout ce qui nous peut estre vtile, & ne s'est apesantie de tout son poids sur l'or & sur l'argent qu'elle retient au plus profond de ses entrailles, que pour nous preseruer, si nostre auarice le permettoit, de la chose du monde qui cause le plus de malheurs. Qu'vne belle dispensation des biens que nous possedons merite tant de loüanges que vous voudrez, nous ne nous rendrons iamais plus considerables par là, que Diogene & assez d'autres l'ont esté par vne priuation volontaire de ces mesmes biens. Quelle gloire à ce Philosophe, qu'Alexandre ait trouué en luy vne personne à qui il ne pouuoit rien donner, ny rien prendre. Et qu'il y a de plaisir de se promener dans

vne

vne foire de sainct Germain auecque cette pensée, qu'on y est peut-estre le seul qui là regarde sans conuoitise, quoy qu'on n'ait fait ny vœu de Pauureté, ny sacrifié sur cét Autel que ceux des Gades luy auoient esleué, à ce que Philostrate nous apprent.

L. 5. c. 1.

Il faut que ie vous communique là dessus vne reflexion que i'ay souuent faite, & qui pour estre generale ne laisse pas de toucher le particulier ; d'autant que l'opulance ou la necessité des Estats à tousjours son rapport à celles des subjets qui les composent. I'ay donc plusieurs fois pris garde à ce mot de Seneque qui nomme la Pauureté le fondement de l'Empire Romain. De fait vous n'ignorez pas qu'elle fut la couuerture & l'exaltation du Capitole dans ses commencemens. Il ne vit neantmoins iamais de triomphes plus glorieux qu'alors. Et les Vertus n'y furent aussi iamais si esclatantes ny en si grand nombre, que quand on tiroit du trauail rustique ceux qu'on auoit destinez au Consulat ou à la Dictature. Quels Empe-

reurs peut-on comparer aux Fabrices &
aux Regules ? Et oseroit-on preferer les
richesses de Crassus ou de Luculle, à la
gloire de beaucoup de ceux dont le public à souuent esté contraint de faire les
funerailles, n'ayant pas laissé dequoy fournir à cette despense? *Omnibus seculis Tu-
beronis fictilia durabunt.* Rome n'a rien
trouué qui luy peust faire teste, autant de
tems qu'elle a fait profession d'vne telle
frugalité, qu'elle tenoit pour tres-dangereux Citoyen, celuy qui ne se contentoit pas de posseder sept iourneaux
de terre. Et Carthage ne subsista pas
long-tems apres que ses Ambassadeurs
se furent moquez de la bonne intelligence des Romains, qui se prestoient leur
vaisselle d'argent pour les traiter tour à
tour. Mais voulez-vous encore obseruer
auecque moy le declin d'vne si puissante
Monarchie ? Considerez dans Tite-Liue
l'inuectiue de Caton contre les richesses
de l'Asie, & les despoüilles tant d'Athenes,
que de Corinthe, qu'on auoit transportées à Rome. *Regias*, dit-il, *attrectamus*

Sen. ep. 88.

Pl. l. 18. c. 3.

Idem. l. 33. c. 11.

Dec. 4. l. 4.

gaz̧as, eo plus horreo ne illa magis nos ceperint, quam nos illas. Lisez en suitte dans Tacite comme sous l'Empereur Claudius, depuis lequel l'Empire abaissa tousiours, on chassa du Senat ceux que la seule pauureté fit iuger indignes d'y entrer. Et vous ne vous estonnerez pas, ie m'asseure, que puis que toutes choses subsistent naturellement par ce qui a fauorisé leur naissance, de mesme que ce qui leur est contraire les portent ordinairement à leur fin; le luxe & l'opulance ayent fait perir Rome, que la pauureté & la parcimonie, pour vser de son terme, auoient éleuée.

Annal. 12.

Cela veut dire que si toutes sortes de richesses ne sont pas à priser, aussi y a-t'il des pauuretez qu'on ne doit raisonnablement ny fuïr, ny blasmer. La force de l'esprit & sa bonne conduite tournent ces choses vers la perfection qu'elles doiuent auoir. C'est beaucoup de manger aussi librement dans de la vaisselle de terre, que dans des plats d'argent; mais celuy-là n'est pas moins à estimer qui ne fait non plus de cas

Ee ij

d'vn seruice de vermeil doré, que s'il estoit de poterie. Vn homme riche qui vse de ses biens comme il faut me plaist extremément; & i'admire le pauure qui sans auoir necessité de rien, vid encore plus content que le premier, & rend sa pauureté honneste, disoit Epicure, parce qu'elle est tousiours accompagnée de gayeté. Pourquoy ne le seroit-elle pas? puis qu'apres tout personne ne meurt aussi nud, qu'il est venu au monde; & puisque ceux qui n'ont pas d'assez beaux habits pour joüer les principaux personnages de la Tragedie, n'ensenglantent iamais en recompence l'eschaffault, & n'y interuiennent souuent que pour y chanter quelques moralitez. Ie m'empescheray donc bien de suiure l'opinion de ce Marcellus, qui eust esté d'ailleurs d'assez bonnes mœurs, dit fort bien Tacite, s'il n'eust point pris la pauureté pour le plus grand de tous les maux. Si ce n'est qu'il voulust parler de l'extréme indigence, où lon se trouue dans le deffault des choses mesmes absolument necessaires à la vie, ce qui est

14. *Anna.*

possible cause que nous disons estre tombé en necessité, pour estre accablé de pauureté. Car ie sçay bien qu'au jugement mesme de Salomon, tous les iours d'vn homme reduit à ce point-là sont mauuais, *Prou. c.* & qu'il luy seroit plus auantageux de *15. Eccl. c.* mourir, que de traisner miserablement *40.* sa vie de la sorte. Mais la pauureté philosophique dont nous parlons n'est pas si hideuse, outre qu'elle n'a rien d'insupportable. Elle est sur les confins de l'autre sans y participer, & vous comprendrez aisément la separation des deux par cette belle sentence de Seneque, *optimus pecuniæ* *De tran-* *modus qui nec in paupertatem cadit, nec* *qu. c. 8.* *procul à paupertate discedit.*

Ie me suis expressément arresté aux auantages d'vne chose dont tout le monde semble auoir de l'auersion, pour m'opposer mieux à l'insolente presomption de celuy qui est le sujet de cette lettre. Qu'il vit dans vn grand aueuglement s'il croit estre fort consideré par des biens qui ne sont vtiles à personne, & s'il pense qu'on doiue faire plus de cas de ses richesses

Ee iij

croupissantes que de l'eau d'vn infame marest. Il n'y a que les tresors publics qui ayent ce priuilege de deuoir demeurer sans qu'on y touche, si l'extréme necessité n'y oblige. Celuy de la Chine nommé *Chidampur*, c'est à dire, *le mur ou la deffence du Royaume*, n'est pas mesme au pouuoir du Roy. Et les Turcs ne sont gueres moins circonspects en ce reuenu des Tailles qu'ils appellent *le prohibe sang du peuple*. Certes ce n'est pas mal parler d'vne chose qui se leue tousiours sur les plus chetifs & les plus miserables. Les Incas du nouueau monde tiroient des plus paures de leurs sujets iusques à des cornets de poulx, afin qu'ils ne peussent pas se dire exemts de tribut. Et quoy que puisse representer la Chanterelle, qu'estant la plus foible de toutes les cordes, on s'addresse sans cesse à elle sans presque toucher les grosses, elle sera tousiours traitée de mesme la raison harmonique le requerant ainsi. Tant y a que des Finances amassées de la façon ne sçauroient estre trop religieusement conseruées. Mais il n'en est pas de mesme de

Pinto. c. 113.

Des Hayes.

Garcil. l. 5. c. 6. 13. & 6.

celles des particuliers, qui ne font estimables que dans l'vsage & la dispensation. Ie blasme les Prodigues autant que personne, & si la raison du bon mesnage veut qu'on ne fasse sortir le fumier mesme d'vne maison qu'en le destinant à quelque employ profitable, qu'elle apparance y auroit-il de tirer l'argent de sa bource pour le placer mal à propos. L'action de Crates jettant le sien dans la mer, ne me plaist gueres d'auantage que celle d'Heliogabale, qui faisoit abismer dans le port des vaisseaux chargez de richesses afin de passer pour magnifique. Il n'y a que le dessein du *Lamprid.* premier qui puisse en quelque façon le justifier. Et vous sçauez que la voye moyenne entre cét excez, & celuy d'vne infame espargne, doit estre suiuie icy comme dans toute la Morale. Prenez tout ce discours pour vne leçon que j'ay esté bien-aise de repeter auecque vous, comme il nous arriue souuent de le faire dans nos promenades ordinaires.

DV FROID.

LETTRE XX.

MONSIEVR,

Ie dirois volontiers de la demeure dont vous vous plaignez, & qui ne m'est pas inconnuë pour y auoir fait quelque séjour aussi bien que vous, la mesme chose qu'vn Stratonicus excellent joueur de Harpe remarque d'vne ville de Thrace, où il asseure qu'il faisoit fort grand froid huit mois de l'année, & que durant les quatre autres l'hyuer y estoit insupportable. Il faut pourtant considerer que la rigueur de celuy que nous esprouuons cette année est extraordinaire, & pour vous consoler en quelque façon, ie vous feray souuenir de

Athen. l. 8. Deipn.

certains

certains froids qui se sont faits sentir en des lieux, où l'on ne croiroit iamais qu'ils deussent estre si violens.

Sainct Augustin parle dans sa cité de Dieu d'vn Hyuer qui fut si rude dans Rome, que le Tibre glaça, & la nege demeura tres-haulte dans les principales places de la ville l'espace de quarante iours. Sous Constantin Copronyme le Bosphore Thracien, nonobstant sa rapidité, & sa position enuiron le quarante-troisiéme degré de latitude, ne laissa pas de geler de telle sorte qu'on le pouuoit passer à pied. La glace arresta de mesme le cours du Tage à Tolede l'an mille cent quatre-vingts onze, comme on peut voir dans Mariana; & le mesme Autheur obserue pour vn effet miraculeux, qu'il negea fort abondamment dans Lisbone vn dernier iour de Ianuier, à la naissance de l'Infant Henry qui succeda depuis à la couronne de Portugal par la mort de l'infortuné Roy Sebastien. Les annales de l'Abbaye de Fulde font foy, que l'an huict cent soixante la mer Ionique gela d'vne si

L. 3. c. 17.

L. 11. hist. c. 17. & l. 30. c. 7.

estrange façon, que les Marchands qui auoient accoustumé de n'aborder Venise que dans des vaisseaux, y arriuoient soit à cheual, soit en chariot. Et nous lisons dans vne relation du naufrage de Pierre Quirin, que quelques années deuant celle de mille quatre cent trente vn, le froid fut si vehement au mesme lieu, qu'outre que tous les canaux de la ville estoient pris, l'on y alloit à pied de Margara, & les bœufs auec leurs charettes passoient sur la glace d'vn endroit à l'autre. Mais pour parler de chez nous, Gregoire de Tours fait mention d'vn froid qui surprit en France les Arondeles & les autres oyseaux de passage qu'il fit tous mourir, aussi bien que les plantes que le printemps auoit desia fort auancées, auec cette circonstance merueilleuse, que ce qui estoit ordinairement suiet à la gelée, se conserua, & ce qui auoit accoustumé de luy resister, fut perdu. L'Historien Mathieu fait dire au Roy Henry quatriéme qu'en l'année mille six cens sept, qu'on a depuis nommée du grãd hyuer, le vingtiéme de Ianuier s'amousta-

l. 9. hist. c. 17.

che s'estoit trouuée gelée au lit où il estoit couché auec Marie de Medicis sa femme. Et nous lisons que leur fils Louis treiziéme estant party le quatriéme iour d'Octobre mille six cens trente-deux pour aller de Montpelier à Beziers, il y eut vne si grande froidure ce iour-là, que seize soldats du Regiment de ses Gardes, huict Suisses, & plus de treize goujats en moururét; surquoy le climat du Languedoc, & la saison si peu auancée vers l'hyuer sont tres-considerables.

Mero. Fr. tom. 18.

Ces exemples vous font voir qu'il n'est pas à propos de juger déterminément de la temperature d'vne contrée, sur ce qui s'y ressent par fois de chaud ou de froid contre l'ordinaire. Car la chaleur n'est souuent pas moins extrauagante ny disproportionnée que son contraire. Guaguin dit dans sa Sarmatie qu'il fit vn si grand chaud en Pologne l'an mille quatre cent quatre-vingt treize qu'au mois de Ianuier & de Février les arbres y estoient fleuris, & les oiseaux auoient desia fait leurs nids, ce qui fut la perte des vns & des autres, par les grandes gelées du mois de

F f ij

Mars qui desolerent toute cette region. Aussi est-ce vne chose digne d'obseruation, que les mesmes lieux qui patissent des excez du froid, sont sujets à ne souffrir pas moins en suitte de ceux de la chaleur. Le mesme Guaguin & Sigismond d'Herbestein remarquent comme les grandes gelées de Moscouie y font quelquefois entr'ouurir la terre, & glacer les crachats deuant qu'ils tombent de la bouche contre terre. Cependant le chaud y est d'autrefois si excessif, qu'en l'année mille cinq cens vingt-cinq selon les mesmes autheurs, les bleds, les vilages, & les forests, s'embrazerent en beaucoup de lieux par l'ardeur de l'air enflammé, qui deuint si plein de fumée, & si obscur, que plusieurs personnes en perdirent la veuë. Cela me fait encore souuenir de ces plaines de la Noruegue, ou apres des froidures proportionnées à son climat, la chaleur deuient telle, qu'en six semaines l'on y laboure, l'on y seme, & l'on y receüille le bled dans vne parfaite maturité ; de sorte que pendant les trois mois de l'Esté ceux du païs font ordinairement vne double moiſſon, comme M. de la Peirere l'a fort bien ſçeu obſeruer dans ſa riche & curieuſe relation du Groenland.

Mais puis que vous ne vous plaignez que du froid, i'acheueray de vous conſoler dans ce reſte de papier par la conſideration de ce que fait ſouffrir ce deſtructeur de la nature dans des endroits moins fauoriſez du Ciel que le noſtre. Ie ne veus point pour cela vous obliger à porter la veuë iuſques ſous les Poles, ny vous faire ſouuenir des horreurs de la nouuelle Zemde, ou du païs de Spitſberge. Imaginez-vous ſeulement quel ennuy doiuent donner les neges de Canada, de quatre & cinq mois de durée, ſous vn climat vn peu plus meridional que n'eſt celuy de Paris d'où ie vous eſcris. Penſés, ie vous ſupplie, ce que ſe doit eſtre des lieux ou les teſticules des cheuaux tombent de froid; ou pour ſauuer vn coq lon eſt contraint de luy coupper la creſte gelée; où l'eau tombe en glaçons des extremitez du bois qui bruſle; & où ayant mis vn cloud à la bouche, lon ne le retire qu'auec effufion de fang, fe gelant contre les lévres qui s'efcorchent quand on le veut reprendre. Certes la feule penfée de ces chofes nous fait tranfir, quand nous les lifons dans ces autheurs que ie vous ay defia nommez, & d'autres encore qui les rapportent.

Si eft ce qu'il n'y a aucune de ces contrées qui ne foit autant affectionnée par ceux qui y naiffent, que le plus bel endroit & le plus delicieux qui foit au monde. La premiere terre que nous foulons de nos pieds, auec fon air, fon Ciel, & fes aftres, compofent cette demeure enchantée que nous nommons Patrie, qui n'a pas moins de charmes fous les Poles, ou fous la Ligne, que ces Zones que nous nommons Temperées.

Ouid. l. 1. de Pon. el. 4.

Quid melius Roma ? Scythico quid frigore pejus ?

Huc tamen ex illâ Barbarus vrbe fugit.

Et fi vous auez pris iufques icy pour vne exageration Poëtique ce que dit ce pauure bany, vous l'aurez pour vne verité hiftorique, quand le mefme M. de la Peirere dont ie viens de vous parler, vous aura conté l'amour passionné des escholiers Islandois qu'il veit à Coppenhagen pour leur païs, dont vous sçauez la position & l'infertilité. Il est impossible aux Danois d'en retenir aucun apres qu'ils ont acheué leurs estudes ; & ce precieux amy m'asseure par ses lettres, qu'ayant tasché de donner du goust de la France à l'vn deux, à qui mesme M. de la Thuillerie Ambassadeur extraordinaire fit de grandes offres pour l'y amener, iamais il n'y eut moyen de luy faire prendre vne resolution qui s'opposoit au desir extréme de reuoir sa chere patrie. Mais que direz-vous de ces pauures Sauuages de Groenland, qu'il nous represente dans sa relation que ie vous ay désia recommandée, se iettans des vaisseaux où ils estoient retenus dans la mer, & puis se hazardans, nonobstant tout le bon traitement que le Roy leur faisoit faire en Dennemarc, à trauerser tout l'Ocean Deucaledonien dans leurs petites nacelles, pour auoir le contentement de mourir à la recherche de leur païs. En verité il n'y a nul froid qui amortisse le feu d'vne affection si naturelle. Et comme dans la Physique le vinaigre entre les liqueurs, & selon Aristote la partie interieure de l'œil entre celles du corps humain, ne gelent iamais: L'on peut dire de mesme dans la Morale, qu'il n'y a point de neges, ny de glaces, qui ayent le pouuoir de refroidir tant soit peu l'ardeur de cét amour que chacun a pour sa Patrie.

DES IALOVX.

LETTRE XXI.

Monsieur,

Vous me faites rire & auoir pitié tout ensemble de ce pauure jaloux. Il n'estoit ingenieux qu'à se donner de la peine, & ses soupçons qui l'ont accompagné iusques au tombeau, puis qu'ils paroissent dans son testament, n'ont iamais seruy qu'à donner de l'appetit aux autres d'vn mets, qu'ils eussent peut-estre mesprisé sans des soins si extraordinaires. Vous souuenez-vous de celuy qui se plaint d'vn mary trop traitable, & trop complaisant ?
Quid mihi cum facili, quid cũ lenone marito? Ouid.l.2.
  Corrumpis vitio gaudia nostra tuo. am. el. 19.

Cela veut dire qu'vne chose acquiert du prix, & ne manque iamais d'estre enuiée, lors qu'elle donne beaucoup d'inquietude à son possesseur.

Mais vous auez tort de nommer sans exemple le dernier acte de sa volonté. Il s'en voit de bien plus extrauagans sur le mesme sujet. Et quand il n'y auroit que les deux testamens qu'on lit dans Athenée, de ces deux Romains dont l'vn ordonnoit que de fort belles femmes qu'il laissoit s'entretuassent au jeu des gladiateurs de ce tems-là, & l'autre que de ieunes garçons qu'il aymoit pratiquassent la mesme chose aussi-tost apres sa mort, vous serez contraint d'auoüer qu'il y a longtems que la jalousie a fait faire d'estranges codicilles. Ne reduisit-elle pas Herode par deux fois à ordonner que s'il arriuoit faute de sa personne l'on fist mourir Mariame? ne pouuant souffrir qu'vn autre joüist apres luy d'vne si belle Dame. L'histoire represente vne infinité d'actions tragiques, que la seule imagination de l'auenir a fait exercer à ceux que cette

L. 4. Deipn.

Ios. ant. Iud. l. 15. c. 4. & 9.

violente paſſion tranſportoit. Rhadami- *L. 11.*
ſte employe dans Tacite le fer & l'eau de *Annal.*
l'Araxe, plus pitoyables que luy, pour
oſter la vie à cette Zenobie qui ne le pouuoit plus ſuiure dans ſa fuitte. Et Iean
Leon nous fait voir dans la ſeconde partie de ſon Affrique vn Roy de Maroc, lequel apres vne deſroutte contraint de ſortir d'Oram, prit ſa femme en crouppe, &
força ſon cheual à coups d'eſperon de ſe
ietter du haut d'vn rocher qui regardoit
la mer, dans vn precipice où ils furent
trouuez tous trois en pieces ſur vn des eſ-
cueils que faiſoit ce lieu eſcarpé.

 Certes les effets de la ialouſie ſont d'autant plus eſtranges & remarquables, qu'elle oſe s'attacher aux ames les plus pures,
& ſurprendre les plus ſanctifiées. I'en parle ainſi à cauſe de l'opinion de beaucoup
de Docteurs, que Ioſeph meſme mary de
Marie ne fut pas exemt de quelques ſoup-
çons qui touchoient l'honneur de la Vierge immaculée; nonobſtant les ſentimens
contraires de S. Baſile, de S. Bernard, &
de quelques autres qui prennent diuerſe-

Gg ij

ment ce que S. Mathieu dit sur cela dans le premier chapitre de son Euangile. Et de verité l'Histoire de Samson, figure perpetuelle du Messie, peut fortifier, ce semble, la creance des premiers. Car le texte de Iosephe au dixiesme chapitre du cinquiesme liure de ses antiquitez Iudaïques porte expressément, que le bon Manoches, appellé Manué dans la Bible, conceut vne grande ialousie de l'Ange qui auoit apparu à sa femme, l'vne des plus belles de son temps, luy annonçant la naissance d'vn fils qui deuoit vn iour exterminer les Philistins.

Iudic. c. 13.

Quoy qu'il en soit ce n'est pas merueille que la ialousie possede vn Empire si general & si absolu sur nous, presupposant pour veritable qu'elle est tellement naturelle, que la Nature mesme se deffie du frere & de la sœur, quand elle les engendre d'vn mesme ventree. Car on dit qu'il n'y a des Gemeaux que le frere & la sœur qui naissent separez d'vne membrane, laquelle ne se trouue point entre deux garçons ny entre deux filles qui viennent d'vn seul accouchement. Ne vous estonnez pas apres cela du soin de ces maris qui employent dans Aristophane les Dogues ou Molosses, & les clefs Laconiques, pour empescher qu'on ne s'approche trop prez de leurs femmes. Tertullien nous asseure qu'il y auoit de son tems des hommes ialoux iusques à ce poinct, que le moindre Rat leur donnoit de l'ombrage, s'ils en voyoient quelqu'vn se glisser dans leur chambre ; *Scio maritum vnum atque alium, anxium retro de vxoris suæ moribus, qui ne mures quidem in cubiculum irrepentes sine gemitu suspicionis sustinebat.* Ie vous rapporte ses termes exprez, par ce que si celuy qu'on accuse de s'estre par trop abandonné à l'hyperbole en auoit dit autant, l'on en auroit fait sans doute vn des plus grands crimes de son eloquence.

in Thesm.

Au surplus ce que vous auez veu de moy dans des discours plus propres à s'estendre que n'est pas vne lettre, m'empeschera de vous representer icy la ialousie naturelle de presque tous les animaux. Ie me contenteray de vous faire souuenir de celle des Asnes sauuages dont parle Solin, *c. 17.* qui chastrent leurs petits masles si la mere ne les cache, apprehendans de les auoir pour riuaux. Finissons par vn peu de raillerie sur la mauuaise humeur des jalous. Ceux qui veulent que le Grec & le François se soient communiquez beaucoup de paroles l'vn à l'autre, ne se contentant pas de tirer le mot de jalous du Ζηλωτης des Grecs, veulent que leur verbe ιαλεμι'ζειν, *Le Grain dec. 2. l. 1.* qui veut dire pleurer, vienne de nostre jalousie Françoise, à cause qu'il n'y a rien de plus triste, ny de plus plaintif qu'vn jalous. Pour ce qui touche la bigearrerie de quelques personnes ialouses, qui sont sujettes du ver coquin; c'est la maladie ordinaire des bestes à cornes, comme Aristote *l. 2. de hist. an. c. 15.* l'a remarqué en parlant de la teste des Cerfs, tres-jalous animaux, qui l'ont tousjours remplie de beaucoup de vers. Cependant toutes ces mauuaises humeurs que donne la jalousie, n'ont pour fondement que la sympathie, lors que de mesmes inclinations, qui deuroient engendrent de la bien-veillance, nous portent à deſirer vne meſme choſe; *quod vinculum amoris eſſe debebat, ſeditionis atque odij cauſa eſt, idem velle.*

Seu. l. 3. de Ira. c. 34.

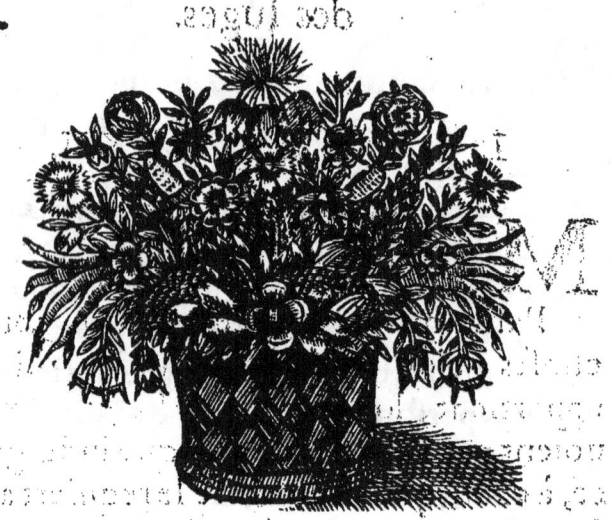

DE LA FAVEVR des Iuges.

LETTRE XXII.

MONSIEVR,
Parce que la Iustice veut sur toutes choses qu'on rende à chacun ce qui luy appartient, l'on a creu que les Iuges pouuoient par fois vser de quelque indulgence, à cause que l'humanité le requiert ainsi, *si suum cuique tribuendum est, certe & venia humanitati.* Les Atheniens firent vray-semblablement pour cela vne grande Deesse de la Misericorde, au lieu de la considerer comme vne simple passion. Et dans vn partage d'opinions ils presupposoient tousiours le suffrage de Minerue au profit

profit de l'accusé, ce qui fait bien voir qu'ils ne pensoient pas qu'vn peu de faueur fust contraire à la Iustice. Si est-ce que la loy de Dieu qui commande expressément qu'on n'ait aucune pitié du pauure en jugement, & qui ne deffent pas moins de considerer alors la personne de l'indigent, que le visage d'vn homme riche ou puissant, semble s'opposer à toute sorte de grace, & lier les mains aux Iuges apres leur auoir bandé les yeux, pour les empescher de fauoriser qui que ce soit. Aussi a-t'on estimé tousiours que les meilleurs jugemens se rendoient par ceux qui auoient le moins de connoissance des parties contestantes, & qui ne leur donnoient pas le tems de faire des brigues plustost que des sollicitations. Platon remarque dans ce sentiment au douzième liure de ses loix, que l'excellent Iuge Rhadamante rendoit ses sentences sur le champ, & s'il faut ainsi dire à la Suisse. Il est vray que les Suisses ne sont pas seuls qui croient que les formalitez judiciaires les plus courtes sont encore les meilleures. Iean

Exo. c. 23.
& Leuit.
c. 19.

Leon dit au second liure de son Affrique, que les habitans du Mont Semede, au Royaume de Maroc, n'ont point d'autres Iuges de leurs differens que quelques passans; & il asseure la mesme chose dans le quatriéme, de ceux qui demeurent dans la ville de Medua, ayant esté retenu en l'vn & en l'autre endroit plus de tems qu'il n'eust voulu, pour decider toutes leurs contestations, dont il fut reconnu à la mode du païs. Iosapha Barbaro Gentilhomme Venitien tesmoigne dans sa premiere relation, que les Tartares qu'il visita se faisoient iuger de mesme par le premier homme de consideration qu'ils trouuoient sur vn grand chemin. Et j'ay leu dans vn autre escrit de Federic Badoare Ambassadeur à la Cour de l'Empereur Charles Quint, qu'en Arragon, Valence & Catalogne, la Iustice fait souuent appeler des hommes mariez qui passent hazardeusement par la ruë, & les oblige de iuger auec des balottes les procez soit ciuils, soit criminels, qui sont sur le bureau. Tout cela fait voir que le Iuge le plus in-

c. 6.

conu, & par consequét le moins interessé, passe pour le plus équitable, comme celuy qui doit apparamment estre exemt de faueur, & de toute sorte de corruption. C'est pourquoy nos Rois Philippe le Bel & Charles cinquiéme auoient ordonné que personne ne peust estre Iuge au lieu de sa naissance. La pluspart de nos voisins se gouuernét selon cette Pragmatique. Il y a peu de Villes en Italie dót le Magistrat ordinaire ne doiue estre estranger. A la Chine mesme, cóme Herrera entr'autres nous le tesmoigne, on ne donne iamais à exercer vne charge publique à quelque homme que ce soit au païs où il est nai Et vous pouuez vous souuenir d'auoir leu dans l'abbreuiateur de Dion, comme l'Empereur Marc Aurele deffendit par Edict qu'aucun fust Gouuerneur de sa patrie. En effet il est si difficile de despouiller en prenant la qualité de Iuge tout ce que la connoissance ou l'amitié, l'interest ou la haine, nous peuuent donner de preuention d'esprit, que les loix n'ont peu trop soigneusement y remedier. Diodore Sicilien rapporte vn apopthegme de ce renómé Roy d'Egypte Amasis, merueilleusement cósiderable sur ce suiet. Ceux de la prouince d'Elide, à qui le soin & la surintendance des jeux Olympiques appartenoit, le consulterent sur ce qu'il croyoit qu'ils pouuoiét ordonner de mieux pour faire que tout s'y passast auec vn ordre & vne iustice qui fust sans reproche. Ils eurent de luy pour response, que si aucun d'entr'eux ne se mesloit d'entrer en lice auec le reste des Grecs, ils feroient ce qu'il pensoit deuoir le plus contribüer à vne si bonne fin. Cela me fait souuenir d'vne excellente coustume qu'auoit le mesme peuple d'Elide, comme arbitre des diuerses Couronnes, qui se distribüoient aus ieux dont nous venons de parler. Iamais ils n'ouuroient les Lettres qu'on leur escriuoit d'vne infinité de lieux en faueur des Athletes qui se presentoient, qu'apres les courses, les luittes, & les autres exercices ou le merite d'vn chacun d'eus auoit esté recompensé; dequoy Dion Chrysostome tesmoigne dans son Oraison Rhodiaque

Orat. 31.

qu'ils ont esté fort loüez de tout le monde. N'est-ce pas auec vne pareille precaution que nos Ordonnances Roiales deffendent à tous les Iuges d'auoir esgard dans la fonction de leurs charges aus Lettres de cachet qu'on leur apporte de la part du Prince, à cause de la facilité qu'il y a de les obtenir; les seules patentes signées en commandement, & seellées du grand Sceau leur deuant estre alors de consideration. Et de verité s'il n'est pas permis d'employer ny le cœur de Dragon dôt parle Pline, ny cét œuf de serpent qu'vn Cheualier Romain se mit dans le sein, plaidant vne cause deuant l'Empereur Claudius qui le fit mourir pour cela; l'on ne sçauroit non plus rechercher sans crime par quelque voye que ce soit la faueur des Magistrats, au preiudice du cours de la iustice, & de ce que les lois ont determiné. Cela est si veritable dans vne exacte morale, que iamais Socrate ne voulut prier ses Iuges, ny les esmouuoir par des discours oratoires à luy estre fauorables. Et nous lisons dans Arrian, qu'Heraclite apres auoir fait voir le

L. 29. nat hist. c. 3. & 4.

L. 2. Epict. c. 2.

246 PETITS TRAITEZ,
droit qu'il auoit de s'attribüer vn heritage qu'on luy contestoit dans Rhodes, adiousta pour epilogue de son plaidoier, qu'il ne prioit de rien ceus qui le deuoient iuger, par ce qu'ils auoient beaucoup plus d'interest que luy de rendre vne Sentence iuridique. Cét interest est si grand, en quelques lieus, qu'on peut remarquer dans Athenée qu'vn Roy de l'Arabie heureuse faisoit mourir les Iuges dont on appelloit pardeuant luy, s'ils estoient conuaincus d'auoir donné quelque iugemēt contre les loix ; la mesme peine estant reseruée à ceus qui s'estoient plaints de leur iniustice, s'ils ne la rendoient manifeste, & s'il se trouuoit qu'ils ne feussent pas bien fondez dans leur appel. Mais aus endroits mesmes ou le peril n'est pas si grand, ny si present, la seule consideration du Ciel, qui ne voit rien si mal volontiers que l'iniustice, & qui sans doute ne la laisse iamais impunie, fait souuent abominer vn si grand crime à ceus mesmes que nous croyons beaucoup moins iustes que nous. Ie lisois il y a fort peu de tems

L. 12. deipn.

Pierre Dan. l. 2.

dans vne histoire recente de Barbarie, qu'vn Cadis Turc fit donner cinquante coups de baston à celuy qui luy auoit apporté vn present de quelques fruicts, sur ce fondement qu'il l'auoit voulu corrompre, & diuertir le cours de la Iustice. Cependant y a-t'il rien de plus ordinaire parmy les Chrestiens que cette sorte de gratification ? *Venid piando, y boluereis cantando*, dit l'Espagnol, qui rend particulierement infames les Iuges de Galice par vn autre prouerbe fait sur vne si honteuse corruption, *a Juezes Galicianos los piez en las manos*. Les Latins ont eu le leur, *Faba nummus*, qui tesmoigne que la Iustice n'estoit pas moins de leur siecle à prix d'argent, qu'elle l'est aujourd'huy que toutes choses sont presque venales dans nos Palais, où la balance de Themis n'incline par fois que du costé qu'on rend le plus pesant. Or quoy que l'auarice des Iuges, lors qu'ils s'y abandonnent, soit tres-criminelle, leurs preuarications, & passedroicts, ou tant d'autres passions les portent assez souuent, ne sont pas moins reprehensibles. S'ils ont donné à d'autres, comme vous dites, ce qui vous appartenoit legitimement, sur ce mauuais pretexte que vostre partie aduerse en auoit plus de besoin que vous, *prauo studio quo in certaminibus ludicris vulgus vtitur, deteriori atque infirmiori fauendo*, comme parle Tite-Liue, ils ont commis vne injustice toute pure. Et si la recommendation de leurs amis qui ont sollicité contre vous, a donné lieu à l'arrest dont vous vous plaignez, & leur a fait employer la regle Lesbienne au lieu de celle de Polyclete, ie joins mes plaintes aux vostres, & ie leur reprocheray toute ma vie leur iniustice. Ie sçay bien qu'Accurse a remarqué dans sa Iurisprudence de certains lieux de droict douteux, qu'il nomme *pour l'amy*. Mais ils ne peuuent pas s'estendre iusques à donner le bien d'autruy. Chilon trouua l'inuention de se faire recuser, ne voulant rien iuger ni contre la loy, ni contre celuy qui le touchoit d'vne tres-étroitte amitié. Et si l'on ne veut estre équitable en de semblables rencontres, il faut du moins prendre

L. 4.

Diog. Laert. in eius vita.

dre la resolution qu'auoit Themistocle, de renoncer à la Magistrature plustost qu'à l'amitié, encore que ce ne soit peut-estre pas l'action d'vn parfaitement homme de bien.

DES POMPES
Funebres.

LETTRE XXIII.

MONSIEVR,
Ie n'ay rien à dire contre l'vsage des Pompes funebres, qui contentent pour le moins les viuans si elles ne seruent aux deffunts. Ie vous prie seulement de ne rien conclure sur de semblables demonstra-

Ios. ant. Iud. l.15. c.3. tions, & de vous souuenir qu'Herode ayant fait noyer son beau-frere Aristobule, il l'honora en suitte de fort magnifiques funerailles. Antigone ne fut pas moins respectueus enuers Cleopatre sœur

Dio.l.20. Tac.12. ann. d'Alexandre le Grand, apres luy auoir osté la vie, comme Diodore l'asseure. Tacite dit qu'Agrippine n'espargna rien aux obseques de son mary qu'elle venoit d'empoisonner. Et la Reine d'Angleterre Elisabeth employa cent mille florins en celles d'vne autre Reine qu'elle auoit fait decapiter. Pour ce qui touche ce superbe tombeau dont vous me faites vne si belle description ; ç'a esté l'opinion des Egyptiens que nos demeures ordinaires n'estoient que des hostelleries où l'on ne faisoit que passer ; c'est pourquoy ils negligeoient d'y faire beaucoup de despence. Mais à l'esgard des sepulchres, vous sçauez quelles ont esté leurs Pyramides, esleuées pour loger des Momies ; & le mesme Diodore Sicilien dont ie viens de vous parler nous apprent, qu'ils nommoient les Tombeaux ἀϊδίας ἄκους, des maisons eternelles.

Mon opinion est que vous ne m'auez proposé cette matiere, ni recherché dessus mon sentimét, qu'à cause qu'elle est vne de celles dõt la Sceptique se preuaut le mieus comme on peut voir dãs Sextus au vingtquatriéme chapitre du troisiéme liure de ses hypotheses Pyrrhoniennes. Ce qu'il

L. 11

dit pourtant des differentes façons de rendre les derniers deuoirs aux morts, se trouue en tant d'autheurs qui en ont fait des traitez exprés, que ie ne vous en veux rien rapporter qu'autant qu'il peut seruir à rendre plus considerables les relations modernes. Car il me souuient d'auoir leu dans la douziéme partie des Indes Orientales, qu'au Royaume de Siam, où les quatre Elemens sont adorez par des Sectes differentes, ceux qui y rendent leur culte à la Terre, sont mis dans des fosses comme nous quand ils viennent à deceder : Les adorateurs de l'eau y sont jettez aux poissons : L'on y pend en l'air ceux qui respectent sa Diuinité : Et les derniers qui sacrifient au plus haut Element, luy sont liurez apres leur mort pour estre reduits en cendres. Voila dans vne seule Prouince presque tout ce qui s'est pratiqué au reste du monde sur ce sujet. Les deux façons, d'enterrer, ou de brusler, ont esté les plus communes, & toutes deux pratiquées indifferemment à Rome; au lieu qu'en beaucoup d'endroits la derniere est encore au-

p. 44

jourd'huy des plus estimée, Louis Barthelme nous apprenant qu'en Caliout il n'y a que les Naires, qui sont les Gentilshommes du païs, dont on brusle les corps, l'inhumation, comme plus vile, estant delaissée au peuple. Cambyses neantmoins ne se contenta pas de faire foüetter le cadavre d'Amasis, il le fit brusler en suitte pour vn dernier affront, sans considerer, *L. 3.* dit Herodote, qu'il outrageoit au mesme tems le Dieu des Persos qui est le Feu. Aussi ne reduisons-nous en cendre que les corps de ceux dont la memoire est condamnée, le Christianisme preferant de sorte les enterremens, qu'ils sont essentiels dans nostre Religion. Pour ce qui est l'Eau, les Ichthyophages jettoient leurs morts aux *Diod. l. 3.* poissons, pour leur rendre, disoient-ils, ce qu'ils tenoient d'eux; qui est la mesme chose à peu prés que nous pensons faire à l'esgard de la terre. Et les Peoniens n'auoient point d'autres Cemetieres que les estangs, si nous en croyons Diogenes Laertius dans la vie de Pyrrhon. L'Air receuoit son tribut comme les autres dans la Colchide, où l'on pendoit aux arbres les corps des hommes cousus dans des cuirs de bœuf, à ce que portent les fragmens que nous auons de l'historien Nicolas Damascene, aussi bien que le troisiéme liure des Argonautes d'Apollonius, qui excepte neantmoins de cette coustume le sexe feminin. Et Guagin asseure dans sa Sarmatie, que les Tartares de l'horde Kirgessi vsoient encore de son tems des mesmes suspensions en l'Air.

Vous remarquerez touchant nos enterremens, qu'au lieu que nous enseuelissons les deffuncts dans des draps auparauant que de les mettre en terre, les Babyloniens couuroient de cire leurs corps morts, & puis les confisoient, s'il faut ainsi dire, dans du miel, ce que Strabon a obserué au seiziesme liure de sa Geographie, encore plus particulieremét qu'Herodote dans sa premiere Muse. C'estoit y apporter beaucoup plus de façon que ne faisoient les Arabes leurs voisins, que le mesme Strabon asseure auoir si peu estimé ce qui reste de nous

apres la vie, que iusques à leurs Rois ils *Ib.*
ne les enterroient que dans du fumier.
La curiosité contraire a donné lieu aus
tombeaus de marbre, & aux Mausolees.
Marc Varron voulut estre mis dans vn *L. 35. c.*
vaisseau de poterie auecque des feüilles *12.*
de meurte, d'oliuier, & de peuplier, ce
que Pline appelle à la Pythagorique. Les
Ethiopiens Macrobies se seruoient pour
cela d'vn verre transparent, surquoy
quelques-vns, dit Diodore, se sont voulus *Diod.l.2.*
moquer d'Herodote ; & neantmoins
Strabon tesmoigne que de son siecle
ceux d'Alexandrie monstroient les reli- *Str.l.17.*
ques d'Alexandre le Grand dans vne
biere de verre, au lieu de celle d'or dont
Ptolomée l'auoit honoré ; & que vers
Meroé c'estoit la coustume de conseruer les corps dans du verre, si on ne les
iettoit dans le Nil. De mesme qu'il y à
des terres sarcophages, & dont la chaleur consomme les corps presque en vn
instant, il y en a d'autres où ils se conseruent naturellement, cóme aux Cordeliers
Obseruantins de Thoulouze, à sainte More

en Touraine, & en assés d'autres lieux, sans qu'il soit besoin de les embaumer. Oüiedo nous apprent que les Indiens Occidentaus desseichoient au feu leurs Seigneurs ou Caciques decedez, afin de les garder reconnoissables le plus longtems qu'il leur estoit possible. Or considerez ie vous prie combien ces façons de faire sont differentes de celles des Perses, qui par vn dessein absolument contraire exposoient aus chiens & aus oiseaus de proye leurs morts, qu'ils tenoient pour des meschans & des abominables s'ils n'estoient bien-tost deuorez. Si est-ce qu'on iugea tres-mal du Cheualier de ~~Guise~~, selon que Dauila le rapporte, quand on s'apperceut que les rats auoient mangé dans sainct Denis vne partie de son cadavre. Tant y a qu'Agathias dit cela des Perses, apres Herodote, au suiet de leur chef Mermeroes, adioustant ailleurs qu'vn Philosophe eut cette reuelation en songe, que la terre rejettoit leurs corps à cause des incestes qu'ils commettroient auec leurs meres, & que c'estoit

d'Aumale

l. 2. hist.

c'eſtoit pourquoy ils n'eſtoient point enterrez. La relation aſſez recente du Royaume de Tibet porte que ceus qu'on y veut le plus honorer ſont expoſez de la ſorte aus oiſeaux carnaciers, l'enterrement, ny l'empyreume ou conſomption par le feu, n'y eſtant pas tenus ſi glorieus. Et le Philoſophe Demonax, du temps de l'Empereur Hadrien, declara comme Diogene ſur ce propos, qu'il eſtoit bien aiſe que ſon corps fuſt vtile aus beſtes apres ſa mort, auſſi bien qu'il l'auoit eſté aus hommes durant ſa vie. Mais que dirons-nous de ceux qui n'ont pas creu pouuoir bailler vne plus noble ſepulture à leurs propres peres, que de ſe les incorporer en les mangeant; ce qui a peut-eſtre donné lieu à la fable des Brachmanes touchant la Hupe, & a celle des Grecs toute ſemblable de l'Alouëtte, lors qu'ils ont voulu que l'vne & l'autre ayent enſeuely leurs peres dans leur teſte, de la façon qu'Elien le conte au ſeizieſme liure de l'hiſtoire des animaux. Herodote eſcrit cette brutalité des Massagetes au premier liure, de quelques Indiens dans le troisiesme, & des Issedons vers le Nort au liure qui suit. Odoardo Barbosa veut que cela se pratique encore presentement en quelque païs sujet au Roy de Siam. Et Aluaro Nunez attribuë la mesme coustume aux Indiens Occidentaus, sinon qu'ils reduisent en poudre les os de leurs parens trespassez, pour les aualer dans leurs boissons ordinaires.

Passons à quelques autres soit rapports, soit antitheses, que cette matiere sepulchrale nous fournira. La regle que donne Platon au douziesme liure de ses lois touchant le lieu des enterremens, porte qu'on le choisisse le plus inutile & le plus infructueus de tous, voulant encore que sa situation soit telle, que les personnes qui viuent ne puissent estre trauaillées du mauuais air des deffuncts, ny de quelqu'autre incommodité que ce lieu puisse causer. Aussi auoit-il veu dans ses voyages comme les Egyptiens, suiuant les ordonnances du Legislateur

OV LETTRES.

Pluton, faisoient transporter les corps morts dans vne Isle escartée, ayant vne barque particuliere destinee pour cela dont le Pilote se nommoit Charon en leur langue, ce qui a donné lieu aus fables des Grecs touchant le Royaume des Enfers, si nous en croyons Diodore. Ceus cy ont eu grand esgard à preseruer leurs villes de tout le préjudice que leur pouuoient apporter les funerailles; & par ce que Delos estoit frequentée de tous comme vne patrie commune, il n'estoit pas permis d'y enterrer, non plus que d'y accoucher, l'Isle de Rhene estant le cemetiere de celle-cy, depuis vne grande peste venuë à ce qu'on creut de la puanteur des sepulchres. La mesme deffence estoit dans vne autre Isle voisine de l'Arabie heureuse, & dont parle Diodore. Les douze tables des Romains faisoient encore obseruer cela, *in vrbe ne sepelito, neue vrito.* Dion Cassius rapporte l'ordonnance d'Auguste, qui deffendoit de brusler les corps en lieu qui ne fust eslongné de plus de deus milles de la ville. Et Iule

l. 1. & l. 5.

l. 5.

l. 48.

Capitolin obserue que l'Empereur Antonin surnommé le pieus fit vn autre Edict, par lequel il n'estoit pas permis d'inhumer les morts en quelque ville que ce fust. Vous sçauez auec combien de prejudice le Christianisme permet le contraire, ayant plus d'esgard au spirituel qu'au temporel, & vous ne trouuerez presque rien qui approche de son vsage touchant cela, que ce qu'escrit Polybe des Tarentins qui enterrerent dans leur ville depuis vn Oracle, par lequel beaucoup de bons succez leur estoient promis, s'ils auoient leur demeure commune auec le plus grand nombre, ce qu'ils interpreterent de ceus qui ont cessé de viure.

l. 8.

Nous les couchons dans le sepulchre le visage tourné vers le Ciel. Diogene vouloit si on l'y mettoit que ce fust la face en bas. Les Atheniens les tournoient du costé de l'Orient, comme on peut voir dans la vie de Solon escrite par Diogene. Les Turcs leur font de mesme regarder la Meque, outre qu'ils leur donnent la contenance d'vn Docteur en chaire, pour dire possible que nous deuons prendre leçon de ceux qui ne nous peuuent plus flatter. Charles-Magne qui fut mis aussi dans vne chaire, à ce que dit le Moyne d'Angoulesme qui nous a laissé la vie de ce Prince, & la chronique *Monasterij Noualiciensis*, porte que bien cent cinquante ans depuis, Othon troisiéme l'y trouua encore seant, les ongles des doigts ayant percé les gands dont ses mains estoient couuertes. Les Hurons de nostre nouuelle France ont vne autre mode qui leur est particuliere, mettant leurs morts en terre roulez en peloton, & presqu'en la mesme posture que les enfans sont placez dans le ventre de leurs meres, comme on peut voir dans la relation de l'an mille six cens trente-six des Peres Iesuites.

Il n'y a rien de plus ordinaire que de pleurer les morts, Homere n'ayant feint que les esprits erroient iusques à la sepulture de leurs corps, que pour obliger à les mettre plus promptement en terre, & à espargner par ce moyen les larmes qu'on répandoit dessus inutilement ; pour le moins est-ce la pensée de Tertullien dans son liure de l'ame. Tant y a qu'on a fait vn mestier de Pleureurs & de Pleureuses, qui se lamentent & versent des larmes aux enterremens à prix d'argent. Platon monstre au septiéme liure de ses loix que cela estoit fort commun parmy les Grecs. Marc Polo asseure que des femmes de ce mestier alloient durant quatre semaines pleurer sur vn deffunct dás la ville d'Ormus. Ceux du Perou ont esté trouuez obseruant la mesme ceremonie, si l'histoire des Incas est veritable. Et celle de Iosephe porte qu'Herode auoit si grande peur qu'on ne pleurast pas suffisamment à sa mort, qu'il auoit prié sa sœur Salome & son mary, de faire tuer quand il expireroit vn grand nombre des plus nobles Iuifs de son tems qu'il auoit fait assembler dans vn Cirque, ce qui ne fut pas pourtant executé. Les Troglodytes tout au rebours jettoient des pierres en riant sur leurs trespassez. Les Marseillois, dit Valere Maxi-

Sext. Pyr. hyp. l. 3. c. 24.

me, faisoient des festins aux funerailles de leurs amis, comme beaucoup le pratiquent encore aujourd'huy, sans jamais pleurer, ny se lamenter. Les instrumens de Musique, & sur tous la Fluste s'y faisoient entendre. Le sepulchre d'Isocrate estoit orné d'vne Syrene qu'on eust dit qui prenoit plaisir à chanter. Les jeux Pythiques, Istmiques, Nemeens, & Olympiques, se celebroient au commancement en commemoration des deffuncts. Et ie voy dans la relation de George Interiano Genois, que les Scythes ou Tartares Circassiens croyent si peu qu'il soit honneste de pleurer les morts, qu'vne femme seroit deshonorée chez eux si elle auoit souspiré aux obseques de son mary, ausquelles on a accoustumé, entr'autres réjoüissances, de dépuceler à la veuë de tous les assistans vne fille de douze ou de quatorze ans, auec vne effronterie qu'on ne sçauroit trop condamner.

l. 2. c. 6.

Ie ne vous veux point parler de toutes les ceremonies des pompes funebres, qu'on n'a trouuées gueres differentes des

autres dans l'Amerique, où les femmes, les
seruiteurs, les animaux, & les meubles
d'vn homme decedé, luy estoient souuent
sacrifiez pour son vsage au païs des Trespassez. Marc Polo dit qu'on se contentoit

l. 2. c. 56. de brusler la peinture de toutes ces choses
& 44. & en la prouince de Tangut, & dans la ville
l. 2. 68. de Quinsay, ce qui est bien plus tolerable.
Mais il asseure que quand on porte au
Mont Altay les grands Cams pour y estre
inhumez, tout ce qui se trouue en chemin
d'hommes & d'autres animaux est tué,
pour aller seruir en l'autre monde l'Empereur decedé, y ayant bien eu dix mille personnes massacrées de la sorte aux funerailles de Mongu Cam. Herodote auoit fait

l. 4. voir quelque chose de tel, où il rapporte
comme on promenoit le corps du Roy
des Scythes deuant que de l'enterrer. Au
surplus ce mont destiné à la sepulture du
Prince des Tartares, me fait souuenir qu'il
n'y a gueres de Souuerains sur la terre qui
n'ayent eu de mesme vn lieu affecté pour
la leur. La perte de l'Empire Macedonien
fut attribuée à ce qu'Alexandre le Grand

ne

ne fut pas mis au sepulchre de ses ancestres, ce que Perdicas l'vn d'eux auoit predit. Les Rois de Iuda auoient le leur, dont Ozias fut priué à cause de sa lepre. Iacob fit jurer ses enfans, & Ioseph ses freres, qu'au lieu de les enterrer en Egypte, ils les feroient porter au tombeau de leurs peres. C'est ce que les Chinois, dit Pirard, obseruent tres-religieusement à l'esgard de leurs compatriotes, qu'ils embaument & reportent tousiours chez eux. Tous les Monarques du Iapon sont inhumez dans la ville de Coia, ou du moins si cela ne se peut, on y porte vne de leurs dents qui s'y enterre au lieu du corps entier. Car la dent n'est pas de si petite consideration en cecy, que Pline n'ait obserué qu'aux païs où les corps se brusloient, iamais ils ne l'estoient que les dents n'eussent paru; *hominem priusquam genito dente cremari mos gentium non fuit.* Ie laisse mille considerations semblables, me contentant de vous remarquer, que comme les Payens mettoient vne piece de monnoye qu'ils nommoient *naulum* dans la bouche des morts,

Iuslin.l.7.

Atlas.

L.7.c.16.

Ll

pour payer à Charon leur passage; les Moscouites, auec assez d'autres Chrestiens, leur en donnent vne autre pour sainct Pierre; & les habitans de l'Isle Zipangu leur enferment vne perle en la mesme place, & vray-semblablement auec vn pareil dessein.

M. Polc. l. 3. c. 2.

Pour conclusion considerons comme il faut que l'inhumation soit vn office bien naturel, puis qu'il se trouue des animaux qui se le rendent les vns aux autres. Elien l'asseure des Fourmis, qui enterrent leurs amies ou alliées apres les auoir mises dans des peaux ou couuertures de grains de bled, comme nous mettons nos morts dans des vrnes, ou dans des bieres. Et quoy que Pline dise qu'elles sont seules entre toutes les bestes qui ont cét vsage, si est-ce que le mesme Elien cite encore ailleurs Aristote, comme autheur de ce que les Dauphins portent à terre ceux de leur espece qui ont cessé de viure, en faisant la musique pour honorer leurs funerailles, & pour prier les hommes de les inhumer. Ce fut pourquoy les Atheniens firent

L. 6. c. 43.

L. 11 c. 30.

L. 12. c. 6.

Diod. l. 13.

mourir onze de leurs chefs, apres leur grande victoire nauale aux Arginuses contre les Lacedemoniens, parce que ces capitaines n'auoient pas receüilly les corps de leurs concitoyens pour leur donner sepulture. Et l'on a escrit que beaucoup de ces anciens Rois d'Egypte n'ont regné vertueusement, que sur la crainte d'estre priuez de l'honneur des pompes funebres, dont on ne gratifioit iamais les vicieux. Aussi est-ce la recompence que Platon ordonne en diuers lieux de sa Republique aux hommes de merite. L'enterrement a esté tenu particulierement de telle importance, qu'entre les imprecations de Moyse contre ceux qui n'obserueront pas la loy de Dieu, il les en priue; comme Thyeste souhaittoit dans Ennius que son frere Atrée ne trouuast iamais le repos du sepulchre. Il n'est pas iusques à cét impie de Mezence, qui ne prie Enée de le mettre au tombeau de son fils Lausus.

Id. l. 1.

Et me consortem nati concede sepulchro. *En. l. 10.*
Ceux qui ont apprehendé de ne l'auoir pas

Ll ij

tel qu'ils le desiroient, se le sont fait dresser, & en ont mesme pris quelque possession de leur viuant. Car nostre Louis onziéme & l'Empereur Charles-Quint se plaisoient à se coucher par fois dans ceux qu'ils auoient fait preparer, le premier ayant obtenu du Pape Sixte quatriéme vne bulle d'excommunication, contre ceux qui mettroient ailleurs son corps qu'au monument construit par ses ordres dans nostre Dame de Clery. Mais ie ne sçay personne qui ait voulu estre tout de bon enterré vif, que l'orateur ou sophiste Polemon, qui viuoit sous Trajan & son successeur Hadrien, & qui dit à ceux qui commençoient à fermer son sepulchre qu'ils se despeschassent, afin que le Soleil ne se pust vanter de l'auoir veu sans parler. La Religion Payenne inuenta les *Cainotaphes* ou tombeaux vuides, pour ceux dont les corps ne se trouuoient point. Iamais on n'a sçeu où estoit le lieu du dernier repos de Moyse, aussi y fut-il mis de la seule main des Anges. Periandre, vn des sept Sages de la Grece, fit ce qu'il put par

Philostr.

OV LETTRES. 269

le meurtre de diuerses personnes, pour *Diog.* empescher que l'endroict de son inhuma- *Laert.* tion ne fust connu. L'on a dit de Niobe qu'elle auoit trouué son sepulchre en elle-mesme, ce qui est bien plus vray de la femme de Loth. Diuerses sortes d'animaux ont esté enterrez solemnellement pour honorer leur memoire. Arton fils de Mar- *Herod.* donius fit des dons immenses à ceux qui *l. 9.* auoient eu la charité d'enseuelir secrettement son pere, tué au celebre combat des Platées. Et nous lisons dans Athenée qu'vn Sybarite portant plus de respect à vn homme qu'au Dieu qu'il adoroit, ne cessa de battre son valet en le poursuiuant dans vn temple, iusques à ce qu'il fut arriué sur la tombe de son pere. Cela monstre bien qu'on a tousiours fait grand cas de la sepulture. Beaucoup de Philosophes neantmoins s'en sont mocquez, parce qu'ils croyoient que toute la terre leur deuoit seruir de Tombeau, comme le mot Grec le dit des hommes illustres. Seneque *Ep. 92.* soustient qu'vne belle ame ne se soucie non plus de son corps quand elle le quit-

Ll iij

te, que nous nous trauaillons peu de ce que deuiennent les rongnures de noftre barbe, oû de nos cheueux, apres qu'on nous a fait le poil. Que la terre ou le feu, les loups ou les oifeaux fe rendent les maiftres de l'habitation qu'elle laiffe, *non magis ad fe iudicat pertinere, quam fecundas ad editum infantem.* Vne tombe, dit-il ailleurs, ne fait que charger ce qui a du fentiment, & elle eft inutile à ce qui n'en a plus. Si vous n'eftes couuert de la terre vous le ferez du Ciel. Epicure & Diogene ont efté de la mefme opinion, *fepelit natura relictos,* & quand le dernier pria qu'on laiffaft fon bafton aupres de lui pour deffendre fon cadaure des beftes, il monftra bien par cette raillerie le mefpris qu'il faifoit de la fepulture. Pour remonter iufques au pere commun de tous ceus dont nous parlons, ie ne trouue rien de plus digne de Socrate dans toute fa vie, que le reproche qu'il fit à Criton vn peu deuant fa fin, d'auoir perdu fon tems & fa peine a l'inftruire, puis qu'il luy faifoit encore cette impertinente demande, où il

De rem. fort.

vouloit estre mis apres sa mort, sans se souuenir de ce qu'il luy auoit repeté tant de fois, que nous partions tous entiers de ce monde n'y laissant rien qui nous fust propre. En verité ce sont des pensées bien differentes de celles que nous auons tantost considerées; & les Sceptiques pourroient sans doute faire bien leur profit de cette varieté, s'il ne faloit suiure que le raisonnement humain sur vn sujet ou l'authorité de l'Eglise est seule considerable. Ie croy que vous n'auez pas sujet de vous plaindre que j'aye refusé de satisfaire à ce que vous desiriez de moy.

DE L'ESPERANCE.

LETTRE XXIV.

MONSIEVR,

Ie ne suis pas si ennemy que vous le croyez de toute sorte d'esperance. I'auoüe qu'elle nous est tellement propre, qu'à peine se peut-on imaginer que rien nous distingue dauantage des Bestes. Car comme la Nature a pourueu à toutes leurs necessitez, elle leur a osté au mesme tems tout sujet d'esperer, n'y ayant rien au delà de ce qu'elles possedent, ce qui les fait viure dans vne pleine, & entiere satisfaction. Les biens dont elles ne sont pas capables ne sont pas aussi de leur connoissance, & cela est cause qu'elles ne peuuent

pas

pas se les promettre par vn principe de Morale qui porte qu'on n'affectionne iamais vne chose inconnuë, *ignoti nulla cupido*. Mais encore que l'espoir soit vn tesmoignage du discernement humain, ce n'est pas à dire qu'il doiue tousiours passer pour vne marque certaine de bonté d'esprit, ou de grandeur de courage; & ie ne sçay ce qui a pû faire dire si precisément à Florus en faueur du ieune Pompée, que le vray signe d'vne ame genereuse estoit d'esperer iusques à l'extremité, *magnæ indolis signum est sperare semper*; si nous ne rapportons cela aux sentimens du peuple, qu'il a voulu suiure pour gratifier ce Seigneur Romain. Tant s'en faut que les meilleurs esprits soient les plus susceptibles d'esperance, qu'il n'y a point de gens qui en prennent si tost, & qui la quittent si tard, que les simples & les idiots, dont lon se iouë à discretion pour peu qu'on leur donne à esperer. C'est sur cela que les Italiens ont nommé cette mesme Esperance le jardin des Fous, qui n'ont point de plus grand plaisir que de s'y promener, dans des espaces imaginaires où toutes choses rient à leur fantaisie. Et Platon auoit sans doute la mesme pensée, quand il ne mettoit point d'autre difference entre esperer, & resver, qu'en ce que l'vn donnoit des songes aux personnes esueillées, & l'autre à celles qui sont endormies.

Pour accorder deux opinions qui semblent se choquer & se destruire l'vne l'autre, ie voudrois faire distinction entre les bonnes & les mauuaises esperances, les raisonnables, & les vaines ou inconsiderées. I'appelle bonnes & raisonnables celles qui sont reglées, faciles, prochaines, & de choses qui doiuent vray-semblablement reüscir. Leurs opposées sont extrauagantes, difficiles, esloignées, & qui trompent presque tousiours ceux qui les conçoiuent. Il n'est pas deffendu d'auoir des premieres, & ie crois mesme que le plus sage homme du monde espere peu ou prou, (pour vser de ce terme) autant de tems qu'il respire. Si les Stoïciens les ont condamnées toutes indifferemment, auec

OV LETTRES.

le reste des passions ; les autres Sectes n'ont pas esté si austeres, & le Christianisme, qui fait de l'Esperance vne Vertu, ne regle pas comme Zenon ce qui touche l'appetit ou la volonté. Que chacun y prenne garde, il trouuera que comme la memoire du bien passé donne du contentement, l'esperance du futur n'est pas moins agreable ; & que la doctrine Peripatetique a eu raison de mettre l'vne & l'autre entre les voluptez raisonnables. *Arist. l. 7. Physic. c. 3.* Aussi sçait-on que plusieurs ont consideré la condition des Rois comme fort miserable, d'auoir beaucoup de choses à craindre, & tres-peu à esperer. C'est donc des vaines esperances seulement, qu'il faut interpreter tout ce que nous auons d'injurieux dans les liures contre cette douce pasture de nos ames : Et quoy que les plus raisonnables nous trompent par fois, elles ne laissent pas d'estre vtiles, par vn plaisir innocent qui assaisonne & facilite nos actions, sans laisser ce dégoust d'auoir creu de leger, que les autres nous font tousiours sentir à la fin. Car l'Esperance bien prise & qui est fondée sur vn sage discours à cela de propre, qu'elle sert mesme à la santé au rapport des Medecins, & prolonge agreablement nos jours comme la plus moderée de toutes nos passions. Elle est cette chaisne que descrit si bien Dion Chrysostome, qui nous tient attachez à la vie dans ses plus plus grandes extremitez. D'autres l'ont nommée l'Anchre derniere & sacrée qui arreste nostre vaisseau au milieu de toutes les bourrasques de la Fortune. Et à la considerer iusques dans ses manquemens, lors que cette mesme fortune se plaist à luy contredire, lon peut dire qu'elle nous sert tousiours, ou que, pour en parler comme fait le Poëte,

Orat. 30.

Ouid. 1. de arte am.

Illa quidem fallax, sed tamen apta Dea est.

Ne vous estonnez pas d'ouïr prononcer à Seneque, qu'il ne faut rien esperer, non plus que Iupiter, pour estre heureus. C'est vn des paradoxes de cette Philosophie fiere & ridicule tout ensemble, selon laquelle les Plantes & les Rochers joüiroient de plus de felicité que les hommes.

En effet l'exemtion de toute esperance ne fait pas tant pour la Beatitude, que la moderation & la regle qui s'y doit obseruer. Et c'est iustement selon ce sentiment qu'on doit interpreter la response de Chilon, à celuy qui luy demandoit en quoy principalement les hommes sçauans differoient de la multitude & des ignorans. Il repartit, en bonnes esperances, ἐλπίσιν ἀγαθαῖς, ne voyant rien qui les rendist les premiers si dissemblables aux seconds, que ce que les vns & les autres se promettoiēt de l'auenir. Le Sage n'espere iamais qu'autant que la raison & la vray-semblance le luy permettent : Le Fou s'abandonne à tous partis, & dans vne soif continuelle des choses qu'il attent, soupire tousiours apres l'auenir sans se pouuoir desalterer. Ce qu'il possede ne le contente iamais, & semblable à ce Corbeau Romain pour ne pas employer le present, il a perpetuellement recours au futur,

Diog. Laer. in eius vita.

Est bene non potuit dicere, dixit erit.
Pour moy qui tiens toutes les grandes esperances sujettes à de tres-grandes trom-

peries, sans blasmer le partage d'Alexandre, qui ne reserua de tout ce qu'il possedoit que l'esperance des conquestes qu'il s'estoit proposées, ie croy que pour viure en homme particulier dans quelque tranquillité, il faut esperer peu, & ne desesperer de rien.

DE LA DEVOTION.

LETTRE XXV.

MONSIEVR,
Nostre Religion n'est pas comme celle des Mahometans, où il n'est iamais permis d'vser de raisonnement. Leurs Alfaquis, ou Docteurs & interpretes de l'Alcoran, ne l'enseignent dans l'Eschole, à ce qu'on dit, que le glaiue en vne main & le liure en l'autre. N'est-ce pas ainsi qu'on tasche de conseruer par la seule violence les choses mal acquises, au lieu de deffendre le droict qu'on y pretend par les voyes de la Iustice ? Les Payens en vsoient tout autrement. Il leur estoit permis de disputer de tout ce qui concernoit les Autels. Et quoy

que Pythagore eust donné ce precepte, de ne porter iamais l'image de Dieu grauée dans des anneaux, ce que Porphyre & les autres interpretes de tels symboles ont tousiours pris, pour vn commandement de ne communiquer pas indifferemment à tout le monde les mysteres de leur Theologie ; Si est-ce que les liures qu'ils nous ont laissez nous témoignent assez la grande liberté qu'ils se donnoient là dessus. Le Christianisme tient vne voye moyenne entre ces deux extremitez. Sans souffrir qu'on reuoque en doute aucun des articles de la Foy, il n'empesche pas qu'en tout le reste lon ne se serue du discours, pour prendre tel party qu'on veut aux choses problematiques, & que l'Eglise n'a pas determinées. Car comme ces hautes veritez que le Ciel nous a reuelées, sont autant de principes indemonstrables, & de medecines spirituelles qu'il faut aualer courageusement, plustost que de les gouster auec trop de curiosité, si nous sommes amis de nostre salut : Aussi est-il permis d'employer par tout ailleurs nostre raison ;

son; de soustenir ce que nous jugeons luy estre le plus conforme ; & d'interpreter souuent l'Escriture qui est la parole de Dieu, par les œuures de la Nature, ou pour mieux dire de luy-mesme ; puisque n'y pouuant auoir de contradiction, en ce qui depend d'vn seul & si parfait principe, il est impossible d'expliquer plus seurement les doutes qui se forment sur le Code de l'Escriture, que par ce que nous lisons dans celuy de la Nature qui est du mesme Autheur.

Mais pour bien faire la conference de ces deux textes, lon ne sçauroit vser de trop de respect & de soumission d'esprit. Les Infideles mesmes ont reconnu qu'il y auoit de la temerité à vn homme mortel, de vouloir parler auec asseurance des choses diuines & immortelles. Et leurs Philosophes ne se sont iamais tant esloignez de la connoissance de Dieu, que quand ils s'en sont voulus approcher le plus prés. Ces Sphynges posées par les Egyptiens au deuant de leurs Temples, donnoient à entendre combien la doctrine *Clem. Alex. l. 5. strom.*

de ce qui est au dessus de nous leur sembloit obscure & de difficile intelligence. L'on a trouué le nouueau monde dans ses parties les mieux policées, qui faisoit profession du mesme sentiment. Personne n'entroit au Temple du Createur de l'Vniuers, que ceux du Perou appelloient le grand *Pachacamac*, qu'à reculons, pour dire qu'il n'y auoit point d'homme qui fust digne de l'enuisager, son nom mesme estant tenu pour ineffable. Et quelque ridicule que soit l'Alcoran dont nous auons desia parlé, les Musulmans ont accoustumé de se curer les dents deuant que d'y lire, par vn respect fondé sur de pareilles moralitez.

Hist. des Incas. l. 6. c. 31.

Senc. sap. c. 5.

C'est ce qui me fait estonner de la hardiesse que prennent ceux qui se disent Chrestiens, de disputer non seulement auec tant d'animosité, mais encore auec vne si grande presomption de tout ce qui se passe dans le Ciel, comme s'ils auoient penetré le plus secret de la Sagesse Eternelle, & sans se souuenir de ce beau mot de sainct Paul, *quis nouit sensum Domini, aut quis consiliarius eius?* En verité nous serions plus modestes si nous estions aussi Chrestiens que nous en faisons profession. Nous aurions plus de charité pour ceux que nous aymons mieux conuaincre, que retirer d'erreur. Et sans exciter de si violentes contestations, nous auoüerions qu'il n'y a que Dieu seul, qui puisse rendre iustes les faux accords qui se font par fois dans l'harmonie de son seruice. Nostre Religion est toute fondée sur l'humilité, & il n'y a rien que nous fassions plus mal volontiers que de declarer nostre infirmité, & de reconnoistre ingenument nostre foiblesse spirituelle. Ie suis confus d'ailleurs quand ie voy dans l'histoire ancienne que ceux qui ont esté assez aueugles pour adorer des Chats & des Crocodiles, portoient plus de reuerence à leurs Autels que nous ne faisons aux nostres que nous profanons tous les jours. Sous le faux pretexte de seruir Dieu, lon se sert de luy; & son sainct Nom

Ep. ad Rom. c. 11.

n'est souuent qu'vne couuerture à nos plus grandes méchancetez. Quelle honte de mettre le Paradis à prix d'argent? de preferer l'encens où le culte à la probité? & d'attribuer des sentimens à Dieu, que nous aurions honte d'imputer à vn homme raisonnable? Autrefois on respandoit le sang des victimes deuant que de les mettre sur l'Autel, & cela signifioit qu'il estoit besoin de se despoüiller de toutes ces passions qui ont leur siege dans la masse du sang, si l'on vouloit attendre quelque grace du Ciel. Sainct Pierre reçeut depuis le commandement d'esloigner sa barque du riuage, *duc in altum, & laxate retia vestra in capturam*, parce qu'il n'y a rien de plus à craindre dans vne nauigation importante à nostre salut, que le voisinage de la terre, ces respects humains, & ces considerations que nous nommons temporelles. Aujourd'huy nous voulons auec impieté que Dieu prenne part dans tous nos interests; nous serions bien faschez d'auoir laissé à la porte de l'Eglise la

Luca c. 5. art. 4.

moindre de nos conuoitises; & sous vne feinte deuotion nostre hypocrisie est telle, que nous couurons comme le Cygne nostre noirceur de la blancheur de nos plumes. Il n'y a point de brouillon qui ne parle dans la Religion, aussi bien que dans l'Estat, de pureté & de reformation parmy ses plus grandes dissolutions. Ces meschans qui auoient occupé du tems de Vespasien le Temple de Hierusalem, & qui le remplissoient de meurtres & de brigandages, se faisoient appeller les zelez, & ne parloient que de corriger les abus de la Synagogue. Pleust à Dieu que nous eussions moins de sujet de remarquer, combien le specieux pretexte du zele de la Religion couure au temps où nous sommes de dangereuses intentions. Mais quand ces mesmes intentions ne seroient pas si mauuaises, vn zele inconsideré n'est iamais agreable à Dieu. Il reprit celuy de Nathan, qui vouloit que Dauid bastist le Temple sans aucune remise. Et l'action

Ios. de bel. Iud. l. 4. c. 5.

Nn iij

de sainct Pierre, mettant la main à l'eſpée en faueur de son maiſtre, merita ſa
correction. Ie sçay bien qu'on ne sçauroit auoir trop d'amour pour son Createur, & que la meſure qu'il faut tenir
en cela, c'eſt de l'aymer ſans meſure.
L'on peut dire par conſequent, qu'on
ne peut eſtre excité d'vne trop ardente
deuotion, puiſque c'eſt le lien d'vne
parfaite amitié entre Dieu & les hommes. Souuenons-nous neantmoins de
ce mot veritable, qu'il eſt le grand amy
des Aduerbes, & que le bien ſubſtantif
ne luy plaiſt iamais, s'il n'eſt fait aduer-
bialement bien. Vous m'auez obligé à
vous tenir ces propos, qui ne ſont bons
que dans la Sacriſtie, & vous n'ignorez
pas ce qui m'a fait parler de la façon.
Pour concluſion, taſchons de faire en
ſorte, que comme non ſeulement les
fruicts, mais les feüilles meſmes des Ce-
dres du Liban, ont inceſſamment leurs
pointes tournées vers le Ciel ; toutes
nos œuures, & toutes nos penſées n'ayent

point d'autre object que luy, ne regardant iamais la terre pour la preferer aux choses d'enhault. *Iustus ut palma florebit, sicut Cedrus Libani multiplicabitur.* Sal.

PETITS TRAITEZ,

DE CEVX QVI ont pris de faux noms.

LETTRE XXVII

MONSIEVR,

La procedure judiciaire qui vous étonne si fort, & que vous nommez vne grande nouuelle, n'est rien qu'vne copie de cent autres actions semblables qui se lisent dans toutes les histoires. Celle des Iuifs a eu vn faux Alexandre qui se disoit fils d'Herode, & dont l'imposture ne fut punie que des Galeres, d'autant qu'il la confessa franchement à l'Empereur. Vous trouuerez dans celle des Perses vn faux Smerdis, qui osa contester à Cambyses la couronne

Iof. ant. Iud. l. 17. c. 14. & de bell. Iud. l. 2. c. 5.

Herod. l. 3.

couronne comme fils de Cyrus, estant depuis reconnu pour vn fourbe, parce qu'il n'auoit point d'oreilles. Et vous pourrez joindre à celui-là, cét autre qui pensa enuahir le Royaume de Cappadoce, se disant le mesme Ariarathes que constamment Marc Antoine auoit fait mourir. L'ancienne Grece vous fera voir ces *Pseudo-Alexandres* qui se vantent dans Appian au liure qu'il a fait des guerres de Syrie, tantost d'estre venus d'Alexandre le Grand, tantost d'estre de la famille des Seleucides comme fils d'Antiochus. Elle vous fournira de mesme deux *Pseudo-Philippes*. L'vn se nommoit Andrisque, tenu pour fils de Persée, *qui regiam formam, regium nomen, animo quoque regio impleuit*, & qui fut assez heureux dans sa disgrace, adjouste Florus, pour meriter que le peuple Romain triumphast d'vne personne de si basse naissance, comme si c'eust esté d'vn Roy veritable. L'autre est celuy qui qui fut deffait en Macedoine par L. Tremellius Questeur, dont le mesme Florus dit encore vn mot dans son epitome sur

Val. Max. l. 9. c. vlt.

L. 2. c. 14.

L. 53.

Tite-Liue, & qu'Eutrope nomme *Pseudo-Persée*. La Grece plus recente ne manquera pas non plus d'exemples semblables, tesmoin ce faux Alexius qui pour ressembler parfaitement de visage, de poil, & de parole, aussi bien que de nom, à vn fils de l'Empereur Manuel Comnene, alloit remuer tout le Leuant s'il n'eust esté tué dans son lict par vn homme d'Eglise. Pour ce qui touche l'histoire Romaine, Tite-Liue parloit dans sont cent seizième liure d'vn Chamaces home de neant qui voulut passer le fils de Marius; Appiā le nomme Amatius, recitant comme Antoine le fit mourir; & c'est apparamment le *Herophilus Equarius medicus* de Valere Maxime. Auguste fut contraint d'en enuoyer vn autre en Galere, qui se disoit fils de sa sœur Octauia, pretendant qu'on l'auoit changé lors qu'il estoit en nourrice. Tacite & Dion font mention de ce Clement seruiteur d'Agrippa, qui osa prendre le nom de son maistre, & respondre à Tibere qui luy demandoit comment il estoit deuenu si grand Seigneur, de la mesme fa-

L. 4.

pour *L. 3. de bell. ciu.*

Tac. l. 2. & 6. ann. & 2. hist. Dio Cass. l. 57. 58. & 64.

çon que vous estes paruenu à l'Empire. Ils rapportent aussi l'impudence d'vn faux Drusus du tems du mesme Tibere, & celle d'vn faux Neron qui troubla toute l'Asie sous Othon, & fut secouru auec grande ardeur des Parthes comme Suetone l'a remarqué. Ie ne vous dis rien des *Pseudo-Antonins*, pour venir aux Empereurs Allemans, & vous faire souuenir du faux Henry, & du faux Frideric que Rodolphe premier fit brusler. Mais passons à nostre propre histoire. Nous trouuerons dans Gregoire de Tours, & dans l'Epitome de Fredegarius, vn faux Gondeuault qui se disoit fils de Clothaire premier, & qui fut suiuy d'vne partie de la Noblesse & du Clergé de France, quoy que ceux qui le nommoient autrement Ballomer, luy donnassent pour pere vn Musnier ou vn Cardeur de laine. Il est fait mention dans la vie de sainct Leger Euesque d'Autun d'vn faux fils de Clothaire troisiéme, qu'on aposta pour disputer la Couronne à Thierry premier du nom. Et de nos iours regnant Henry quatriéme vn François de

In Ner. art. vlt.

la Ramée eut l'impudence de se dire fils de Charles neufiéme & d'Elisabeth d'Autriche, adioustant que la Reine Mere Catherine l'auoit fait nourrir clandestinement en Poictou, pour raison dequoy il fut publiquement executé dans Paris, & son corps bruslé apres sa mort l'an mille cinq cent quatre-vingt seize. Les Turcs ont esté troublez par deux faux Mustaphas, l'vn qui osa disputer de la domination contre Amurat second, & l'autre qui fut suscité par Baiazet, second fils de Soliman, tant contre son pere que contre son frere aisné. Deux faux Demetrius ont excité d'estranges Tragedies dans la Moscouie en mil six cens cinq, & mille six cent six, auec cette particularité à l'esgard de l'vn des deux imposteurs, qu'il auoit vn bras plus court que l'autre, & vne verruë au visage, comme le veritable Demetrius dont ils joüoient le personnage. Et lon peut voir dans Herrera que deux Hermites voulurent estre pris chacun pour le Roy de Portugal Dom Sebastien, qui faisoit penitence à cause de la bataille d'Alcaçar

Thuan. l. 117.

qu'il auoit si miserablement perduë en Affrique. Mariana nous apprent qu'en l'an mille cent soixante-deux, vn effronté se produisit comme s'il eust esté le Roy Alphonse, vingt-huict ans apres sa mort à la bataille de Frague. Il auoit quelques lineamens de ce Prince; disoit s'estre arresté tousiours depuis en Asie, portant les armes pour la Foy contre les Infideles, & s'il n'eust esté étranglé promptement dans la ville de Saragoce, le mal deuenoit incurable. Vn Iuif, au rapport de Sandoual, se voulut faire couronner dans Valence en qualité de Dom Iuan fils vnique de Ferdinand & Isabelle, que toute l'Espagne sçauoit estre decedé en Salamanque. Cela neantmoins n'empescha pas qu'il ne fust suiuy & fauorisé par diuerses personnes, iusques à sa prise en mille cinq cent vingt-deux, & son execution à mort apres auoir esté traisné par les ruës. Et depuis Philippe second ne fut-il pas contraint de faire pendre vn Patissier, qui estoit assez impudent pour se dire Dom Carlos, qui venoit de perir de la mort que chacun sçait? Les

L. 11. c. 9.

Hist. l. 9. pa. vlt.

Flamans pour parler, du reste de nos voisins, virent paroistre en l'an mille deux cent vingt-quatre vn homme de Reims qui vouloit qu'on le prist pour Baudouin Comte de Flandre & Empereur de Constantinople. Sa fourbe fut reconnuë à la Cour de France, où il eut l'audace de se presenter deuant le Roy, & elle fut punie dans la Ville de l'Isle, où ayát esté pendu & puis enseuely, la Cõtesse de Flandre fille du veritable Baudouin le fit deterrer & pendre pour la seconde fois. L'Angleterre n'a pas esté plus exempte de ces imposteurs que les autres païs. Du regne du seul Henry septiéme deux pretendirent se faire reconnoistre pour le second fils d'Edoüard quatriéme, Richard Duc d'York qui n'estoit plus au monde. L'vn se nommoit Perkin, ou Pierre Vuarbec, l'autre Simnel fils d'vn Boulanger ; & celui-cy se dit encore depuis Edoüard Plantagenet, ayát esté proclamé Roy dans Dublin sous ce beau nom. Vn autre Vvilford fils d'vn Cordonnier contrefit le Comte de Vvaruich sous le mesme Henry septiéme, se-

Cräzius metr. l. 7. c. 4b.

OV LETTRES.

lon l'histoire de sa vie que nous a donnée Bacon.

Or quoy que le desir de se rendre Souuerains ait donné la hardiesse a presque tous ceux que nous venons de nommer d'entreprendre de telles impostures, si est-ce qu'assez d'autres en ont fait de semblables pour des fins beaucoup moins esleuées. Dion Chrysostome rapporte qu'vn Callias ayant esté tué dans vn combat que perdirent les Atheniens, vn sien Escuyer qui luy ressembloit fort se presenta quelque tems apres, & donna bien de la peine aux heritiers du deffunct, soustenant qu'il estoit le mesme Callias, qui reuenoit apres auoir esté esclaue en Thrace, d'où il n'auoit pas peu se sauuer plustost. Ie laisse à part les exemples que vous pouuez voir dans Valere Maxime au dernier chapitre de son neufiéme liure, pour vous adiouster que du tems de l'Empereur Vitellius vn esclaue nommé Geta faisoit accroire qu'il estoit l'illustre Scribonianus Camerinus, qui s'estoit retiré en Histrie ne s'osant monstrer à cause de Neron; si son maistre *Tacit. 2. hist.*

ne l'euſt reconnu, & fait condamner comme vn fugitif. Depuis ſous Commodus qui fit tuer Maximus Quintilius, ſon fils Sextus Condianus s'abſenta & fit courir le bruit qu'il eſtoit mort auſſi, afin de ſe fouſtraire à la perſecution. Sa ſucceſſion eſtant fort opulente, vn *Pſeudo-Sextus* ſe preſenta inopinement pour lui comme ne craignât plus rien, & ſe fuſt mis dans tous ſes biens, ſi Pertinax ſucceſſeur de Commodus ne l'euſt declaré vn fourbe, apres l'auoir interrogé en Grec qu'il n'entendoit pas, quoy que le vray Sextus conſtamment le parlaſt fort bien. On veit depuis du regne de Iuſtinien vn faux Childibius, qu'on auoit contraint de prendre le nom de ce grand Capitaine qui eſtoit la terreur des Eſclauons, afin de proffiter de cette impoſture en le faiſant reuiure, comme Procope le recite au troiſiéme liure de la guerre des Goths. Mais, afin de nous contenter de ce ſeul exemple moderne, le retour d'vn Martin-Guerre ne fit-il pas condamner à mort dans Thouloufe en mille cinq cent ſoixante vn Arnauld du Tilh, qui

Dio.Caſſ. l. 72.

Thua. l. 26. hiſt.

qui auoit pris outre le nom de ce Martin, sa femme mesme dont il eut en trois ans deux enfans?

Au surplus il ne faut point s'estonner que des hommes ayent esté si outrecuidez, puis qu'il y en a eu qui ont bien osé attenter à la Diuinité. Vous n'ignorez pas la folie de ce Psaphon, qui tascha de se faire recónoistre pour vn Dieu par le moyen des pies & des perroquets. On impute vne vanité qui ne vaut gueres mieux aux Philosophes Empedocle & Heraclide. Eu- *L. 7. c. 47.* thymé Calabrois fut consacré & adoré de son viuant mesme, *nihilque adeo mirum aliud, quam hoc placuisse Dijs,* dit Pline. Ta- *L. 4. hist.* cite asseure que les Allemans de son tems croyoient que de certaines femmes qui se mesloient de prophetiser, estoient de veri- *L. 4.* tables Deesses. Et il nomme ailleurs vn Maricus qui auoit pris la qualité de Dieu *L. 2.* dans nos Gaules, & que Vitellius fit tuer en sa presence pour desabuser ceux qui le disoient invulnerable. Antiochus Roy de Syrie, Caligule, Neron & Domitien, ont eu là-dessus des fantaisies semblables à

Pp

celle que les Poëtes attribuent à Salmonée. C'est surquoy se fonde la raillerie de Seneque, *olim magna res erat Deum fieri, iam famâ minimum fecit.* Qui ne sçait l'impieté des heresiarques Montanus & Manes, qui se disoient estre le Paraclet? Le chef des Adamites voulut de méme qu'on le prist pour le fils de Dieu. Et comme Socrate nous apprent dans le septiéme liure de son histoire Ecclesiastique, qu'il se trouua vn *Pseudo-Moïse* en Crete, qui promettoit aux Iuifs de cette Isle de les faire passer à pied sec de là dans la terre de promission, ce qui en fit noyer plusieurs: Nous lisons aussi dans Gregoire de Tours qu'on veit en France vn *Pseudo-Christ* venu de Berry, qui se fit suiure iusques à la mort d'vne grande quantité de peuple, dont l'assistance ne manque iamais aux plus esceruelez. Tant il est vray qu'il n'y a point de mensonge si impudent, ny si punissable, qui ne trouue de l'apuy, & des sectateurs, *nullum tam impudens mendacium est, vt teste careat.* Ne iugez donc plus si estrange qu'on prenne de faux noms d'hommes,

De morte Claud.

L. 10. c. 25

Plin. l. 8. c. 22.

puis qu'on n'a pas espargné celuy de Dieu; ny qu'on renouuelle aujourd'huy des impostures, qui ont esté de tout tems prattiquées dans le monde; si cela se peut dire generalement parlant, & sans rien déterminer au faict particulier dont vous m'escriuez, n'en ayant autre connoissance que celle que vous m'auez donnée, qui n'est pas suffisante pour vne derniere resolution.

DE LA LIBERALITE'
& de ce qui luy est contraire.

LETTRE XXVII.

MONSIEVR,
La Liberalité est si esclatante, sur tout quand elle s'esleue jusques à ce hault degré qui luy fait prendre le nom de Magnificence, que la Frugalité consideree en suitte à bien de la peine à maintenir son rang entre les Vertus, à cause de ie ne sçay quelle apparence d'opposition qui se forme aisément de l'vne à l'autre si lon n'y prent garde de prez. Il semble alors que celle-cy soit vne espece d'Auarice: Vous diriez qu'on ait eu intention d'injurier par elle ce Pison à qui lon donna le sur-

nom de Frugal: Et peu s'en faut qu'on ne la fasse passer pour vn deffaut caché selon le mot de Laberius,

Frugalitas miseria est rumoris boni.
Car faites reflexion d'vne part sur le procedé d'vn Cimon & d'vn Pisistrate, qui permettroient à tout Bourgeois d'Athenes d'emporter de leurs maisons des chams ce qu'il y trouuoit à son goust: Voyez encore comme ce Gillias Agrigentin dans vne abondance merueilleuse de biens n'auoit rien qui ne parût autant aux autres qu'à luy, & qui ne fust en effect *omnium quasi commune patrimonium*, pour vser des termes de ce Romain: Certes vous trouuerez vostre esprit mal disposé apres à souffrir le bon mesnage de ce Pison dont nous venons de parler, ny l'espargne soigneuse de Caton, ou de quelqu'autre pere de famille que ce soit, sans les mettre tellement au dessous des autres, que vostre imagination les mesprisera pour le moins si elle ne les condamne. La raison neantmoins ne veut pas que nous en jugions de la sorte. Comme il ne seroit pas

Ath.l.12. Deipn.

Val. Max. l. 4. c. vlt.

juste d'attribuer à la Liberalité les excez des Prodigues, il ne faut pas imputer non plus à la Frugalité, ce qu'vne infame Auarice peut faire faire à ceux qui en sont touchez. Il y a des bornes qui separent dans la Morale des actions si differentes, *distincti sunt fines Mysorum & Phrygum*, & pour mieux reconnoistre les vertus du milieu, jettons les yeux sur l'vne & sur l'autre de ces deux extremitez.

Lucien compare gentiment les Prodigues au vaisseau des Danaides, dont la liqueur s'espent de tous costez. Le Philosophe Bion se moqua de l'vn d'eux qui auoit vendu & consumé vn fort grand patrimoine, de ce qu'au rebours d'Amphiaraus que la terre auoit englouty, il auoit englouty toutes ses terres. Et Diogene voyant l'escriteau d'vne maison à vendre qui appartenoit à vn autre prodigue, vsa de cette differente raillerie, qu'il se doutoit bien il y auoit long-temps que les excez de ce logis luy feroient enfin vomir son maistre. Car on a dit de tels grands dissipateurs qu'ils aualoient & digeroient tout iusques au fer comme l'Autruche, qui n'a pas pourtant cette faculté qu'on luy attribuë. Aristophane nomme sur cela vn Ctesippus mangeur de pierres, à cause qu'il auoit vendu celles du sepulchre de son pere Chabrias. Et ce fut pourquoy Caton prononça de si bonne grace d'vn dont la maison, qui luy restoit seule de tous ses biens, auoit esté bruslée, que *Proteruiam fecerat*, c'est à dire, qu'apres auoir presque tout mangé il auoit voulu brûler le reste de mesme qu'il se pratiquoit aux sacrifices où ce Prouerbe auoit lieu. Ie pense qu'on peut encore rapporter à cela les termes de M. Liuius Drusus, qui protesta apres d'excessiues liberalitez, *nemini se ad largiendum præter cœlum & cœnum reliquisse*, selon les termes d'Aurelius Victor, peu differens de ceux de Florus quand il parle de ce Romain. Il n'y a sorte de débauche qui ne fournisse aux Prodigues les occasions qu'ils cherchent de se ruiner. Ce Duronius qui fit casser estant Tribun du peuple les loix sumptuaires des festins, crioit que c'e-

De viris Ill. l. 3. c. 17.

Val. Mal. l. 2. c. 9.

ſtoit fait de la liberté, s'il faloit eſtre fruꝰ
gal contre ſon gré, & s'il n'eſtoit pas permis de perir par le luxe quand on en auoit
la volonté, *quid opus libertate, ſi volentibus
luxu perire non licet?* Et il ſe trouue aſſez
de perſonnes de l'humeur d'Heliogabale,
qui ſouhaittoit d'eſtre heritier de ſoy-
meſme, en ne laiſſant choſe du monde à ceux qui eſtoient capables de re-
cueüillir ſa ſucceſſion. Cependant il n'y a
rien de plus infame que la prodigalité,
tant s'en faut qu'elle s'accorde auec l'heroïque Vertu des ames liberales. Les Areopagites la puniſſoient comme vn crime.
L'Empereur Hadrien faiſoit promener
honteuſement par tout l'Amphitheatre
ceux qui en faiſoient profeſſion, ce qui
s'appelloit alors *catamidiari.* Ils eſtoient
priuez en beaucoup de lieux de la Grece
du ſepulchre de leurs anceſtres. On les
compare à ce fou qui allumoit ſa lampe en
plein midy, n'y trouuãt plus d'huile quand
la nuict eſtoit venuë. Et il n'eſt pas iuſques
à Mahomet qui n'appelle freres du Diable les Prodigues dans ſon Alcoran, comme

Lampri-
dins.

Ath. 4.
Deipn.

Spartia-
nus.

me Aristote les a nommez φαυλότατυς tresméchans, au premier chapitre du quatriéme liure de ses Ethiques à Nicomaque.

Les Auares sont encore pires dans l'autre extremité, puisque sans faire iamais du bien à personne ny à eux-mesmes, ils tiennent toute leur vie celuy qu'ils possedent sans vsage. *In nullum auarus bonus, in se pessimus.* Ce sont des Dragons, des Fourmis d'Inde, des Taupes à deux pieds comme les nomment les Latins ; qui veillent incessamment à la garde d'vn metail inutile à leur regard ; & qui prenant jalousie du Soleil mesme qui l'a produit, n'ont point de plus grand contentement que de s'enterrer dans vne terre jaunie. Voyez vous ce vieillard qui n'est presque plus que terre? il ne voit point de terre à ses voisins qui ne luy donne de la peine, parce qu'il voudroit la posseder. Mais le prenez-vous pour vn homme ? Il n'en a que la forme exterieure, c'est vn sac d'argent, c'est vn coffre-fort. *Hominem* Sen. de *illum judicas? arca est, pecunia loculus est.* rem. sort.

En verité il n'y a point d'indigence pareille à celle d'vn auaricieux. Vn homme pauure joüit au moins de ce peu qu'il possede ; il s'ayde de ce qu'il a le mieux qu'il peut. L'Auare manque aussi bien de ce qui est à luy, que de ce qui n'y est pas ; & sa misere est d'autant plus extréme, que dans vne grande abondance il traisne sa vie pressé de la derniere necessité de toutes choses. *Desunt inopiæ multa, auaritiæ omnia.* Le pis est que son mal croist par ce qui deuroit le faire diminuer. Plus il acquiert & accumule, plus il desire. Son feu augmente à mesure qu'on luy croist l'aliment. Et cette hydropisie d'auoir ne s'estancheroit pas, quand tous les fleuues d'or du vieil & du nouueau monde seroient en sa possession. Le tems mesme qui sert de medecine à tant de maladies, ne fait qu'irriter celle-cy. L'auidité des biens va tousjours croissant auec l'aage de ceux qui en sont touchez,

Ouid. 1. fast.
Tempore creuit amor qui nunc est summus habendi.

Et l'on a dit de tout le monde en general, aussi bien que des particuliers, qu'il estoit plus auare qu'il ne fut iamais, parce qu'il estoit plus caduc, & qu'il se ressentoit du vice des vieillards. Il n'y a que la mort seule qui puisse remedier à cette insatiable conuoitise. Les yeux d'vn auaricieux, dit vne façon de parler des Perses, ne peuuent estre remplis que de la terre de son tombeau. Et ce fut pourquoy Mithridate jetta de l'or fondu dans la bouche d'Aquilius, & les Parthes, fort peu de tems depuis, dans celle de Crassus, pour les rassasier en apparance apres leur trespas, de ce dont ils n'auoient iamais témoigné d'estre contens durant le cours de leur vie. Cela me fait souuenir d'vn certain dont parle Athenée, si bon amy de ses escus, que se sentant proche de sa fin il les aual a tous de crainte qu'on ne les luy prist: Et de cét Alexandre Ambassadeur des Etoliens, que Polybe asseure n'auoir pas voulu payer trois talens pour sa rançon, encore qu'il fust riche de plus de deux cent. Mais le dernier Roy de Macedoine, *pecunia quam regni melior custos*, comme le

Pilpay?

App. de bell. Mith.

Flor. l. 3. c. 11.

L. 4. Deipn.

Dec. 5. l. 4.

nomme Tite-Liue, ne se perdit-il pas & ses Estats, pour ne point toucher à ses thresors dans la guerre qu'il auoit auec les Romains ? En effet, il n'y a point d'hommes fort souuent qui desbourçent plus mal volontiers, que ceux qui ont le plus embourcé; s'ils sont sur tout enclins à ce vice honteux dont nous traitons. Vn Espagnol dît de fort bonne grace à vn de ceux-là qu'il connoissoit de tres-dure desserre, *malo erades para relox, que por no dar, no dierades,* raillerie qui ne peut estre renduë en termes François. Que ne fait point faire l'auarice vsuriere ? & cette nauigation sur terre si estroitement deffenduë par vn des Symboles de Pythagore ? Les Hebreux la nomment vne morsure. Les Romains l'ont punie au double du Larcin, *furem dupli, fœneratorem quadrupli condemnarunt.* Et vous sçauez que Marc Caton qui fait cette obseruation dans la preface de son liure *de re Rustica,* la mit au païr du meurtre & de l'assassinat, quand sur la demande *quid fœnerari ?* il respondit *quid homi-*

Clem. Alex. 5. strom.

Cic. 2. de of.

nem occidere? Il n'y en eut iamais de plus estrange que celle qui fut exigée par Ferdinand Consalue, pour la vente qu'il auoit faite d'vn cheual & d'vn faulcon au Roy de Leon. La somme vsuraire estoit montée si hault faute de payement, que toutes les finances de ce Prince n'y pouuant plus satisfaire, il quitta son droit de souueraineté sur le Royaume de Castille, pour demeurer quitte de ce qu'il deuoit à Ferdinand par cét achapt.

Mariane 8. hist. c. 7.

Ie sçay bien que de toutes les passions celle-cy est la moins capable de surprendre vne ame faite comme la vostre. Mais quelque propension que vous ayez au contraire vers la Liberalité, gardez-vous bien de croire que la Frugalité soit vne qualité mesprisable. Si elle ne sert de correctif à vos plus grandes despenses, vous serez plustost profus que liberal ny magnifique. Et n'oubliez pas ie vous prie, ce que ie vous dis là-dessus en nous promenant la derniere fois, qu'il faloit imiter les arbres que nous considerions, qui ne quittent jamais toutes leurs feüilles pour seches qu'elles soient, que les nouuelles ne commancent à pousser, & ne prennent la place des premieres.

OV LETTRES.

DES COVRSES.

LETTRE XXVIII.

MONSIEVR,
Il est vray que comme vostre course a esté grande & promte, elle n'estoit pas aussi sans necessité. La France est vn des lieus du monde où la preuention a le plus de pouuoir, & où le mot Espagnol se pratique le mieus, *quien primero viene, primero muele*. Si est-ce que toutes les Cours se sont presque tousiours gouuernées de la mesme sorte pour ce regard. Il y a eu de tout tems & par tout du desauantage pour les derniers venus, *semper periculum fuit in mora*. Et ie voy que Pline le ieune briguant sous Traian quelque Charge *l.4. ep.15.*

pour vn de ses amis, il s'excuse de ce qu'il le fait auant le temps, à cause que ceux qui l'attendent, dit-il, peuuent bien s'asseurer de venir à tard, & d'estre indubitablement deuancez par d'autres qui leur donnent l'exclusion, *quod in ea ciuitate in qua omnia quasi ab occupantibus aguntur, quæ legitimum tempus expectant non matura, sed sera sunt.* Or par ce que vous me remarquez de grandes diligences que vous pensez auoir esgalées, me demandant si i'en sçay de plus notables, ie veus remplir le reste de cette lettre de quelques exemples signalez sur ce sujet, que ie tireray tant de l'ancienne histoire que de la moderne.

Vous sçauez qu'en matiere d'auis & de nouuelles, l'on s'est seruy de tems immemorial pour les faire sçauoir de beaucoup d'autres moyens que de celuy des Couriers. Les Perses allumoient des feux à cét effet sur des lieux eminens, selon qu'on peut voir dans le liure περὶ κόσμου, qui pour n'estre pas d'Aristote ne laisse pas d'estre fort ancien. Cela se pratique encore aujourd'huy jourd'huy non seulement en Angleterre, mais en assez d'autres endroits. Et nous lisons dans l'histoire de Mariana, que le Roy de Castille Ferdinand premier fit abbatre enuiron l'an mille cinquante les eschauguettes des Maures, qu'ils auoient disposées par toute l'Espagne pour y faire sçauoir promptement ce qu'ils vouloient, par le moyens des feux & des fumées dont ils les remplissoient. Nos Gaulois du tems de Cesar vsoient de clameurs, criant de proche en proche ce qui leur importoit qu'on sçeust en grande diligence, comme il le rapporte au septiéme liure de ses Commentaires. Et j'ay remarqué dans Diodore Sicilien qu'apres la mort d'Alexandre, Peucestes fit entendre en vn jour aux extremitez de la Perse auec de semblables cris, qu'on luy enuoyast dix mille hommes dont il auoit besoin, quoy qu'il en fust distant de trente journées de chemin. Pour le regard des Pigeons ausquels on attache des lettres, c'est plutôt vn stratageme pour villes des assiegées dont on est proche, que pour des lieux de grande distance. Il me souuient pourtant d'auoir leu qu'on s'en sert quand on veut enuoyer des nouuelles au Caire par des deserts que les hommes sont ordinairement six iours à trauerser.

Mais pour nous tenir dans la seule consideration des Couriers, & de leurs grandes diligences, ils n'en ont pas fait de moins merueilleuses à pied qu'à l'aide des cheuaux, ou de quelques autres bestes propres à faire beaucoup de chemin en peu de tems. Pline l'aisné dit au second liure de son histoire naturelle, qu'vn valet de pied d'Alexandre nommé Philonide faisoit en neuf heures allant de Sicyone à Elis mille deux cent stades, qui font soixante & quinze lieuës à deux mille pour lieuë. Il est vray qu'il estoit plus long-tems au retour, encore que le chemin parust plus aisé à cause de la descente, parce qu'alors il cheminoit contre le Soleil, & perdoit par ce moyen l'auantage qu'il prenoit en allant auecque cét Astre, dont il esgaloit presque la course. Il confirme cela dans son septiéme liure, où il fait faire

C. 72.

C. 20.

OV LETTRES.

la mesme diligence à vn Canistius Lacedemonien, parlant encore de la promptitude à courir d'vn Philippide, qui est le mesme, comme ie croy, que Lucien veut auoir fait vne course de Marathon à Athenes en vn iour, & estre expiré en prononçant au Magistrat ces deux mots, χαίρετε νικῶμεν, *saluete vicimus*. Platon fait aussi mention d'vn Crison d'Himere comme d'vn celebre coureur, où il nomme encore ceux que les anciens appelloient *Dolichodromes*, d'autant qu'ils trauersoient douze stades d'vne seule course ; & d'autre à qui lon donnoit le surnom *d'Hemerodromes*, parce qu'ils couroient tout vn jour sans se reposer, d'où vient que les Grecs ont fait de ce mesme mot vn des attributs du Soleil. Quoy qu'il en soit, lon a reconnu assez souuent en France & ailleurs, que la voye des hommes de pied relayez n'est pas moins promte que celle des cheuaux. Marc Polo Venitien traitant des postes establies par tout l'Empire du grand Cam de Tartarie, obserue comme il y en a d'hommes à pied, qui courét trois

Tr. pro eo qui inter salut.

In Protag.

L.2.c.20.

milles auec vne ceinture de fonnettes, afin qu'ils foient entendus par ceux qui doiuent porter le pacquet du Prince au bout de ce terme. Et l'on peut voir dans Garcilaffo de la Vega que les Incas du Perou auoient leurs *Chafqui* ou poftillons à pied, difpofez de quart de lieuë en quart de lieuë (Herrera dit de demie lieuë en demie lieuë) outre les feux de la nuict & les fumées du jour, qui leur faifoient fçauoir en trois ou quatre heures des reuoltes arriuées à fix cent lieuës de diftance.

L. 6. c. 7.

Quant aux couriers à cheual, le pere de l'hiftoire Greque Herodote nous defcrit ceux de Perfe du tems de Xerces, qui alloient tout vn jour fur vn mefme cheual, & donnoient à vn autre le paquet ou la nouuelle à porter, affeurant que cette façon de courir que les Perfes nommoient *angarneion*, eftoit la plus promte dont les hommes fe peuffent feruir, ce qui n'eft poffible pas vray. Procope nous apprent dans fes Anecdotes que les Empereurs Romains auoient par toute l'eftenduë de leur domination des poftes eftablies, dans

chacune desquelles il y auoit quarante
cheuaux entretenus, & qu'elles estoient
de telle distance selon les lieux differens,
qu'on en trouuoit cinq pour le moins &
souuent huict par journée, où l'on pouuoit
changer de monture. Il impute là dessus
à Iustinien d'y auoir mis des Asnes en
quelques endroits au lieu de cheuaux, &
d'auoir obligé les couriers à prendre la
mer au sortir de Constantinople pour esuiter la despence, leur assignant de petites
barques où ils couroient fortune de perir
à la moindre tourmente. L'on peut voir
dans l'histoire Ecclesiastique de Socrate
qu'il y auoit vn peu auparauant sous l'Empereur Theodose vn Courier nommé Pal-
ladius si excellent, qu'il alloit en trois iours
du mesme lieu de Constantinople aux extremitez de la Perse, & retournoit de mesme. Aussi dît on de luy que tout grand
qu'estoit l'Empire Romain, il le faisoit paroistre petit par la promptitude dont il le
trauersoit. Nos Postes n'ont esté establies
ny renduës ordinaires en France que par
le Roy Louis onziéme en mille quatre

cent soixante dix-sept, au rapport de Philippe de Commines & de Du Tillet: Comme les coches, dont on tient le nom Hongrois, le furent seulement sous Charles neufuiesme en mille cinq cent soixante & onze. Si est-ce que nos annales remarquent pour vne diligence & vistesse signalée, celle qui se fit vn peu auparauant pour donner auis au mesme Louis onziesme de la mort de Charles septiesme son pere, arriuée en Berry à Meun sur Yeurre, & qu'il sceut le mesme iour à Genep en Brabant l'an mille quatre cent soixante & onze. Il apprit de mesme celle du dernier Duc de Bourgogne qui fut tué à Nancy dés le lendemain, de la bouche d'vn Archeuesque qui la luy dit en luy presentant à la Messe la Paix à baiser. La course que fit depuis Chemerault de Paris en Pologne vers Henry troisiesme en treizè iours, arriuant le premier de tous les Couriers qu'on luy auoit despeschez pour l'auertir du trespas de son frere, a merité d'estre aussi mise dans l'Histoire.

Or ce qui m'a fait douter tantost que ces postes à cheual meritassent le prix de la celerité qu'Herodote leur a donné, c'est que nous voyons dans Diodore Sicilien L.19. que les Chameaux Dromadaires, pour parler comme luy, ne font pas moins de quinze cent stades en vn iour, ce qui reuient à quatre-vingts quinze lieuës, prenant comm'on fait ordinairement huict stades pour vn mille, & deux milles pour vne lieuë. I'ay leu mesme dans la vie d'Vsuncassan escritte par Iean Marie Angiolello, que ces animaux font encore par fois plus de diligence. Car il asseure qu'il en vit venir au deuant du Grand Seigneur lors qu'il s'approchoit de l'Euphrate, qui auoient fait en six heures quatre-vingt dix milles ou quarante-cinq lieuës, & qui repartirent sur l'heure auec la mesme promptitude, portant des hommes liés sur eux & bandez, à cause de la grande agitation que donne cette sorte de monture. Les Renes ou Rangiferes de Lapie & de Finlandie, qui constituent vne espece de cerfs, font par iour auec leurs trais-

neaux iufques à foixante lieuës françoi-
fes, ce que nos cheuaux attelez ne fçau-
roient faire. Ie fçay bien que Tibere Neron allant trouuer fon frere Drufus en
L.7.c.2. Allemagne, courut, à ce que dit Pline,
cent lieuës de chemin en vingt-quatre
heures, dans trois diuers carroffes qu'il
auoit fait tenir prefts auec leur attelage,
& qui l'attendoient en trois lieus differens. Mais vous voyez bien que le changement de cheuaux rend la chofe bien
moins confiderable, & que des relais de
Renes & de Dromadaires feroient apparamment bien plus de chemin en vingt
quatre heures, fuppofant pour veritable
ce que nous venons de dire de leur promptitude à courir.

La diligence qui fe fait fur des vaiffeaux
eft fans difficulté la plus grande, & tout
enfemble la plus commode de toutes. Il
ne faut qu'vn feul exemple pris du tems
de nos peres pour vous le faire compren-
Thuan.l. dre. Le Capitaine Gourgues Gentilhom-
44. me Bourdelois fit onze cent lieuës en dix-
Lefcarbot l.1.c.29. fept iours, au memorable voyage de la
Floride

Floride où il sçeut si bien vanger sur les Espagnols l'injure reçeuë en ces quartiers là par ceux de nostre nation. Mais que dirons nous de certaines promptitudes d'auis & de nouuelles, dont il semble que les oiseaux du Ciel ayent esté les porteurs, & qui se lisent neantmoins dans toutes les histoires, sur tout à l'esgard des batailles données, & des victoires obtenuës. Celle des Grecs aux Platées sur Mardonius vola de Bœotie en Ionie, & fut sçeuë au Promótoire de Mycale le soir, ou selon Iustin dés le midy, du mesme jour qu'ils l'auoient gagnée le matin; ce qui les fit triompher des Perses sur mer aussi bien qu'ils auoient fait sur terre. Ie sçay bien que Diodore veut que ç'ait esté vn artifice de Léotychides, qui respandit ce bruit pour donner courage à ceux de son party. Herodote pourtant reconnoist en cela ie ne sçay quoy de diuin; & Iustin auec beaucoup d'autres racontent l'éuenement sans en déterminer la cause. Le mesme Iustin asseure que le propre iour de la victoire qu'eurent ceux de Locres en Italie

L. 11.

L. 9.

L. 2. & 20.

S f

sur les Crotoniates, on en eut la nouuelle dans Corinthe, dans Athenes, & dans Lacedemone. Il en arriua autant à la bataille de Pharsale, dont Dion Cassius dit que le succez fut annoncé en diuers lieux, le mesme iour qu'elle fut liurée. Auguste en gagna vne autre en Sicile qui fut encore diuulguée à Rome presque au mesme moment qu'il eut l'auantage, vn soldat tout espris de fureur la publiant hautement. Pour la victoire de Paul Æmile en Macedoine, il s'en esleua vn murmure dans Rome quatre jours apres qu'il eut deffait le Roy Persée, quoy que le Courier qui en apporta la certitude ne vinst que longtems depuis. L'on a escrit que le Pape Clement quatriéme sçeut à Viterbe le iour de sainct Barthelemy par inspiration du Ciel, que le Roy Charles auoit vaincu Conradin, ce qui n'estoit arriué que la veille bien tard, dans vn lieu distant de Viterbe de cent milles pour le moins. Et la creance commune adiouste que Pie cinquiéme, & vn vieux Chartreux de Naples, eurent connoissance par la mesme voye de l'heu-

L. 41. & 49.

Tite-Liue dec. 5. l.5.

Summonse l. 2.

OV LETTRES. 323

reux combat des Chrestiens aux Curzolares. Certainement il ne faut pas mêler les choses d'enhault auecque celles d'icy bas, ny les prodiges auec les éuenemens certains & ordinaires. Aussi ne vous ay-je parlé de ces reuelations surnaturelles, que pour vous remarquer qu'on en voit dans toutes les histoires, qu'il faut distinguer des connoissances les plus subites qui se prennent par des moyens purement humains. Vous m'auez prouoqué à tout cela, ie vous ay voulu contenter au delà peut-estre de vostre attente.

DV TEMPS
& de l'Occasion.

LETTRE XXIX.

MONSIEVR,

Les Romains auoient vn Temple dedié à l'Heure, qui ne se fermoit point, afin que l'entrée en fust libre à tous momens; & cela aussi bien que la pluspart de leurs ceremonies cachoit vn sens mysterieux, qui n'est pas de petite consideration dans la vie. Ils vouloient dire qu'il faut prendre l'heure & le tems commodes en toutes choses, si nous voulons les bien faire & qu'elles nous réüscissent; parce qu'il y a de certains poincts dans les affaires, si fauorables à ceux qui sçauent les remarquer &

s'en preualoir, qu'ils y trouuent facile ce qui deuient incontinent apres embarassé de mille difficultez. Ce fut pourquoy Lysippe voulut representer le Tems, non pas comme vn vieillard tel que Saturne, mais de la forme d'vn ieune homme en la fleur de son aage; à cause, dit Callistrate dans l'interpretation de cette figure, que tout ce qui se fait au tems qu'il faut, est tousiours trouué beau & bien fait; & dautant, adiouste-t'il apres Pindare, qu'il n'y a point de beauté qui ne releue de ce Dieu, ny de bonne grace en tout ce qui paroist fait à contretems. Or ces momens fauorables qui s'appellent en matiere d'Estat *transitus rerum* s'escoulent promptement, & cette disposition des choses dans vne certaine conjoncture est souuent si peu apperceuable, qu'il n'y a point de plus grande prudence que celle qui les peut bien discerner pour s'en seruir. Aussi Lysippe auoit exprez renuersé les cheueux iusques sur les yeux à cette mesme statuë, pour faire comprendre la difficulté dont nous parlons, & comme quoy il semble

Ode 9. Pyth.

S s iiij

que cette opportunité du tems, ou cette Occasion dont les anciens faisoient vne Deesse, prent plaisir à se tenir cachée à nos yeux, & à ne se pas laisser reconnoistre.

Si est-ce qu'il se trouue des personnes si clair-voyantes, qu'elles ne manquent gueres à s'auantager de tous les momens fauorables qui se presentent. L'excellence de leur esprit se manifeste à prendre party sur le champ, & à tourner adroitement la voile selon le changement des vents.

O quantum est subitis casibus ingenium. C'est pour cela que les Latins nommerent leur Sage vn homme de toutes heures. Les Italiens qui leur ont succedé, appellent celuy qu'ils tiennent pour fort ingenieux, *ricco di partiti*, parce qu'il sçait trouuer des expediens sur tout, & se resoudre subitement à ce qui est de mieux. Et quãd

C. 7. Sap. Salomon a prononcé que *omnibus mobilibus mobilior est sapientia*, il a voulu parler sans doute de cette souple dexterité dont les plus auisez se seruent en toutes rencontres. N'est-ce pas aussi ce que vouloit dire

Diog. Laert. Arcesilaus, quand il asseuroit que la Philosophie n'auoit rien qui luy fust plus particulier, que l'exacte connoissance du tems propre à toutes choses. L'opposition des contraires, qui leur donne tousjours dauantage d'euidence, rendra cecy plus manifeste. Toute l'antiquité s'est moquée d'vn Melitides, qui prit si mal son tems, qu'il vint à Troyes pour secourir Priam apres la perte de son Estat jointe au celebre embrasement d'Ilium. Et quand plusieurs siecles depuis ceux de cette ville enuoyerent trop tard leurs deputez vers Tibere, se condouloir sur la mort de Drusus, l'Empereur les rendit ridicules par sa responce, que de son costé il s'affligeoit fort aussi, de la perte qu'ils auoient faite d'Hector leur braue citoyen. Tant il importe, que toutes choses soient faites à propos & dans leur saison. Certes on peut reprocher à vne infinité de personnes la mesme chose que Crassus dit au Roy Deiotarus, qui commençoit estant desia fort aagé à bastir vne ville nouuelle, *duodecima hora ædificare incipiunt*, ils rendent vaines leurs plus importantes actions, pour s'y

Stultior Melitide.

App. de bel. Parth.

porter ou deuant ou apres le tems propre à l'execution.

Mais tout le monde n'a pas cette pointe d'esprit qui fait reconnoistre & embrasser les occasions aussi-tost qu'elles se presentent. Elles ne nous manquent pas si souuent que nous leur manquons. Et par nostre faute le tems qui les conduit se fait de present, preterit, ne nous laissant que le deplaisir de n'auoir pas sçeu vser de ce qu'il nous auoit offert. Car comme ce Dieu *Eanus*, qui est le χρόνος des Grecs, chemine tousiours selon son etymologie Latine, entraisnant sans s'arrester toutes choses auecque luy : Et comme c'est le mesme qui les corrompt bien-tost apres qu'il les a portées à leur maturité : Il faut estre perpetuellement à l'erte pour profiter de l'occasion momentanée, imiter ceux qui remüent l'arquebuse selon le vol de l'oiseau qu'ils veulent tirer, & se souuenir que par tout aussi bien que dans la Iurisprudence l'homme vigilant proffite de ce qui se pert pour celuy qui dort, *mentre il cane piscia, la lepre se ne va.* Ceux qui sçauent

uent prendre le tems & l'occasion comme il faut, y trouuent suiuant le mot de Chilon tout le bien qu'ils s'en peuuent promettre, καιρῷ πάντα πρόσεςι καλα, *tempori cuncta in sunt bona.* Les autres qui n'ont pas la mesme addresse experimentent le contraire, & font voir que Thales, & le Pythagoricien Paro eurent tous deux raison, le premier de nommer le Tems tres-sage, σοφώτατον χρόνος, le second de l'appeller tres-insensé ἀμαθέςατον, deux qualitez si opposées se trouuant dans vn mesme sujet selon qu'on s'en sçait diuersement preualoir. Voulez-vous voir comme le tems fait changer de nature aux meilleures choses du monde ? mettez la plus belle sentence que vous pourrez choisir dans la bouche d'vn homme qui la proferera mal à propos, elle deuiendra tout aussi-tost ridicule, *ex ore fatui reprobabitur parabola, non enim dicit illam in tempore suo.*

Diog. Laert. in Thal.

Arist. 4. Phys. c. 19.

Eccles. c. 20.

Cependant quoy que l'importance

soit si grande de bien vser du Tems & des Occasions en toutes choses, il n'y a rien que nous fassions auecque moins de soin durant toute nostre vie. Nous la passons dans vne telle negligence, & dans vn tel abandonnement pour ce regard, que beaucoup de gens la finissent deuant que d'auoir commencé à viure, *quidam ante viuere desierunt, quam inciperent.* Tout le monde remet au lendemain vne si importante besongne, & cependant qu'on songe aux accessoires, lon ne trouue iamais l'heure de vaquer au principal; *recognosce singulos, & considera vniuersos, nullius non vita spectat in crastinum.* Comment feroit-on quelque action de la vie fort à propos, quand on la passe toute entiere sans y penser & tres-mal à propos. Croyez-vous que ceux qui ont le plus de cheueux gris, & de rides au front, ayent vescu dauantage que les autres ? Il n'en va pas ainsi. Ils ont esté plus long-tems au monde, mais ils n'ont pas vescu dauantage pour cela.

Sen. ep. 23.

Id. ep. 45.

OV LETTRES.

Celuy que la tempeste transporte tantost deçà, tantost delà, ne nauige pas, il est seulement agité. Les vents luy ont fait faire plus de tours, mais non pas plus de chemin ; *non ille multum nauigauit, sed multum iactatus est.* Ie voy assez de personnes occupées en diuers emplois, j'en apperçoy d'autres qui languissent dans la faineantise, mais ie n'en remarque presque point qui viuent en pensant à la vie, qui songent que chaque iournée qu'ils passent en fait vne partie, que toutes les heures de sa durée sont autant de pas qui tendent à sa fin, & qu'il n'y a rien de precieux, ny qui nous soit propre, que les instans qui la composent. *Magna vita pars elabitur male agentibus, maxima nihil agentibus, tota aliud agentibus.* Chose estrange ! que nous meditions sur tout, horsmis sur ce qui nous importe le plus ; & que mesnageant le reste auec vne grande espargne, nous soyons prodigues du temps

Id. de brew. vi. c. 8.

Id. ep. 1.

de nostre vie que nous perdons miserablement, encore que ce soit la seule chose dont l'extréme *lesine* peut passer pour vne vertu, & où lon peut estre auare loüablement.

OV LETTRES.

DES VICTOIRES.

LETTRE XXX.

MONSIEVR,

Ie trouue que vous donnez vn peu trop de carriere à vos souhaits, & vos desirs, qui vont tousiours à de nouuelles victoires, me semblent excessiuement ambitieux. Puisque les Vertus sont communes à tous les hommes, le prix de la Valeur ne doit pas estre reserué pour nous seuls. Vous choquez l'intention de la nature qui produit partout des Lauriers, de n'en vouloir faire part à personne. Et trouuez bon que ie vous dise apres Dion Chryso- *Orat. 3.* stome, que c'est mieux le propre d'vn Coq que d'vn homme raisonnable, de vouloir toûjours obtenir la victoire. Mais ie ne m'arresteray pas plus long-tems a cette moralité, pour considerer ce que vous m'auez touché du petit nombre qui a eu l'auantage sur le plus grand dans le combat dont vous me faites vne si belle description.

N'est-ce pas vne marque euidente que Dieu n'est pas toûjours pour les gros escadrons, selon le mot des Italiens lors qu'ils se rangent du costé des plus forts, puisque les trouppes de ceux qui ont perdu cette bataille estoient sans difficulté les plus nombreuses. C'est ce qu'il a souuent tesmoigné mesme entre les Infideles, afin que tout le monde reconnust que c'est de luy seul, & non pas de la valeur, ny de la multitude des combattans, qu'il faut attendre les victoires. Il est vray que les exemples de cela sont beaucoup plus illustres dans l'histoire Saincte que dans la profane, & l'auantage qu'eut Gedeon sur les Madianites met cette verité au plus clair jour où elle puisse estre portée. Ce grand Capitaine auoit receu l'ordre du

OV LETTRES.

Ciel de ne prendre de toute sa milice que les trois cent hommes qui s'estoient desalterez à la riuiere en prenant de son eau auec le creux de la main, ce que Iosephe donne pour vn tesmoignage d'auoir esté les plus poltrons de tous, n'osant boire plus à leur aise de crainte de surprise, à quoy pourtant le texte de la Bible ne semble pas s'accorder. Tant y à qu'il est constant que Gedeon mit en route vne armée innombrable d'ennemis auec cette petite trouppe, Dieu n'ayant pas voulu qu'il en employast vne plus grande, pour faire paroistre plus euidemment comme il estoit l'autheur de cette deffaitte, & afin qu'Israël ne se pust pas vanter qu'elle fust l'ouurage de ses mains. Il auoit eu desia vn succez aussi merueilleux sous la conduite de Iosué contre les Amalecites au desert, où les Iuifs combatirent la premiere fois depuis leur partement d'Egypte. Car encore que ces incirconcis les fissent reculer autant de fois que Moïse se lassoit de tenir les mains esleuées vers le Ciel, si est-ce qu'ils n'y perdoient personne, le mesme

Ant. Iud. l.5.c.8.

Iud.c.7.

PETITS TRAITEZ,

Iosephe asseurant que leur victoire fut si entiere, qu'aucun d'eux n'y fut tué, *tam incruenta victoria, ut ne vnus quidem ex Hebraeis desideraretur, cum hostilium cadauerum numerus pra multitudine incompertus manserit*; ce que nous n'apprenons pas du dix-septiéme chapitre de l'Exode. Et Iudas de Maccabée ne fut-il pas depuis gratifié du Ciel aussi visiblement ? quand apres tant de prises de villes, & d'ennemis deffaits, il reuint triumphant ne luy manquant pas vn de ses soldats, *quandoquidem post tot conflictus ne vnus quidem e Iudais desideratus est.*

Cherchons des exemples semblables dans le Christianisme, deuant que de voir ce que le mesme Dieu a permis qui arriuast parmy les Payens, comme celuy qui est par tout le maistre du sort des armes. Nos Annales n'ont point de plus memorable journée que celle où Charles-Martel deffit Abderame & ses Maures auprés de Tours, & où pour quinze cent Chrestiens qui perdirent la vie, il y eut trois cent soixante & dix mille Sarrazins de tuez,

tuez, quelques Autheurs augmentant ce nombre de cinq mille. Celle que gagna depuis l'Empereur Arnoul contre les Normands ou Danois, & que les Annales de Fulde marquent en l'an huict cent quatre-vingt onze fut telle, qu'il n'y perdit qu'vn seul homme, & tant de miliers des autres furent ou tuez ou noyez, que l'histoire ne les peut comter. A la bataille que les trois Rois, d'Arragon, de Nauarre, & de Castille, donnerent contre les Maures, Mariana escrit apres toutes les Chroniques qu'il y en eut deux cent mille qui perirent par le fer, & vingt-cinq personnes seulement de la part des Chrestiens. Les mesmes Maures perdirent vne autre bataille l'an mil trois cent & quarante aupres de Tariffe, qui est le Tartessus des anciens, dans laquelle plus de deux cent mille encore dés leur demeurerent sur la place, outre vn grand nombre de prisonniers, qui ne cousterent que la vie de vingt hommes de nostre creance. Ce n'est donc pas vne chose fort considerable qu'en mille quatre cent dix selon le mesme Au-

L. 11. hist. c. 24.

Id. l. 16. c. 7.

L. 19. c. 21.

Vu

theur, les Castillans ayent mis en route ces mescreans, en tuant quinze mille, auec perte seulement de six vingt des leurs. Simon Comte de Montfort deffit dix-sept mille Albigeois auprés de Muret sur la Garonne, n'y laissant que huict des siens. Guaguin rapporte dans le traité de la Sarmatie, que le grand Maistre de l'ordre Teutonique Valterus combatit l'an mille cinq cent, n'ayant que sept mille cheuaux Allemans, & cinq mille pietons de Liuonie, contre les Moscouites forts de cent mille cheuaux & de trente mille Tartares, auec vne victoire si complete qu'il en fit demeurer cent mille morts sur le cham, le reste se sauuant par la fuitte, quoy que de son costé il n'y perdist qu'vn seul homme, & n'en eust que fort peu de blessez. Mais ie ne trouue pas moins merueilleux ce qu'il met ailleurs de la deffaitte des Polonois par les Lithuaniens sous leur Duc Vitenen, asseurant qu'au partage des prisonniers qui se fit ensuite, chaque soldat Lithuanien auoit vingt Polonois pour sa part. C'est ce qui a donné lieu parfois à

OV LETTRES.

faire main basse sans remission, comme quand les Espagnols furent tous tuez en Irlande en mille cinq cent quatre-vingt, parce, dit Bacon, qu'il ne se trouua pas assez d'Anglois pour garder chacun son prisonnier. Il est certain que l'an mille cinq cent soixante-huict le Comte de Nassau perdit plus de sept mille hommes à la bataille de Geminguen, & le Duc d'Albe victorieux en fut quitte pour huit testes de son party. *Thua. l. 43. hist.*

Parlons maintenant de ce que l'histoire profane nous apprent qui à du rapport aux exemples dont nous venons de nous seruir. La Grecque nous presente d'abort ces cinq cens Lacedemoniens, dont il y en auoit trois cent de la ville de Sparte, qui firent ce grand carnage des Perses aux Thermopyles. Car encore qu'ils s'y fissent tous sacrifier pour la gloire & pour la liberté de leur patrie, il y a ie ne sçay quoy de diuin dans la hardiesse de ce petit nombre, qui osa attaquer vn milion de combattans. Certes ils meritent bien l'Eloge que leur a donné Diodore Sicilien, *L. 11. Bibl.*

V u ij

d'auoir esté les vniques vaincus qui ont acquis plus de reputation & d'estime dans leur deffaite, que tous les victorieux qui furét iamais par leurs plus celebres triom-
L. 6. hist. phes. Et quand ie lis dans Xenophon comme apres la bataille de Leuctres, où les Thebains auoient eu l'auantage sur ceux de Sparte, les parens & amis des morts se monstrerent en public dans la mesme ville auec vne contenance gaye, accompagnée de leurs plus beaux habits, au lieu que les plus proches & intimes des autres qu'on sçauoit n'auoir pas esté tués, paroissoient tristes & presque confus ; ie suis forcé de croire que iamais nation n'a esgalé en discipline ny en generosité militaire celle des Lacedemoniens. Aussi ont-ils receu par fois de ces faueurs du Ciel, desquelles nous traitons. Au faict d'armes qui se passa entr'eux & les Arcadiens, plus
Diod. sic. de dix mille de ceux-cy perirent sur le
l. 15. cham, & les premiers n'y perdirent pas vn homme, faisant réüscir l'Oracle de Dodone qui leur auoit promis qu'ils acheueroient cette guerre sans ietter vne larme.

OV LETTRES. 341

Ce n'est donc pas vne grande merueille que les Atheniens eussent auparauant gagné la celebre journée de Marathon, n'y laissant que cent quatre-vingt douze de leurs soldats, contre six mille trois cens de Persans qu'Herodote dit qui furent tuez. *L. 6.* Alexandre ne perdit que trois cens hommes de pied, & cent cinquante Caualiers à la bataille terrestre où il defit Darius auprés du golphe Issique ou d'Aiazzo; six vingt mille pietons & dix mille cheuaux du vaincu y passerent par le fil de l'espée. Au dernier combat de ces deux Princes dans la plaine d'Arbelle, il y eut quatre-vingt dix mille que fantassins que Caualiers Persans de tués, & cinq cent seulement du costé des Macedoniens, auec quelques-vns de blessez.

Ie passe aux Romains dont les liures nous fourniront assez de semblables euenemens, mais qui ne leur ont pas esté tousjours auantageux. Car nous lisons dans Agathias que cinquante mille de leurs *L. 3.*

Vu iij

soldats furent deffaits par trois mille Perses dans la Colchide. Et ie ne voy rien qui m'estonne plus dans toute leur histoire, que ce qu'à obserué Polybe de la hardiesse d'Annibal, qui osa auec vingt mille combatãs passer en Italie, où les Romains auoient alors sur pied en diuers lieux sept cent mille hommes d'Infanterie, & soixante dix mille de Caualerie. Quoy qu'il en soit à vne sortie qu'ils firent de Nole sur ses gens, ils luy tuerent deux mille trois cent Carthaginois, n'y perdant qu'vn seul homme, ce que Tite-Liue a trouué si estrange, qu'il n'ose le débiter que sur la foy de ceux qui l'auoient escrit deuant luy. Si est-ce que le succez de la bataille de Sylla contre Archelaus auprés de Cheronée ne me semble pas moins merueilleux, selon qu'il est raporté par Apian. Il dit que de six vingt mille hommes dont estoit composée l'armée de ce Roy, il ne s'en sauua que dix mille à Chalcis auecque luy, cent dix mille ayant esté tués par leurs aduersaires, dont la perte ne fut que

2. hist.

Dec. 3. l. 3.

De bello Mith.

OV LETTRES.

de treize personnes, ou mesme de douze comme l'escrit Plutarque, parce qu'il en reuint deux des quatorze ou quinze qu'on creut d'abord y estre demeurez. Et Lucul-le n'esgorgea-t'il pas cent mille hommes de pied à Tigranes, sans parler de sa Caualerie, bien que le premier n'en eust pas vn contre vingt? ce qui auoit fait dire à celui-cy qu'il trouuoit Luculle trop accompagné pour vn Ambassadeur, & trop peu pour vn ennemy. Cependant il en fut quitte pour cinq soldats tuez, & quelque centaine de blessez. *Plut. in Luc.*

C'à donc esté de tout tems, & parmy toute sorte de Nations, que le grand Dieu Sabaoth a distribué les Victoires, non pas selon la force des partis, mais selon le secret de sa Prouidence. Remercions-le de celle que nous tenons de sa main par vne faueur si signalée, & luy demandons la paix en suitte, qui doit estre le but de toutes nos guerres, aussi bien que le fruict de tous nos triomphes. Ces deux grandes puissances qui commettent ce que l'Europe à de forces les vnes contre les autres, ne se sont-elles pas assez esprouuées ? Et n'est-il pas tems que la serenité paroisse apres tant d'oracles excitez par le choc de deux si grosses nuées ? Encore faut-il se souuenir que le Lierre doit couurir le fer du Thyrse, & la raison commander aux mouuemens impetueux de la cholere, *vinculo quodam patientiæ obligandos impetus belli*, comme parle Macrobe quand il fait passer Mars & Bacchus pour vne mesme diuinité. Nous sçauons par trop d'experiences que la Guerre & l'Injustice sont inseparables ; c'est ce qui rend leurs contraires vniuoques dans Clement Alexandrin ; ne reuerrons nous iamais celles-cy dans l'vnion & aux embrassemens, selon les termes de l'Escriture, *Iustitia & Pax osculatæ sunt inuicem*. En verité les Chrestiens ne sçauroient trop detester des guerres immortelles. Et comme ces Etoliens n'auoient iamais qu'vn pied couuert aux armées, l'autre demeurant tousiours nud, & s'il faut

l. Satur. c. 19.

L. 4. Strom.

Macr. 5. Saturn. c. 18.

ainsi dire pacifique, nous deuons nourrir dans nos ames vne disposition à la concorde, quelque mescontentement que nous ayons, & parmy la plus grande animosité de nos diuisions.

DE LA CHOLERE.

LETTRE XXXI.

Monsievr,

La plufpart des hommes du grand monde font tels que vous me defcriuez ce mignon de la Fortune ; apres auoir tout fouffert lafchement à la Cour, ils font infupportables dans leur domeftique ; *aut humiliter feruiunt, aut fuperbè dominantur* ; & parce qu'il n'y a baffeffe qu'ils ne commettent, ny indignité qu'ils n'endurent en ce païs-là, ils veulent faire les Princes à leur tour, exerçant vn empire chez eux le plus tytannique qui fe puiffe imaginer.

Præfectura domi Sicula non mitior aula.

Certes ce n'est pas dans la Physique seule que les douceurs se conuertissent aisément en bile. La mesme transmutation arriue dãs la Morale, où l'on ne voit point de naturels si sujets à la cholere que ceux à qui toutes choses rient, & qui sont le plus dans les delicatesses de la vie. Il ne faut rien pour les mettre aux chams, comme l'on dit: La moindre resistance à ce qu'ils veulent leur est insupportable: Et parce que la mesure de nos prosperitez est presque tousiours celle de nos passions, ils n'en ont point de petites, ny mesme de mediocres, dans vne assiette esleuée beaucoup au dessus de celle du commun. Voila ce qui rend les hommes heureux, si difficiles, ou *pichrocoles*, & par là si intolerables. Leur courroux degenere bien-tost en fureur. Et comme le vin doux fait le plus fort de tous les vinaigres (*guardati d'aceto di vino dolce*, dit l'Italien) il se trouue que leur vie molle & delicieuse altere insensiblement leur temperament, & les rend bilieux au dernier degré.

La doctrine des contraires seroit faul-

Xx ij

ce, s'il n'en arriuoit tout au rebours de ceux qui sont dans les aduersitez, ou pour le moins qui n'ont pas le vent de la fortune si fauorable. Ie ne voy point de gens qui soient communément plus traitables qu'eux. Et de mesme que selon Pline les animaux qui se nourrissent d'absynthe au pays du Pont n'ont point de fiel, à cause de l'amertune de cét aliment; il se trouue aussi que rien ne consume tant la bile des hommes, que les trauerses d'vne vie penible & laborieuse, qui les rend bien plus raisonnables, & qui corrigeant leurs mouuemens impetueux, leur oste cette fierté odieuse, dont nous venons de parler. Sans mentir les personnes de condition mediocre ont vn grand auantage pour ce regard. S'ils souffrent quelques transports d'esprit, ce n'est iamais auec tant d'excez. Et sans auoir besoin de ces pierres Androdames, ny d'autres remedes propres à reprimer la cholere, l'estat moderé où ils sont rend toutes leurs passions de mesme nature.

Il est vray qu'vn grain de Philosophie

L. 17. c. 7.

Plin. l. vlt. c. 10.

OV LETTRES. 349

est vn merueilleux correctif de la bile. La Medecine que Ciceron nomme fort bien *l. 3. Tusc.* Socratique, à d'excellente Rhubarbe pour *qu.* cela, aussi bien que celle d'Hippocrate. Quand Pythagore ordonne dans Iambli- *Protr. c.* que d'esloigner tousiours de soy le vase où *vlt.* lon met le vinaigre ; & qu'il commande dans Diogene, & dans Clement Alexan- *L. 5.* drin, d'effacer en remuãt les cendres tou- *strom.* tes les marques d'vn vaisseau qui s'oste du feu ; aussi bien que de ne laisser lors qu'on se leue, aucun vestige dans le lict de la place où l'on s'est reposé ; ce sont des doses de ce medicament dont il recommandoit l'vsage à ses disciples. Archytas Tarentin l'vn d'entr'eux s'en estoit muny sans doute, le iour qu'arriuant en sa maison des chams où tout estoit en desordre, il dit trãsporté d'abord à ses seruiteurs ru- *Iambl. c.* stiques, qu'ils estoient bien-heureux de ce *2* qu'il se sentoit en cholere, parce que sans cela il les auroit punis aussi seuerement que leur mauuais mesnage le meritoit. Socrate en vsa de mesme depuis à l'endroit de son valet sur vne faute qui demandoit

X x iij

correction, luy proteſtant qu'il la luy au-
roit donnée s'il n'euſt point eſté eſmeu, *caderem te niſi iraſcerer*. Ce grand homme n'oſa rien entreprendre en cét eſtat. Il ſçauoit bien que celuy qui manque luy-meſme, comme il arriue lors qu'on ſe laiſſe gagner par la paſſion, n'eſt pas propre à corriger les autres, *non oportet peccata corrigere peccantem*. Et qui doit oſer apres cela entreprendre rien de ſemblable? ſelon que Seneque s'eſcrie fort bien là deſſus, ſi Socrate meſme, le parfait modele d'vne vertu purement humaine & morale, n'a pas eu la hardieſſe de le faire? *cum Socrates non ſit auſus ira ſe committere?* Voyons ie vous ſupplie le profit que ſçeut tirer Platon d'vne ſi belle leçon. Speuſippe le trouuant la main ſur ſon valet, qu'il tenoit ſuſpenduë ſans le toucher, luy demanda en riant à quel ieu il iouoit. Ie punis, reſpondit Platon en parlant de ſoy, vn homme ſuiet à ſe courroucer, *exigo pœnas ab homine iracundo*, Ie luy apprens combien il eſt honteux de ſe laiſſer emporter à la cholere, & que celuy-là n'eſt pas digne

L. 1. de Ira. c. 15.

Sen. l. 3. de Ira c. 12.

d'auoir vn seruiteur en sa puissance, qui ne l'a pas entiere sur soy-mesme. Mais de grace Speusippe, adiousta-t'il, prenez la peine de chastier la faute de ce garçon qui m'a fasché, puisque vous n'estes pas dans le mauuais estat où vous m'auez trouué. En effet Platon s'estoit arresté tout court se sentant trop esmeu, comme il vouloit luy faire porter la peine de son crime. Il s'apperçeut dans ce moment qu'il y auoit vn coupable a corriger qui le touchoit de plus pres, & qui deuoit estre puny le premier. Il creut qu'vn Maistre qui faisoit profession de philosophie, estoit plus en faute de s'estre laissé surprendre à la passion, qu'vn valet de n'auoir pas fait son deuoir. Et se trouuant le plus criminel dans ce tribunal secret, où il estoit iuge & partie tout ensemble, il auoit prononcé contre luy-mesme, & executoit sa sentence, lors que son amy se presenta.

Or parce que Socrate passe parmy les anciens pour le pere de la Morale, qui fit le premier descendre en sa faueur la Philosophie du Ciel en terre, & qui à l'esgard particulierement de la cholere estoit si impassible en apparence, que sa femme Xantippe protestoit qu'elle ne l'auoit iamais veu reuenir de ville, auec vn visage different de celuy qu'il auoit au sortir de chez luy; considerons vn peu iusques à quel poinct il a pû domter vne si violente passion. Ie sçay bien que Sainct Cyrille a voulu prouuer dans son sixiesme liure contre Iulien, par l'authorité de Porphyre, d'Aristoxene, & d'vn Pinthare auditeur du mesme Socrate, qu'il se laissoit tellement entrainer par le desbordement de cette humeur violente, qu'elle estoit capable par fois de luy faire tout dire & tout executer. S'il en fault croire neantmoins les plus considerables de ceux de sa profession, encore qu'il fust naturellement tres-bilieus, sa raison maitrisoit de telle sorte son temperament, que ses amis seuls s'apperceuoient de quelques emotions que luy causoit la cholere. C'estoit lors qu'il parloit & plus bas & beaucoup moins que de coustume,

Sen. l. 5. de ira c. 13

ce que i'ose vous dire, sans m'esgaler à Socrate,

Socrate, que j'ay tres-souuent esprouué me trouuant dans la mesme assiette. Il est impossible d'empescher tout à fait les premiers mouuemens, de despoüiller entierement l'humanité; ny de faire si bien que la passion ne prenne pour vn tems le lieu de la raison; comme les seruiteurs se mettoient autrefois pendant les Saturnales dans la place de leurs maistres. Mais vn moment de tems remet les choses dans l'estat où elles doiuent estre. Vne ame telle que celle de Socrate à bien-tost dissipé le nuage qui s'esleue contr'elle de la partie inferieure. Et de mesme qu'vne terre cultiuée ne garde gueres la neige, qui se conserue bien dauantage aux lieux deserts & abandonnez; l'humeur cholerique ne nuit pas aux bons esprits dans le peu de sejour qu'elle y fait, comme aux autres qui n'ont ny les forces, ny l'addresse requise pour la surmóter. L'on a obserué aux tempestes que causent les vents du Midy, *Aul.* qu'ils troublent ordinairement la Mer de *Gell. l. 2.* telle façon, qu'elle demeure long-tems *c. vlt.* agitée apres qu'ils ont cessé; au lieu qu'aux orages qu'excitent le Borée & ses collateraux qui viennent du Septentrion, elle deuient calme en vn instant, & la tranquillité paroist aussi-tost qu'ils ne soufflent plus. Cela se peut fort bien rapporter aux mouuemens de la cholere, selon les diuers temperamens qui la produisent. Elle fait d'estranges rauages & de longue durée dans des ames brutales que la chaleur du sang domine, & qui n'ont acquis nulle habitude morale pour lui resister. Mais à l'esgard de celles que la Nature à voulu gratifier, ou qui ont receu de la Philosophie cette trempe de froideur & de secheresse que demandoit Heraclite, ses esmotions cessent en vn moment, & ne laissent nuls troubles qui puissent inquieter le repos interieur.

Aussi voyons nous qu'il n'y a point de personnes qui s'abandonnent si tost, ny si aueuglement au courroux, que les debiles de corps ou d'esprit. Vn enfant, vne femme, vn ignorant, vn malade, vn homme cassé d'années, s'irritent auec tant de facilité & de promptitude, qu'il ne faut souuent presque rien pour les mettre hors d'eux-mesmes, & leur faire faire d'estranges équipées. Vostre Courtisan fortuné qui m'a jetté sur ce discours a beaucoup de rapport à ceux-là, & quand vous me le depeignez agité de ses vanitéz & de ses choleres ordinaires, il m'est auis que ie voy vne fusée qui esclate en l'air, apres que le vent & le feu l'ont emportée où bon leur a semblé. Ne finira-t'il point comme ce L. Cornelius Sulla, que la bile suffoqua au commencement de sa soixantiéme année; laissant à douter, dit Valere Maxime, lequel des deux estoit mort le premier, de luy, ou de sa cholere. Vous auez raison de nommer les bontez, & les belles humeurs de telles personnes, des rigueurs & des choleres lassées. Ce sont des hommes tout de fer, & qui n'ont rien du noble & ployant metal qu'on voit esclater chez eux de tous costez. Au lieu de mettre vn poinct à leurs passions, iamais ils ne les terminent de la moindre virgule. Et vous deuez estre bien asseuré que si les mouches les incommodent, ou que les

L. 9. c. 3.

loups les mangent, ce ne sera iamais pour auoir trouué en eux ny la douceur du miel, ny celle de la brebis. Ie vous en fais Iuge, & de la verité de ce prouerbe Arabique dont il me souuient, qu'il y a trois choses qui ne se reconnoissent bien qu'en trois lieux differens, la hardiesse, aux perils de la guerre; l'amy, dans la necessité; & la sagesse, dans les attaques de la cholere.

DE LA NOVVEAVTÉ.

LETTRE XXXII.

MONSIEVR,
Ie vous auoüe que la Nouueauté à de merueilleux charmes, & que les plus belles choses du monde perdent beaucoup de leur recommandation quand elles deuiennent ordinaires,

- - - - *primis sic major gratia pomis,*
Hyberna pretium sic meruere rosæ.

C'est ce qui obligeoit les Anciens à mettre au nombre des Dieux les Inuenteurs de ce qui n'auoit point encore esté veu. Strabon nous asseure que la Royauté d'A- L. 1. Geogr. trée n'eut point d'autre fondement que la demonstration nouuelle qu'il donna du mouuement du Soleil, contraire à celuy du premier Ciel, ny celle de Danaus que l'inuention de quelques instrumens hydrauliques ou aquatiques, dont on n'auoit point encore oüi parler. Et Iean Leon a veu long-tems depuis mener en grand triumphe dans le Caire, vn homme qui auoit l'addresse d'enchaisner vne pulce. Tant il est vray que les moindres choses sont capables de releuer ceux qui les sçauent faire valoir dans leur nouueauté. Qu'est-ce qui donna l'auantage à Iupiter sur Saturne? Ce n'est pas qu'il valust mieux que son pere, sous lequel l'âge d'or s'estoit escoulé. Mais le fils comme nouueau venu eut aussi-tost l'agrément de tout le monde.

L.8. Af-fr.

Qu. 3. de Pon. el. 3.

Est quoque cunctarum nouitas gratißima rerum.

Telemaque admire la beauté de tout ce qu'il voit chez Menelaus, parce que tout estoit nouueau à vn pauure Insulaire comme luy. Le pain tendre, le poisson frais, & presque tout ce qui est d'vsage dans la vie n'est estimé que par là. Aristote parle

d'vn Theodore Ioüeur de Tragedies qui *7. Polit.*
estoit si persuadé du grand auantage des *c. vlt.*
choses nouuelles, qu'il ne souffroit iamais
qu'vn autre parust deuant luy sur le theatre, croyant que comme les premiers
acteurs sont veus & escoutez auec attention, ceux qui viennent apres ne trouuent
pas l'esprit des spectateurs si bien disposé en leur faueur. Et lon peut dire generalement parlant qu'il n'y a rien qui
nous puisse rendre considerables, à l'esgard d'vne nouuelle descouuerte dans
quelque globe que ce soit, celeste, terrestre, ou intellectuel. Le chemin que Dedale se traça dans l'air fut celuy de sa gloire, & rien n'a rendu son nom immortel
qu'vne si nouuelle & si hardie entreprise,

Insuetum per iter gelidas enauit ad Arctos. *Virg. 6.*
Christophle Colombe, & Americ Vespuce *Æn.*
se sont fait admirer depuis, par des descentes en de nouueaux mondes qui dépeuplent l'ancien. Et nous voyons tous ceux
qu'on nôme Nouateurs dans les sciences,
qui sont regardés comme chefs de party, à

cause des nouueaux Systemes qu'ils ont proposés.

Ie ne suis donc pas si ennemy que vous le dites des choses nouuelles & extraordinaires, encore que ie sois de ceux qui ne donnent pas indifferemment la main à toute sorte de nouueauté. Il y en a qu'on ne sçauroit trop rejetter, parce qu'elles sont de dangereuse consequence; & à l'esgard de celles mesme de peu d'importance, vous sçauez que les Egyptiens ne firent nul estat du Chameau noir, ny de l'homme de deux couleurs qu'vn des Ptolomées luy pensoit faire beaucoup valoir comme vn spectacle nouueau. Lucien qui fait ce conte quelque part, rapporte ailleurs que Zeuxis ne put souffrir qu'on prisast son tableau de la belle Hippocentaure à cause de la nouueauté. Le premier qui fit voir dans Carthage vn Lion appriuoisé, reçeut en recompense de sa nouuelle inuention vn bannissement perpetuel. Et les Scythes firent mourir Anacharsis, sur le sujet d'vne infinité de nouueautez qu'il taschoit d'introduire

In Prom. in verbis.

In Zeuxide.

duire parmy eux à son retour de Grece. Cela môtre biē qu'elles ne sont pas toutes esgalement à priser. Si tout ce qui est nouueau meritoit de l'estime, les Monstres auroient de l'auantage sur les plus parfaites productions de la Nature. Les deserts d'Affrique, d'où il en vient tant, seroient preferables aux plus belles contrées de l'Europe. Et il n'y a si petite bagatelle de la Chine dont il ne falut faire plus de cas que de tout ce que la France peut auoir de recommendable.

Mais d'où procede cette grande inclination que nous auons tous pour les choses nouuelles ? N'est-ce point à cause du changement & de la varieté qui les accompagne ; entant que tout ce qui est nouueau, differe de ce qui est ordinaire. Car ce n'est pas sans raison qu'Aristote à souuent rapporté ce mot de l'Oreste d'Euripide μεταβολὴ πάντων γλυκύ, qu'il n'y a rien de plus agreable que le changement. Les objets qui nous comblent de satisfaction d'entrée, deuiennent ennuyeux à la longue. Y à-t'il rien de plus charmant d'a-

1 *Rhet. c.* 11. & 7. *Eth. c. vlt.*

bord que la veuë de la Mer? & la vaste estenduë de cét Element, tantost vni comme vne glace de miroir, & tantost plein de montagnes d'eau, & d'abysmes effroyables, mais qui touchent agreablement l'esprit lors qu'on ne les craint point? Ceux qui ont leur demeure sur ses riues n'y trouuent rien qui les contente, & son aspect le plus riant se rend bientost importun aux autres qui nauigent dessus. Ie m'imagine aussi que le desir naturel de sçauoir & de connoistre, peut beaucoup contribuer à nous faire trouuer plaisant tout ce qui est nouueau; d'autant que nostre esprit s'informe par-là, & s'instruit de ce qui lui estoit incōnu. L'on peut dire d'ailleurs que les choses rares, comme le sont celles qui ont de la nouueauté, portent auec elles leur recommandation, & sont en effect presque tousiours les plus nobles. Pour vne Categorie de la substance, il y en à neuf d'Accidens. Ainsi lon ne doit pas s'estōner si nostre humanité suit auec tant de propension les nouueautez; & si elle mesprise & quitte assez souuent ce qui est excellent, parce qu'il est accoustumé, pour s'attacher à des choses de beaucoup moindre valeur, lors qu'elles sont nouuelles & extraordinaires. C'est ce que Pline a fort bien obserué au sujet de ce grand nombre d'excellentes odeurs qui nous viennent de l'Arabie. Il dit que ceux qui l'habi- *L.12.c.17* tent vont chercher fort loin hors de leur pays des senteurs estrangeres, tant il est vray, adiouste-t'il, que l'homme se lasse facilement de ce qui est en son pouuoir, & desire auidement ce que les autres possedent, *tanta mortalibus rerum suarum satietas est, & alienarum auiditas*. Et quand il remarque encore au mesme lieu que ces Arabes se trouuent si fort importunés des parfums de leur region, qu'ils font venir du stytax de Syrie pour le brusler dans des peaux de Boucs, recreant leur odorat de ce qui offenceroit celuy des autres; il fait tres à propos cette belle reflexion, qu'il n'y a point de volupté qui ne déplaise autant auec le tems, qu'elle agrée dans la nouueauté. Il y a bien plus

Z z ij

vne mesme chose est dauantage estimée venuë de loin, que si elle estoit prise chez nous. Iean de Barros assure qu'on trouueroit plus d'or parmy le sable du Tage, & du Mondego de Portugal, que dans celuy de Gambée, ou de Senega; mais il faut l'aller chercher bien loin, & auec beaucoup de peril, pour le trouuer bon, quoy que l'or soit peut-estre seul au monde dont l'on ne se desgouste ny se rassasie iamais.

Ces considerations generales font que ie trouue moins estrange que chacun en particulier soit si curieux d'apprendre des nouuelles. Sainct Paul tesmoigne aux Actes des Apostres que les Atheniens s'en informoient aussi soigneusement qu'hommes qui fussent sur la terre. Et Cesar remarque la mesme chose des Gaulois de son tems, au quatriéme liure de ses Commentaires. Certes les vns & les autres ont esté bien mal-heureux, de n'auoir pas eu l'vsage des Gazettes qui remedient si commodement à cette sorte de curiosité.

Ch. 17. vers. 21.

OU LETTRES.

DES NOMS.

LETTRE XXXIII.

MONSIEVR,
Vous ayant tesmoigné que le seul desir de vous coplaire m'obligeoit à vous barboüiller vne feuille de papier d'vne infinité d'Epithetes, ie n'eusse iamais creu que vous eussiez pris occasion là-dessus de me faire vn si grand nombre de questions touchāt les Noms, ny que ce premier abisme où ie n'estois entré que par obeïssance, me deust precipiter dans vn autre plus grand. Mais puisque vous voulez tirer des preuues du pouuoir que vous auez sur moy, ie tascheray de vous contenter encore cette fois, à la charge que vous ne

m'engagerez plus à rien de semblable, & qu'à l'auenir vous aurez plus d'esgard aux humeurs de vos amis.

Ce n'est pas vne petite difficulté que vous me proposez d'abord, si l'imposition des noms s'est faite casuellement, ou auec discours & connoissance de cause. Elle est terminée neantmoins entre nous par l'authorité de la Genese, ou Adam donne le nom conuenable à toutes choses dés le commencement du monde. Mais Dieu nous garde de tomber dans les resueries de certains Rabins pour ce regard. Eusebe monstre au chapitre sixiéme du liure onziéme de sa preparation Euangelique, comme les sentimens de Platon, qui nommoit les Noms des instrumens propres à discerner la substance des choses, se rapportent fort bien au texte de Moïse. Epicure vouloit que les premiers noms fussent des effets de ce que les hommes s'estoient imaginé de chaque chose la premiere fois, de sorte que leur fantaisie étant diuersement touchée des objets en diuers climats, cela auroit donné lieu à la diuersité des langues. Nigidius le prent d'vne autre façon dans Aulu-Gelle, mais il conuient auec Platon en cela, que les noms doiuent estre tenus plustost pour naturels & fondez en raison, que pour positifs & arbitraires. Pythagore raportoit aussi leur premiere imposition a vne extreme & souueraine sagesse, comme lon peut voir par cette interrogation que fait Ciceron dans sa premiere Tusculane, *qui primus, quod summa sapientia Pithagoræ visum est omnibus rebus imposuit nomina?* Et quand Aristote cherche si souuent la verité des choses, aussi bien que les Stoiciens, dans la proprieté des noms, il monstre bien qu'il ne les prenoit pas, non plus qu'eus, pour auoir esté donnez hasardeusement. Ie vous renuoye à ses interpretes sur tout cela, de mesme que sur la demande qui se forme dans l'Eschole, si les noms signifient la matiere, la forme, ou le composé. Il est certain qu'ils n'ont pas esté imposez auec tant de raison, qu'ils soient justes & precis à chaque chose, puis qu'il n'y en a aucun, si Chrysippe disoit vray, qui n'en

Jo. Noct. Att. c. 4.

A. Gell. l. l. 11. c. 12.

signifie plusieurs. Les ambiguitez qui naissent de là le tesmoignent bien, & ces especes innombrables d'amphibolies dont les Rheteurs taschent de faire des figures ou ornemens d'oraison.

Quint. l. 7. c. 9.

Pour ce qui est de ceux que nous appellós noms propres, Dieu mesme a eu le sien, quoy qu'ineffable à bien plus juste titre que celuy de Pythagore ne l'estoit à ses Sectateurs. Il le reuele à Moïse au sixiéme chapitre de l'Exode, par vne faueur speciale qu'Abraham, Isaac, ny Iacob n'auoient pas receuë. Et l'on peut voir au mesme lieu d'Eusebe que ie vous ay desia cité, comme par vn mystere merueilleux ce nom comprenoit les sept voyelles dans les quatre elemens de Grammaire dont il estoit composé. Pour descendre du Ciel en terre, il semble que les moindres animaux prennent plaisir à entendre leur nom propre. Pline & Solin ont obserué que les Dauphins accourent quand on les appelle Simons. Nous nommons les Chévres Ieannes, aussi bien que les Asnes Martins. Et les Singes auoient des noms si con-

Iambl. de vi. Pyth. c. 18.

L. 9 c. 8.
c. 12.

…sidérables en Lybie, que les habitans de ces trois villes Pythecuses dont parle Diodore, faisoient porter ces mesmes noms par honneur à leurs enfans, ainsi qu'en Grece, dit-il, nous sommes bien aises de donner aux nostres le nom des Dieux que nous adorons. Mais n'a-t'on pas imposé auec grande solemnité des noms propres aux choses mesmes inanimées. La ville de Rome en auoit vn secret qui fit punir de mort Valerius Soranus pour l'auoir reuelé. Le Pere Trigault asseure que les Chinois changent celuy de leur Royaume à chaque mutation de famille Royale, & qu'ils le nommoient Tamin, c'est à dire de grande clarté alors qu'il escriuoit, ce qui sert à l'intelligence des relations de tems differens. Dans Homere les Dieux appellent autrement vne coulonne qui estoit auprés de Troye, que ne faisoient les hommes. Le fleuue qui se nommoit Xanthus par ceux-cy, estoit le Scamandre aux autres. Et cette difference s'estendoit iusques sur les animaux, tesmoin l'oiseau nocturne au sujet duquel Aristote a rappor-

L. 10.

Sol. c. 1.

9. de hist. an. c. 12.

té ce vers du quatorziéme liure de l'Iliade.

Χαλκίδα κικλήσκουσι θεοὶ, ἄνδρες δὲ κύμινδιν.
Chalcidem nominant Dij, homines vero Cymindin.

Venons à ce qui touche nostre humanité, & parlons du changement des noms, puis que c'est sur cela que vous me faites le plus d'instance.

Le tems dont vous parlez depuis lequel nos saincts Peres ont pris de nouueaux noms, n'est pas aisé à déterminer. Platine veut que Sergius second ait esté le premier qui l'ait fait, à cause qu'on le nommoit auparauant Groin de Pourceau. Baronius se moque de cela & rapporte l'vsage de ce changement à Sergius troisiéme, qui par humilité ne voulut pas porter dans le sainct Siege le nom du Prince des Apostres qu'il tenoit du baptesme. Onuphrius croit que Iean nommé douziéme, ou selon quelques-vns treiziéme, portant le nom de Vespasien qu'il trouua tenir trop du Gentilisme, donna l'exemple aux autres d'en changer. Et plusieurs sont d'o-

Tom. 10. inig. an. 844.

pinion que cela se pratique à l'imitation de sainct Pierre, qui se nommoit Simon deuant que Nostre Seigneur l'eust appellé Cephas. Quoy qu'il en soit les Papes ne sont qas seuls qui le pratiquent ainsi, puisque le Roy d'Ethiopie fait la mesme chose, comme l'obserue François Aluarez dans sa relation, où l'on voit que celuy qui portoit le nom d'Atani-Tingil, se fit appeller Dauid lors qu'il vint à la Couronne. Diocletien se nommoit Diocles, deuant que d'estre Empereur. C'est vne façon si ancienne, qu'on lit dans le quatriéme liure des Rois que le Roy Pharaon Nechao mettant Eliacim dans le Throsne de son pere Iosias, il luy changea son nom en celuy de Ioacim; comme Nabuchodonosor le fit encore à Mathanias, le nommant Sedecie, quand il luy mit en main le mesme sceptre. Des hommes particuliers en ont fait souuent autant. Homere estoit connu par le nom de Melesigenes, & mesme selon Lucien par celuy de Tigranes, deuant qu'il eust le troisiéme qui luy est demeuré. Et Moïse fut nommé Ioachim par ses

Aur. Victor.

C. 23. & 24.

parens jusques à l'aage de trois mois qu'il fut exposé, ayant aussi reçeu vn troisiéme nom de Melchi dans le Ciel, si nous en croyons Clement Alexandrin. On dit que les Iaponois en changent encore d'ordinaire trois fois, & quand bon leur semble dauantage. Herrera tesmoigne la mesme chose des Chinois. Et les Chrestiens prennent vne pareille liberté tous les jours, quand ils se font confirmer. Il faut noter que les grands noms ont esté souuent preferez aux moindres. Dieu pour gratifier Abram luy dit qu'on le nommeroit à l'auenir Abraham. Le pauure Simon, dont parle Lucien, estant deuenu riche, voulut qu'on le nommast Simonides. Et Fredegarius asseure dans son Epitome, que la fille d'Athanagilde se nommoit simplement Bruna deuant qu'on la donnast en mariage au Roy d'Austrasie Sigebert, mais qu'alors pour l'honnorer on luy accreut son nom, & qu'elle fut appellée Brunehault *Brunechildis*. Il s'en voit au contraire à qui les noms ont esté racourcis par hasard, comme à ce Sybilla dont parle Macrobe

OV LETTRES. 373

Macrobe qui fut le premier nommé Sylla par contraction, ou pour parler auec cét autheur par corruption.

En effet, il y a des noms agreables & de bon augure, aussi bien que d'autres dont on a naturellement de l'auersion. Ce fut pourquoy Aristote osta celuy de Tyr- *Strab. 13.* tame, qui estoit trop rude, au disciple qu'il *Geogr.* aymoit le mieux, & luy donna cét autre si beau de Theophraste. Quand les Romains leuoient des trouppes ils prenoient garde *Cic. 1. de* que le premier soldat qu'ils enrolloient *Diuin.* eust vn nom d'heureux presage; & en beaucoup d'autres rencontres ils obseruoient la mesme chose. Le seul nom de Regillianus le fit saluër Empereur, & Iouien ne le fut qu'à cause qu'il n'y auoit qu'vne lettre de difference entre son nom, & celuy de Iulien dont la memoire estoit tres-chere aux gens de guerre qui disposoient alors de l'Empire. L'histoire d'Espagne porte que des Ambassadeurs de France, venus pour prendre vne des filles du Roy Alphonse neufiéme qu'il auoit promise à leur maistre, choisirent la

Bbb

moins belle, parce qu'elle s'appelloit Blanche, & que l'autre portoit le nom de Vrraca qu'ils ne pouuoient souffrir. L'on y voit encore que Philippe second refusa vne grace que luy demandoit vn Prestre de Galice, offencé de ce qu'il auoit nom Martin Luther. Et nous sçauons que les Atheniens tenoient en si grande veneration les noms d'Harmodius & d'Aristogiton, qu'ils firent vn Decret portant deffence de les donner aux hommes de condition seruile, *quoniam nefas ducerent nomina libertati patriæ deuota seruili contagio pollui*, comme en parle ce Romain. L'Empereur Claudius ordonna presque la mesme chose depuis à l'esgard des estrangers, leur commandant de s'abstenir de prendre les noms de la Noblesse Romaine, que beaucoup d'entr'eux taschoient de s'attribuer. Or s'il y a de l'auantage à porter de beaux noms, les laids doiuent par consequent faire du preiudice. Ceux d'Abel & de Benjamin ne parlent que de dueil & de tristesse en Hebreu. Tantale & Penthée sont consacrez à la douleur parmy les

Ant. Herrera tom. 2. l. 15. c. 16.

Aul. Gell. l. 9. c. 2.

OV LETTRES. 375

Grecs. Egerius estoit vn nom de mendicité à Rome. Et celuy de Tristan, s'est donné en France aux Princes qui naissoient dans quelque notable affliction. Mais prenez garde à ce qu'Herodote nous apprent de ces Rois d'Egypte Cheops & Cephrenes qui auoient fait bastir les Pyramides. Il dit qu'ils furét si detestés de leurs peuples, que pour ne les nommer iamais, & pour faire perdre leur memoire s'ils eussent peu, ils disoient que ces mesmes Pyramides estoient l'ouurage du pasteur Philition. C'est vne chose certaine qu'il y a eu des noms tenus pour malencontreux. Suetone obserue au dernier chapitre de la vie de Caligula que tous ceux de la famille des Cesars qui auoient eu le prenom de Caius, estoient peris par le fer. L'infortune à tousiours accompagné les Reines Ieannes de Naples, comme les Rois Iacques d'Escosse ont tous finy malheureusement. Et lon a tant deferé à ces mauuais presages pris de certains noms, que le Pape Paul deuxiéme qui vouloit se donner celuy de Formosus, en fut destourné

L. 2.

Bbb ij

par quelques Cardinaux ses plus intimes amis, à cause du Pape Formosus qu'Estienne septiéme auoit fait deterrer. Cela me fait souuenir de la superstition des Irlandois, qui n'osent donner aux enfans le nom de leurs parens qui viuent, de crainte d'accourcir les iours de ceux-cy. Et ie ne sçay si ce n'est point pour cela que les Hurons de nostre nouuelle France ne portent iamais le nom de leurs peres, chacun y ayant le sien particulier & different, qui ne se donne à personne qu'apres la mort.

Plat. in st. 6. Baronius

Mais que dirons-nous de ceux qui n'en ont point du tout? Herodote, Pline, & Solin asseurent que les Atlantes de Libye ont esté assez barbares pour cela, & c'est pourquoy le premier les nomme anonymes. Trigault dit aussi qu'à la Chine les filles n'ont point de nom, n'estant designées que par l'ordre de leur naissance dans la maison de leur pere. Et il vaudroit presqu'autant n'auoir point de nom absolument, que de porter celuy de Ἄνθρωπος, homme, comme faisoit ce victorieux Olympique dont parle Aristote au chapitre sixiefme du feptiefme liure des Ethiques à Nicomachus ; ou bien d'eftre appellé Oῦτις, perfonne, comme Vlyffe fe voulut nommer pour mieux tromper Polypheme. En verité ces peuples ont eu vn vfage bien different de celuy des Romains, qui tenoient pour vne marque de feruitude de n'auoir qu'vn nom, felon les termes de la loy *Cum precum* du feptiefme liure du Code au titre *De liberali caufa*. Vous auez leu dans Macrobe qu'à Rome les mafles ne receuoient le leur qu'au iour qui s'appelloit *luftrique*, qui eftoit le neufuiefme de leur naiffance, & le huictiefme de celle de fes filles. Quant aux Grecs Ariftote nous apprent qu'ils faifoient cette ceremonie dés le feptiefme, auquel ils commençoient à s'affeurer que l'enfant eftoit pour viure. Nos liures faincts nomment Adam & Eue nos premiers parens. Herrera dit que felon l'Hiftoire Chinoife leur Createur les nomma Pinçon & Pinçonne.

 Il me refte à vous fatisfaire fur ce que vous voulez que ie vous particularife touchant les noms de quelques Princes qui ont esté affectez & comme attachez à leur souueraineté, ou à la personne de ceux qui leur deuoient succeder. Entre les premiers on peut mettre les Pharaons & les Ptolomées d'Egypte, les Syluies de la premiere Rome, les Arsaces de Parthes, les Palibothres & les Taxiles de l'Inde, les Abimelechs de la Palestine, les Cypselides de Corinthe, les Nicomedes de Bithynie, les Tygranes d'Assyrie, les Artaxerxes de Perse, les Pyrrhus d'Albanie, les Mithridates du Pont, les Cagans des Huns & de la Bauiere, les Aleuades de Thessalie, les Augustes de la seconde Rome, les Miramamolins d'Affrique, les Dauid Melich de Georgie, les Prestres-Ian d'Asie & de Nubie, les Reines Candaces d'Ethiopie, les Icares de l'Isle du mesme nom, & les Zulcarnes ou Alexandres du païs de Balaxian, dont parle la relation de Marc Polo Venitien. Quant aux successeurs des grands Estats, nos Dauphins sont en France ce qu'ont esté les Cesars dans l'Empire. Les aisnez des Rois de Nauarre se

OV LETTRES.

nomment dans l'histoire Princes de Viane: Ceux des Rois d'Angleterre, Princes de Gales: Ceux des Rois d'Escosse, Ducs de Rothesay: Ceux des Ducs de Bourgongne, Comtes de Charolois: Ceux des Rois de Castille, Prince des Asturies: Ceux des Rois d'Arragon, Ducs de Girona: Ceux des Rois de Naples, Ducs de Calabre: Ceux des Ducs de Bragance, Ducs de Barcellos: Et ceux des Rois de Portugal, ce qu'on me dit estre d'vne Pragmatique toute nouuelle, Princes du Bresil. Pour vous gratifier de quelque chose de plus que ce que vous m'auez demandé; i'adiousteray icy vne chose que j'ay leuë depuis peu, que le Patriarche des Maronites, qui se dit l'estre d'Antioche, se nomme tousiours Pierre; & que celuy des Iacobites, qui prent encore la qualité de Patriarche d'Antioche, s'appelle aussi tousjours Ignace. Auoüez que ie vous en ay donné à comble mesure.

DES LANGVES.

LETTRE XXXIV.

MONSIEVR,
Quoy que l'auantage semble tres-grand d'entendre vne langue que Dieu mesme a voulu parler; & bien qu'il me souuienne du lieu où sainct Augustin s'est confessé d'en auoir mesprisé vne qui n'a pas le priuilege d'estre nommée Saincte comme l'Hebraïque; ie ne pense pas neantmoins que vous y trouuiez toutes les satisfactions que d'autres vous ont données, & ie ne vous conseille pas de vous faire limer les dents par auance, comme lon asseure que sainct Hierosme le pratiqua pour la mieux prononcer. Lon peut dire de toutes

tes qu'elles ne font que feruantes, & que les Sciences font les maiftreffes. Gardons-nous bien de careffer Melantho, ny Polydora, pour Penelope. Ie fçay bien qu'on eftend la Philofophie iufques fur la Grammaire, & que plufieurs fe font efforcez de iuger de l'efprit des peuples, & du naturel des nations, par leurs langues. Ciceron obferue felon ce raifonnement que le mot *d'inepte*, & *d'ineptie*, ne fe difoit point parmy les Grecs, ny rien qui en euft la vraye fignification, par ce que ce leur eftoit vn vice fi familier, & vn defaut fi naturel, que perfonne d'entr' eux ne s'en apperçeuoit. L'on a dit de mefme que la licence qu'ils fe font donnée de former des dictions, & de compofer des mots noueaux, auec vne liberté que n'ont iamais prife les Romains, monftre la feuerité des mœurs de ceux-cy nais à commander, & l'humeur inconftante des premiers qui les portoit à la connoiffance de toutes les difciplines.

Mais à l'efgard de la langue des Iuifs, telle pour le moins qu'elle nous paroift aujourd'huy, que pouuez-vous confiderer dans sa pauureté, & si vous voulez dans sa grande retenuë à ne rien admettre d'estranger, qu'vn tesmoignage de la Religion de ses professeurs, & du soin qu'auoit ce peuple Nazareen de se tenir separé des autres nations, qui n'ont pas moins fuy de leur costé de se mesler auecque luy? Il faut que les plus grands partisans qu'ait l'Hebreu confessent qu'à la reserue de ces petites langues, telles que la Basque, ou l'ancienne Bretonne, il n'y en a point, ny de celles qu'on nomme mortes, ny des autres qu'on appelle viuantes, qui ne fournissent de plus belles compositions en toute sorte de sciences que ne fait l'Hebraïque, si vous exceptez la seule connoissance du vieil Testament.

Mon dessein n'est pas d'inuectiuer contre le Talmud, ny contre les extrauagantes resveries de tant de Rabins. Ie vous prie seulement de croire, que si les Iuifs ont eu raison de ne faire cas autrefois que de leur langue, comme il paroist dans le dernier chapitre du vingtiéme liure des antiquitez Iudaïques de Iosephe, l'on peut bien leur rendre à present la pareille, & se passer de parler vn jargon qui ne vaut pas la peine que donnent ses lettres gutturales à la trachiartere. Becean a preferé depuis peu la langue Danoise à l'Hebraïque, parce qu'à son dire les racines de toutes les autres se trouuent dans la Cimbrique, qu'il maintient la premiere de toutes. Ie me moque de cette vanité. Mais j'ose soustenir que la connoissance de la langue Allemande peut estre preferée, auec beaucoup d'autres vulgaires, à celle des Iuifs, tant à cause de l'vsage, & de l'employ ordinaire, que par la consideration des liures soit d'histoire, soit de philosophie, soit de Mathematique, dont les Allemans sont sans comparaison mieux pourueus & en quantité, & en qualité, que les Hebreux.

Peut-estre ferez-vous grande estime d'entendre la vraye prononciation de *Schibboleth*, qui fit tuer tant d'Ephrateens *Iud.c.12.* au passage du Iordain. Il suffit neantmoins d'en sçauoir l'histoire, comme des Anglois deffaits à *Pecquigni*, qui ne profe-

roient que *Pecqueni*; des François esgor-
gez par ceux de Montpelier du regne de
Charles cinquiesme, qui nommoient *Fe-
ues*, ce que ceux-cy appellent *haues*; & des
Gascons du Duc d'Espernon massacrez
en Prouence, pour ne pouuoir dire que
crabe, au lieu de *cabre*. L'on sçait en general, que tous les païs ont ie ne sçay quoy
d'incommunicable dans leur façon de
parler. Le petit *v* François nous est si particulier, qu'aucun de nos voisins ne le fait
sortir de sa bouche que comme nous faisons la diphtongue *ou*. Et vous connoissez à ce propos vn homme de vos quartiers, qui apres quarante ans de sejour
dans Rome prononce encore l'Italien en
Françeau.

L. 25. nat   Aoüez la verité, vostre dessein est de
hist. c. 2.   faire perdre à Mithridate l'éloge que Pline luy donne, d'auoir esté le seul des hom-
mes qui sçeust parler vingt-deux langues
differentes. Vn de ces iours vous voudrez
apprendre les quatre-vingt mille characteres des Chinois, & parler leur langue
Mandarine. I'aymerois bien mieux que

vous trauaillassiez sur leur patron à l'introduction de quelque langage rationel parmy les hommes sçauans, afin que du moins à leur esgard la terre deuint *labij vnius*, comme elle estoit deuant la destruction de cette malheureuse Tour. Mais si c'est l'ouurage d'vn homme seul, ie reconnois que ce doit estre celuy d'vn puissant Monarque plustost que d'vn particulier; & ie croy mesme que quelque grande societé viendroit encore mieux à bout d'vne si grande entreprise.

Apres tout, qu'obtiendrez-vous par cette immense connoissance des langues, que ce qu'on dit que peut donner la fiévre chaude à vn malade, & le mauuais Demon à des possedez. On prent les Apostres dans sainct Luc pour des insensez, à cause qu'ils s'expliquoient en tant de differens idiomes. Et quand vous vous serez bien alambiqué le cerueau sur tous les jargons des hommes, il vous restera celui des animaux que vous serez obligé d'apprendre, puis qu'Esope, Democrite, Pythagore, Apollonius de Tyane, & quelques autres ont eu la reputation de l'entendre. Ie parle ainſi parce que Mahomet enrolle dans ſon Alcoran Salomon au nombre de ceux-là, aſſeurant qu'il oüit vne fois la Reine d'vne Fourmilliere qui ordonnoit à ſes petits & laborieux ſujets, de ſe retirer promptement dans leurs maiſons, autrement que ce Roy accompagné de ſes trouppes les alloit eſcraſer toutes en paſſant. Et Philoſtrate attribuë cette merueilleuſe intelligence à la nation entiere des Arabes, & à quelques Indiens encore, lors qu'ils ont mangé le cœur ou le foye d'vn certain Dragon, dont Pline a parlé en deux lieux differens de ſon hiſtoire naturelle.

L. 1. de vita Apoll. c. 14. & l. 3. c. 3.

L. 10. c. 12 & l. 9. c. 4.

En effect, il n'y a point d'animaux qui n'ayent quelque diſcours, & quelque dialecte, pour vſer du terme dont ſe ſert Clement Alexandrin, qui le donne non ſeulement aux Elephans, & aux Scorpions, mais aux poiſſons meſmes que nous croyons ſi muets, apres auoir parlé de cette langue particuliere aux Dieux de Platon. Et pourquoy n'entendrions nous pas le langage des animaux ? s'ils ſçauent par-

l. 1. Strom.

ler le nostre, non seulement comme les Pies, les Geais, & les Perroquets, mais encore comme ces Rossignols de Ratisbonne, dont vous pouuez voir le conte dans Gesner, si vous auez enuie de rire d'vne merueilleuse credulité. *L. 3. de aui. in Lusc.*

Que si vous desirez que ie finisse vn peu plus serieusement, ie ne laisseray pas nonobstant nos jeux precedens de vous auoüer, que la connoissance des langues est vne des plus belles acquisitions que nous puissions faire, puis qu'elle passe pour vn don du Sainct Esprit. Quel auantage, de pouuoir conuerser en tous lieux, de trouuer sa patrie par tout, & de n'estre Barbare nulle part! Car vous sçauez bien que nous le sommes tous les vns à l'esgard des autres,

Barbarus hic ego sum, quia non intelligor illis, *Ouid. 5. Trist. el. 10.*

Et rident stolidi verba latina Getæ.

Les Egyptiens nomment Barbares dans Herodote tous ceux dont ils n'entendent pas le langage. Et ie me souuiens d'auoir leu dans Sigismond d'Herbestain, qu'au *In Euter.*

Sacre du Grand Duc de Moscouie ses peuples luy souhaittent entr'autres choses, que toutes les langues luy soient soûmises, pour tesmoigner le desir qu'ils auroient que le reste du Monde, qui leur est barbare sans exception, fust sous sa puissance.

Mais quel desauantage au contraire, pour n'exaggerer rien au delà, de n'entendre pas ce qui se dit, ou se lit en nostre presence; & de sçauoir qu'il y a mille belles choses dans des liures où nous ne pouuons prendre nulle part, à cause qu'ils sont escrits en langue estrangere, & qui nous est inconnuë. Sainct Augustin n'a pas fait difficulté d'auancer là-dessus cette proposition, qu'il n'y a point d'homme qui n'aymast mieux conuerser auecque son Chien, qu'auec vn autre homme dont il n'entendroit pas la parole. Et pour bien comprendre de quelle importance peut estre la science des Langues, il ne faut que considerer ou Themistocle se veit reduit, quand il demanda vn an de tems pour apprendre le Persan, n'osant aller sans

Thucyd. l. 1. hist.

OV LETTRES. 389

sans cette estude à la Cour de celuy qui se disoit le Roy des Rois, ou l'on n'eust fait non plus d'estat de luy, & de tout son Grec, que d'vne Tapisserie ployée, selon la comparaison de Plutarque. En voila assez pour vous tesmoigner que ie n'entens pas choquer absolument vos occupations, encore que ie ne les approuue pas à quelque esgard.

DV LARCIN
secret.

LETTRE XXXV.

MONSIEVR,
Vous auez esté derobé si adroitement, & les circonstances du vol dont vous vous plaignez sont si ingenieuses, qu'il ne seroit peut-estre pas juste d'employer toute la seuerité des Ordonnances contre ceux qui l'ont fait. Vn mesme crime à des degrez qui le rendent bien plus atroce vne fois que l'autre, n'en déplaise à Zenon. Et sans pretendre qu'il y ait eu de bons Larrons depuis celuy de l'Euangile, ie vous diray ce que la gentillesse des vostres m'inspire en leur faueur, pourueu que vous ne

me preniez pas pour vn de leurs compli-
ces.

Personne n'ignore combien de Nations ont laissé par leurs loix le Larcin impuny, & ie ne sçay mesme s'il n'y a point lieu de soûtenir qu'en France, veu ce qui s'y passe, il n'est souuent pas plus mal traité qu'à Sparte, ou parmy ces anciens Allemans *Cæs. l. 6.* qui laissoient à leur jeunesse l'exercice de *de bello* dérober pour éuiter l'oisiueté. Beaucoup *Gall.* de Philosophes se sont moquez de ce cri- me, parce qu'il n'est pas contre la loy na- turelle, n'y ayant que le droict positif qui donne les possessions, & qui tasche par consequent de les conseruer; si bien que nous voyons Diogene qui n'improuue pas mesme le sacrilege, dans cét Autheur qui nous a laissé sa vie par escrit. Pour Epi- *Arrian.* cure, il auoüoit bien que c'estoit vne gran- *in Epict.* de faute de se laisser surprendre en dérob- *l. 3. c. 7.* bant, mais il ne croyoit pas que hors de cette surprise il y eust du mal dans l'a- ction.

Les Romains à la verité semblent auoir esté d'autre auis, donnant vne eternelle

Ddd ij

authorité, comme parlent leurs douze tables, aux vrays proprietaires sur ce qui leur auoit esté pris, & permettant par les mesmes constitutions de tuër les voleurs de nuict. Et neantmoins vn de leurs Traitez auec les Carthaginois fait voir qu'ils n'improuuoient pas non plus que les autres le bel art de voler sans aisles, puis qu'ils s'obligent simplement par cét accord de ne passer plus le beau promontoire, quand ils iront brigander ou exercer la piraterie. Il est certain qu'ils ne punissoiét le peculat que d'vn simple bannissement. Et il fut deffendu par vn Arrest du Senat donné sous Auguste d'accuser de larcin aucun Senateur, ce qui mit auec l'impunité, dit Dion Cassius, la licence de dérober dans l'Estat. Ils ont eu des Festes, ou des Ieux, *quadrigariorum lusus*, qui leur permettoient de prendre tout ce qu'ils pouuoient, Neron ayant esté le premier qui s'auisa de condamner cét vsage. Claudius se contenta de faire seruir en vaisselle de terre vn T. Vinius qui auoit esté Preteur, & qui commandoit vne Legion, pour le

L. 49.

Suet. in Ner. art. 16.

Tac. l. 1. hist.

punir du vol d'vn vase d'or dont il s'estoit saisi au repas du iour precedent. Le seul Alexandre Seuere fut si amy de son surnom, qu'il se vantoit d'auoir tousiours vn doigt prest à creuer l'œil d'vn Iuge larron ou concussionnaire. Et il fut encore si plaisant que de faire faire vn cry public, portant deffence à ceux qui se sentiroient coupables du crime de Larcin de luy faire la reuerence. *Lamprid.*

Mais l'vsage de Rome, tel qu'il ait esté, n'empesche pas que le mestier de Voleur ne fust en beaucoup d'endroits de tres-grande consideration, & que plusieurs nations n'ayent fait de tout tems gloire d'en estre,

Quæ nisi de rapto viuere turpe putant. *Ouid.l.5. Trist.el.10.*
Nous voyons dans Diodore que les Egyptiens auoient vn Prince des Larrons, à qui l'on s'addressoit comme autrefois à Paris au Capitaine des couppeurs de bource, pour recouurer ce qu'on auoit perdu en donnant le quart du prix. Et François Aluarez asseure que la mesme chose se pratique encore aujourd'huy à la Cour du

Pretejan, ou celuy qui exerce cét office est le mesme qui fait leuer & accommoder les Tentes du Roy, n'ayant autres gages pour cela que le reuenu d'vne si belle charge. Herodote nous represente de mesme le renommé Amasis qui déroboit souuent deuant qu'il fust paruenu à la Royauté; apres nous auoir fait rire d'vn Rhampsinitus son predecesseur, qui maria sa fille au plus habile Larron de tous ses Estats. Et l'histoire des Tartares tesmoigne qu'vn de leurs plus grands Monarques, nommé Themirassack, n'obtint le sceptre, estant de fort basse naissance, que par la reputation qu'il acquit comme tres-insigne voleur. Car c'est vne chose si ordinaire de paruenir à la Souueraineté par ce moyen, qu'il n'y a pas cent ans qu'vn chef de ces *Banditi* d'Italie pensa surprendre Crotone, & se rendre maistre de la Calabre, où il portoit desia le Diademe, auec le nom de *Rege Marcone*. Quoy donc, Nemrod fondateur de toutes les puissances Despotiques ou absoluës, n'est-il pas nommé Brigand dans la saincte Escriture?

Thuan. l. 36. hist.

Homere ne donne t'il pas à l'vn de ses Heros Autolycus cette excellente qualité ? Nestor eust-il demandé à Telemaque, apres luy auoir fait bonne chere, s'il estoit Corsaire, au cas que le titre eust esté injurieux ? Et ne sçait-on pas qu'à le bien prendre les plus grands Conquerans n'ont esté que de puissans Pirates ? Papinien interrogeant vn renommé Larron pourquoy il estoit de cette profession, eut pour responce, & vous, pourquoy estes vous Prefect du Pretoire, c'est à dire Connestable & Chancelier tout ensemble ? Enfin le Larcin a esté mesme Deïfié en la personne de Mercure que nos anciens Gaulois ont tant respecté, & qui commença à dérober dés qu'il estoit en maillot, si les tableaux de Philostrate ne nous trompent point, ou les Heures ont soin de sa premiere éducation, pour dire, à mon auis, que l'Occasion fait le Larron, & qu'il y a de certaines heures où il est tres-difficile de ne pas faire vn coup de la main. Que serions-nous que des Brutaux, sans le vol de

Dion Cass. l. 76.

Promethée?

Vous serez bien estonné si ie vous adjouste que Dieu & la Nature semblent conuier par fois au Larcin. Pour le premier, peut-on nier que les Israëlites n'eussent reçeu de luy le commandement de spolier les Egyptiens en partant, de ce qu'ils auoient de plus precieux? Et pour ce qui touche la Nature, s'il est veritable que la Ruë dérobée prenne racine & profite beaucoup mieux, comme Pline le dit, le plus conscientieux Iardinier ne sera-t'il pas obligé d'estre Voleur s'il veut cultiuer cette plante? C'est peut-estre pourquoy l'Ecclesiastique fait le peché plus grand de mentir, qui est vne chose si commune, que de dérober. Mais quoy, le Gibet est plus pour les malheureux, que pour les coupables. L'Aloüette de l'apologue est esgorgée n'ayant pris qu'vn grain de bled. Et ce que le Loup emporte auec grand hazard, le Lion le luy oste impunement. En voila plus qu'il n'en faut pour vne raillerie, qui ne peut mieux finir que par la Fable.

Ex. c. 3.

OV LETTRES. 397

CONTRE LE LARCIN.

LETTRE XXXVI.

Monsievr,
Ie chanteray la Palinodie comme vous me l'ordonnez ; & puisque vous voulez que ie parle serieusement contre cette subtile *Chirosophie* de ceux qui se plaisent à desniaiser les Prouinciaux nouuellement arriuez ; ie vous obeïray. Ce ne me sera pas vne chose difficile de declamer contre vn crime que toutes les Nations detestent d'vn commun consentement, & que les loix diuines & humaines ont tousiours condamné, encore qu'il y en ait eu de plus seueres les vnes que les autres.

Desia pour ce qui touche les premieres, lon sçait bien que l'ordre donné d'en-haült aux enfans d'Israël de s'approprier les richesses des Egyptiens, se prent plustost pour vne recompense de leurs seruices que le Ciel leur adiugeoit, que pour vne veritable spoliation. Et vous auez bien pû voir que l'induction que i'ay tirée de l'Ecclesiastique estoit frauduleuse, puis que ie tronquois le passage, pour n'y pas mettre ce qui faisoit contre le Larcin, *potior fur quam assiduitas viri mendacis; perditionem autem ambo hæreditabunt.* Si la Nature enseigne à commettre vn vol, parce que Pline a dit de la Ruë, elle donne au mesme lieu des preceptes tout contraires, quand il y asseure que les Abeilles dérobées ne font iamais de profit. Et si la pierre d'Aigle découure les Larrons, selon l'obseruation de Dioscoride, & de Belon,

Di.l. 5. c. 118.
Be.l. 2. c. 23.

qui monstre la façon dont les Caloiers s'en seruent encore aujourd'huy en la puluerisant, lon pourroit dire à bien plus juste titre dans le mesme sens, que la Nature abhorre extraordinairement vn vice, contre lequel elle a creé des remedes si partioûliers. J'adjoûste que cette pierre estant commune en Egypte auprés d'Alexandrie, il semble que cette mesme Nature produise le remede auprez du mal, supposé que les Egyptiens y ayent esté sujets comme nous l'auons dit, & comme ceux que nous nommons tantost Bohemiens, tantost Egyptiens, semblent le tesmoigner. Mais que peut-on rapporter de plus exprez contre le Larcin, que ce qu'Arrian a escrit de l'Encens, qui ne pouuoit iamais estre dérobé dans quelque abandonnement qu'on le laissast, par vn priuilege du Ciel, qui preseruoit des mains de ses ennemis ce qui luy estoit si cher. L'on ne sçauroit donc maintenir sans mensonge, non plus que sans impieté, que la Nature approuue ce que Dieu deffent, Salomon ayant fort bien estably cette maxime, que la loy de la Mere n'est iamais contraire aux commandemens du Pere.

Nauig. mar. ru.

Les paradoxes de quelques Philosophes, tels qu'Epicure & Diogene, ne sont pas considerables contre les sentimens de Platon, d'Aristote, & de tant d'autres qui

Eee ij

ont vnanimement condamné le Larcin. Quand Pythagore deffendoit si expreſſément la nourriture des oiſeaux qui ont les ongles crochus, il vouloit ſans doute faire peur des Larrons, qu'il taſchoit de rendre par ſon enigme odieux à tout le monde. Et quoy que tous les Legiſlateurs n'ayent pas eſté auſſi ſeueres que Dracon, qui ne puniſſoit pas moins de mort dans Athenes celuy qui auoit dérobé vne pomme, que celuy qui auoit tué ſon pere : Si eſt-ce qu'aucun d'eux n'a oublié d'eſtablir quelque peine contre ceux qui ſe rendent maiſtres du bien d'autruy par la voye dont nous parlons. L'indulgence de Lycurgue n'eſtoit pas tant en faueur des Voleurs, que contre la negligence des Spartiates, quil penſoit rendre plus vigilans & plus ſoigneux, en ſouffrant de petits Larcins, s'ils ſe pouuoient faire ſi adroitement qu'on ne fuſt point découuert. Auſſi ne parloit-on en Grece que des clefs Laconiques pour eſtre tres-ſeures, encore qu'elles fuſſent les plus petites de toutes. Mais comme ce Legiſlateur vouloit qu'on tînt

Ariſtoph. in Theſm.

les portes bien fermées contre les Larrons, il y a des païs où tout au contraire les Ordonnances veulent que les maiſons ſoient touſiours ouuertes, puniſſant d'ailleurs ſi rigoureuſement le Larcin, qu'il n'y a point de lieux au monde où il s'en commette moins. Nicolas Damaſcene *Exc.Conſtant.* l'a dit de nos anciens Celtes dans ce peu qui nous reſte de luy, & que leurs demeures ne fermoient point. Iean de Barros teſmoigne qu'au Royaume de Benomotapa perſonne n'oſeroit auoir de portes à ſon logis, n'y ayant que quelques Seigneurs qui obtiennent la permiſſion du Prince d'y en mettre, par honneur pluſtoſt que pour la ſeureté, d'autant qu'il veut qu'on croye que ſa juſtice ſuffit pour faire viure dans ſes Eſtats chacun en aſſeurance. Et j'ay leu dans la douziéme partie des Indes Orientales des Bry, que *P.126.* le Larcin eſt ſi bien puny au Iapon, qu'on y voit toutes les maiſons perpetuellement ouuertes.

C'eſt ainſi que par diuers chemins on taſche ſouuent d'arriuer à vn meſme but.

Eee iij

Au fonds, il n'y a point de Nations sur la terre, qui n'ayent touſiours teſmoigné qu'elles abominoient le Larcin; quoy que la Chinoiſe, au raport du Pere Trigault, ne le puniſſe iamais de mort. Ouiedo dit que les Ameriquains le tenoient pour le plus grand de tous les vices, & qu'ils empaloient vifs ceux qui en eſtoient conuaincus. Le Roy d'Eſpagne Ramire ſe contentoit de leur faire creuer les yeux, comme l'on peut voir dans Mariana. Et Mercator a eſcrit que ceux de Carinthie ſont ſi animez contre les Voleurs, que ſur le ſeul ſoupçon ils pendent, & puis font le procez au mort, ſe contentant d'enſeuelir honorablement ceux dont ils abſoluent la memoire à faute de preuues ſuffiſantes. De verité l'on ne ſçauroit vſer de trop ſeueres chaſtimens contre vn crime ſi ennemy de la ſocieté. Et ie ne fais point de doute apres Thucydide, que la grande reputation de Minos ne fuſt fondée principalement ſur ce qu'il purgea la mer de Corſaires & de Pirates, auſſi bien que ſon Royaume de Larrons. Vous voiés

L. 5. hiſt. c. 3. & l. 17. c. 4.

L. 7. hiſt. c. 13.

L. 1 hiſt.

OV LETTRES. 40

bien que ie ne suis pas pour eux, & que mes railleries n'empescheroient pas que ie ne condamnasse serieusement ceux qui ont esté si habiles à vous surprendre, pour se faire riches de vos dépoüilles.

DES RVSES de Guerre.

LETTRE XXXVII.

MONSIEVR,
Quoy que les Spartiates fuſſent fort martiaux, & que leur Eſtat fuſt tout fondé ſur la Force ; ſi eſt-ce qu'ils faiſoient beaucoup plus de cas d'vne Victoire obtenuë par l'addreſſe & le bon ſens de leurs Generaux, pour laquelle ils auoient accouſtumé d'immoler vn Bœuf, que d'vne autre gagnée à la pointe de l'eſpée, qui n'eſtoit ſuiuie par leurs loix que du ſimple ſacrifice d'vn Coq. Et de verité les auantages qui ſe prennent de la premiere façon ſont bien plus à priſer, par ce qu'on les reçoit

çoit tous purs, sans perte de sang, & presque toufiours sans peril. C'est pour cela que Pallas sous le nom de Bellone conduisoit le chariot du Dieu des batailles: Qu'on a tant estimé cette Minerue armée qui sortoit de la teste de Iupiter: Et que l'artifice d'vn cheual de bois, auec le fameux Palladium, eurent tout l'honneur de cette memorable prise de ville. Il ne faut donc pas se moquer des stratagemes qui sont vne des belles parties du mestier des armes, & qui de tout tems ont esté employés auec reputation par les plus grands Capitaines,

— — — *dolus an virtus quis in hoste requirat?* Virg.
Mais j'ay à vous dire à l'esgard de ces bœufs dont vous m'escriuez que les Napolitains viennent de se seruir contre les Espagnols, que les premiers n'ont rien fait en cela qui n'eust esté desia pratiqué par d'autres. Vous sçauez ce que fit Hannibal auec deux mille de ces animaux qui auoient des feux attachez aux cornes, & comme ils luy donnerent le moyen de se retirer la nuict d'vn tres-fascheux endroit

Tite-Liue dec. 3. l. 2.

Fff

ou Fabius l'auoit acculé. Les Portugais vserent d'vn trait presque semblable dans la Tercere contre les Castillans, sinon que le feu n'y fut pas employé parce que l'action se passa de jour. Ils enuoyerent contre ceux-cy vne grande quantité de Bœufs qui ne les mirent pas seulement en desordre, mais donnerent encore moyen aux premiers de s'approcher seurement & sans estre remarquez, à cause de l'espesse poussiere que tant de bestes exciterent en courant. Nous lisons dans Appian que les Carthaginois furent deffaits de mesme, par des chariots enflammés que des bœufs trainoient, & que les Espagnols chasserent auec impetuosité vers leur armée. Et l'inuention de Gedeon contre les Madianites n'est pas fort differente, quand il les mit en desordre auec des flambeaux couuerts de bouteilles, que trois cent de ses gens casserent au son d'autant de Trompettes dont ils les espouuanterent.

Connest. l. 8.
Cabrera l. 13. c. 5.

De bello Hisp.

Iudic. c. 7.

Or puis que ie vous ay fait obseruer ces trois ou quatre stratagemes, il faut que i'employe le reste de cette lettre à vous en

OV LETTRES. 407

faire voir d'autres dont l'hiſtoire nous monſtre qu'on s'eſt heureuſement preualu en diuerſes rencontres. Pour continuer par l'employ des animaux, il n'y a rien de ſi commun que de faire gronder des pourceaux cependant qu'on plante le petard, & la ville de Bonne fut priſe l'an mille cinq cent quatre-vingt ſept par cét artifice. Rhodes fut auſſi ſurpriſe par les Cheualiers de ſainct Iean de Hieruſalem meſlez parmy des moutons, & couuerts comme Vlyſſe de la peau de quelques-vns. Au combat naual d'Hannibal contre Eumenes Roy de Pergame, le premier fit ietter des bouteilles & des cruches pleines de ſerpens dans les vaiſſeaux de ſon ennemy, ce qui l'empeſcha de telle ſorte que rien ne contribua dauantage à ſa perte. L'Empereur Seuere aſſiegeant la ville des Atreniens, ils ſe deffendirent entr'autres moyés par celuy de certains vaſes de terre pleins d'oiſeaux & de petites beſtes venimeuſes, Herodien ne les nommant point autrement, qui ſe jettoient auecque tant d'ardeur ſur les yeux des attaquans, & ſur les

Thuan. l. 88. hiſt.

Iuſtin. l. 32. & Æm. Pro. in Hann.

L. 3.

Fff ij

autres parties de leur corps defcouuertes, qu'ils n'efprouuerent rien de plus faſ-cheus durant vn fiege qu'on fut enfin con-traint de leuer. Encore que la Mouche à miel ne foit pas mife au rang des animaux dangereux, fi eſt-ce que fon aiguillon s'eſt fait fentir plus d'vne fois auec mefme fuc-cez. Orofius rapporte qu'au fiege que mi-rent les Portugais deuant la ville de Tan-li en Affrique, ils furent fur tout incom-modés des Abeilles dont les habitans auoient difpofé les ruches fur leurs mu-railles, y mettant le feu & les verfant fur leurs ennemis au poinct de l'aſſaut. *Noſtri, dit-il, & aluearium flammis ambuſti, & apum aculeis ſtimulati oppugnationem de-ſerere coacti ſunt.* C'eſt au liure huictiéme des Geſtes du Roy Emanuël qu'il conte cela, & il fait voir au fuiuant comme ceux d'Azamor pratiquerent encore la mefme chofe, ce qui n'empefcha pas neantmoins le Duc de Bragance de prendre cette im-portante place. Depuis peu les Suedois furent repouſſez deuant Andrenach, é-tant defia logez entre les deux portes, par l'incommodité principalement qu'ils receurent de trois ruches de ces mesmes mouches, que les habitans du lieu leur jetterent d'enhault, selon les relations de l'année mille six cent trente-trois. Et il y a long-temps que ceux de Themiscyra se deffendans courageusement contre Lucullus qui les vouloit forcer, s'auiserent d'enuoyer contre ses Pionniers non seulement des Ours & d'autres bestes feroces qu'ils auoient, mais mesme des Essains d'Abeilles, comme le texte d'Appian le porte expressément. *De bello Mithr.*

Lon s'est aussi par fois seruy de quelques animaux en guerre pour en tirer vne vtilité extraordinaire. Car les Pigeons ont esté souuent employez à porter des lettres en des lieux où il n'y auoit que les Oiseaux qui peussent penetrer. Moyse sauua ses trouppes du peril des Serpens allant en Ethiopie, par le moyen des Ibis que Iosephe asseure qu'il fit porter pour cela. Et Agathoclés voulant donner du courage à ses soldats, laissa aller parmy eux vne quantité de Hibous dont il auoit fait *2. Antiq. c. 5.* *Diod. sic. l. 20.*

prouision, dautant que comme consacrez à Minerue ils estoient tenus de tres-bon augure par les Atheniens.

Mais l'addresse de Cambyses ne fut-elle pas grande lors qu'il voulut assieger Damiette, si elle est le *Pelusium* des anciens, de mettre au deuant de son armée des Chiens, des Chats, des Crocodiles, & de tous ces animaux que les Egyptiens tenoient pour leurs Dieux, afin de les empescher de tirer contre luy, ce qui fit réüssir heureusement son entreprise. Ie voy dans Famianus Strada vne addresse presque semblable des Espagnols à la prise d'Vtrect l'an mille cinq cent soixante-quinze, quand il dit qu'ils se cachoient derriere des femmes de cette ville, & deschargeoient leurs mousquets par dessous leurs aisselles.

Il y en à qui ont contrefait des Fantosmes ou quelques figures estranges, afin d'estonner & de surprendre leurs ennemis. Ainsi les Polonois furent mis en fuitte par les Tartares qui auoient esleué vn Spectre pour Enseigne, de la teste duquel

Z. 8.

il sortoit du feu, comme l'on peut voir dans C. 6.
la relation de Micheouo. Celle du frere
Carpin porte que ces mesmes Tartares
attachent par fois sur leurs cheuaux des
representations d'hommes, afin qu'on les
croye de loin estre en plus grand nombre
qu'ils ne sont; comme quand à l'imitation
de ce que pratiquerent les Romains dans
Tite-Liue, l'on a fait paroistre les goujats Dec. 1. l.
de nos armées sur quelque eminence éloi- 7. & 10.
gnée pour vn pareil dessein. Mais le Pre-
stre-Iean Asiatique défit les Tartares par
vne autre imposture de quelques hommes de bronze attachez sur la selle des
cheuaux, & qui jettoient tant de fumée,
qu'il tiroit à coups de fleche ces Tartares
dans des tenebres, où ils ne pouuoient
presque se deffendre. Le mesme Carpin C 5.
rapporte le faict plus au long, & cela se lit
encore dans le miroir historique de Vin-
cent de Beauuais au dixiesme chapitre du
liure trete-deuxiéme. Afin que ces choses
vous semblent moins ridicules, & moins
hors d'aparéce de pouuoir iamais réüscir, Parte 2. l.
lisez dans Gualdo Piorato de quelle façon 6.

au dernier siege de Turin, si glorieusement executé par le Comte de Harcourt, vn espion de la ville tenta de passer en habit de Diable, au trauers de nos trouppes & de la riuiere, auec ses lettres enfermées dans de la cire pour les garantir de se moüiller.

L. 7. Et parce que ie desire vous faire encore souuenir de quelques autres ruses de guerre, voyez comme le mesme autheur remarque au liure suiuant, qu'on trouua l'inuention alors de jetter dans cette place assiegée de la poudre à canon dont elle auoit besoin, & des lettres, de mesme *Thua. l.* qu'en l'an 1581. au siege de Steenuic, par le *74. hist.* moyen de certains mortiers à bombes, & d'vn Canon qui fut nommé le Courier à cause de cét employ. Ie ne parle point des artifices meurtriers qui font saulter les maisons auec vne buche creusée où l'on a logé de la poudre, ny de ces sacs pleins de la mesme matiere, & d'vn ressort qui joüe aussi-tost qu'on remuë la corde qui les lie.

L. 20. L'histoire d'Auguste de Thou, & celle d'Aubigné en fournissent des exemples;

&

& le journal d'Henri troisiéme parle d'vne boëte pleine de trentesix canons de pistolets, chargés chacun de deux bales, & qui éclatterent aussi-tost qu'elle fut ouuerte. Ce sont de mauuais stratagemes & si peu legitimes, que le Palatin Zamoski pour prendre sa reuanche d'vne supercherie precedente, ayant fait enuoyer vn coffre de fer plein d'armes à feu qui tirerent comme la boëte dont nous venons de parler, Suiski chef du party contraire le *Ib. l. 76.* fit appeller en duel, l'accusant de s'estre seruy d'vn damnable moyen, & que le mestier de la guerre ne peut souffrir. Aussi sçauons nous que Tomyris reprocha mesme à Cyrus comme vne action indigne, d'auoir deffait les Massagetes en leur faisant preparer vn festin où ils s'enyurerent, & dont Herodote dit que Cresus fut l'or- *L. 1.* donnateur.

L'on n'en peut pas dire autant de ceux qui ont l'addresse de mettre finement le Soleil aux yeux de leur ennemy, comme fit Pollux au combat qu'il eut contre Amycus Prince des Bebryciens, suiuant la

Ggg

description qu'en fait Theocrite : Ou de donner aux autres le vent au visage, selon qu'Hannibal le pratiqua à la journée de Cannes, apres auoir obserué que le *Vulturnus* se leuoit tous les iours reglement à midy : Ou de prendre l'vn & l'autre auantage, de la façon que Henry quatriéme en vsa l'an mille cinq cent quatrevingt dix, à cette memorable bataille d'Yvri. Sainct Louis fut empesché la premiere fois de se rendre Maistre de Tunis par l'action ingenieuse de ses habitans, qui remuant des tas de sable, & esleuant des terres poudreuses durant vn vent fauorable, mettoient nos soldats au desespoir. D'autres au contraire ont emporté des places par de pures inuentions d'esprit. Philippe de Macedoine ne pouuant miner le roc de la ville de Prinnasse qu'il assiegeoit, ne laissa pas de faire bonne mine (pardonnez-moy cette petite allusion) faisant congner le iour comme si des Pionniers eussent fort trauaillé, & apporter la nuict de la terre qui tesmoignoit l'auancement de son ouurage. Auec de si belles

Idyll. 23.

Appia. de bel. Han.

Dec. le Grain.

Pierre Dan. hist. de Barb. l. 2. c. 2.

apparances il fit sommer en suite ceux de la place à l'ordinaire, disant qu'il estoit prest de faire mettre le feu aux piliers de bois qui soustenoient les lieux minez, & Polybe tesmoigne que cela luy succeda si bien, qu'elle fut renduë là dessus. Il y a des ruses qui ont seruy à défaire des armées entieres en de certains passages. Nos Gaulois Boïens ayant couppé les grands bois de la forest Litane de sorte qu'ils estoient prests à tomber, le Consul designé Posthumius y perdit auec la vie vne armée de vingt-cinq mille hommes, la pluspart accablez sous tant d'arbres, dont les premiers faisoient choir les autres auec vne telle & si prompte suitte, qu'à peine, dit Tite-Liue, dix hommes se sauuerent d'vn si grand nombre, ceux qui se retiroient de cette ruine estant si mal menez ou si étourdis, que les Gaulois les tuoient sans difficulté, à la reserue de fort peu qu'ils firent prisonniers.

l. 16. hist.

Dec. 3. l. 3.

On a douté s'il estoit permis de se seruir de toute sorte d'armes, sans parler de celles qu'vne pure imagination fait passer

Ggg ij

pour enchantées. Car à la premiere veuë d'vne de ces machines que les anciens nommoient *Catapultes*, & qu'on auoit apportée de Sicile en Grece, Archidamus s'escria qu'il ne faloit plus parler de la Valeur ny de la Force. Il s'est fait depuis de mesmes inuectiues contre les Canons ou Bombardes, lors qu'on commença de s'en seruir. Barthelemy Coglioni fut blasmé là-dessus si nous en croyons Paul Ioue. Le General Vitelli faisoit creuer les yeux & coupper le poing à tous les harquebusiers qui tomboient entre ses mains, comme à des poltrons qui se seruoient d'armes deffenduës. Et lon sçait que long-tems depuis à la prise de Iauarin par Vaubecourt auec vn petard, les Turcs s'en plaignirent comme d'vne action pleine de mauuais artifice, & qui n'estoit pas de la bonne guerre. Si est-ce qu'on prent tous les auantages qu'on peut de ce costé-là. Zosime fait mention d'vn Menelaus chef de quel-
L. 2. hist. ques trouppes de l'Empereur Constantius, qui d'vn seul coup tiroit de son arc trois traits differens dont il frappoit trois

diuerses personnes ; il en estoit d'autant plus consideré. Pittaque dans son duel contre Phrynon l'enueloppa d'vn ret, & n'en fut pas blasmé. Les Perses Sagartiens dont parle Herodote, & de qui peut-estre ce sage guerrier tenoit la fourbe precedente, portoient des cordes à la guerre dont ils attiroiét & abbatoient leurs ennemis. Et puis si lon y prent garde, il se trouuera que tout reuient à vn ; qu'il ne se tuë pas plus d'hómes aujourd'huy par la poudre à canon, qu'autrefois par le dard ou par la lance ; & que la sarbatane des Indiens Orientaux, dont Pigafette, Louis Bartheme, & Pirard disent qu'ils lancent de petites fleches propres à penetrer leurs corps presque nuds, n'est pas moins meurtriere que nos plus gros canons, nos mousquets, & nos carabines.

 Le duel de Pittaque me remet dans la memoire celuy que represente si plaisamment la Chronique de Fredegarius, entre Cosroes Roy de Perse & l'Empereur Heraclius. Elle porte que le premier mit frauduleusement en sa place vn de ses Satrapes. Et elle fait qu'Heraclius vse d'vne autre finesse, qui fut de se plaindre au faux Cosroes de ce qu'il estoit suiuy, afin de lui faire tourner la teste, & de le tuer dans cet auantageux moment. Quelque fabuleux que soit ce conte, il ne laisse pas de nous apprendre que tout le monde se sert en guerre de stratagemes ; & quoy que les Romains, selon l'obseruation de Valere Maxime, fussent contraints d'vser du mot Grec pour signifier cela, n'en ayant point de propre dans leur langue, ils n'ont pas moins pratiqué les tours de souplesse que les autres nations contre leurs ennemis, & l'on peut asseurer qu'elles ont toutes esté conformes pour ce regard. Mais il faut que ie vous demande auant que ie finisse, si vous sçauez le secret de cette inuention admirable dont parle nostre Ambassadeur à Venise de Fresne Canaye au second liure de ses lettres. Il en escrit vne au Comte de Bethune aussi Ambassadeur à Rome, par laquelle il le suplie de presenter à sa Saincteté vn Bourguignon François (c'est ainsi qu'il parle)

l. 7. c. 4

l. 78.

homme d'âge & de vertu, qui propofoit vn fecret que luy du Fresne garentit tres-veritable. C'eſtoit de donner vn moyen in-dubitable de conferuer la moindre bicoc-que contre toutes les forces Turquefques, affeurant qu'encore qu'on en euſt abbatu ce qu'elle auroit de deffences, trente fem-mes feroient fuffifantes, pour empefcher dix mille hommes d'aller à la breche. Cer-tes il y a dequoy s'eſtonner qu'vn perfon-nage du merite de celuy qui eſcrit, cau-tionne vne telle propofition, felon laquel-le, comme il dit, on ne doit plus parler de prendre des villes par force. Et ie me dou-te bien que vous n'eſtes ny plus inſtruit, ny plus credule que moy là-deffus. Que fi vous trouuez que ie vous aye trop long-temps entretenu d'vn meſtier qui n'eſt pas le mien, pour le moins m'auoüerez-vous que ie ne l'ay pas fait hors de faifon. Ia-mais les Trompettes n'ont fonné dans l'Europe de plus generales allarmes que celles qui s'y donnent aujourd'huy. Ces deux grandes puiffances de France & d'Ef-pagne excitent comme efgales des tem-

pestes semblables à celles qu'on ressent sous l'Equateur, qui sont les plus terribles de toutes. Et de quelque costé que nous portions nostre veuë, nous ne verrons que desolation partout. Ce n'est donc pas sans sujet que nos meditations sont belliqueuses, quelques pacifiques que nous soyons. Ie sçay bien que nous ne pouuons pas estre dans vne perpetuelle tranquillité d'Estat, comme ces fabuleux Hyperborées qui ne connoissoient pas le seul nom de la Discorde. I'auoüe qu'il y a le temps de paix, & le temps de guerre, comme dit l'Ecclesiaste, les Disciples de Dieu mesme estant obligez au dernier de vendre leurs chemises pour achetter des espées. Et comme il se trouue des personnes à qui la paix est vne guerre, de mesme que la guerre est leur paix, selon le mot de Philippe dans Diodore Sicilien ; aussi se rencontre-t'il des genies si ennemis du repos politique, qu'ils n'apprehendent rien tant que les iours des Alcions ; comme les Corsaires craignent sur tout le tems calme & les bonaces de la mer, qui sont contraires à leurs courses, &
qui

qui retardent leurs pirateries. *A rio buelto ganancia de pescadores.* Mais cela ne nous doit pas empescher de redoubler nos vœux pour l'accommodement de tant de diuisions; de preferer l'Oliue pacifique de Pallas, au cheual martial de Neptune; & d'admirer la prudence de ceux qui firent la massuë d'Hercule du bois de cette mesme plante, à dessein de nous aduertir que la guerre ne se doit iamais faire que pour s'acquerir vne bonne paix.

Candida pax homines, trux decet ira feras. Ouid. 3. de arte am.

DES PROCEZ
& de l'inobſeruation des Loix.

LETTRE XXXVIII.

MONSIEVR,
Ie me ſuis ſouuent imaginé qu'Empedocle philoſophoit dans vne grande ſale de Palais, quand il prononça qu'il n'y auoit en ce monde que procez & conteſtations, *omnia*, diſoit-il, *ſecundum litem fiunt*. Il eſt vray qu'il ne l'entendoit pas comme ie veux faire preſentement, & vous aurez raiſon de penſer que ie reſtrains beaucoup vne propoſition que ce Philoſophe étendoit par tous les ordres de la Nature, de la reduire aux purs termes de la Chicane. Mais puiſque cette ſorte d'application

OV LETTRES. 423

n'est pas vicieuse, & qu'on peut dire d'ailleurs qu'il n'y a personne de quelque condition que ce soit qui se puisse exemter de disputer à quelque Tribunal, auoüons que l'homme est le plus contentieux de tous les animaux, qu'il se plaist naturellement à l'injustice, & que comme Platon le represente fort bien au commencement du second liure de sa Republique, il ne se porte iamais que par force à ce qui est équitable, de façon que si nous possedions l'anneau de Giges qui rendoit inuisible, nous serions tous iniustes & iniurieux au dernier poinct. Or comme il n'y a point d'animal qui viue naturellement en noise & en dissension auec son semblable à l'esgal de l'hôme; aussi a-t'on obserué que les Chrestiens sont entre tous les hommes les plus hargneux, & les plus processifs pour vser de ce terme de Palais. Les Iuifs, dit le prouerbe Espagnol, se ruinent aux solemnitez de leurs Pasques, les Mores, ou Mahometans, aux somptuosités de leurs nopces, & les Chrestiens aux poursuittes de leurs procez, *Judios en Pasquas*, *Moros*

Hhh ij

en *Bodas, Christianos en Pleytos, gastan sus dineros.* C'est vne malediction que nous ne sçaurions trop déplorer, & si j'estois pour croire Pline, lors qu'il donne à la pierre Siderite de couleur de fer, & qui vray-semblablemét est l'Aimant, la force de multiplier les animositez entre ceux qui plaident, comme il attribuë ailleurs au poisson Echeneis la faculté de retarder l'issuë des procez, ie dirois que nous serions tous ensorcelez de quelque vertu Magnetique, & que l'ennemy de la Foy auroit depeuplé la Mer de Remores pour en infecter le Christianisme. Il semble pourtant qu'on pourroit tirer quelque auantage de cela, si la raison d'Aristote estoit bonne, lors qu'il veut dans vn de ses problemes que l'homme ne soit le plus iniuste des animaux, que pour ce qu'il est le plus spirituel de tous, ce qui luy fait comprendre bien mieux qu'aux autres les auantages de la vie, qui ne s'acquierent, & ne se conseruent gueres qu'auec beaucoup d'injustice.

Quoy qu'il en soit le vice d'estre ama-

L.37.c. 10.& l.9. c.25.

Sect.29. qu.7.

eur de procez, qui fit nommer à Caton ceux qui en estoient taxez *vitilitigatores*, n'a pour fondement que l'interpretation de la loy, que chacun veut expliquer à sa mode, & dont tout le monde tasche de tirer le sens à son auantage. Cependant c'est vne chose estrange, que cette Reine des mortels & des immortels, comme la nomme Pindare dans Clement Alexandrin, à *L. 1. strom.* laquelle seruir, dit Platon au sixiéme liure de ses loix, c'est seruir à Dieu; ὖ δυλεία, ἀλλὰ σωτηρία, asseure encore Aristote; ne trouue *L. 5. polit. c. 9.* presque personne qui luy obeïsse franchement: Et que celle qui doit estre la lumiere de nostre vie, selon ce mesme Pere de l'Eglise, y cause des troubles qui ne peuuent estre esclaircis, & qui ne finissent iamais. Les Grecs luy ont donné le nom de νόμος (quoy qu'on ait obserué qu'il ne se trouue point dans Homere) à cause de la distribution qu'elle doit faire à chacun de ce qui luy appartient; & celuy que les Romains luy imposerent, vient du choix & de l'eslection dont elle sçait vser pour le *Cic. l. 1. de leg.* mesme effet. Mais encore que tout le monde tombe d'accord de cela, les difficultez qui se trouuent dans l'application & l'vsage de cette loy sont si grandes, que les contestations qui en viennent sont vn mal esgal à celuy pour lequel elle est introduite.

Il y en a qui veulent qu'on suiue ses termes exactement, & sans y faire interuenir aucun raisonnement, c'est pourquoy les Espagnols ont particulierement nommé *letrados*, les Legistes, ou Iurisconsultes, comme ceux qui sont obligez de se regler par le seul texte de la loy escrite, *à letra dados*. Ce sentiment est fondé sur ce que les lois sont des Magistrats muets, aueugles, & par là incorruptibles, ἄνευ ὀρέξεως νοῦς ὁ νόμος, *lex mens est appetitione vacans*, dit Aristote au troisiesme liure de ses Politiques; où il adjouste que cet esprit de la loy commandant seul, c'est comme si Dieu mesme cōmandoit, mais que si l'on souffre que l'homme s'en mesle, l'on substituë vne beste farouche en la place de Dieu. Aussi n'obeït-on pas à la loy, parce qu'elle est iuste, sa iustice pouuāt estre débatuë, mais

c. 16.

OV LETTRES. 427

[...]r ce qu'elle est loy, & qu'ayant esté vne[...] reccuë l'on est obligé de faire ce qu'el[...] ordonne. C'est surquoy sont fondées ces [d]eux maximes de l'Orateur Cleon dans [T]hucydide, la premiere qu'vn Estat gou- *l. 3. hist.* [u]erné par de mauuaises loix, mais certai[n]es & inuariables, vaut mieux qu'vn au[t]re qui les a bonnes & sujettes à changement ; la seconde que des ignorans qui deferent aux loix gouuernent bien mieus, que de plus habiles qu'eux qui les mesprisent, par ce qu'ils s'estiment plus sages & plus clair-voyans qu'elles. Et comment peut-on sauuer autrement ces estranges aphorismes de Droict, *Communis error fa-* *l. Barba-* *cit ius*, &, *Prætor ius dicit etiam cum iniquè* *rius ff. de* *decernit?* Examinez bien cet article, vous *off. præt.* trouuerez que ce n'est pas sans sujet qu'on *& l. pen.* a dit que la meilleure de toutes les loix *ff. de Iust.* estoit celle qui laissoit le moins à l'arbitrage du Iuge, & le meilleur de tous les Iuges celuy qui captiuoit le plus son iugement soubs l'obeyssance de la loy.

L'opinion contraire ne manque pas pourtant ny de sectateurs, ny de raisons vray-semblables. Ceux qui l'embrassent soustiennent que l'equité naturelle estant l'ame de la loy, & la loy sans elle vn corps sans ame, l'on doit tousiours y auoir recours, par ce que souuent en Iurisprudence aussi bien qu'en Theologie, la lettre tuë & l'esprit viuifie, à quoy ne se rapporte pas mal le mot ordinaire, *merus Doctor, merus Asinus.* Toutes les lois qui se proposent dans le monde ne doiuent estre que des interpretations de la naturelle, grauée dans nos cœurs, & qui nous est insinuée auec ce rayon de lumiere raisonnable dont le Ciel nous gratifie en naissant. Celles qui s'en esloignent sont rejettables, ne pouuant plaire à celuy qui parfait & ne destruit iamais ses ouurages. Pourions-nous appeller homme celuy qui manqueroit de sa forme raisonnable? C'est la mesme chose de nommer loy celle qui est despourueuë de cette premiere raison, par ce qu'elle est sa forme, & le veritable fondement de son estre. L'on voit beaucoup de nations, comme celle des Abyssins entr'autres, qui n'ont nulles lois

par

OV LETTRES. 429

...ar escrit, se contentant de la Naturelle ...our decider ce que leur Morale peut ...encontrer de difficultez. Et parmy ceux ...mesmes qui se vantent d'auoir des Codes & des Digestes, n'est-ce pas vne maxime generale que les termes seuls de la loy n'en donnent pas la connoissance, *scire leges non est verba earum tenere, sed mentem* ; ce qui monstre la necessité d'attribuer plus au raisonnement qu'à la lettre, & d'admirer l'allusion qui se trouue entre les mots de νόος, & de νόμος, Platon n'ayant pas donné à cette homonymie toute son étéduë, quãd il ne s'en sert au douziesme liure de ses loix que pour prouuer qu'on les doit apprendre par cœur. D'ailleurs, le but de la loy estant de profiter, il est iuste qu'autant de fois que son simple texte peut nuire, l'on ait recours à quelque interpretation fauorable, autrement le souuerain droict deuient souuent vne souueraine iniustice, que Diodore nomme fort bien la metropolitaine de tous les maux de la vie. Cét œil de Iustice, ce δίκης ὀφθαλμός des Grecs, doit là joüer son jeu ; & la philosophie ne

Ecl. l.1.5.

Iii

fut peut-estre appellée par Alcidamas le bouleuart ou la forteresse des loix, que pour signifier, vn peu trop poëtiquement si nous en croyons Aristote, qu'il est à propos en de semblables rencontres d'employer le raisonnement de cette mesme philosophie, pour suiure ce qu'elle juge le plus expedient, *bona est lex si quis ea legitime vtatur*, dit sainct Paul à Timothée.

<small>L.3. Rhet. c. 3.</small>

<small>Ep. 1. c. 1.</small>

Mais que penserons-nous de ceux qui deferent si peu aux loix escrites, & à toutes les constitutions humaines, qu'ils se mettent hardiment au dessus d'elles comme des Rois, protestant qu'elles ne sont pas faites pour eux, *lex justo non est posita, sed iniustis*. Les Gnostiques Sectateurs de Prodicus se seruent dans Clement Alexandrin de ces paroles prises du mesme lieu que nous venons de citer de l'Apostre, pour obtenir vne telle superiorité, & ils pouuoient encore se preualoir de celles-cy de la premiere epistre aux Corinthiens, *spiritalis iudicat omnia, & ipse à nemine iudicatur*. Le Sage, dit Antisthene dans Diogenes Laërtius, s'empeschera

<small>L. 3. strom.</small>

<small>C. 2.</small>

<small>In eius vita</small>

OV LETTRES.

bien de viure selon que les loix le prescriuent, il luy suffit de se gouuerner par les regles de la Vertu. Tous ces superbes Stoiciens qui vouloient aller du pair auec le premier de leurs Dieux, auoiét appris de ce Philosophe la mesme leçó. Et Diogene s'en souuenoit bien, lors qu'il protestoit d'opposer tousiours l'asseurance & la fermeté d'esprit à la Fortune, la Raison aux Passions, & la Nature à tout ce que les loix ordonnoient. Si est-ce que les Sages de l'Inde vers qui Alexandre deputa son Admiral Onesicrite, le renuioient encore icy par dessus ceus de la Grece. Car nous lisons dans Plutarque comme leur chef Dandamis ayant appris de ce Deputé, qui auoit esté disciple de Diogene, iusques où s'estendoit la Philosophie de Socrate, de Pythagore, & de ces autres renommez personnages de Grece, il auoüa bien que ces grands hommes luy sembloient auoir esté bien nais, & de bon entendement, mais ce fut en adjoustant qu'à son auis ils auoient par trop reueré les loix durant leur vie.

Ie ne veux pas deffédre vn paradoxe qu'il

Diog. Laer. in eius vita.

faut absolument rejetter en ce qu'il contient de contraire à la Pieté. Nous en pouuons neantmoins tirer cette leçon, qu'outre l'inclinatiõ naturelle de la pluspart des hommes à l'injustice, & à l'inobseruation des loix, ce n'est pas merueille que tant de personnes les violent, puisque ceux qui s'estiment les plus raisonnables de tous, font profession d'estre au dessus d'elles, & de n'y deferer qu'autant qu'ils jugent à propos de le faire. C'est ce que vous aurez de moy au sujet de vostre voyage en vn lieu si amy de la chicane & des procez.

L. 3. de Rep. Souuenez-vous de la maxime de Platon, qu'il n'y a point de marque plus certaine de la mauuaise constitution des Villes, que d'y voir vn grand nombre de Iuges & de Medecins. Heureux ceux qui n'ont besoin des vns ny des autres. Assez de personnes croient qu'il faudroit n'auoir nulle sorte de biens de fortune pour cela, parce qu'estant sujets à l'enuie, ils le sont par consequent à la contestation & aux actions qu'on nomme Iudiciaires, qui multiplient naturellement plus que toutes les graines

OV LETTRES. 433

des Iardins, ἔρις δ'ἔριν ἀντιφυτεύει, *lis vero litem gignit.* Et neantmoins l'on a veu de tout tems des hommes tres-riches qui n'ont iamais esté reduits à la dure necessité de solliciter des Iuges, non plus qu'Atticus au rapport de celuy qui nous a donné sa vie. Il faut les imiter autant qu'il nous sera possible, & detester le mauuais naturel de ceux qui ne sçauroient viure sans procez, tesmoin cét Ecclesiastique qui pria l'vn de nos Rois de luy en laisser quatre ou cinq pour se diuertir ; & cette vieille Ptolemais dont parle Suidas, qui eust esté bien faschée qu'aucun des siens eust eu la vie plus courte qu'elle.

Phocyllides.

Iii iiij

DE LA FLATTERIE
& de la Correction.

LETTRE XXXIX.

Monsievr,
 Ce sont deux choses bien differentes, de se plaindre comme vous faites de vous estre veu loüer excessiuement en vn lieu, & d'auoir reçeu presque au mesme tems des mortifications ailleurs qui vous semblent insupportables. Il se fait des compositions heureuses par le meslange de ce qui est doux auec ce qui pique, & comme on broüille agreablement le succre parmy le vinaigre, il ne tiendra qu'à vous que vous ne conuertissiez à vostre auantage deux choses si contraires.

OV LETTRES. 435

C'est estre trop austere de refuser absolument toute sorte de loüanges. Si vostre humeur vous porte à ne les pas entendre, le deuoir des autres les oblige, à ce qu'ils croyent, de vous en donner. Et lon vous pourroit dire, que vous cessiez donc de faire de bonnes actions, si vous ne pouez souffrir qu'on les estime. Faites, s'il vous plaist, que vôtre naturel s'accommode à ce qui est non seulement de la coustume, mais mesme de la raison. Ie sçay bien qu'il faut se garder soigneusement des flatteurs pires de beaucoup que les *εἰς κο-* Corbeaux, selon l'allusion Grecque du *ρακας,* mot d'Antisthene. Ils n'esleuent personne *εἰς κό-* que comme l'Aigle fait la Tortuë, pour *λακας.* profiter de sa cheute. S'ils applaudissent, c'est auec le mesme dessein qu'on gratte le Porc sur l'eschine, lors qu'on luy veut mettre le couteau dans la gorge. Et quand ils se font humbles donnant aux autres de la superiorité, tenez pour asseuré qu'ils imitent le Dauphin, qui ne va sous le Crocodile qu'afin de trouuer sa plus foi- *Plin. l. 8.* ble partie, & de le percer par où il est le *nat. hist. c. 25.*

plus aifé à penetrer.

Les Grands font les plus sujets de tous à cette agreable quoy que lafche trahifon. Ceux qui peuuent le mieux payer les belles paroles, en ont fouuent plus que ceux qui en font dignes. On les prent pour des moulins, qui ne donnent de la farine qu'à proportion de ce qu'ils reçoiuent de vent. Et ces flatteurs affamez, vrais chiens de Cour, les attrapent par les oreilles, comme les Dogues d'Angleterre font les Taureaux de combat. En verité les puiffans de la Terre ne doiuent pas faire grand eftat de certaines loüanges qu'on leur diftribuë, s'ils confiderent que Phauorin à bien efcrit celles de la Fiévre, Lucien l'eloge de la Mouche, & Polycrate celuy d'vne Marmite.

Mais à l'efgard de ceux qui n'ont autre intention en loüant que de rédre à la Vertu ce qu'elle merite, vous eftes injufte & inciuil tout enfemble fi vous rejettez ce qui ne luy eft pas moins propre ny moins vtile, que la rofée aux plantes, les vents à la nauigation, & le bain chaud à la laffitude,

...de, pour vſer de trois comparaiſons pri- *Olymp.11.*
...es de trois Odes differentes de Pindare. *Rem. 4.*
Peut-eſtre me direz-vous qu'il y a bien *& 8.*
d'autres perſonnes que ces infames flatteurs de qui les loüanges doiuent eſtre
ſuſpectes ; & qu'il ſe trouue vne eſpece
d'adulation que quelques-vns ont nommée la maladie de l'Amitié, & les autres
vne amitié malade. Ie n'ay autre choſe à
vous repartir là-deſſus que ce ſeul precepte,

Plus alijs de te, quam tu tibi, credere noli.
Et neantmoins encore ne deuez-vous pas
receuoir en ſi mauuaiſe part vn excez de
bonne volonté qu'on peut dire qui oblige, au meſme tems qu'il incommode.

Venons au ſecond chef de voſtre plainte, qui regarde la liberté auec laquelle des
perſonnes vous ont dit nettemét ce qu'elles trouuoient à redire ſoit en vos paroles,
ſoit en vos actions. Deſia, n'eſtoit-il pas
juſte qu'apres le Paranymphe vous fuſſiez
vn peu Veſperiſe ? Que ſi lon s'y eſt porté
auec trop de chaleur, & ſi la medecine a
eſté plus amere que voſtre gouſt ne la deſi-

Kkk

roit, songez que ce trop apparent, & cét excez qui vous deplaist, ne vous peut nuire, & vous peut profiter; qu'on ne sçauroit oster l'amertume à l'absinthe, sans luy faire perdre ce qu'il a de meilleur; & qu'en matiere de corrections, aussi bien que de potions, il y en a de tres-salutaires qu'il faut aualer sans mascher & sans les sauourer. C'est vne maxime que iamais les reprimendes ne sont souffertes si patiemment par qui que ce soit, que pour ceux qui les meritent le moins; & que plus on est sage, plus on les reçoit à gré, *argue sapientem & diliget te.* La grandeur du Genie d'Auguste me paroist plus admirable en ce qu'il a trouué bonnes les libres censures de ses amis, qu'en tout ce qu'il a fait de plus esclatant: Et quoy qu'il dist souuent de bons mots, ceux qu'il enduroit paisiblement le rendent bien plus considerable, au jugement d'vn ancien, parce que la patience est vne Vertu preferable de beaucoup à celle qui nous donne des pointes gentiles, & qui nous fait parler agreablement; *maior est patientiæ, quam*

Salom. c. 9. pron.

Macrob. 2. Satur. c. 4.

OV LETTRES. 439

cundiæ laus. Que lifons nous de plus beau dans toute l'hiftoire Romaine, que la tolerance de ces deux Empereurs, Marc Antonin le Philofophe & fon frere, qui permettoient au Poëte Marulle de leur faire de feueres leçons, dans cette forte de vers Satyriques qui auoient cours de leur tems fous le nom de *Mimes*? En verité des particuliers doiuent auoir honte d'eftre fi delicats, ou de tels Monarques ont fait paroiftre tant de refolution, & de vraye force d'efprit. *Iul. Ca; pitol.*

Ce n'eft pas que ie n'auoüe qu'il fe commet ordinairement de grandes fautes de la part de ceux qui fe meflent d'admonefter les autres. Outre qu'ils doiuent toufiours faire couler l'huile auec le vinaigre, & cacher fouuent la lancette fous l'efponge; iamais ils ne s'acquiteront bien de leur charge, s'ils ne l'exercent en tems & lieu, lors qu'ils trouuent de la difpofition en ceux qu'ils veulent reprendre à bien receuoir les corrections qui leur doiuent apparemment profiter. C'eft en vain, dit Lucien, qu'on reprefente au Sca- *In Pfendol.*

Kkk ij

rabée sa vilaine coustume d'estre tousjours dans l'ordure, sa nature y est trop portée pour esperer qu'il en vse iamais autrement. Et celuy qui pensoit faire vne belle leçon à vn homme pris de vin, de luy demander s'il n'auoit point de honte d'estre yure, reçeut cette response qui le rendit confus, s'il n'auoit point plus de honte de parler à vn homme yure. Il n'y a rien aussi d'odieux à l'esgal de ces personnes qui font profession de censurer tout le monde, & qui en recherchent auec importunité les occasions. Crates le Thebain fut nommé θυρεπανοίχτης, parce qu'il entroit dans toutes les maisons pour y faire des reprimendes, en quoy l'on commettroit vne grande faute si lon vouloit l'imiter. De semblables affectations sont tousiours mal reçeuës, & l'vsage trop frequent de cette maniere de mortifications dont nous parlons, les rend infructueuses, comme nous experimentons que les meilleurs remedes ne seruent de rien quand on les reïtere trop souuent. Mais quoy qu'il se fasse assez de fautes de ce

D. Laert. in eius vita.

costé-là, elles sont bien plus ordinaires de l'autre, & de la part de ceux qui ne veulent iamais estre repris ; ce qui me fait vous conuier à y prendre garde de prez, à examiner fidelement ce poinct de Morale, & a n'y estre pas trop delicat ny trop sensible.

DES CARACTERES Magiques.

LETTRE XL.

Monsieur,

Se peut-il faire que pour auoir leu dãs le Mercure François qu'il falut assõmer quelques soldats Imperiaux, parce que ny le fer ni le feu ne les pouuoit entamer à cause des caracteres qu'ils auoient, vous ayez esté porté à croire vne chose si ridicule? Il faut donc que vous receuiez de mesme pour veritable l'enchantement du corps de garde de Philipsbourg que les Suedois ne purent iamais brusler, puis qu'il part de mesme boutique. Ie ne veux pas decrediter par là tout le trauail de Richer, qui peut seruir à nostre histoire. Mais j'ay à vous dire que comme les meilleurs Historiens Grecs & Latins ont escrit assez souuent de telles bagatelles, ils ne l'ont gueres fait, non plus que luy, que pour donner à connoistre les bruits populaires; & que iamais vn lecteur serieux ne doit prendre autrement de semblables narrations.

Vous sçauez bien le pouuoir que les superstitieux de l'antiquité ont attribué aux lettres Ephesiennes, & tout ce qu'on a dit des Gamahez ou Thalismans, qui seruent encore de joüet à tant d'esprits que le Rabinisme, ou la Iudiciaire, tiennent ensorcelez. Pour vous faire voir qu'en tout tems & parmy toutes les Nations l'on a tasché d'authoriser cette vieille erreur, ie vous rapporteray ce que j'ay leu dans quelques relations de Voyages, dont vostre credulité m'a renouuelé la memoire. Marc Polo asseure que huict Insulaires de Zipangu ne peurent iamais estre decapi- *L. 3. c. 2.* tez par les Tartares qui l'auoient attaquée il y a prés de quatre cens ans, dautant qu'ils portoient au bras droict entre cuir & chair vne pierre enchantée, de sorte qu'il falut les assommer pour les faire mourir. Odoardo Barbosa dit aussi que ceux de la grande Iaua fabriquent des armes féees, qui rendent ceux qui les portent inuulnerables & inuincibles, ce qu'ils font auec tant d'art, qu'ils employent souuent huict & dix ans à paracheuer vne paire de ces armes, attendant l'heure d'vne fauorable constellation pour y trauailler, ou le moment d'vne bonne election pour y mettre la derniere main. I'ay le recit d'vn Voyage reçent de Libye, qui porte que les Marabouts de Senega donnent aux Negres de certains billets qu'ils appellent *Grigris*, & qui contiennent quelques mots Arabes, par la vertu desquels ils pretendent estre preseruez de beaucoup d'inconueniens, & sur tout des coups de leurs Zagayes; faisant mesme porter de ces *Grigris* à leurs cheuaux. Voila de quelle façon ces vaines creances font establies partout. On a creu que la seule figure d'Alexandre le Grand rendoit

C. 17.

Treb. Polleo in Quieto.

heueureux ceux qui la portoient. Celle d'Hercule se mettoit à mesme dessein sur la porte des logis, auec cette inscription μηδὲν εἰσίτω κακόν, *nihil mali ingrediatur*, ce qui fit demander si gentiment à Diogene par où entroit le maistre de la maison. Le discours du retour de l'Ambassadeur de Breues parle d'vne pierre taillée en forme de Scorpion dans vne des murailles de Tripoli joignāt la Marine, pour en exterminer toutes les bestes venimeuses qui l'auoient tousiours infestée auparauant; ce qui n'est pas appuyé sur de meilleurs fondemens que les contes precedens & mille autres semblables. Le Serpent d'airain de l'Atmaidan ou Hippodrome de Constantinople fut esleué à mesme fin. Les lettres des Peres Iesuites de l'an mil six cent vingt-six, nous apprennent que des Mores d'Ethiopie y conjurerent des Sauterelles qui broutoient tout, en disant de certaines oraisons sur trois qu'ils auoient prises dans vn filet. On les excommunie en beaucoup de lieux. Et ie vous peux communiquer la sentence d'vn Official de Troye

Cl. Alex. 7. strom.

dattée de l'an mille cinq cent seize, & donnée à la Requeste des Habitans de Villenoce, par laquelle des Chenilles dont ils se plaignoient, & à qui lon auoit donné vn Aduocat, sont admonestées de se retirer dans six jours, & à faute de le faire, declarées maudites & anathematisées.

Ie n'ay rien à dire sur ce que l'Eglise trouue bon. Mais ie pense qu'on peut soustenir que hors ce qu'operent les prieres prononcées dans la vraye Religion, & jointes aux ceremonies dont elle se sert, toutes les autres paroles ne sont pas capables de produire le moindre des effets qu'on leur attribuë. Si ce n'est que vous receuiez pour des verités historiques tout ce qui se dit de plus fabuleus.

Virg. ecl. 8.
Carmina vel cœlo possunt deducere Lunam:
Carminibus Circe socios mutauit Ulyßis:
Frigidus in pratis cantando rumpitur anguis.

L. 3. de vit. Ap. Thya. c. 2.
De fait, Philostrate represente les Indiens qui font cheminer les Dragons, & les endorment auec de certains mots pour leur coupper seurement la teste, où ils trou-

uent des pierres propres à les rendre inuifibles comme Gyges. Et ne pensez pas qu'il n'y ait que des Poëtes, ou des Autheurs aussi suspects que ce dernier, qui debitent de telles denrées. Vous trouuerez dans les plus classiques & les plus authorisez dequoy vous charger la memoire d'vne infinité d'exemples capables de faire valoir toute sorte de sortileges. De certains Philosophes vous fourniront de mesme dequoy rendre icy probables les plus grandes absurditez. Auicenne vous posera cét aphorisme, que toutes les choses materielles obeissent à l'ame humaine bien disposée, & eleuée au dessus de la matiere. Albert le Grand vous maintiendra que les paroles, & les caracteres, sont des instrumens dont les corps celestes se seruent pour faire ce que nous nommons souuent des miracles. Et d'autres vous soustiendront que l'homme estant vn abregé de tout le monde, il possede par fois, outre ce qui luy est propre, des vertus diuines, & quelquefois celles d'vne plante, ou d'vne pierre, qui luy font executer mille choses merueilleuses, & qui passent pour autant d'enchantemens. Ie vous renuoye sur tout cela aux responses de Pomponace, & si vous le pouuez souffrir, à nostre refutation de la Magie, qui suit celle de la Chymie, & de l'Astrologie judiciaire, dans ce que nous auons escrit touchant l'instruction du Roy lors qu'il estoit encore Dauphin.

L. de incant.

Ce que ie vous puis dire sommairement dans vne lettre, c'est que l'imposture ne manque iamais ny d'authoritez, ny de raisonnemens, non plus que la Verité. Les Telchins de Rhodes, les Idées Dactyles de Crete, les Haruspices de Toscane, ou mesme du Perou, puis qu'il s'y en est trouué, *qui plus ex alieno iecore sapiebant quam ex suo*, ont eu leurs suppots & leurs fauteurs, comme les Rosecroix, & les autres imposteurs de nostre teins. Qui a-t'il de plus incertain que le vol des Oiseaux dans la liberté de l'air? Si est-ce que ceux qui firent profession de deuiner par là, qu'on nommoit Augures, ont esté de l'authorité que chacun sçait parmy les Grecs & les

Hist. des Incas. l. 9. c. 22.

Romains. Car quoy que Caton prononçast librement qu'il s'estonnoit que deux d'entr'eux se peussent empescher de rire quand ils se rencontroient : Et bien que le Iuif Mosomame qui tua l'Oiseau qu'ob- *Euseb. l.* seruoit vn des Augures d'Alexandre, fist *9. præp.* *Eu. c. 4.* voir clairement que celuy qui ne sçauoit *ex Hecatæo.* pas ses propres destinées n'estoit pas capable d'enseigner celles des autres. Ces libertez pourtant, & ces lumieres d'esprit de quelques particuliers n'empeschoient pas, non plus qu'aujourd'huy, que la multitude ne fust seduitte par ceux qui profitoient de sa credulité. Cependant les Rois, les Dictateurs, & les premiers Monarques du monde faisoient partie de cette multitude. Vn seul exemple des plus illustres suffira, parmy vn nombre infiny que debitent toutes les histoires. Le principal motif qui porta Xerxes à cette grande expedition con- *Herod. l.* tre la Grece, fut celuy des bonnes espe- *7.* rances que luy donnoit vn Onomacritus Athenien, qui faisoit profession de

Lll iij

deuiner *per sortes Musei*. Vous n'ignorez pas que les anciens en ont eu d'autres, qu'ils nommoient *sortes Lycias, Dalias, Antianas, & Pranestinas* ; ces dernieres ayant fait dire à Carneade de tres-bonne grace, qu'il n'y auoit lieu au Monde où la Fortune fust plus heureuse, & pour faire l'allusion, plus fortunée, qu'à Preneste ; à cause vray-semblablement qu'encore qu'il n'y eust rien de si vain, ny de si ridicule, que ces jeux de hazard qui luy estoient consacrez en ce lieu là, tout le monde neantmoins s'y laissoit piper.

En verité la foiblesse de l'esprit humain est extréme au sujet que nous traitons ; ou, faulte de meilleure raison, il a tousiours recours à cette commune repartie que Dieu peut & permet tout ce que bon luy semble. Certes il n'en faut point douter, & cela est si vray, que s'il l'auoit voulu, il auroit rendu plus judicieux & plus clair-voyans ceux qui se laissent aller à toutes ces niaiseries.

Souüenez-vous, ie vous supplie, du beau mot de cét ancien, que l'incredulité est le nerf, & le principal appuy de toute nostre sagesse.

DES CHEVAVX.

LETTRE XLI.

MONSIEVR,

Ma raillerie de ceux qui se font manger par leurs cheuaux, comme Acteon par ses chiens, ne vous regardoit pas. I'eusse pû dire encore comme ce Roy de Thrace Diomede, ou ce Glauque fils de Sisyphe, que les fables font deuorer l'vn par ses cheuaux, l'autre par ses caualles. Mais puisque vous auez pris pour vous ce qui touchoit vn homme aussi blasmable dans ses inclinations desreglées, que les vostres sont tousiours raisonnables; Ie vous veux satisfaire autant qu'il me sera possible; & vous donner à connoistre par la passion indiscrete

OV LETTRES.

discrete que beaucoup de personnes ont euë pour des cheuaux, que ie tiens fort legitime l'affection que vous portez à ceux qui vous nourrissez.

Scipione Ammirato s'est imaginé que ce qu'on a dit des Centaures n'a esté inuenté que pour representer de certaines gens, qui tesmoignent par leurs soins extraordinaires de n'aymer pas moins les beaux cheuaux, que s'ils faisoient la moitié d'eux-mesmes. Ie me veux taire de la bestialité de Semiramis, & de celle d'vn Fuluius, qui ont esgalement offencé la Nature. Il me suffira de remarquer ce qu'vne amour moins criminelle a fait faire à d'autres pour quelques-vns de ces animaux, dont les plus grands historiens n'ont pas desdaigné de parler. Herodote fait mention du sepulchre qui fut erigé aux caualles de Miltiade, qui estoient retournées trois fois victorieuses de la course Olympique. L'Empereur Hadrien n'en fit pas moins depuis à son cheual de chasse nommé Boristhene, adjoustant vne coulonne & vne Epigramme à son honneur.

Op. del. Hosp.

L. 6.

434 PETITS TRAITEZ,

L. 61. & 63. Et Xiphilin qui le rapporte asseure ailleurs que Neron gratifioit ordinairement ses cheuaux victorieux, quand ils estoient deuenus fort aagez, d'vne robe de Palais semblable à celle que portoient les plus considerables d'entre les Romains. Mais Alexandre passa bien plus outre en faueur de son Bucephale qui ne se laissoit monter que par luy, lors que pour eterniser sa memoire, & se consoler de sa perte, il fit bastir la ville de Bucephalie. L'Empereur Verus se contenta de donner le nom de *Iul. Capit.* Volucer que portoit vn cheual qu'il auoit fort affectionné, à vn grand vase de crystal auec lequel il faisoit souuent carrousse. Vous sçauez combien les Musulmans respectent les descendans de la cauale de Mahomet, ausquels ils feroient conscience de donner le moindre coup. Tout cela neantmoins n'est presque rien au pris des soins passionnez que prit Caligule de ce cheual de course, qu'il logea dans vne escurie de marbre ornée d'vn ratelier d'yuoire. Il luy donna des couuertures de cette belle pourpre ancienne, & il luy fit porter des colliers de pierreries. On luy vit sa famille, ses officiers, & ses meubles mesme, qui seruoient à receuoir ceux qui le venoient visiter. Bref, nous lisons dans Suetone que la veille des jeux Circenses Caligule enuoyoit de ses gardes commander à tous les voisins de l'escurie qu'ils eussent à ne faire aucun bruit, de peur que le repos d'vn si digne animal ne fust interrompu. Et cét historien asseure encore *Art. 35.* qu'on tenoit pour tout certain, qu'il luy auoit destiné le Consulat. Ie veux joindre à cela vne obseruation de l'histoire moderne des Cherifs faite par Diego de Torrez. Il represente l'entrée que fit vn Che- *C. 98.* rif dans la ville de Fez, monté sur vn cheual haubert qu'il cherissoit à tel poinct, que iamais on ne le laissoit pisser à terre de crainte qu'il ne se salist. Pour obuier à cét inconuenient vn esclaue Chrestien de iour, & deux Maures de nuict, receüilloient son vrine dans vn bassin. Que si par malheur il laissoit quelquefois aller son eau contre terre, leur negligence estoit punie du foüet irremissiblement. Ne voila pas des affections fort dignement pla-cées? Et ne peut-on pas dire que ce qu'elles ont d'excessif & d'extrauagant, est vne justification de toutes celles qui ressemblent à la vostre, qui n'a pour fondement que ce qui fait aymer les belles & excellentes choses dont nous pouuons tirer du seruice.

Ie n'en demeureray pas là pourtant. Il faut que pour vser de plus de complaisance encore, i'obserue deux choses qui sont tellement à l'auantage du cheual, qu'elles sont capables de iustifier tout ce qu'on peut auoir d'inclination pour luy. La premiere regarde la mythologie du celebre Pegase, ces anciens Poëtes, qui estoient les plus grands Philosophes de leur tems, nous ayant representé par luy la Sagesse, comme vne fontaine eternelle selon l'etymologie de son nom. Ses aisles sont les theories, dit Fulgence, & les esleuations d'esprit qu'elle nous donne, par le moyen desquelles nous sommes esleuez iusques au Ciel, après auoir esté promenez par toute la Nature. Ceux qui ont voulu rendre les fantaisies de l'Arioste aussi importantes que celles des Grecs & des Latins, trouuét les mesmes moralitez dans l'Hippogryphe d'Astolphe. Ma seconde obseruation est prise de Seneque, qui soustient dans vne de ses epistres qu'encore que Virgile ne pensast peut-estre à rien Ep. 95. moins, il nous a donné pourtant la plus parfaite figure d'vn homme sage qui se puisse representer, dás la description qu'il fait au troisiéme liure de ses Georgiques d'vn excellent & genereux cheual, *dum aliud agit Virgilius noster, describit Virum fortem.* Il en rapporte les vers, qu'il seroit, ce me semble, superflu de vous repeter, & pour en faire l'application il choisit Caton entre tous les Romains, afin de monstrer que tout ce que le Poëte a dit de l'vn, conuient merueilleusement bien à l'autre, & que la vraye image de Caton, de ses resolutions heroïques, & des plus rares vertus qu'il eust, se trouue excellemment dépeinte dans le tableau d'vn si magnifique cheual. Que s'il est besoin de fortifier ce sentiment, ne pouuons-nous pas dire que puisque nostre plus haute noblesse, qui est celle de Cheualerie, emprunte son nom des cheuaux, c'est bien signe que nous croyons qu'elle tire d'eux sa principale recommendation? Aussi voyons-nous assez de Gentilshommes qui ne parlent gueres d'autre chose que de leurs cheuaux, & qui tesmoignent n'auoir point de plus agreable diuertissement que celuy qu'ils prennent dans cét entretien. Cela me fait souuenir de ce qu'escrit des Huns Ammian Marcellin. Il dit que ceux de leur nation sont tellement accoustumez à demeurer à cheual, que chacun y fait son mestier. Ils y prennent leur repas, y tiennent leurs plus importans conseils, & y exerçent leur negoce, soit qu'ils vendent, soit qu'ils achettent; de sorte que sans changer ny nuict ny iour cette assiette, on les voit estendus sur le col de leurs montures dormir tresprofondement.

31. hist.

Or le nom de ces cheuaux dont ie vous viens de parler, me donne enuie de vous faire souuenir de quelques autres qui ne sont pas de moindre reputation dans les

OV LETTRES. 461

liures. Pindare nous apprent que celuy qui rendit si glorieux le Roy Hieron aux jeux Olympiques, se nommoit Phereni-que, comme qui diroit porteur de victoi-re. Vn autre appelé Pertinax, qui fut victorieux de mesme sous l'Empereur Commodus, donna le presage du successeur à l'Empire. Iuuenal fait mention dans sa huictiéme Satyre de la cauale Corithe; & du cheual Hirpin, comme des meilleurs & plus celebres de son tems. Ie laisse à part ceux du Soleil, & ceux d'Achille, auec les Bayards de nos Romans. Cesar en auoit vn de l'humeur de Bucephale à ne se laisser monter que par son maistre; qui fit predire la domination de ce Prince sur toute la Terre, à cause des pieds de cét animal qui auoiét quelque chose d'humain, en ce que leur corne estoit diuisée presque comme les doigts de nos mains. Et nous apprenons tant d'Aristophane, que de Philostrate, comme les anciens marquoient les plus excellens qu'ils eussent auecque la lettre Cappa qu'ils leur imprimoient; ce qui a donné lieu à la pensée d'Anacreon,

Ode 1.

Dion. l. 73.

Suet. art. 61.

In Neb. 8. de vita Apoll.

qu'on reconnoiſſoit les amoureux à la marque du cœur, de meſme que les cheuaux genereux à celle de la cuiſſe. Les Sybarites dreſſoient les leurs aux Carrouſels, où ils danſoient au ſon des inſtrumens, & cela leur fit perdre vne bataille, dans laquelle ces meſmes inſtrumens, dont leurs auerſaires auoiẽt fait prouiſion, les mirent en deſordre. L'on nous en repreſente aux extremitez du Leuant de ſi propres à la guerre, qu'ils arrachent les armes des ennemis dans le combat, & releuent de terre les lances de leurs Maiſtres pour les leur faire reprendre, par vne addreſſe que Pline auoit deſia remarquée en parlant de leur ſpiritualité, *jam tela*, dit-il, *humi collecta equiti porrigunt.* Sigiſmond de Herbeſtein aſſeure bien que les Tartares ramaſſent de terre ce qu'ils veulent en courant ſur leurs cheuaux à bride abatuë, mais il donne preſque toute la gloire de l'action aux meſmes Tartares : Comme fait auſſi Louis Bartheme aux Mammelucs, quand il en repreſente vn qu'il veit dans vne ſeule carriere donnée à ſon Barbe, le deſſangler,

l. 8. c. 24.

gler, luy oster la selle, la poser sur sa teste, & puis la remettant en sa place le ressangler, sans choir, & sans interrompre la course. Il ne faut point douter neantmoins que la bonne discipline & l'habileté de ces cheuaux ne contribuë grandement à cela. En verité elle est telle que ie ne m'estonne pas que ces barbares les estiment si extraordinairement qu'ils font. Les hommes ne se vendent rien qui approche du prix qu'ils mettent à leurs cheuaux, les recommandant d'ailleurs par leur race, & par leur genealogie, dont ils ont des registres comme nous en auons icy des tiltres de noblesse. Ie croy que le plus cher qui fut iamais est celuy dont parle Garcilasso de la Vega dans sa seconde partie de l'histoire des Incas, puisque celuy qui en estoit le maistre ne voulut iamais le donner pour douze mille ducats.

L.7.c.17.

    Les anciens ont fait grand cas de ceux de Medie, qu'ils nommoient *equos Nisæos* de la campagne Nisée, qui les nourrissoit pour les Rois, & qui les rendoit d'vne beauté & grandeur merüeilleuse. Et parce

Herod. l. 7.

que la bonté de la Caualerie dépend en partie d'estre bien montée, l'on peut remarquer comme Strabon fait passer la Colophonienne pour auoir esté si excellente, qu'elle donna lieu au prouerbe *Colophonem addere*; c'est à dire mettre heureusement fin à quelque chose, parce que cette Caualerie auoit accoustumé de terminer par la victoire tous les combats où elle se trouuoit. La Thessalienne, pourtant a esté de grande reputation, comme les cauales de Thessalie, & celles d'Epire ou d'Acarnanie, estoient de la plus haute estime. Que dirons-nous de la Caualerie Gauloise, Oppius nous representant dans sa guerre d'Affrique cóme vne chose qu'il nomme incroyable, trente cheuaux Gaulois qui en battent & font fuir deux mille Maures? Mais ie m'estonne de ce que j'ay leu dans Dion Cassius, que les Romains nommérent Holandoise par honneur depuis le tems d'Auguste toute leur Caualerie estrangere, à cause que les habitans de l'Isle du Rhin, nommée Batauie, estoient d'excellens hommes de cheual; veu qu'il

L. 14.

sont considerez aujourd'huy tout autrement dans l'Europe. Les Cheualiers Romains ont eu cela de particulier, qu'aux grands combats ils ostoient le frein à leurs cheuaux, les pouſſant ainſi vers les ennemis, dequoy leurs hiſtoriens fourniſſent aſſez d'exemples.

I'ay leu quelque part que les Affriquains ont quelquefois appriuoiſé des Hippopotames, & qu'ils n'auoient qu'à ſo garder de paſſer deſſus eux de profondes riuieres, parce qu'ils s'y plongeoient auſſitoſt. Leur conformation neantmoins m'empeſche de croire qu'on s'en puiſſe preualoir ſur terre de la ſorte, encore que Thomas Lopez Secretaire d'vn vaiſſeau Portugais les repreſente dans ſa relation fort ſemblables aux cheuaux de Galice, & que ce ſoient conſtamment des animaux *amphibies*, qui paiſſent l'herbe comme les terreſtres. Ie ſçay bien qu'on ſe ſert de pluſieurs autres montures, & que le bœuf auec la vache meſme, qui nous ſemblent ſi mal propres à cela, y ont eſté employez en quelques lieux. Ceſar Federici parlant

Nnn ij

du chemin qu'il fit de Bifnagar à Goa, dit qu'on monte-là fur des bœufs bridez, qui ont de bonnes felles, & des eftriers. Vn Pilote Venitien dont Ramufio nous a donné le voyage, affeure la mefme chofe, & que vers Aden les mefme bœufs, qui ont le nez troüé où l'on attache la bride, y vont le pas de nos haquenées. Odoardo Barbofa adioufte que les Carauanes de ces quartiers-là chargent fur eux fi vtilement leurs marchandifes, qu'vn homme feul en conduit ordinairement iufques à quarante. Et nous apprenons de Tertullien, ne me fouuenant pas de l'auoir leu ailleurs, qu'vn Afclepiade Philofophe Cynique fut par toute la Terre monté fur le dos d'vne vache, dont il prenoit fouuent le laict pour fa nourriture. Si vous trouuez que fes traittes deuoiét eftre trop courtes pour voftre humeur qui prefere la Pofte à toute autre façon d'aller, fouuenez-vous du mot de l'Empereur Probus, qu'vn cheual fort vifte eft mieux le fait d'vn poltron qui veut fuïr, que d'vn vaillant homme qui à deffein de combatre. Tant y à qu'il

L. 2. ad Nat.

Vopifc.

est difficile de trouuer vne monture plus pacifique, ny plus aisée à nourrir, que celle d'Asclepiade. Ce n'est pas que les cheuaux ne s'accommodent à tout. Iean Leon tesmoigne qu'en la prouince d'Affrique qui se nomme Dara les cheuaux aussi bien que les chameaux y sont nourris de dattes au lieu d'auoine. Marc Polo dit qu'en la coste des Malabares, qui leur est fort contraire, on leur donne faute de fourrage de la chair, ou seule, ou cuitte auecque du ris. Il y a vne infinité d'endroits où ils ne mangent que du poisson. Herodote l'asseure de la Pæonie; Strabon & tous les Geographes modernes du païs des Icthyophages: Et Blefkenius de son Islande. L'on a obserué que ceux des Tartares trouuent à paistre & à se nourrir où les autres mourroient de faim, parce qu'ils sont accoustumez à chercher l'herbe soubs la neige, de même qu'à passer à nage sous leurs maîtres le Danube & le Borysthene. Des-Hayes remarque aussi qu'vn de nos cheuaux mange plus que ne font quatre de ceux des Turcs, qui sont beaucoup meilleurs

L. 6.

L. 3. c. 20.

In Terps. 15. Geogr.

d'estre moins foulez, & de passer plus de huict heures tous les jours au filet. Aussi ne les traitteroit-on pas de la sorte autrement, car ceux qui les ont, les nourrissent auecque grand soin, & ie me souuiens d'a-uoir leu dans le voyage d'Ayton Armenien, que les Tartares, de qui les Turcs sont descendus, tiennent que c'est offencer Dieu mortellement de laisser le frain dans la bouche d'vn cheual lors qu'il doit repaistre. Mais que dites-vous de l'imagination de ces Ameriquains, qui creurent d'abord que les cheuaux de Pizarre se nourrissoient de fer, voyant que chacun d'eux rongeoit son frein ; ce qui fut cause qu'ils leur presenterent quantité d'or & d'argent, comme vne mangeaille qui valoit beaucoup mieux.

Cap. 33.

Hist. des Inc. 2. part. c. 17. & 29.

Il ne faut pas negliger de sçauoir en suitte de leur nourriture combien l'exercice leur est necessaire, & comme Eumenes pour leur en faire faire dans le Chasteau de Nora, place trop petite pour les promener, les suspendoit pardeuant, & les contraignoit auecque le foüet de s'agiter de telle façon, qu'il les tint en haleine par ce moyen ; dequoy Probus Emylius ne s'eſt pas teu dans la vie de ce grand Capitaine, ny Diodore Sicilien non plus au dix-huictiéme liure de ſa Bibliotheque. Auec de tels regimes on conſerue longtems des cheuaux ſans l'aide de la Deeſſe Hippone, quoy qu'Ariſtote eſcriue qu'ils ſont ſujets à autant de maladies que les hommes. Il determine leur âge ordinaire de trente-cinq à quarante ans, & il met pour vn prodige qu'vn cheual ſoit arriué iuſques à ſoixante-cinq. Cela me fait tenir pour vne fable, ou pour vne erreur de calcul, ce qu'on lit dans la Chronique de Frodoardus, qu'vn Gaſcon nommé Lupus Acinarius ſe ſeruoit d'vn tres-bon cheual qui auoit plus de cent ans. Buſbec veut que le traitemēt des Turcs dont nous venons de parler faſſe viure les leurs iuſques à cinquante ans. C'eſt vne choſe certaine que le Roy Charles huictiéme eſtoit monté ſur vn cheual bay qui auoit bien trente ans, le iour qu'il gagna cette notable bataille du Tar.

8. de hiſt. an. c. 24.

L. 5. c. 14.

Ep. 3. leg.

Vous voyez bien que ie pretens vous tesmoigner par tout ce discours que mon intention n'a iamais esté de condamner vos inclinations, ny de juger indigne de vos soins vn animal si considerable. En tout cas c'est vne penitence que ie me suis imposée si j'ay failly, & vne satisfaction que j'ay creu que vous auriez agreable. Vos moyens excusent vne depence qui passeroit en d'autres pour vne *hippomanie*, & qu'on dit qui estoit en telle execration à Sparte, qu'on n'y souhaittoit prouerbialement rien de pis à vn mortel ennemy, que de le voir embarqué dans *l'hippotrophie*. Souuenez-vous seulement qu'Hippocrate ne donne point d'autre raison pourquoy les Scythes sont moins propres que le reste des hommes à la generation, que celle de leur assiette trop ordinaire à cheual. Pour conclusion ie vous exhorte de ne pas tomber dans le sens reprouué de ceus qui croyent rendre leurs cheuaux bien plus beaux en leur faisant coupper à la mode, tantost le crain, tantost la queuë, & tantost les oreilles. Marc Polo dit que
dans

E. de are aq. & loc.

OV LETTRES. 471
dans la prouince de Caranzan on ne trouue rien de si mauuaise grace, que de leur voir remuër la queuë, ce qui fait qu'on leur oste là soigneusement vn os de cette partie, qui la leur rend entierement immobile. Cela monstre excellemment la deprauation du iugement humain, qui n'est iamais si ridicule que quand il pretend de pouuoir corriger la Nature. Mais que ne pratiquons nous point sur nous-mesmes depuis les pieds iusques à la teste pour la controller?

O cæcas hominum mentes, ô pectora cæca!

DES SVPPLICES.

LETTRE XLII.

MONSIEVR,

La punition des crimes est vne partie si essentielle de la Iustice, que pour designer l'execution publique de quelque criminel, nous disons ordinairement qu'on va faire justice. C'est-ce qui donne sujet d'estimer grandement la prudence des Ephores de Sparte, qui firent esleuer le Temple de la Crainte auprés du tribunal où ils rendoient Iustice, n'estimant rien si propre à retenir les hommes dans le deuoir, que la peur d'estre punis s'ils s'en escartent. Mais ie ne sçaurois assez m'estonner de ce qu'ils ne faisoient iamais mourir personne

OV LETTRES. 473

que la nuict. Et ie trouue que les Romains dans leur pratique du contraire, afin que leurs supplices fussent veus de tout le monde, ont eu beaucoup plus de raison; & que leurs punitions, qu'ils nommerent pour cela des exemples, estoient tout autrement vtiles que celles de Lacedemone. En effect, la fin de la peine regarde bien plus l'auenir que le passé, qui est irremediable, & que Dieu mesme a souffert. C'est l'opinion de Platon dans l'onziéme liure de ses lois, que Seneque suit en plusieurs lieux, & qui semble estre appuyée de l'authorité d'enhaut, *L. 1. de Ira, c. 16. & l. 2, c. 31.*

Cum feriant vnum, non vnum fulmina terrent. *Ouid. l. 3. de Ponto, el. 2.*

Pour ce qui touche la seuerité dont vous voulez sçauoir mon sentiment, ie vous auoüe qu'il est fort peu different du vostre, & que le chastiment d'vn innocent, quelque couleur qu'on luy donne, me paroist tres-inhumain, outre qu'on le peut nommer impie & contraire à la loy de Dieu. Elle est formelle sur cela au Deuteronome, où l'on voit la deffence de faire *C. 24.*

Ooo ij

mourir les peres pour le crime des enfans, ou ceus-cy pour les fautes des premiers; ce qui fut cause qu'Amasias Roy de Iuda pardonna aus fils des assassins de son pere. Vne des lois de Platon n'est que la transcription du texte de Moïse pour ce regard. Et chacun sçait qu'Alexandre fut blasmé de tout le monde, Quinte Curce mesme ne l'ayant pas excusé, d'auoir desolé la ville des Branchides qui furent tous tués de sang froid, par vne punition inique de ce que leurs predecesseurs venus de Milet, auoient autrefois fauorisé les Perses au prejudice des Grecs, Certes la coustume des Egyptiens de differer le supplice des femmes condamnées à mort, si elles estoient enceintes, iusques apres leur deliurance, procede d'vn bien meilleur principe. Ils trouuoient par trop desraisonnable de faire souffrir auec la personne coupable, celle qui n'auoit point failly. C'est pourquoy, dit Diodore Sicilien, la meilleure partie de la Grece en vsoit de mesme à leur imitation. Et nous voyons qu'encore aujourd'huy toutes les Nations

4. Reg. c. 14.
L. 9. de leg.
L. 7.
L. 1. Bibl.

de la Terre qui ont quelque vſage de police, ou quelque forme de gouuernement, ne font iamais mourir vne femme groſſe. Ie ſçay bien que Dieu proteſte *C. 20.* dans l'Exode qu'il punira l'iniquité des peres en la perſonne des enfans iuſques à la troiſiéme & quatriéme generation, comme nous apprenons ailleurs que ſa bonté beaucoup plus grande donne des *Deuter.* recompences apres mille filiations. Elie *c. 7.* menace Achab ſelon cela que le Tout-Puiſſant vengera ſur ſa poſterité le ſang de Naboth, encore que la penitence de ce *3. Reg. c.* Roy l'euſt reconcilié auecque le Ciel. *21.* Mais il n'appartient qu'à Dieu ſeul, qui eſt la Iuſtice meſme, de pratiquer de tels chaſtimens. Les Iuges de la Terre ne ſçauroient ſans crime ſe diſpencer de la loy qui rend les delits perſonnels, *noxa caput ſequitur*. Et aus choſes meſmes ſoit d'Eſtat, ſoit de Religion, où il va tantoſt de l'honneur des Autels, tantoſt de l'intereſt du Souuerain, pluſieurs improuuent la punition des enfans à cauſe des peres, dont ſe ſert l'inquiſition d'Eſpagne, quelque couleur que luy puisse donner Mariana au dix-septiéme chapitre du vingt-quatriéme liure de son histoire, quand il dit, *præclarè id legibus comparatum vt caritas liberorum cautiores parentes reddat.* Considerez dans Salluste comme pour bien exaggerer, & pour rendre odieuse insupportablement la Tyrannie de L. Sulla, on l'accuse de l'auoir estendue iusques sur les enfans à naistre de ceux qu'il affligeoit, *solus omnium, post memoriam hominum, L. Sulla, supplicia in post futuros composuit: queis prius iniuria quàm vita certa esset.* Certainement la barbarie de Selim ne peut-estre trop detestée d'auoir fait tuer les deux fils du Bacha d'Erzerum au sujet de leur pere, aprés vn traitement exercé sur eux pareil à celuy que reçeut du bourreau de Rome la fille de Seian, les crimes du pere ayant fait perir de mesme cette pauure innocente.

Quant au genre du supplice que vous trouuez si rigoureux, i'abomine aussi bien que vous ces Esprits ingenieux à rendre la mort plus sensible. Et neantmoins les hi-

toires sont pleines de leurs inuentions, &
vous y pouuez remarquer dequoy trouuer moins rude tout ce que la Greue nous
fait voir de plus effroyable. Ie ne veux
pas parler seulement de ces Taureaux
d'airain qu'on doute que iamais Phalaris
ait mis en vsage, ny de ce qu'on reproche
à tant de renommez Tyrans de Sicile. Fi-
gurez-vous ce que doiuent souffrir ceux
que les Turcs mettent dans vn muid plein
de cloux, qu'ils font rouler du haut d'vne *Thuan. l.*
montagne en bas. Ou ces autres qu'on *9. hist.*
attache viuans à des corps morts, bouche
à bouche, & membre contre membre,
comme Iamblique asseure que les Tos-
cans le pratiquoient à l'esgard des Pirates *Protreps.*
qu'ils pouuoient attraper, d'où vient pos- *c. 8.*
sible ce que Virgile a dit de Mezence.
L'accolade que Nabis faisoit donner à la
statuë qui representoit sa femme Apega,
est vne estrange torture dans Polybe. Paul *L. 13. hist.*
Ioue veut qu'il n'y en ait point d'intolera-
ble comme celle des Moscouites, quand *Mos. c. 5.*
ils jettent d'vn lieu haut de l'eau froide sur
vn pauure patient. Et ces Escarbots mis *Thuan. l.*
27. hist.

sur le nombril des habitans de la valée d'Angrogne, dont ils perçoient le ventre & les intestins, blessent l'imagination de l'enormité du tourment. Mais taschons d'oublier toutes ces inhumanitez plustost que de nous en souuenir; & pour respondre encore deuant que de finir à cette grande auersion que vous tesmoignez auoir de toute sorte de prison, faisons quelque reflexion sceptique sur vn sentiment qui n'est pas plus vostre apparemment que de tout le genre humain.

Car n'est-ce pas vne de ces notions communes à tous les hommes, aussi bien qu'vne de nos façons de parler prouerbiales, qui nous fait dire si souuent qu'il n'y a point de belle prison ? Ces sçauans de la Chine, qu'on nomme Mandarins, ne se peuuent persuader d'autre Enfer que celuy des cachots. C'est le vray centre de la misere, le sepulchre de ceux qui viuent encore, & le lieu où les plus genereux animaux, aussi bien que les plus feroces, perdent ce qu'ils ont de noble, & d'indomtable, *etiam fera animalia, si clausa teneas, virtutis*

Tac. 4. xn.

virtutis obliuiscuntur. Aussi semble-t'il que les enfans au sortir du ventre de leur mere monstrent euidemment vn desir naturel de se voir hors de prison. Que ne fait-on point pour s'en deliurer? Nos prisonniers s'exposent tous les iours à mille perils pour cela. Le Cardinal de la Baluë se mit à boire son vrine, afin que sur l'apparance d'vn retention de cét excrément, Louis onziéme le tirast de captiuité. Hegesistrate se couppa la moitié de la jambe à mesme fin. Et certes l'on ne s'estonne pas plus d'vn prisonnier qui brise ses liens, que d'vn oyseau qui s'efforce de rompre quelque baston de sa cage pour joüir de la liberté. Ce n'est donc pas sans sujet que Iuuenal regrette le bon-heur de Rome, lors qu'elle n'auoit qu'vne seule prison, moindre vray-semblablement que celles de la Chine de cinquante mille, voire de trois cent mille prisonniers, si nous en croyons Herrera & Mendez Pinto.

Matth. 2. vie de Louis 11.

Herod. in Call.

Felices proauorum atauos, felicia dicas
 Secula, quæ quondam sub Regibus, atque
  Tribunis,

Ppp

Viderunt vno contentam carcere Romam. Mais n'y a-t'il point trop de delicatesse dans cette opinion ? Pourquoy trouuerons-nous si intolerable ce que tant de milliers d'hommes dont nous venons de parler, & vn nombre infiny d'autres supportent patiemment. Voire mesme, à le bien prendre, ne sommes-nous pas tous prisonniers ? Nos ames ne sont-elles pas dans la prison de nos corps ? Et toute la Terre n'est-elle pas comme vne grande Geolle, que l'Ocean, pour la rendre plus asseurée, enuironne de toutes parts ? Car la consideration du plus ou du moins d'estenduë n'est pas icy de la consequence qu'on pourroit penser. Tant s'en faut que le moindre espace y soit desauantageux, qu'on peut dire que si la prison est vn mal, la plus petite doit estre estimée la meilleure. Si les promenades y sont plus courtes, elles se font en recompence sans courir fortune de s'esgarer; & ce qui empesche nos courses, empesche nos cheutes pareillement. Raillerie à part, les doctes productions de Boëce en prison, les vers que Socrate y composa, le liure qu'Anaxagore y fit de la quadrature du cercle, & tant d'Epistres de sainct Paul dattées du mesme lieu, monstrent bien que s'il sert de peine à quelques-vns, il peut-estre vn sujet de gloire & de merite à d'autres, qui s'y plairoient aux exercices des actions de vertu.

DES BASTARDS.

LETTRE XLIII.

MONSIEVR,

Voſtre inuectiue contre les enfans que nous nommons naturels pour les diſtinguer des legitimes, eſt conforme à l'opinion preſque vniuerſelle qui les rend reſponſables du crime de leurs peres, & qui les tiét pour des vicieux, à cauſe qu'ils ſont conçeus dans le vice, *mali, quia ex malis.* Ie ne veux pas combattre tout à bon vn ſentiment qui ſemble fauoriſer les bonnes mœurs en puniſſant les mauuaiſes; mais ie vous diray bien qu'outre l'injuſtice éuidente de faire en cela ſouffrir l'innocent pour le coupable, il ſeroit fort aiſé de monstrer que cette grande auersion qu'on à des Bastards, & qu'on veut faire passer pour fort raisonnable, n'a rien que l'apparance, pouuant estre renduë ridicule en beaucoup de façons. Or parce que nous auons desia parlé de cela dans vn discours du mariage que vous auez veu, ie vous adjousteray seulement icy quelques petites instances, puisque vous desirez de moy ie ne sçay quoy au de-là.

Encore que les enfans venus hors d'vn legitime mariage, que le vieil Testament nomme *Manzers*, soient exclus de l'entrée de l'Eglise aussi bien que les Eunuches dans le vingt-troisiéme chapitre du Deuteronome, ce n'est pas à dire que les vns ny les autres doiuent estre tenus pour des reprouuez. Il y a trop de raisons & d'exemples pour soustenir le contraire, & quand il n'y auroit à l'esgard des premiers que Iephté nay d'vne concubine, & Melchisedec nommé sans pere, à cause, dit Suidas & assez d'autres auecque luy, que le sien estoit incertain & illegitime, ce seroit assez pour reconnoistre que la benediction de Dieu s'estendoit indifferemmēt sur tous les hommes de quelque naissance qu'ils fussent. Combien auons-nous de Saincts dans le Christianisme, qui sont venus au monde auec cette marque de l'incontinence de leurs parens? Constantin le Grand que les Peres de l'Eglise canoniserent ne fut fauorable aux Bastards, si nous en croyons Zosime, que parce qu'il l'estoit luy-mesme. Et nostre premier Roy Chrestien que nous auons sanctifié pour le mesme sujet que Constantin le fut, estoit venu de la plus infame adultere qui fut iamais. Car nous voyons dans nostre histoire que Basine mere de Clouis ne se contenta pas d'abandoner son honneur à Childeric premier, refugié auprés du Roy du Turinge Bisinus ou Basin son premier mary, elle fit pis qu'Helene qui pour le moins voulut estre rauie, là où celle-cy vint en France de son seul mouuement, & auec tant de hardiesse, qu'elle osa dire à Childeric que si elle eust connu vn plus braue homme que lui, & plus digne d'estre aymé, elle seroit allée pour le trouuer iusques au bout du mon-

L. 2. hist.

de. Ce fut possible pourquoy Clouis ne donna pas vn moindre partage à Thierry qu'il auoit eu d'vne maistresse, qu'à ses trois autres fils legitimes, ce qui s'est encore pratiqué plusieurs fois depuis parmy ses descendans. Tant y à qu'entre les Papes mesmes Guicciardin asseure que Clement septiéme n'apprehendoit le Concile dont on le menaçoit, qu'à cause qu'il sçauoit bien que nonobstant le procez verbal fait à sa promotion au Cardinalat, il n'estoit pas sorty d'vn mariage qui le peust exempter de recherche. *L. 20. hist.*

Si la foule de tant de Heros & de Demi-Dieux dont le seul nom fait connoistre l'origine ne m'estonnoit, ie produirois les Hercules, les Thesées, & les Alexandres, pour monstrer que les plus grands hommes de l'antiquité estoient venus d'vn accouplement illegitime. Il me suffira de remarquer aprés Seneque, qu'entre les sept Rois de Rome il y en a deux dont l'vn n'a point de pere, & l'autre point de mere, puis qu'on doute de celle de Seruius. Et ie me contenteray de considerer en suitte, *Ep. 108.*

que la Fable qui fait passer Castor & Pollux pour Gemeaux, n'attribuë le droict d'immortalité qu'à ce dernier, qui en fit part à son frere fils de Tyndare, pour dire que le Bastard estoit beaucoup plus excellent que le legitime, & que toute la gloire du premier venoit du merite extraordinaire de son frere naturel. Mais sans nous arrester dauantage aux Fables, disons ce seul mot de celuy qui les a mises en credit dans le monde, que tout le Gentilisme n'a pas eu vn esprit qu'on puisse comparer à celuy d'Homere, dont le pere est encore plus inconnu que la patrie, si nous ne nous en rapportons à ce qu'en dit Heliodore, qui fait chasser d'Egypte ce pauure aueugle par le mary de sa mere, à cause du long poil de ses cuisses pris pour vne marque euidente de sa bastardise. Aussi s'est il trouué de tout tems assez de personnes qui ont mesprisé le reproche qu'on leur pouuoit faire de la leur, & qui ont fait gloire d'vn des-auantage incapable de nuire à l'honneur que donnent les actions de Vertu. La famille des Hurtados

L. 3. Æthiop.

se

se vante en Espagne d'estre venuë d'vn enfant, qui receut ce nom pour auoir esté enleué aussi-tost que la Reine de Castille Vrraca s'en fut deliurée, l'ayant eu du fait d'vn Gomez Comte de Candespine. La maison de Dunois ne voit rien de plus illustre qu'elle en France, apres celle des Princes du sang. Vn des grands Rois de Portugal est ce Iean, qui succedant à son frere Ferdinand, donna l'exclusion à Beatrix de Castille, quoy qu'il ne fust pas legitime.   L'Angleterre n'en a point qu'elle puisse comparer à Guillaume le Conquerant, nonobstant le mesme desfaut de naissance. Qu'estoit François Piçarre, cét autre Conquerant du Perou, qu'vn miserable bastard exposé à la porte d'vne Eglise, & nourry pendant quelques jours par vne Truye ? Et pour venir des grands aux moindres, & des Souuerains aux particuliers qui doute que le Maistre des Sentences Pierre Lombard, Erasme, Longolius, Cardan, & tant d'autres lumieres des lettres, ne se fussent bien moquez, si lon eust pensé obscurcir leur re-

Mariana l. 10. hist. c. 8.

Qqq

488 PETITS TRAITEZ,
putation par le peché de ceux qui leur auoient donné l'Estre. Le dernier s'en est si peu soucié, que dans le liure qu'il a escrit de sa propre vie, il ne feint point de dire que sa mere auoit pris plusieurs medicamens pour se faire auorter. Et dans le troisiéme de la Consolation il reconnoist que le College des Medecins de Milan ne le vouloit pas admettre, sur le soupçon où il viuoit de n'estre pas legitime.

C. 2.

Or ce sentiment n'est pas seulement de quelques particuliers; des Nations entieres l'ont eu; & tant de peuples qui se sont pleus dans la communauté des femmes n'ont iamais reconnu le vice de la bastardise. Ces Liburniens dont parloit l'historien Nicolas Damascene se contentoient de donner des Peres à leurs enfans, lors qu'ils auoient atteint l'âge de cinq ans, par la ressemblance qu'ils pouuoient auoir à quelques hommes du païs. Les Spartiates voulant continuer la guerre contre les Messeniens qui auoit desia duré dix ans, enuoyerent de jeunes hom-

Exc. Const.

mes pour engroffer toutes leurs femmes indifferemment, nommant du beau nom de *Partheniens* ceux qu'ils engendrerent, dont Iustin fait venir l'illustre colonie des Tarentins. Cela me fait souuenir de ce qu'on dit de ce Henry Roy de Castille surnommé le Froid, qui consentit de mesme que Bernard de la Cueua son fauorit couchast auec la Reine afin qu'elle deuinst grosse. Quoy qu'il en soit, nous sçauons que dans toute l'estenduë de l'Empire des Tartares, & de celuy des Turcs, les Bastards ne sont pas moins habiles à succeder que les autres, n'y ayant gueres que l'âge qui soit entr'eux consideré pour cela. Voire mesme nous apprenons de leurs liures de Religion, que les fils conceus pendant le voyage de la Meque, qui sont des Bastards reconnus, parce qu'il est deffendu à vn Musulman de connoistre sa femme durant ce pelerinage, sont adoptez dans la lignée de Mahomet leur Prophete, & portent par honneur du verd à leur Turban comme ceux de sa race. I'adjousterois ce qui se dit des enfans que les

Lib. 3. hist.

Maures font obligez de receuoir nonobstant leur absence de sept ans, pourueu que leurs femmes puissent prouuer par vne declaration faite au voisinage, qu'elles ont resué la nuict en eux durant ce tems-là; mais ie ne sçaurois croire ny Diego de Torrez, ny aucun de ceux qui ont escrit vne chose si ridicule.

Hist. des Cherifs c. 76.

En verité si nous considerions bien ce qui se peut dire, particulierement en France, de la façon de viure dont les femmes joüissent aujourd'huy, nous ne traiterions pas auec tant de seuerité, ny de mespris, ceux qui naissent vn peu plus à la desrobée que les autres. I'ose dire qu'à l'esgard du Ieu, des Festins, & des licencieuses Promenades, les Pages & les Escholiers n'eussent osé faire il y a cinquante ans (à peine de passer pour des perdus ou des desesperez) ce que les femmes & les filles pratiquent à present au sçeu de leurs meres & de leurs maris, pour ne rien dire de ce qui ne vient pas à la connoissance des derniers. Quelle apparence y a-t-il donc, d'vser de si rigoureuses distinctions entre les enfans

OV LETTRES.

naturels, & les legitimes, qui ne sont presque pas reconnoissables d'auec les autres? Pour moy ie commence à trouuer moins estrange la resolution de ces Iuifs Esseniens qui ne se marioient point, à cause, dit Iosephe, qu'ils ne croyoiét pas qu'il se rencontrast vne seule femme fidele à son mary. Penelope auec toute sa Vertu ne laissa pas d'estre corrompuë par ses Amans, qui eurent d'elle ce Dieu nommé Pan d'autant qu'il estoit fils d'eus tous, & peut-être pour nous apprendre que sa naissance incertaine est vne chose qui doit estre tenuë commune par tout le Monde. Le Poëte Comique Apollodore asseuroit de son tems qu'il n'y auoit point de maison si bien fermée, dans laquelle vn Chat & vn Adultere ne trouuassent tousiours le moyen d'entrer. Que ne pourroit-on point adiouster à cela si lon vouloit? Certes nos Gaules sont bien differentes de ce qu'elles estoient du tems de Iulien, & si le Rhin y submergeoit tous les Bastards, comme il escrit au Philosophe Maximus *Ep. 16.*

L. 2. de bel. Iud. c. 7.

que cela arriuoit, elles ne feroient pas fi peuplées que nous les voyons. A la premiere reformation de nos Couſtumes de France, ie ferois d'auis qu'on y fiſt valoir celle de beaucoup de païs, & particulierement de Canada, & des Hurons, où les fils ne fuccedent pas aux biens du pere, qui ſont receüillis par les enfans de la fœur comme beaucoup plus aſſeurez dans le droict du ſang. Pour le ſurplus il faut que chacun s'accommode au tems qui court, & à ſes deſtinées. Si le mot de Baſtard le choque, qu'il ſe repreſente que c'eſtoit le nom dans Athenes de tous ceux qui auoient vne mere eſtrangere. Et s'il n'a perſonne qu'il puiſſe reconnoiſtre pour ſon pere, qu'il faſſe reflexion ſur la nature des plus excellentes choſes, dont on ignore preſque touſiours l'origine.

OV LETTRES.

DES MATHEMATIQVES.

LETTRE XLIV.

MONSIEVR,
Ce que ie vous ay escrit du peu d'vtilité des Mathematiques, au sujet de nostre amy qui en faisoit si grande profession, & qui a laissé sa maison si peu accommodée, ne va pas à vn mespris absolu. Le plaisir joint à l'honnesteté de leur contemplation les rendra tousiours recommandables, encores que le profit ne s'y rencontre pas, & que leur Theorie soit si contraire à l'action, qu'il n'y ait rien souuent de plus prejudiciable à la pluspart des emplois de la vie ciuile.

L'Arithmetique en est la plus pure partie, de laquelle se sont seruis tous ces premiers Philosophes Grecs dans l'explication de leurs plus hauts mysteres. Il y en a de merueilleux dans tous ses nombres, depuis l'Vnité, qui est le premier de tous les Estres, & qui constituë leur derniere perfection, iusques aux plus éloignées parties du Calcul. C'est possible pourquoy Mahomet s'auisa de faire iurer Dieu dans son Alcoran par le pair & l'impair, qui sont le masle & la femelle, comme autrefois les Pythagoriciens par le nombre de Quatre. Le Ternaire pourtant sembloit bien plus propre, comme celuy qu'Aristote obserue dés l'entrée de son premier liure du Ciel estre consacré à Dieu. Cela me fait encore souuenir du serment d'Hippocrate par le Pentagone, qui luy representoit la Santé. Quand au Septennaire ou Hebdomadaire, que Pallas prit pour marque de sa Virginité, les liures ne parlent que de son excellence, qui regarde mesme la reuolution periodique des Monarchies; & ie vous feray seulement souuenir de la belle

Cod. 190. raison qu'en donne dans Photius vn Theodore

dore de Samothrace, prise de ce que Iupiter fut à sa naissance sept iours à rire continuellement. Macrobe vous fera voir que la plenitude de l'Octonaire le rend le plus accomply; de mesme que la Iustice, dont il est la figure, contient en soy toutes les autres vertus. Le grād An climacterique, composé de neuf fois neuf, monstre bien que d'autres ont jugé ce nombre plus important. Et si l'on en croit Porphyre dans la vie de Pythagore, c'est celuy de Dix qui comme plus Vniuersel doit estre tenu pour le plus parfait de tous: D'où l'Empereur Iulien conclud, enuoyant cent Figues à Sarapion, que le Centenaire estant fait de dix dixaines, le comble de toute perfection s'y rencontre; ce qu'il prouue par le bouclier de cent cuirs qu'Homere donne à Iupiter, par les cent mains de Briarée, les cent testes de Typhœus, les cent villes de Crete, les cent portes de Thebes, & beaucoup d'autres centaines qui font vn assez plaisant rapport à son present de cent figues. Mais si ce que dit Platon dans son Epinomis est veritable,

L. 1. Somn. Scip. c. 5. & 6.

Ep. 24.

que le nombre, generalement parlant, soit la cause efficiente de toute sorte de bien, sans l'auoir iamais esté du mal; d'où vient que celuy de Six passe pour hieroglyphique du trauail? celuy d'Onze dans sainct Augustin pour le signe du peché? & celuy de Vingt pour vne marque de douleur? Sans mentir il y à peut-estre bien de la vanité en tout cela, aussi bien qu'aux nombres de Platon qui rendirent sa Philosophie si obscure, que Ciceron fut contraint d'auoüer qu'il ne sçauoit rien de plus difficile, & Marsille Ficin long-tems depuis qu'il les tenoit pour incomprehensibles. La Secte de Pythagore se perdit autant à cause de son Arithmetique pleine d'enigmes, comme Porphyre l'a remarqué, que pour tout autre sujet. Et quoy qu'il y ait beaucoup de viuacité & de pointe d'esprit dans la recherche des nombres, si est-ce que ceux qui s'y plaisent le plus reconnoissent bien qu'on leur fait dire aisément aussi bien qu'aux cloches tout ce qu'on veut; pour preuue dequoy il ne faut que voir de quelle façon Clemét

L. 15. de ciuit. Dei c. 20.

L. 6. strom.

Alexandrin fait passer Abraham pour vn grand Arithmeticien, pour ce qu'il choisit trois cens dix-huict personnes seulement pour secourir son frere Loth, & vaincre vn bien plus grand nombre de leurs ennemis.

La mesme chose se peut dire des figures de la Geometrie, qui n'ont pas esté de moindre employ dans la Philosophie des anciens que les nombres de l'Arithmetique. Pythagore nomme dans Iamblique c. 18. la Geometrie son histoire. L'inscription de l'Eschole de Platon empeschoit d'y entrer ceux qui n'estoient pas Geometres. Et il leur disoit ordinairement qu'ils se pouuoient retirer, puis qu'ils n'auoient pas les anses de la Philosophie, nommant ainsi les regles & les demonstrations Geometriques. Cependant vous n'ignorez pas le peu de conte qu'on en fait auiourd'huy iusques dans les Colleges, ou Pic de la Mirande soustenoit il n'y a gueres, que la connoissance des Elemens d'Euclide estoit la plus contraire de toutes à nostre premiere Philosophie Chrestienne, que nous nommons Theologie.

Censorinus l. 15. de die nat.

Si ce monde est l'organe de Dieu, comme le pensoit Dorylaus, & l'instrument de cette Musique qui fait que nos ames sont naturellement touchées de l'harmonie à cause de leur origine, ce n'est pas merueille que beaucoup l'estiment si fort, & qu'on veüille qu'Arion, Orphée, & Amphion, ayent eu le pouuoir qu'on leur donne iusques sur les choses inanimées, pour ne rien dire de la Cicale qui supplea si bien au deffaut de la guiterre d'Eunomus. Hors de la fable mesme Solin veut qu'il se trouue dans la Sicile vne fontaine qui s'esmeuue au son des flustes,

C. 5.

& quasi miretur vocis dulcedinem vltra margines intumescat. Auec tout cela vous sçauez en quelle estime sont ceux qui en font profession. Et il me suffira d'adjouster au Traité que vous auez veu de moy sur ce sujet le mot d'Anaxilas, que la Musique est vne Lybie qui produit tous les iours quelque monstre nouueau, encore qu'Athenée ne l'interprete pas à son desauantage.

L. 14. Deipn.

OV LETTRES.

Peut-estre que l'objet si releué de l'Astrologie, & son vsage dans la Religion aussi bien qu'en beaucoup d'autres professions, vous la rendent tres-considerable. Elle n'a rien pourtant de fort vtile à ses Professeurs. Cardan auoüe qu'elle luy fut d'vn notable préiudice, parce que selon ses regles il ne deuoit pas viure plus de quarante ans, & il en vescut soixante & quinze. Elle a pensé perdre plusieurs personnes aussi bien qu'Anaxagore. Et pour ne rien dire d'assez d'autres, elle rendit ridicules au siecle dernier ceux qui auoient prédit & asseuré vn deluge vniuersel, sur la grande conionction de Saturne, Iupiter, & Mars au signe des Poissons. Ce que i'en ay dit fort au long, dans l'instruction d'vn Dauphin, me dispenseroit d'estre plus long, quand cette lettre le permettroit. Trouuez-bon seulement que ie vous dise qu'autant que le Ciel est distant de la Terre, les contemplations Astronomiques sont éloignées du train des affaires du môde, & de ce qui peut mettre en estime vn homme nay pour l'action.

L. de vita propr. c. 10.

En voila suffisamment, sans toucher les autres parties des Mathematiques qui n'ont rien de plus recommandable que celles-cy, pour conclure que leur estude, toute excellente qu'elle est, ne se peut pas dire bonne à toute sorte de personnes. Le nom de Philosophe passe pour fort odieus dans la pluspart des compagnies, celuy de Mathematicien, si vous y prenés garde, semble auoir ie ne sçay quoy de plus fascheus encore, & de plus mesprisable.

DES NOPCES.

LETTRE XLV.

Monsievr,

Ie ne croy pas mal faire d'imiter Socrate, & de vous renuoyer à Delphes, c'eſt à dire à ce que le Ciel vous inſpirera touchant voſtre mariage, comme il fit Xenophon lors qu'il luy demanda s'il deuoit aller trouuer le ieune Cyrus. En effet le conſeil que ie vous pourrois donner ſeroit encore plus difficile à cautionner que n'euſt eſté le ſien. Ie me doute d'ailleurs que vous eſtes bien autant en peine de l'approbation de vos amis, que de leur auis. Et apres tout, l'Oracle rendu à ce meſme Socrate vn peu deuant ſes nopces, qu'indubitablement soit qu'il se mariast, ou non, il s'en repentiroit, est vn Oracle qu'il faut tenir pour n'auoir pas moins esté prononcé à tout le genre humain, qu'à luy. Si vos Destinées l'ordonnent, le meilleur choix en apparence que vous sçauriez faire, vous sera desauantageux; & le contraire vous arriuera si vostre bon Genie le veut, qui fera reüscir à bien vos pires resolutions, comme lon dit que Minerue faisoit celles des Athéniens. Vous voyez que ie suis fort esloigné de vous determiner à rien, & de prendre party sur vne matiere si problematique. Ce que ie puis faire pour condescendre à vos prieres, c'est de vous enuoyer l'escrit dont on vous a parlé, qui contient toutes les fantaisies que ma jeunesse conçeut autrefois sur le mesme sujet. Et pour vous tesmoigner que ie pense à ce qui vous touche, ie vous adjousteray icy quelques petites reflexions qui me sont passées par l'esprit en resuant sur vostre dessein, & qui seruiront de corollaire au premier Traité.

Ceus

Ceus qui prennent la licence de dire tout le mal qu'ils se peuuent imaginer contre le sexe feminin, n'ont garde qu'ils ne vous détournent du Mariage. Ils vous feront peur de la compagnie d'vne femme, comme de la chose du monde la plus ennemie de nostre repos. La belle vous causera sans doute vn mal de teste importun, la laide vn mal de costé pour le reste de vos iours. Que peut-on esperer de celle qui n'a esté fabriquée, si l'on en croit Hesiode, que pour punir le genre humain, dans le courroux où estoit Iupiter à cause du larcin de Promethée? Hors de la fable mesme, Democrite le Physicien, pour parler comme Solin en le distinguant de cinq autres du mesme nom, au lieu d'appeller la femme vn animal raisonnable, la nommoit vn animal menstrual, ou sujet aux infirmitez de la Lune qui le trauaillent tous les mois. Car quelle apparence d'attribuer vn parfait vsage de raison à celle, qui a tousiours dans l'ame plus de deprauation & de degoust, que les grossesses, ny les pasles couleurs n'en peuuent

C. I.

parfois causer à leurs appetits. Sans doute que c'est pourquoy Pallas se trouue seule entre toutes les Deesses, à qui les anciens n'ont point donné de Mere, pour dire que la Sagesse ne peut pas venir de la femme, & qu'il faut attribuer à vn miracle ce qu'elle a quelquefois de bon raisonnement. Cela presupposé de la sorte, vous pouuez juger ce qu'vn homme se doit promettre d'vne societé conjugale, & s'il n'entre pas pluſtoſt, à le bien prendre, dans vne communanté de maux, que de biens, quand il se marie.

θησαυρός ἐςι τῶν κακῶν κακὴ γύνη,
Thesaurus est malorum mala mulier.

Quoy qu'il en soit, nous voyons que toutes les Nations ont conuenu de ce sentiment, que les femmes deuoient comme incapables, estre éloignées des plus importantes fonctions de la vie ciuile. Vous sçauez aussi bien que personne ce que prononçent là-dessus les lois Romaines, & particulierement vne d'Vlpian qui est la seconde du tiltre des regles de droict. Par celles de Moïse elles ne sont pas re-

ceuës en tesmoignage, à cause, dit Iosephe, *14. ant. Iud. c. 8.*
de leur legereté & temerité naturelles.
Les Atheniens leur deffendoient de faire
aucun marché plus important que celuy
d'vne mesure d'orge, διὰ τὸ τῆς γνώμης ἀσθενὲς *Orat. 75.*
propter consilij infirmitatem, selon les ter- *de Incred.*
mes de Dion Chrysostome. Et quoy
qu'Aristote fust extrémement passionné
pour elles, comme celuy qui ne se pût empescher de sacrifier à vne cõcubine d'Her- *L. 2. c. 5.*
mias qu'il auoit espousée, si est-il contraint
d'auoüer dans ses politiques que de leur
laisser faire les mesmes choses que font les
hommes, c'est se plaire à imiter les bestes
brutes, & preferer leur exemple à la raison. Mais ny ce deffaut de capacité, ny
assez d'autres vices dont celles de ce tems
abondent plus que iamais, ne seroient
peut-estre pas si considerables, si nous
auions les remedes que les anciens pratiquoient contre les plus incorrigibles. Car
outre la repudiation qui leur estoit permi-
se s'ils trouuoient leur femme dans de
bien legeres fautes, ils auoient droict en
quatre cas de leur oster la vie, & elles en

couroient le hazard autant pour auoir beu du vin, ou employé de faulces clefs, comme pour auoir supposé des enfans, ou commis vn adultere. Pline rapporte qu'vn Egnatius Metellus fit mourir la sienne dés le tems de Romulus qui l'approuua, parce qu'elle auoit eu la hardiesse d'ouurir vn de ses tonneaux de vin dont elle voulut faire l'essay; & Valere Maxime adiouste que le mary en fut si peu accusé, qu'on ne trouua pas seulement à redire en son action, *idque factum non accusatione tantum, sed etiam reprehensione caruit.* Celle qui auoit tant soit peu leué le voile par les ruës pour se descouurir le visage, fut repudiée par C. Sulpitius Gallus. Et P. Sempronius Sophus chassa de mesme honteusement la sienne, parce que sans son congé elle auoit eu la hardiesse d'assister à la representation de quelques jeux publics. Or comme nos lois sont fort esloignées d'vne si grande seuerité, il se trouue que leur indulgence fauorise les débauches & la deprauation des femmes iusques à tel poinct, que n'estant aujour-

L. 14. nat. hist. c. 13.

L. 6. c. 3.

d'huy retenuës par nulle sorte de crainte, ie ne voy rien qu'on doiue raisonnablement esperer des plus retenuës,

Pauca adeo Ceceris vittas contingere digna. *Iuuen. sat. 6.*
Que s'il en faut excepter quelques-vnes pour ce qui touche l'honeur, qui vous garentira du reste de leurs infirmitez, que les plus grands Philosophes ny les plus puissans Empereurs n'ont pû corriger ? Philippe de Macedoine protestoit de fort *Dio. Chrys. or. 2.* bonne grace, qu'il ne connoissoit point d'humeur belliqueuse comme celle de sa femme Olympias, qui luy faisoit incessamment la guerre. Leurs jeux, leurs excez de bouche, & le reste de leurs profusions, excedent aujourd'huy celles des plus débauchez de nostre sexe, & font bien-tost ressentir à vn mary la verité du Prouerbe Italien, *sposa dispesa, noce che nuoce.* Ne pensez pas pourtant que les chagrins, ny les riottes de la journée vous exemtent des deuoirs de la nuict. Il n'y a point de repos ny de pacification à esperer, si elle ne vient de ce costé-là,

Sed lateri ne parce tuo, pax omnis in illo est. *Ou. l. 2. de art. am.*

Et vous esprouuerez que la pluspart d'entr'elles ressemblent à cette fontaine de Hammon, qui pour estre tres-froide le jour, n'en estoit pas moins boüillante la nuict.

Diod. sic. l. 17.

Ie m'emporte insensiblement au de-là de mon dessein, qui m'oblige de vous descouurir le reuers d'vne medaille dont ie vous viens de representer l'vn des costez si espouuantable. C'est vne chose merueilleuse qu'on veille faire passer la femme pour le plus grand de tous les maux dont les hommes sont persecutez, au mesme tems qu'on les voit se donner mille peines pour la conseruation de ce mal, prendre des jalousies extrémes de sa possession, l'aymer tellement qu'ils ne le peuuent perdre de veuë, & employer tous leurs soins pour faire en sorte que personne n'en joüisse qu'eux. Qui a iamais oüy parler d'vn mal de cette nature? Mon estonnement est qu'aucun ne se fust auisé deuant le Deluge vniuersel de se deliurer d'vne telle incommodité, puisque nous apprenons de sainct Augustin qu'on ne

Aristoph. in Thesm.

L. ij de ciu. Dei. c. 20.

sçauoit auparauant ce que c'eſtoit que le Celibat; & de ſainct Hieroſme que Helie fut le premier des hommes qui fit profeſſion de ſe paſſer du mariage. A quoy penſoit auſſi Lycurgue d'ordonner des peines non ſeulement à ceux qui ne ſe marioient point, mais meſme a d'autres qui n'eſpouſoient qu'vne femme. Platon a commis ſans doute la meſme faulte, obligeant ſes citoiens à s'attacher au mal dont nous parlons. Et tous les Legiſlateurs qui ne permettoient pas, au recit de Clement Alexandrin, qu'vn homme ſans femme exerçaſt les premieres magiſtratures, ont eſté ſelon noſtre hypotheſe dans la meſme erreur. Mais pour vous faire mieux comprendre de quel inſtinct nous ſommes naturellement portez à la fuite d'vn mal ſi redoutable, ie vous veus faire part de deus petits contes, l'vn hiſtorique, & l'autre parabolique, que ie tiens d'vn autheur Perſan, puiſque tous deus ſe preſentent à ma memoire. Alexandre d'Appiano Seigneur de Piombin auoit vne ſi grande auerſion du mal dont

L. 2? ſtrom.

nous parlons, qu'il fit durer trois mois entiers la premiere nuict de ses nopces, n'estant point sorty du lict ou de la chambre pour cela durant tout cét espace de temps. C'est le sieur de Fresne Canaye Ambassadeur pour le Roy à Venise qui le rapporte ainsi dans vne de ses lettres, & voicy ce que i'ay retenu du sage Indien Pilpay. Vn homme se sentant embrassé la nuict par sa femme qui auoit eu peur d'vn voleur qu'elle venoit d'appercevoir dans leur chambre, fut si touché de cette caresse extraordinaire, que iettant aussi les yeux au mesme temps sur le Larron, prens, luy dit il, compagnon tout ce que tu voudras, ie ne te puis assez payer le seruice que tu viens de me rendre. Sans mentir il y a dequoy s'esmerueiller qu'on s'affectionne si fort au mal, & pour en parler sainement, à moins que de renoncer tout à fait au sens commun, l'on ne sçauroit deffendre tout à bon vne proposition si paradoxique. Ie veus que la societé d'vne femme ait ses incommoditez, qui a-t'il en ce monde de pur? & où est la douceur
qui

OV LETTRES.

qui n'y soit meslée de quelque amertume ? L'imbecillité du sexe feminin n'empesche pas qu'on ne voye beaucoup de maisons soustenuës par l'esprit de la femme, qui se perdoient sous la mauuaise conduite du mary. Et quoy que les loix faites par les hommes ayent donné en beaucoup de lieux l'exclusion des principales charges aux femmes, elles n'ont pas laissé d'en exercer auec grande reputation en d'autres endroits ; iusques-là qu'Eusebe reconnoist dans son histoire Ecclesiasti- *L. 2. c. 1.* que que l'Ethiopie a presque tousiours esté gouuernée par elles. Combien en pourrions-nous produire qui ont esté aux plus grands personnages ce qu'estoit Aspasie à Socrate au sujet de la Philosophie *Cl. Alex.* où elle l'instruisoit, & à Pericles à qui elle *l. 4. strom.* faisoit des leçons d'eloquence. Tant y a qu'on ne sçauroit nier qu'elles ne nous soient absolument necessaires en mille rencontres, & si nous deferions à ce qu'en dit Mahomet dans son Alcoran, autant que les habits qui nous couurent; & dont nous ne pouuons nous passer. *C. 2.*

Mais quoy, souuent la mariée est trop belle, & le prix d'vne telle marchandise la red d'vne garde trop penible. C'est à quoy chacun doit penser deuant que de s'en charger ; & ie trouue le conseil de l'Espagnol fort raisonnable là-dessus, *ni tan hermosa que mate, ni tan fea que espante*. Pour le surplus afin de ne rendre pas cette lettre plus longue, ie vous diray que de toutes les cõparaisons dont on se sert pour representer le naturel des femmes, ie n'en trouue point de si propre que celle du Poëte Simonide, quand apres beaucoup d'autres similitudes, il dit qu'elles sont parfaitement semblables à la Mer. Car qui a-t'il d'agreable & d'attrayant comme ses calmes & ses bonaces,

Lucret. *Subdola cum ridet placidi pellacia Ponti,*
l. 2. ou lors qu'elle n'a d'agitation que ce qu'il en faut pour seconder le dessein d'vne heureuse nauigation. Vne femme dans sa belle humeur, & qui vse de complaisance, à des charmes qui ne se peuuent exprimer. Mais comme il n'y a rien d'affreux à l'esgard de cette mesme Mer irritée par

les vents, & agitée de la tempeste ; tous les orages du Ciel & d'icy bas n'ont rien qui approche de la fureur d'vne femme transportée de cholere, ou que l'impetuosité de quelqu'autre passion met hors des termes de la raison. Dieu vous garde de vous trouuer engagé dans de telles bourrasques.

DE LA MEMOIRE.

LETTRE XLVI.

MONSIEVR,

Si ie ne vous connoiſſois pour eſtre infiniment au deſſus de certains eſprits qui affectent de paroiſtre fort diſgraciez du coſté de la memoire, afin de s'attribuer en ſuitte quelque auantage aux choſes qui touchent le jugement, ie croirois que vous prendriez plaiſir à vous plaindre auec tant d'exageration de la voſtre. En effet quelques mauuais tours qu'elle vous faſſe par fois comme vous dites, vos act és publiques font bien paroiſtre tous les iours que la nature ne vous a pas plus maltraité en cette partie qu'elle a fait au reſte.

Mais puis que vous mé preſcriuez ce theme, qui ſuppléra fort à propos au deffaut de nouuelles, ie vous diray le plus ſuccinctement qu'il me ſera poſſible ce que ie penſe de cette noble & importante faculté de noſtre ame. Laiſſant à part les raiſons du Medecin Eſpagnol qui a fait l'Examen des Eſprits, & tout ce qu'on leur oppoſe, ie trouue deux fondemens conſiderables de la mauuaiſe opinion qu'aſſez ſouuent on a des hommes de grande memoire. Le premier eſt qu'Ariſtote a dit nettement que les eſprits tardifs & groſſiers ſont les plus memoratifs de tous; au lieu que les dociles, & ceus qui ont de la viuacité abondent en reminiſcence. L'on a donc pris le commancement de cette propoſition pour tres preiudiciable à la memoire, ſans prendre garde combien le ſecond membre luy eſt auantageux. Car vous ſçauez bien que ce Philoſophe vſe du mot de reminiſcence en vn ſens fort different de celuy que Platon luy donnoit dont il s'eſt ſi ſouuent moqué. Et quand il dit qu'elle eſt vn ſouuenir produit par vne eſ-

L. de memo. c. 1.

pece de Syllogifme, ou de raifonnement, qui fe fait auec degrez, & de proche en proche, lon ne fçauroit nier qu'il ne luy attribuë les mefmes fonctions que nous donnons tous communement à la memoire. Ie penfe que l'intention d'Ariftote n'a efté autre, que d'affeurer qu'ordinairement ceux qui ont vne memoire remarquable des chofes fingulieres, & qui n'ont nulle liaifon enfemble, comme des noms fimples, manquent prefque toufiours de la plus haute partie de l'efprit : Mais qu'il en eft tout au contraire des autres qui retiennent mieux la fubftance des chofes, que les termes nuds ; & qui fe reprefentent affez les matieres, encore qu'ils ne fe fouuiennent pas toufiours des mots, ny de beaucoup de notions qui font entieremét detachées les vnes des autres. Cela s'explique fort commodement par la diftinction que fait l'Efchole entre la memoire fenfitiue & l'intellectuelle, comme auffi par ce que Ciceron a prononcé de deux grands hommes, *Lucullus habuit diuinam quandam memoriam rerum, verborum majo-*

Id. 6.2.

L. 4.
Acad. qu.

OV LETTRES. 517

rem Hortenſius. Le ſecond fondement de cette opinion ſi deſauantageuſe à la memoire vient de ce que Galien obſerue, que l'Aſne eſt celuy des animaux qui en a le plus, bien qu'aucun ne l'eſgale en ſtupidité. Donnons de grace l'vn & l'autre poinct à Galien, quoy qu'ils ſoient tous deus fort ſujets à controuerſe, cela ne va pourtant que contre la memoire ſenſitiue, tellement attachée au corps, qu'elle eſt viſible ſous le nom d'habitude en de certains membres, comme aus doigts de ceus qui iouënt des inſtrumens. Il y en a qui l'ont meſme attribuée aux Plantes, comme Cardan, à cauſe qu'elles ne s'oublient iamais de pouſſer au temps qu'elles doiuent. Tant y à que c'eſt par-là ſeulement qu'on peut dire que des hommes d'vn eſprit tres-groſſier, ne laiſſent pas de ſe ſouuenir mieus que les autres de certaines choſes. Et Fracaſtor a eu raiſon de prononcer à ce propos, que ceux qui retiennent auec grande exactitude les lieus par où ils paſſent, & qui ne s'eſgarent iamais par les chemins qu'ils ont

L. de imm. an.

faits, sont fort voisins de la nature des bestes, si fauorable aus chiés, & aus cheuaus, aussi bien qu'aus Asnes, pour ce regard, que nous sommes contraints par fois de les admirer. C'est ce qui faisoit dire par vne grande modestie au Pere Paul Seruite, comme nous le voyons dans sa vie, lors qu'on le loüoit de sa belle memoire, que c'estoit le priser d'vne imperfection, & d'vn tesmoignage de passibilité trop grande.

Cependant outre le priuilege de certains temperamens que le Ciel a voulu rendre excellens en tout, & qui retiennent en perfection les choses singulieres aussi bien que les vniuerselles, l'on ne sçauroit nier que la memoire ne soit tellement vne des principales parties de l'esprit, qu'elle passe souuent pour le tout. Quand le Poëte a escrit,

Virg. ecl. 9. *Omnia fert ætas, animum quoque,*

il n'a voulu parler que de la memoire: Et nous n'auons rien de plus commun dans nostre langage ordinaire, que de dire qu'vne personne à bon esprit, lors que

nous

nous voulons recommander la bonté de sa memoire. N'est-ce pas elle qui rendoit Cyrus, Scipion, & Mithridate si puissans parmy leurs trouppes? qui faisoit reüssir les brigues des Romains touchant le Consulat? & qui esleua depuis Othon à l'Empire, appellant chaque soldat qu'il trouuoit par son nom, ce qui luy acquit la faueur de toute la milice? Homere n'a donné le nom d'Agamemnon au premier de ses Heros, qu'à cause de sa grande memoire. Artaxerxes fut surnommé Mnemon pour le mesme sujet. C'est par-là que le grand Apollonius se mit en credit parmy les Brachmanes, leur Prince Iarchas luy declarant qu'apres Dieu il n'y auoit rien dont ils fissent tant de cas que de la memoire. Et nous apprenons des relations modernes que le Pere Matthieu Riccius, qui alla vray-semblablement plus loin qu'Apollonius vers le Leuant, rauit d'estonnement les Chinois par les effets prodigieux de la sienne. Aussi n'est-il pas iuste de luy preferer tellement soit l'imagination, soit l'entendement, qu'on

Philost. l. 2. c. vlt. & l. 3. c. 5.

PETITS TRAITEZ,

la mette de beaucoup au deſſous. Dequoy peuuent ſeruir toutes leurs operations, & que deuiendront leurs plus belles connoiſſances, que nous nommons ſciences, ſi la memoire n'en tient vn fidele regiſtre?

Ouid. 2. de ar. am.   *Non minor eſt virtus, quàm quærere, parta tueri.*

Et toutes excellentes que ſont les Muſes filles de Iupiter, elles ne peuuent rien ſans l'ayde de leur mere Mnemoſyne. Pour bien comprendre ce que vaut la memoire, il n'eſt beſoin que d'eſcouter ces Philoſophes qui mettoient la plus eſſentielle de toutes les voluptez au ſouuenir des choſes agreables, par ce qu'il depend abſolument de nous, & qu'il ne peut eſtre troublé comme l'eſperance incertaine du futur, ou la poſſeſſion momentanée du preſent. Mais nous dirons beaucoup dauantage en ſa faueur que ne faiſoit Epicure, ſi nous conſiderons que les déplaiſirs meſmes ſont capables de donner vn tres-ſolide contentement, quand on les repaſſe par la memoire, *iucundi acti labores.*

Cic. 3. de fin.

cette faculté ayant le pouuoir de conuertir le mal en bien; & les plus grandes amertumes de nostre vie en des douceurs nonpareilles.

Il est vray qu'il y a des ennuis dont la souuenance semble auoir quelque chose de si fascheux, que le repos de nostre esprit n'a point apparamment de plus puissant aduersaire. Vne injure receuë, vne perte notable, la mort d'vn amy, sont des accidens qui ne se representent gueres à nous sans nous piquer dans la plus sensible partie de nostre ame, qui en demeure toute mortifiée. C'est pourquoy le mesme Epicure ne vouloit pas qu'on se souuint de ce qui peut contrister de la sorte. Mais s'il n'est pas en nostre pouuoir d'obeïr à cette deffence, & si Themistocle eut raison de preferer l'art d'oubliance, s'il s'en trouuoit, à celuy de la memoire artificielle, d'autant qu'il eust bien souhaitté de perdre celle d'vne infinité de choses, dont il ne se souuenoit que tres-mal volontiers: Le precepte que ce Philosophe donnoit à ses disciples n'est-il pas aussi injuste que

Vuu ij

ridicule? & Ciceron n'a-t'il pas sujet de soustenir, que les commandemens qu'on nommoit de son tems *Manliana imperia*, auoient plus d'equité que ceux d'Epicure, ausquels il estoit du tout impossible de satisfaire? Sans mentir cét art d'oublier est bien mieux l'objet de nos desirs, que de nos esperances. Il n'y auroit point de science si necessaire, disoit Antisthene, que celle qui apprendroit à perdre la memoire des choses mauuaises, si cela se pouuoit faire. Et ie trouue que le Sophiste Polemon eut assez bonne grace, de conseiller à vn Proconsul qui cherchoit le moyen de bien punir vn mal-faicteur, qu'il luy enjoignist d'oublier ce qu'on luy auoit appris, ne luy pouuant rien imposer de plus difficile execution. Ce n'est pas à dire pourtant que la memoire doiue estre moins estimée pour nous remettre par fois dans de fascheuses pensées. Il ne tient qu'à nous que nous ne leur fassions changer de nature, en les soûmettant à la raison. Ce qui manque à la Secte d'Epicure pour cela, nous sera fourny par celle de

Diog. Laert. in Anth.

Philostr. in Polem.

Zenon. N'accusons pas vne innocente pour nous excuser de nos propres defauts. Le mal mesme n'est pas mal dans la memoire, ny dans l'entendement, comme il l'est dans la Volonté. Et le plus importun souuenir que nous puissions auoir deuiendra dous, & vtile tout ensemble, par vn discours raisonnable, si nous en sçauons vser.

Ce n'est donc que du deffaut de memoire qu'on se doit plaindre, soit que le tems le donne, la maladie, ou nostre propre temperament. Pour le premier vous sçauez le mot que rapporte Aristote du Pythagoricien Paro, qu'il n'y a rien de plus ignorant que le tems, à cause de l'oubly de toutes choses où il semble nous precipiter. Les maladies sont si puissantes, qu'elles firét oublier autrefois à l'Orateur Messala Coruinus son propre nom, & depuis peu au Docteur Cornelius Iansenius tout ce qu'il sçauoit ; pour ne rien dire des effets de la peste dont Thucydide & Galien ont tant parlé. Et quant au defaut naturel, il y a des personnes qui nais-

L. 4. Phys. c. 19.

Pline l. 7. c. 24.

sent auec des memoires d'Autruche, ou de Lapin, qu'ils perdent en courant. Iamblyque compare leur esprit à vn crible qui ne retient rien, laissant tout passer au trauers de ses trous. Tel fut l'Empereur Claudius, qui demandoit ordinairement ceus qu'il auoit fait mourir le iour precedent, & qui s'estonnoit que sa femme Messaline ne se venoit pas coucher auprés de luy quelques heures apres s'en estre deffait. En verité, c'est vne grande disgrace d'estre nay de la sorte, sur tout à ceux qui sont d'vne profession où il est besoin d'auoir la memoire heureuse. Nous en voyons tous les jours qui diuisant comme Curion leur discours en trois parties, n'en trouuent iamais que deux, ou y en adioustent vne quatriéme. Et ie croy qu'il y en auroit souuent qui accuseroient comme luy leurs parties aduerses de sortilege, lors qu'ils auroient oublié leur rollet, s'ils pensoient estre reçeus à faire valoir en l'imitant vn si ridicule pretexte. C'est tout ce que vous aurez de moy sur vn sujet qui demanderoit vne occasion plus commo-

Protrept. c. 17.

Suet. art. 36.

Cic. in Bruto.

OV LETTRES.

e, & vne meilleure memoire que la mien-
ne, pour estre traité plus amplement.
J'adjouste seulement, afin de vous faire
rire, ce que i'ay leu dans vn autheur Ara- *Semita*
be qui ne laisse pas d'estre considerable *Sap. c. 12.*
d'ailleurs; qu'il n'y a rien qui fasse tant *p. 91.*
perdre la memoire, qu'entre autres choses
de manger des pommes aigres, de contempler ce qui est suspendu, de cheminer
entre des trouppes de chameaux, de lire
des Epitaphes, & de jetter à terre des poux
sans les tuer. Il faut auoüer qu'il y a bien
de la vanité, ou, si vous me permettez d'v-
ser de ce mot, de la futilité par tout.

DES MAGISTRATS.

LETTRE XLVII.

MONSIEVR,

Ie trouue que vous vous estes seruy fort à propos du mot dont vsa Sylla contre la promotion au Consulat du ieune Marius, qu'on doit auoir manié l'auiron deuant que d'entreprendre la conduite du gouuernail. Si l'on s'ajuste & se met en ordre lors qu'on fait estat de sortir du logis pour se monstrer en public; il est tout autrement necessaire de se preparer aux grandes dignitez, & de n'y entrer pas sans auoir appris dans de moindres emplois ce qu'il faut sçauoir pour les bien exercer. C'est mal l'entendre d'estre encore à s'instruire

Appian l. 1. de bell. ciuili.

struire des fonctions d'vne charge, quand il la faut faire, *nihil oportet habere discendum tempore docendi*, dit Pline dans son Panegyrique ; Et comme celui-là seroit ridicule qui attendroit en pleine ruë à mettre decemment son colet, il n'y a que de la honte & de la confusion à receuoir dans vn office, où l'on est admis par la seule faueur, & sans s'estre rendu capable auparauant d'y bien réüscir, & d'y paroistre auec honneur.

Mais quoy que cette preparation soit du tout necessaire, & que les lois requierent sur ce fondement qu'on ait atteint vn certain âge pour paruenir aux Dignitez ; l'on ne sçauroit nier pourtant qu'il n'y ait des naissances si priuilegiées, & des jeunesses si fauorisées du Ciel par vne maturité qui preuient les années, qu'on auroit tort de ne pas suspendre en leur faueur la rigueur des Ordonnances, & de ne les distinguer pas du commun. Les Romains le faisoient en de semblables occasions, & personne n'ignore que Scipion & Pompée n'ayent esté gratifiez du Con-

Xxx

sulat deuant le tems, & sans auoir passé par les Magistratures inferieures qui seruoiēt d'eschelons aus autres pour paruenir au supréme commandement. Ces exemples soustenus d'vne raison si forte & si apparante, me font estre du costé de la dispense d'âge que vous auez voulu choquer. Vne jeunesse si acheuée, & d'vn merite si consommé, meritoit la grace qu'elle a receuë; & ie dirois volontiers apres ce Romain qu'il y auroit eu de l'injustice à luy desnier cette gratification, *iniquum profecto eum honori nondum tempestiuum videri, qui iam virtuti maturus sit.*

Pour le surplus ie souscris à toutes vos maximes, & defere à tous vos sentimens. La qualité de Iuge & de Magistrat est sacro-saincte, & comme telle demande toute sorte de respect. Ceus qui la portent sont des Dieus dont il n'est pas permis de mesdire, *Diis non detrahes*. Et puis qu'il faut necessairement que les hommes passent comme la monoye dans la vie ciuile, plustost selon la marque exterieure & le cours du marché que tout le monde sçait,

Exo. 13.

que selon la bonté interieure dont il est impossible de prendre la connoissance qui seroit requise pour les mettre à leur iuste prix : Il est aisé de voir que le caractere d'vn Officier nous oblige à des deferences proportionnées à la dignité de sa charge, & que personne n'en doit estre dispensé. L'on ne parle aux Iuges dans toute la Chine que le genoüil en terre, si nous en croyons Herrera. Aussi leur erige-t'on des Temples, mesmes de leur viuāt, lors qu'ils se sont dignement acquittez de leur deuoir, au rapport du Pere Trigault. Et bien qu'on ne leur defere pas de si grands honneurs par tout, si est-ce qu'il n'y a point de Nation si barbare, de Police si desreglée, ny de Religion si monstrueuse, dont les lois ne conuiennent en ce poinct de porter du respect aux Magistrats.

Mais vous auez grande raison de soustenir qu'encore que cela leur soit deu, il s'en trouue parfois de si indignes de leur condition, & d'vne vie tellement scandaleuse, qu'on croit estre dispensé de les honorer, pour ne donner pas au Vice trop apparét, ce qui n'appartient qu'à la Vertu. Les charges sont des bases qui font voir les deffauts aussi-tost que le merite des Statuës qu'elles representent. Et lon peut dire encore qu'elles ressemblent aux riches parures & aux superbes habillemens, qui augmentent les bonnes graces des belles personnes, & ne seruent qu'à faire paroistre la difformité des laides. Combien de fois les plus hautes Dignitez nous ont-elles fait reconnoistre l'indignité de leurs Titulaires ? Car quand les Grecs ont dit que la Magistrature descouure l'homme à nud, & monstre quel il est, ce qu'Aristote attribuë à Bias, & Diogenes Laertius à Pittaque, ce n'est pas moins à la confusion qu'à l'auantage de ceux qui l'exercent. En remplissant vn vase de quelque liqueur, on s'apperçoit aussi-tost de son vice s'il est feslé, que de sa bonté s'il est entier. Et comme l'Edilité deuient honorable entre les mains d'Epaminondas, vn mal-habile homme diffame le Consulat, & rend honteuse la premiere place de son païs. Quelle

L.5. Eth. Nic.c.1.

apparance donc de traiter efgalement des fujets fi differens, & de ne mettre point de difference entre vn Confeiller remply d'autant de fuffifance que de merite ; & vn homme de Iuftice qui porte neantmoins les habits d'vn Saltinbanque, vn Officier de Cabaret, vn Magiftrat enfariné à la mode, vn Iuge fans jugement. Solon permit par fes lois de tuer vn Magiftrat qui feroit rencontré yure. Vefpafien trouua bon qu'on repliquaft auec injure à vn Senateur aggreffeur, par ces mots, *non oportere maledici Senatoribus, remaledici ciuile fafque effe.* Et noftre hiftoire nous apprent que le Roy Louis douziéme ayant trouué des Confeillers du Parlement de Paris qui joüoient à la Paulme dans le Tripot du Brac, il leur en fit vne feuere reprimende, leur proteftant que s'il les y trouuoit encore, il ne les reconnoiftroit plus pour Confeillers, & ne feroit pas dauantage d'eftat d'eux que du moindre Cadet de fes Gardes. Ie fçay bien qu'il faut faire diftinction des tems, & que

Suet. art. 9.

Ferronus l. 3.

beaucoup de choses sont trouuées mauuaises en vn Siecle, qui deuiennent innocentes & permises en vn autre, comme l'est le jeu de la Paulme en celui-cy. Mais du moins voyons-nous par-là qu'il y a bien à dire de Magistrats à Magistrats, encore qu'ils ayent de mesmes charges, & que l'habit, le merite, les mœurs, & la façon de viure, obligent à bien plus de respect enuers les vns qu'enuers les autres.

Ie laisse à part cette déplorable venalité d'Offices que vous touchez, qu'Aristote a reprise par tant de fortes raisons dans l'Estat de Carthage, dont il s'est fait de si differens discours imprimez de puis qu'elle a esté introduitte en France, & qui possible nous y peut faire dire à plus iuste tiltre qu'on ne fit iamais à Rome, *plus toga læsere Rempublicam quam lorica*. Il est certain que quiconque achette, tasche presque toûjours de se rembourcer; ce qui fait que les charges de Iudicature estant à prix d'argent, non seulement la loy de Dieu est violée dans le debit de la Iustice,

L. 1 Reg. c. 8.

mais le plus important poinct de l'Estat au iugement du mesme Aristote est mesprisé, qui consiste à ne souffrir iamais que les particuliers proffitent de si importantes commissions. En verité c'est vne grande honte que dans toute l'estenduë de la Religion de Mahomet, aucun Magistrat n'ose prendre le moindre salaire pour ses iugemens, & que parmy les Chrestiens personne ne puisse esperer de Iustice, qu'à proportion de ce qu'il a d'argent dans sa bourse pour fournir aus frais d'vn procés. Cela m'echappe en despit que j'en aye sur vn theme si odieus. Pour le reste qui touche les Officiers indignes de leur condition, ie suis asseuré que les autres qui sont pleins de merite, & que ie tiens qu'on ne peut trop respecter, ne me sçauront pas mauuais gré, ny à vous, de ce que nous disons. Celuy que vous me depeignez particulierement n'est pas vn moindre prodige, que l'Asne de Pistoye dont parle Ammian Marcellin, qui eut l'impudence de monter iusques au plus

L. 5. Politic. c. 8.

L. 27.

534 PETITS TRAITEZ,
hault du Pretoire, & de s'y faire entendre plus d'vne fois. Qu'eſt vne grande qualité à vn homme de neant, qu'vne belle inscription sur vn sepulchre vuide?

DES

DES REMEDES.

LETTRE XLVIII.

MONSIEVR,
Ne vous eſtonnez pas de voſtre gueriſon par vne voye ſi ineſperée, la Nature eſt vne grande ouuriere qu'Ariſtote nomme ſouuent par honneur Demoniaque; & pour le regard de vos Medecins, ſouuenez-vous qu'Eſculape n'eſt pas moins le Dieu des Augures & des Diuinations, que de la Medecine, ce que j'interprete autrement que Macrobe pour vn teſmoignage que tout y eſt plein d'incertitude & de ſimples conjectures. J'ay oüy feu Louis Sauot, qui n'eſtoit pas des moindres de cette profeſſion, auoüer qu'on

L. 1. Saturn. c. 20.

guerissoit & mouroit indifferemment par toute forte de regime, fans qu'on puisse déterminer, lequel doit estre preferé. Antonius Musa surmonte par vn bain froid vne maladie d'Auguste tenuë pour incurable, il tuë vn peu apres Marcellus auec le mesme remede. *Con lo que Pedro adolesce, Sancho y Domingo sanan*; & les recettes du Charlatā qu'il distribuoit au hazard en disant *Dio te la mandi buona*, n'étoient peut-estre pas des pires. L'abstinence est vn grand remede, elle fut cause, dit Eginard, de la mort de Charles-Magne, & la mesme diete qui luy auoit esté souuent tres-vtile, le mit au tombeau. Qui croiroit icy qu'vne charge de poudre d'arquebuze broüillée dans vn grand verre d'eau de vie fust vne bonne medecine? les Moscouites, au raport du Capitaine Margeret, n'en pratiquent point de meilleure. Et quand la fortune le veut, vn Turc pense heureusement le mal de ratte en mettant secher à la cheminée la figure de la mesme ratte en bois de noyer, ce que ie me souuiens d'auoir leu dans le premier

Dio Cassius l. 53.

OV LETTRES.

liure des obseruations de Belon. Quoy qu'il en soit il faut estre bien credule pour se persuader que toutes ces Medecines composées de tant d'ingrediens agissent selon l'Ordonnance, *officinarum hæc ; imo verius auaritiæ commenta sunt*, & vous pouuez penser ce que Pline eust dit s'il eust veu le meslange de tant de drogues dont les Arabes se sont auisez depuis, veu que dés son tems il n'a peu s'empescher de prononcer ce bel axiome, *scrupulatim quidem colligere ac miscere vires, non conjecturæ humanæ opus, sed impudentiæ est*; apres auoir obserué ailleurs que les Romains estoient demeurez six cens ans sans vser d'autre medecine que du bouillon de choux. c. 52.

L. 21. c. 24.

L. 20. c. 9.

Voulez-vous sçauoir l'imbecillité de l'art, & la puissance de la Nature ? considerez que le moindre effort de l'imagination fait plus en vn moment, que tous les remedes de Galien ou d'Auicenne. La statuë du Scythe Toxaris guerissoit de la fièvre dans Athenes, & celle de l'athlete Polydamas de mesme aus chams Olympi-

Luc. in Scy. & in Deo.cont.

ques, parce qu'on eſtoit perſuadé qu'elles auoient cette vertu. Les Pſylles d'Afrique, les Marſes d'Italie, & ces Ophiogenes d'Aſie dont parle Strabon, n'ont agy vray-ſemblablement que par ce principe. N'eſt-ce pas la meſme choſe de toutes ces gueriſons que les anciens nommoient Homeriques, ou de ſimples paroles operoient tant de merueilles? Et comment le quatriéme liure de l'Iliade mis ſoubs la teſte,

L. 13.

Mæoniæ Iliados quartum ſuppone timenti,

euſt-il deliuré de la fiévre quarte, non plus que le myſterieux *Abracadabra* de l'hemitritée ou demie-tierce, l'vne & l'autre recette ſe trouuant dans Q. Serenus Samonicus, ſi la phantaiſie n'euſt joüé puiſſamment ſon jeu? C'eſt pourquoy tout le monde auöue qu'vne bonne partie de la ſanté d'vn malade, depend de la bonne opinion qu'il a de celuy qui le traite ; *ille plures ſanat de quo plures confidūt*, dit Galien luy-meſme ; & le Medecin Iuif que François premier fit venir de Conſtantinople, s'il en faut croire Huarte, ne l'euſt pas re-

1. Progn. c. 2.

Exam. de Ing.

OV LETTRES. 539

stably comme il fit auec vn simple laict d'Asnesse, sans la preuention de l'esprit du Roy. Certes la Diuination, la Prestrise, & la Medecine jointes ensemble, comme Ouiedo nous asseure qu'elles sont aux Indes Occidentales, se prestent la main admirablement bien l'vne à l'autre. Ie ne doute nullement que ce ne soit par vne grace particuliere du Ciel que nos Rois guerissent des Escroüelles. Mais si ceux d'Angleterre ont autrefois soulagé les Epileptiques, ceux de Hongrie les Icteriques, & ceus de Castille les Demoniaques, comme leurs historiens s'en vantent, ie croy que l'opinion des peuples y a beaucoup contribué. L'on a creu au tems du Paganisme que le poulce du pied droict de Pyrrhus touchant vn homme indisposé de la Rate luy ostoit son mal ; & il faut tenir pour asseuré que s'il s'est passé quelque chose qui approchast de cela, l'imagination y auoit la meilleure part, suiuant le mot de l'Eschole *fortis imaginatio generat casum.*

Or parce que vous trouuez estrange,

qu'ayant en vain vsé des remedes de tant de sçauans Medecins, celuy d'vne femme vous ait si bien reüsci, ie vous diray qu'en plusieurs lieux ses semblables exerçent indifferemment la Medecine aussi bien que les hommes. Les relations de la Perse nous l'apprennent ainsi, où l'on voit qu'il n'y a gueres qu'elles qu'on employe aux maladies des autres de leur sexe, non plus qu'en celles des enfans. Et Prosper Alpinus repete souuent dans ses quatre liures de la Medecine des Egyptiens, qu'ils n'ont pas moins de femmes que d'hommes qui la pratiquent, sur tout dans le Caire, où elles leur sont souuent preferées. D'ailleurs vn dernier venu, en qui l'on met le reste de son esperance, à bien de l'auantage, soit par nos raisons precedentes, soit par assez d'autres considerations qu'on y pourroit adiouster. Ie lisois il n'y a pas long-tems qu'vn Seigneur Mahometan extraordinairement ennemy de nostre Foy, eut neantmoins recours à vn Chrestien, luy donnant à taster son pouls au trauers d'vn mouchoüer de soye plié en double de peur d'eſtre touché, parce qu'il ſe promettoit plus de luy en qualité d'eſtranger, que des plus habiles de ſon païs. Vous auez pû remarquer dans Diogenes Laertius comme Platon ſouſtenoit apres Homere, qu'il ſuffiſoit d'eſtre nay en Egypte pour eſtre bon Medecin. Ammian Marcellin n'en dit gueres moins particulierement à l'eſgard de ceus d'Alexandrie, quand il aſſeure qu'vn homme qui ſe pouuoit vanter d'y auoir fait ſes eſtudes, eſtoit touſiours mis entre les premiers de cette profeſſion. Et lon ſçait par le teſmoignage d'Herodote, que les Egyptiens pour agir plus exactement auoient des Operateurs & des Medecins differens pour chaque partie du corps humain. Cependant Darius s'eſtant démis le talon en ce païs-là, il ne s'y trouua perſonne qui peuſt le luy remettre, & il falut auoir recours à ce Demodocus Crotoniate qui demanda pour toute recompenſe la vie de ceux de ſon meſtier qu'on vouloit faire mourir. Peut-eſtre qu'il n'en ſçauoit pas plus que les autres, mais il vint le dernier, il eſtoit

L. 2.

DioChry. or. 1. de Inu.

Grec, Darius n'espera qu'en luy, & tout cela le rendit le plus heureux de tous, comme cette femme de qui vous auez receu vne si bonne assistance a esté apparamment la plus fortunée.

La seuerité dont ce Prince voulut vser me fait souuenir de celle qu'Alexandre pratiqua depuis à la mort de son cher Hephestion, faisant brusler le Temple d'Esculape, & mettre en croix le Medecin Glaucias, pour luy auoir donné vne Medecine mal à propos, selon Arrian, ou pour ne l'auoir pas traité auec assez de soin, selon le texte de Quinte Curce. Nostre histoire de France porte de mesme que Gontchram Roy d'Orleans fit couper la teste à deux Medecins à cause de la perte de sa femme Austrigilde, qui auoit esté assez cruelle pour luy recommander cette punition, se sentant finir d'vne peste plus forte que leurs remedes. Pour moy ie trouue ces exemples aussi injustes que rigoureux. Ie sçay bien que les Egyptiens dont nous parlions tantost faisoient rendre conte aux Medecins de leurs cures, &

Arr. l. 2. Epist. c. 22. & l. 7. hist.

Q. Curt. l. 10. Greg. Turon. l. 5. c. 36. Fauchet l. 3. c. 20.

qu'ils

OV LETTRES.

qu'ils couroient fortune de la vie, comme il se voit dans Diodore Sicilien, s'ils *L. 1.* ne s'estoient gouuernez par les regles de l'art. Ie n'ay pas oublié non plus, que dans le droict Romain l'ignorance du Medecin luy est imputée à crime, ou comme parle la loy Aquilia, *imperitia* *L. 4 in-* *medici culpa adnumeratur.* Mais quelle *sit. tit. 3.* apparance y auroit-il de le rendre responsable de tous les mauuais euenemens des maladies? Et les Grands ne meriteroient-ils pas d'estre abandonnez, s'ils ne pouuoient estre assistez de luy qu'au peril de sa vie? Il vaudroit mieux ordonner ce que Cardan juge si necessaire dans la Medecine, qu'il ne croit pas que sans cela elle soit iamais bien prattiquée. C'est que ceux qui en font profession ne receussent iamais de salaire que pour les maladies qu'ils auroient gueries, & où ils auroient bien réüsci. Les inconueniens qui se peuuent proposer là-dessus sont grands à la verité, mais ils ne sont pas sans remede non plus que sans responfe.

Vous me dispenserez, s'il vous plaist, d'entamer vn propos de si longue estenduë. Il ne me reste du tems que pour vous dire ce seul mot, qu'encore que vous ayez fort grande raison de mettre la santé à vn prix inestimable, puisque la vie n'est d'aucune consideration sans elle,

Non est viuere sed valere vita;
Le meilleur est pourtant d'esloigner son esprit d'vne auersion si extréme que vous la tesmoignez contre les maladies. Il faut auoir plus d'indifference pour ce qui ne depend pas de nous. Elles ne sont pas moins selon Nature que la bonne disposition. Nous auons obserué ailleurs qu'elles ont esté vtiles à beaucoup de personnes. Il y en a qui ne se mettent à la raison que par là, *al Leone st'a ben' la quartana.* Elles ne nous priuent pas absolument de toutes nos fonctions, *& lectus magna Imperia administrauit, & lectica magnos exercitus.* Paul troisiéme & assez d'autres ne sont arriuez au plus hault point de la gloire, humainement

parlant, que par ce qu'ils eſtoient valetudinaires. Et j'adiouſte pour concluſion, que comme c'eſt la maladie des Tulipes qui les rend plus belles & plus precieuſes, n'y ayant rien que la corruption de leurs oignõs qui les face pennacher, & qui leur donne cette diuerſité de couleurs dont nous faiſons tant de cas : Il y a de meſme des infirmitez parmy nous, qui font les belles mains, qui augmentent par fois les bonnes graces du ſexe que nous n'eſtimons que par là, & qui donnent aus hommes des lumieres d'entendement, jointes à des diſpoſitions de volonté, où conſiſte le prix auſſi bien que la veritable beauté de noſtre Eſtre. Ie vous permets de dire que mon âge, qui peut tantoſt paſſer luy ſeul pour vne indiſpoſition, me fait regarder de la ſorte ce qui eſt ſi attaché à ſa condition, qu'il vaut mieux luy donner vn beau viſage en ſe flattant, que d'en faire le ſujet d'vne inutile melancholie.

DV DESTIN.

LETTRE XLIX.

MONSIEVR,
 I'auoüe que vous auez raison de vous estre scandalisé de tant de questions que ie nommerois vaines comme vous faites, si elles ne causoient de tres-dangereus effets. Aprés que tant de grands esprits de l'antiquité se sont efforcez en vain d'accorder la Parque auec la Fortune, ou la necessité des decrets du Ciel auec la contigence des choses casuelles, il ne faut pas esperer de voir terminer par la dispute des contestations de pareille nature, & qui pour changer de termes ne laissent pas de tomber dans les mesmes difficultez. Car

pour ce qui est de l'authorité des textes diuins, & de l'interpretation que les Peres de l'Eglise leur ont donnée, chacun en met esgalement de son costé, & par consequent au lieu de seruir à la decision, ils ne font que l'esloigner, & rendre la controuerse plus pleine d'animosité qu'elle ne fut iamais. Ie m'empescheray bien de toucher vne matiere si chatouilleuse, ny de parler tant soit peu de la grace d'enhault, ou du merite de nos actions, pour prendre party en ce que les Conciles n'ont pas encore determiné. Mais puis que ie ne me puis pas taire absolument quand vous m'obligez de parler, ie vous diray simplement ce qui me viendra dans l'esprit touchant les raisons de ces anciens Philosophes, quand ils se sont meslez d'accommoder la Prouidence diuine auec nostre franc arbitre.

Ciceron nous apprent qu'Empedocle, Democrite, Heraclite, & Aristote establissoiét vne Fatalité si generale, qu'ils luy assujettissoiét toutes choses sans exception, dequoy pourtant les interpretes du dernier ne demeurent pas bien d'accord quant à luy, sinon à l'esgard des choses eternelles & vniuerselles. Epicure tout au contraire se moquoit absolument du Destin, protestant qu'il eust plustost creu la Fable des Dieux; & Carneade auec assez d'autres voyant la consequence de luy donner vn si absolu pouuoir, qui renuerse tous les fondemens de la Morale en nous ostant la liberté d'agir, puis que sans elle nos actions ne peuuent estre ny bonnes ny mauuaises; exempterent nostre volonté de la rigueur de cette dépendance, & l'affranchirent des lois du Destin. Chrysippe côme vn aymable entremetteur, *& tanquam arbiter honorarius*, pour vser des termes de ce grand Orateur, prit vne voye moyenne, dans laquelle il taschoit de sauuer nostre franc arbitre sans blesser la Predestination, tombant par ce moyen dans des difficultez dont il ne se pouuoit tirer. Or cette varieté d'opinions sur laquelle les Philosophes Payens ne se sont iamais pû accommoder, n'a pas esté moindre entre les plus sçauans des Iuifs, qui se diui-

OV LETTRES. 547

ferent en trois bandes toutes conformes aux trois precedentes, selon que Iosephe nous les represente en diuers endroits de ses œuures. Car les Esseniens mettoient sans exception toutes choses sous le pouuoir de la Destinée. Les Saduceens s'y opposoient formellement, soustenant que chacun estoit artisan de sa propre fortune, par le conseil qu'il prenoit de luy-mesme, & à proportion de ce qu'il se portoit au bien ou au mal. Les Pharisiens comme neutres donnoient quelques choses à la necessité du Destin, & nous en laissoient d'autres qu'il nous estoit libre de faire ou de ne faire pas. Vous voyez le rapport qu'il y a eu entre les Fideles & les Infideles touchant cette question, & comme de tout tems on a contesté sur le mesme sujet, sans iamais se pouuoir accorder; ce qui me fait croire que Dieu s'estant reseruè le secret de la dispute, auec l'esclaircissement de beaucoup d'autres doutes qui ne sont pas de nostre portée, il aura tousiours plus agreable vne humble soumission d'esprit, qu'vne subtilité à contester accom-

L. 13. ant.
Iud. c. 9.
& l. 18. c.
2. item l.
2 de bel.
Iud. c. 7.

pagnée de trop d'opiniastreté.

Pour prendre quelque connoissance de ce qui s'est dit de part & d'autre, il faut d'abord remarquer ce qui signifie le mot de Destin, que les Latins ont nommé *Fatum*, & les Grecs εἱμαρμένη. Les Philosophes l'ont ordinairement definy vne suite de plusieurs causes attachées les vnes aux autres, qui produisent des effets inuariables & necessaires. C'est pourquoy Dieu estant la cause premiere de laquelle toutes les autres dependent, Seneque soustient qu'on peut dire fort à propos qu'il est le Destin mesme, & que ce nom luy peut tres-bien conuenir. Minutius Felix semble estre de mesme sentiment quand il dit, *quid aliud est Fatum, quam quod de vnoquoque nostrum Deus fatus est*. Et lors que Boece appelle le Destin vn ordre des causes secondes qui executent les decrets de la Prouidence diuine, il le soumet tellement à Dieu, qu'en ce sens-là il n'a rien qui choque nostre Religion. Si est-ce que la plusfart de nos Theologiens se sont voulus abstenir du terme *Fatum*, à cause de

l. 4. de benef. c. 7.

OV LETTRES.

de l'exceſſif pouuoir que beaucoup de Payens luy donnoient, voulant que leur Iupiter meſme s'y tinſt attaché par force. Car il ſe plaint dans Homere de ce que les loix du Deſtin ne luy permettent pas de garentir de la mort ſon propre fils Sarpedon. Lucien a eſcrit des Dialogues exprés pour ſe railler à ſa mode de ce meſme Iupiter, le repreſentant qui ne ſçait comment deſmeller la fuſée des Parques, & qui ſe trouue importuné des raiſons de quelques Philoſophes qui ſe moquoient des ſacrifices qu'on luy offroit, pour eſviter des accidens qu'il n'eſtoit pas en ſa puiſſance de détourner. On peut voir dans Seneque comme *ille ipſe omnium conditor ac rector ſcripſit quidem fata, ſed ſequitur; ſemel paret, ſemel iuſſit.* Et il s'eſt trouué des interpretes de cét endroit du premier chapitre de la Geneſe, *viditque Deus cuncta quæ fecerat, & erant valde bona* ; & de ce que porte le ſecond, que Dieu ſe repoſa le ſeptiéme iour aprés la creation faite aux ſix precedens ; qui ont pretendu que Dieu auoit ſi bien ordonné

In Ioue conf. & Ioue Trag.

L. de prou. c. 5.

AAa a

dés le commencement le cours de la Nature & ce qui en dépend, que depuis il auoit tousiours laissé aller les causes secondes sans s'en dispenser; ce qui ne peut estre souffert dans la Religion. Nostre Theologie a donc craint par fois qu'vn mot qui passoit dans vne signification si contraire à la Foy, ne luy preiudiciast; & nous lisons sur cette consideration dans sainct Augustin, que si quelqu'vn n'entend rien autre chose par le Destin que la volonté de Dieu, il peut s'arrester à cela, pourueu qu'il se serue d'vn autre terme, *sententiam teneat, linguam corrigat.*

<small>5. de ciu. Deic. 1.</small>

Mais par ce que ny nostre Prose, ny nostre Poësie, Latines & Françoises, ne sont pas tousiours si rigoureuses, le mot de *Fatum*, & de Destin, s'y trouuant assez souuent employez sans scandale; ne laissons pas de voir selon nostre projet de quelle façon les Payens accordoiët cette necessité ineuitable des arrests du Ciel, tant auec l'incertitude des choses d'icy bas, qu'auec la franchise de nostre volonté, sans faire instance sur les raisons de nostre Eschole

Chrestienne, que ie laisse à examiner à Messieurs de Sorbonne.

La premiere opinion qui suppose vne inuincible fatalité en toutes choses, semble estre la plus ancienne du Paganisme, dautant qu'on la voit tellement establie dans la Poësie d'Homere, qu'elle parle sans cesse du Destin sans auoir iamais prononcé le mot de τύχη, ou de Fortune, comme Macrobe l'a fort bien obserué au cinquiéme liure de ses Saturnales. Nous apprenons aussi que pour le mesme sujet les Theologiens Etniques n'admettoient point cette Deesse aueugle au conseil de leurs Dieux. Et quand Pindare l'a depuis nommée fille de Iupiter, ses interpretes disent que ç'a esté pour faire comprendre que ce qui est hasard à l'esgard des hommes, est vne necessité certaine à celuy de Dieu. Le fondement de cette opinion est appuyé sur ce que nous ne sçaurions conceuoir ce mesme Dieu, sans luy donner auec les attributs de toute-Puissance, & de toute bonté, celuy de toute sagesse ou de toute connoissance. Or comme il faut

c. 16.

qu'il sçache toutes choses, il n'est pas moins de sa nature, ny par consequent moins necessaire, qui les sçache de toute eternité, inuariablement, & auec certitude; parce qu'autrement on presupposeroit quelque nouueauté en Dieu, quelque changement, & quelque irresolution, ce qui est aussi indigne de luy que ridicule dans la Philosophie. D'où l'on infere que si Dieu sçait de la sorte le passé, le present, & le futur, il faut que tout ce qui doit arriuer soit arresté & determiné de tout tems, ce qui monstre la necessité du Destin à tel poinct, que dans cette façon de conceuoir Iupiter mesme, comme nous l'auons dit, paroist esclaue des Parques, ou, pour parler plus doucement auec Seneque dans la preface de ses questions naturelles, *ipse est necessitas sua*, il est en cela esclaue de luy-mesme, & s'impose vne loy qu'il ne sçauroit violer. Ce n'est donc pas merueille si les Poëtes ont rendu ces trois filles de qui depend le sort des hommes, si inexorables en leur endroit ; & si l'on a dit prouerbialement que celuy qui doit estre pendu ne se noyera iamais en pleine mer, ou, comme s'en explique l'Espagnol, que *cauallo que ha de yr a la guerra, ni le come el lobo, ni aborta la yegua.* Diodore Sicilien L. 5. rapporte qu'vn Althaemenes estant predestiné à tuer de sa main le Roy de Crete son pere, eut beau se retirer à Rhodes pour esuiter ce que l'Oracle luy auoit reuelé touchant cela, son pere l'y vint chercher, & comme forcer d'accomplir sa destinée. Et Apollonius soustient dans Philostrate L. 8. que celuy qui est nay pour estre bon artisan, le deuiendroit encore qu'il eust les mains couppées; de mesme que quand le Destin a promis le prix de la course à quelqu'vn, il l'obtiendroit bien qu'il se rompist vne jambe au milieu de la carriere.

Ducunt volentem fata, nolentem trahunt.

La seconde opinion se moque bien ayséement de la necessité du sort fondée sur la science eternelle & immuable de Dieu, par ce que presupposant selon la doctrine d'Epicure, que la nature diuine ne prent nulle connoissance de ce qui se fait icy bas, vous renuersés ayséement tout le raisonnement precedent. Ceux de ce second auis nomment la Destinée vne consolation imaginaire que se donnent des esprits affligez ; *nihil aliud esse existi-mant Fata*, dit Seneque, *quam ægræ mentis solatia*. Et ils soustiennent que tout ce qui se dit du Destin n'est remply que de contes de vieilles, & de vaine superstition, *anile sane & plenum supestitionis Fati nomen ipsum*, comme en parle Ciceron au second liure de la Diuination. Pour ce qui touche l'enchainement des causes, qui dans vne dependãce qu'ont les vnes des autres doiuét produire des effets certains & inéuitables, ils respondent que cela peut auoir lieu aux choses naturelles & materielles, mais non pas en ce qui touche l'esprit, & singulierement nostre volonté, qui doit estre si libre & si indépendente, qu'à faute de l'estre elle n'est pas volonté, & par consequent il n'y a plus en nous ny vice ny vertu, qui ont leur siege dans cette partie de nostre ame, & qui en sont des habitudes. C'est ce qui fait soustenir à Carneade dans Ciceron, qu'Apollon mesme

2. qu. nat. c. 35.

L. de Fa. 10.

ne pouuoit prendre connoiffance des chofes futures, que quand elles dépendoient de caufes naturelles qui en rendoient l'éuenement neceffaire. Mais qu'à l'efgard des actions humaines, qui ont vn principe libre, il luy eſtoit impoſſible de les preuoir, ny par exemple de deuiner qu'Oedipe feroit paricide, par ce que les caufes de fon crime n'ont rien de commun auec le cours ordinaire de la Nature. Il eft certain que la crainte de tomber dans vn fi grand inconuenient, qui offence la focieté des hommes en renuerfant leur Morale, & qui rend, ce femble, le Ciel complice du mal qu'ils font ; eft caufe que Ciceron ne pouuant bien accorder la prefcience de Dieu auec noftre libre arbitre, a mieux aymé luy faire tort qu'à nous, & luy defnier la preuoyance, que d'ofter la liberté à noftre volonté. Tous ceus qui ont reconnu comme Timoleon la Fortune pour vne puiffante Diuinité, fe font auffi rangez de ce mefme party. L'exemple de Timothée les empefchoit de fauorifer le Deftin au prejudice de cette aueugle. Et ils ont crû que les accidens fortuits auoient si peu de rapport à la prouidence Diuine, qu'il n'y auoit nulle apparence de dire qu'ils luy fussent soûmis. *Nihil tam contrarium rationi & constantia*, dit encore Ciceron, *quam Fortuna, vt mihi ne in Deum quidem cadere videatur vt sciat quid casu & fortuito futurum sit.*

<small>L. 2. de Diuin.</small>

Venons à la troisiesme opinion qui s'accómode le mieus auec nostre croyance, quoy qu'il y ait beaucoup de choses à corriger dans le raisonnement de Chrysippe, qu'Eusebe refute fort au long au sixiesme liure de sa Preparation Euangelique. Ce qu'à de bon cette opinion, c'est que n'ostant rien à la connoissance de Dieu, ny par consequent à sa Predestination, elle conserue autant qu'elle peut la franchise ou liberté de nostre volonté, & n'a rien en cela par consequent de contraire à la bonne Morale. En effet les prenotions de Dieu, quoy qu'infaillibles, n'imposent non plus de necessité à nos actions, que nos préuoyances ordinaires aus choses dont nous faisons vn jugement presque

OV LETTRES. 559

presque certain. Comme nous predisons fort bien par la course d'vn chariot sa perte necessaire dans vn precipice, sans la promouuoir; Dieu voit, mais beaucoup mieux & plus seurement, les effets futurs dans leurs causes, sans les violenter. Et de mesme que nostre memoire ne doit pas estre accusée d'auoir contribué aux choses passées qu'elle se represente, la Prescience de Dieu n'auance rien aux futures qu'elle contemple. Boece dit qu'elle est seulement vn signe de ce qui doit arriuer, c'est à dire qu'elle monstre l'auenir sans y rien operer. A la verité le mesme effect qui est tres-libre en soy, ne laisse pas d'estre necessaire dans la notion Diuine, mais c'est d'vne necessité que l'Eschole nomme *consequentiæ, non consequentis*; & qui comme posterieure en quelque façon, ne blesse pas nostre liberal arbitre comme feroit l'antecedente. Car nous ne voulons pas les choses par ce que Dieu les a connuës de toute eternité, mais à cause que nous deuions

L. 5. de conj. pr. 4.

BBbb

auoit cette volonté Dieu en a pris vne preconnoissance. Ainsi lon peut dire qu'il n'est pas necessaire que les choses arriuent à cause que Dieu les à preueuës, mais qu'il est necessaire que Dieu preuoye ces mesmes choses dautant qu'elles doiuent arriuer. Et de cette façon assez comprehensible il demeure constant, que la Prouidence diuine est à nostre esgard vne chose externe, & qui n'influë aucune violence sur nostre liberté, le succez des choses preueuës de Dieu n'estant infaillible, que parce que sa preudyance est veritable & certaine. Pourquoy ferions-nous difficulté de le presumer ainsi en Dieu, veu qu'il est tres-vray-semblable que si vn homme auoit la connoissance de toutes les causes comme elles sont enchaisnées les vnes aus autres, il sçauroit parfaitement l'auenir, quoy qu'il ne contribuast rien à le faire reüssir.

Si nous sentons quelque tacite repugnance à cela, & si nostre ame n'acquiesce pas auec aſſez de docilité à cette doctrine, c'eſt ſa foibleſſe qui en eſt cauſe, & la grande diſproportion qu'il y a des choſes du Ciel aux organes de noſtre raiſonnement. Caietan dit fort bien que ce poinct eſt vn de ceux que nous deuons examiner auec le plus de modeſtie & de retenuë. Combien d'hommes voyons-nous qui pour auoir trop preſumé de leurs forces en cecy, ſont tombez dans d'effroyables precipices. Les vns ont fait Dieu autheur du mal, puiſque l'ayant preueu comme tres-Sçauant, il ne l'a pas empeſché comme tres-Bon, le pouuant faire comme tres-Puiſſant. Les autres ſe ſont moquez de toute ſorte de culte diuin, & de toutes nos prieres; puiſque de toute eternité nous eſtions predeſtinez à vne fin qui ne pouuoit eſtre changée ny éuitée. Et il y en a qui ont voulu chercher l'impunité de leurs crimes dans les propres Decrets de la Prouidence, comme cét Eſclaue du Philoſophe Zenon, qui s'excusoit d'auoir desrobé, sur ce qu'il estoit predestiné à estre Larron, son Maistre luy ayant respondu tres à propos, qu'il estoit sans doute predestiné de mesme a estre mis au gibet. Gardons-nous bien d'auoir des presomptions d'esprit si perilleuses. Tenons pour asseuré qu'il n'y a point de necessité qui nous oblige au mal. Et finissons par cette maxime, qu'il vaut mieux paroistre, dans la matiere que nous venons de traiter, homme de bien, que sçauant; & prendre le party d'vne équitable Morale, que celuy d'vne trop fine Metaphysique. Sur tout n'attribuons iamais à Dieu, ny dans cette question de la Prouidence, ny dans toutes celles qui en dependent, & dont ie me suis exprez abstenu de parler pour n'irriter personne, ce que nous serions honteux d'imputer à vn homme raisonnable. Ie vous supplie encore d'appliquer icy le beau mot de Macrobe, qui ne peut iamais, comme ie croy, estre mieux transporté, *In re na-*

L. 2. in Som. Scip. c. 4.

OV LETTRES.

turaliter obscura, qui in exponendo plura quam necesse est superfundit, addit tenebras, non adimit densitatem. Apres cela il ne me seroit pas pardonnable si j'en disois dauantage.

DE L'AGRICVLTVRE.

LETTRE I.

ENfin, MONSIEVR, la *Plante senſitiue* du Iardin Royal a fait impreſſion ſur voſtre Eſprit, & vous auoüez cette fois que les axiomes de la philoſophie ſont ſujets a beaucoup d'exceptions, auſſi bien que les regles de la Grammaire. Ie ne doutte point que vous n'euſſiez leu ce que Theophraſte en auoit dit, la repreſentant aupres de Memphis auez des feüilles ſemblables a celles de la Fougere, que d'autres comparent aus petites branches du Polypode & du Tamarin. Pline qui la met entre les

L.4.depl. c.3.

herbes Magiques l'appelle *Æschinomenen* L. 24. c. 17.
apres Apollodorus, *quoniam appropin-*
quante manu folia contraheret; comme les
modernes l'ont nommée pour le mesme
suiet *l'herbe pudique*, & *l'herbe honteuse ou*
vergongneuse. C'est le *Suluc* des Turcs &
des Arabes, & la *plante diuine*, ou *l'herbe*
d'amour de quelques autres, qui la rendent
toute puissante non seulement a imprimer dans les esprits cette passion, mais mesme a restablir ce dont le Poëte asseure que
la perte est irreparable,

— — — — — *nulla reparabilis arte* Ouid. ep.
Læsa pudicitia est, deperit illa semel. Oen. Par.

Ie vous veus bien aduertir, puis que vous
y faites de si profondes reflexions, qu'vn
Philosophe Indien de la coste des Malabares, où elle est plus connuë qu'en part du
monde, deuint fou, à ce que dit Creto- L. strom.
phle à Costa, pour l'auoir trop contem- c. 55.
plée, & s'estre trop curieusement attaché
à l'obseruation de sa nature. Pour ne courir pas tant de fortune, considerons seulement comme cette espece d'Orge que
Monardes Medecin de Seuille nomme

i. pa. Ind.
Occ. c. 7.

Gaiatene, ou *Seuadilla*, n'est gueres moins esmerueillable, puis qu'on la voit flestrir & reuiure à proportion de ce qu'on la touche, ou qu'on s'en esloigne : Et comme le *Charitoblepharon* de Pline qui durcit au moindre attouchement, à vne vertu peu differente de celle de *l'herbe senfitiue*, & dont on peut tirer d'aussi estranges consequences. Car de mesmes qu'on n'a pas encore bien decidé dans la Philosophie si les bestes ne discourent point à leur mode, & s'il leur faut desnier toute sorte de raisonnement : Aussi y a-t'il grand sujet de douter si les Plantes n'ont point de sentiment, & si ce ne sont point de veritables animaux, comme Platon le souftient dans Clement Alexandrin.

L. 7.
strom.

Sans mentir, puis que tout ce qui est pourueu d'ame est animé, il semble que tout ce qui est animé deuroit estre reputé animal, & par consequent que les Plantes, a qui personne ne desnie l'ame vegetatiue, pourroient passer pour des animaux. Mais puis que le Peripatetisme, qui s'est rendu le Maistre de nos Escholes, a voulu definir

nir l'animal par le sens pluftoft que par l'ame, voyons fi ces mefmes Plantes font tellement defpourueuës de toute forte de fentiment, que par les propres definitions du Lycée, il n'y ait nul moyen de les confiderer comme nous venons de dire que Platon faifoit. Defia nous apprenons du texte mefme d'Ariftote, s'il eft le veritable autheur du liure des Plantes, qu'Anaxagore les prenoit pour des animaux auffi bien que Platon ; qu'Empedocle y reconnoiffoit la diftinction du fexe par le mafle & la femelle, auffi bien que Mahomet long-tems depuis dans fon Alcoran ; & que Democrite fe joignant à leur auis, tous ces trois Philofophes leur attribuoiēt non pas vn fimple appetit comme les Academiciens, mais vne raifon & vne intelligence telle qu'ils en auoient de befoin. Ioignez à cela ce que Diogenes Laertius nous apprent de l'opinion de Pythagore, qui les mettoit au rang des animaux, & vous trouuerez que tout ce qu'il y a eu d'hommes renommez & fçauans deuant Ariftote, ont tous efté de cette mefme

L. 1. c. 1. & fequ.

pensée. L'impieté des Manicheens n'e-
stoit donc pas si rustique que sainct Augustin la dit, puis qu'elle sembloit estre appuyée sur l'authorité de tant de grands personnages, encore qu'elle fust tres-condemnable quand ils nommoient homicide l'injure qui se faisoit à des arbres, puisque le plus qu'on leur puisse donner c'est d'estre animaux vegetatifs, si la doctrine de l'Eschole, & les preuentions d'esprit qu'elle nous donne, pouuoient souffrir ce rude terme. Ie laisse à part la creance des Rabins, que les plantes du Paradis terrestre auoient des ames vegetatiues, sensitiues, & raisonnables. Et ie ne fais nulle reflexion non plus sur ce que ie lisois dernierement dans vn autheur Arabe, que toutes choses loüant Dieu, si lon couppe vn arbre sans necessité, lon s'oppose en quelque façon aus hymnes qui luy sont deuës. *Caueas*, dit-il, *ne virentes arbores amputes, nisi id necessitas cogat, quoniam omnia Deum laudant, eiusque testantur existentiam, & singularem prouidentiam, quod amputatio & destructio eiusmodi impedit.* Voyons seu-

L. 11. de mor. Man. c. 17.

Sem. Sap. c. ult.

OV LETTRES.   569

lement si nous remarquerons assez de sentiment dans les Plantes, pour les reconnoistre, sinon animaus parfaits, pour le moins vegetatifs comme nous venons de dire, & quelques-vns mesme amphibies, tels que cette *Baaras* de Iudée dont parlent apres Iosephe assez d'autheurs modernes, ce *Boramets*, ou *Plante-Agneau* de Tartarie que tant de personnes attestent d'auoir veu, & cette *Sensitiue* que vous auez si attentiuement consideree & touchée. Il faut que j'adjouste à cecy ce que Pigafetta a escrit des feüilles d'vn arbre de l'Inde Orientale, semblables à celles du Meurier. Il asseure qu'elles ont comme deus petits pieds de chaque costé, & qu'estant tombées elles commançent à cheminer, protestant d'en auoir tenu huit jours durant dans vn vaisseau, qui se promenoient tout autour autant de fois qu'il les touchoit.

l. 7 de
bell. Iud.
c. 25.

Vous y adjousterez telle foy que bon vous semblera, mais prenez garde cependant que le commun des Plantes possede euidemment tout ce que les sens nous

CCcc ij

donnent. Elles se nourrissent, engendrent des excremens, conseruent leur humide radical, deuiennent gayes ou s'attristent & languissent, bref vieillissent & meurent toutes à la fin comme les animaus. Ne leur peut-on pas attribuer comme aus Ours, & aus Loirs, le long dormir de l'Hyuer? Et n'a-t'on pas dit des Palmiers, & de quelques Grenadiers, qu'ils ne fructifioiët que par les approches du masle & de la femelle? Ie sçay bien qu'ordinairement cela s'interprete par analogie, & par le rapport que ces choses ont auec les veritables fonctions des animaux. Mais c'est là le nœud de la cause, & ce qui est à decider entre les Peripateticiens, & les autres Sectes dont nous auons tantost nommé les fondateurs. Scaliger rapporte d'Erasme qu'il estoit tellement persuadé du veritable sentiment des Plantes, qu'il ne rendoit point d'autre cause pourquoy le premier coup de hache que reçoit vn arbre, entre tousiours beaucoup plus auant que tous ceux qui luy sont donnez apres, sinon que ce mesme arbre se trouue surpris la premiere fois qu'il est entamé, & qu'en suitte il se resserre, & resiste mieux par ce moyen aus secondes atteintes. Le bruit que fait le bois au feu, ou quand on le brise, est pris par plusieurs pour vn tesmoignage de veritable douleur. Que si Erasme & ces derniers eussent veu comme vous vne plante ployer ses feüilles & les retirer par antipathie ou autrement au moindre attouchement, & mesme aux seules approches de l'homme comme il luy arriue aux païs chauds, ne doutez point qu'ils ne fussent demeurez tres-persuadez de la nature animale. Il y en a qui ont mesme reconnu dans les Plantes vn certain sentiment de Morale, qui fait que si vne femme de mauuaise vie plante vn Oliuier, ou il se meurt incontinent, ou il ne rapporte iamais de fruit. *Oliua a meretrice plantata, vel infructuosa perpetuò manet, vel omninò arescit*, porte le texte de *Guillelmus Parisensis*. Que si cela semble aussi dur à croire, que difficile à esprouuer, pour le moins ne sçauroit-on nier vne chose qui se voit tous les jours. C'est que s'il se trouue dans le chemin d'vne plante qui pousse & croist, quelque empeschement à sa vegetation, elle ne manque pas de prendre vne autre voye deuant que d'arriuer à cét obstacle, sa preuoyance le luy faisant esuiter comme contraire à son bien & à ses intentiõs. Voicy vne autre experience journaliere. Mettez vn vaisseau plein d'eau auprés d'vne planche de Citroüilles, ou de Concombres, les vns & les autres ne manqueront pas de venir chercher cette agreable liqueur. Et ceus qui se plaisent à dresser des Treilles obseruent à tout moment comme les ieunes serments de la Vigne sçauent non seulement se couler adroitement le long d'vne perche, mais se suspendre mesme en l'air pour aller chercher vn baston, s'il n'est éloigné que d'vne distance proportionnée à leurs forces. La plus probable instance d'Aristote pour le party contraire, vient de ce que les autres animaus ont leurs membres finis & de nombre determiné, au lieu que les Plantes ont les leurs indefinis. Mais cela ne prouue rien pourtant sinon qu'il les faut conside-

OV LETTRES. 573

rer comme estant d'vne autre espece, & ne conuenant pas pour ce regard auec les premiers, ce qui n'empesche nullement qu'on ne les range tous sous vn mesme genre.

Attendriez-vous bien de moy vne plus profonde speculation là-dessus ! Ma response seroit excessiue, & il me suffira d'adjouster vn mot à ce que vous me mandez de la vie rustique. Encore qu'il me souuienne que Seneque fait vne inuectiue quelque part dans ses Epistres contre l'agreable sejour de Baies ; & que Cardan soustient au troisiesme liure de la consolation, qu'il y a plus de plaisir à voir les jardins des autres, qu'on ne trouue de satisfaction à les posseder en proprieté, parce que sans soin & sans despense lon peut tous les jours diuersifier ses promenades chez ceus qui en ont, & trouuer dans cette varieté de nouueaus agrémens, protestant qu'à cause de cela il n'auoit iamais souhaité d'auoir de ces lieus de diuertissement auprés de la ville: Ie m'empescheray bien pourtant de contredire le dessein que vous faites de chercher vostre contentement dans vne noble & studieuse agriculture. Ie laisse à part ce que vous aurez de commun par là auec les Dictateurs, les Patriarches, & les Empereurs, pour vous donner deus ou trois petits auis touchant l'acquisition que vous voulez faire d'vne maison champestre. Il ne faut point douter qu'vne soigneuse culture ne rende fertile le plus sterile terroüer. Polybe obserue que sous Massinissa la Numidie deuint abondante en fruict, qui estoit tenuë pour infœconde auparauant. Et ces Lions domtez par Ceres, ces agitations perpetuelles des Prestres qui la seruoient, auec le bruit des Cymbales figures des instrumens du Labourage, ne vouloient dire autre chose sinon que toute terre s'amendoit & deuenoit vtile par le moyen du trauail rustique. Prenez garde neanmoins, puis que vous estes au chois, de vous mettre dans vn bon fonds. Souuenez-vous des Israëlites qui disoient incessamment à Dieu, *date nobis irriguam*. Philostrate attribuë à Neptune la charruë dans ses plattes

In Exc. Const.

es peintures, pour faire comprendre la necessité qu'à la terre d'estre bien arrosée. Et celle qui faute d'humeur ne produit pas seulement des espines, comme l'Axile dont parle Tite-Liue, est maudite dans les liures Saincts. Quelle difference de cultiuer vn terroüer si ingrat, que l'arbre d'Enfer Zacon dont parle l'Alcoran n'y prendroit pas racine; ou vn autre qui pour vn grain de bled en rend cinq cent, qui donne d'excellens melons de cent trois liures pesant, des laictuës de sept & demie, & des raues de plus de deus aulnes de longueur qu'à peine vn homme peut embrasser, comme Garcilasso de la Vega asseure qu'en rapporte le Perou. Du reste tenez pour asseuré qu'aussi bien que l'oeil du maistre engraisse le cheual, vostre pied sera celuy qui donnera le plus d'amendement à vos chams. Ne vous lassez iamais d'y planter, & persuadez-vous, pluftost que d'y faillir, ce que Marc Polo asseure que les Astrologues du grand Cam luy faisoient accroire, qu'il n'y a rien qui fasse viure plus longtems que de planter vne grande quantité

Dec. 4 l. 8.

Hist. des Incas l.9. c.29.

L.2.c.22.

DDdd

d'arbres. Sans mentir le contentement qu'on en retire y peut beaucoup contribuer. Car nous ne sommes plus au tems d'Hesiode, ou celuy qui plantoit vn Oliuier n'en voyoit iamais le fruict; ce qui a fait penser pieusement à Bossus que Dieu auançoit aujourd'huy miraculeusement la production de cét arbre, en faueur des Sacremens où l'huile se trouue necessaire. Remarquez comme ie ne puis presque me retirer de la campagne pour finir ; il vous en arriuera bien-tost autant.

Hor.l.2. ep.2. *Scriptorum chorus omnis amat nemus.*

DES BASTIMENS.

LETTRE LI.

MONSIEVR,
Quand ie lis cette belle inuectiue de Seneque contre la vanité des Bastimens, *Ep. 90.* & le luxe immoderé que les Architectes de son siecle auoient introduit, ie ne sçaurois m'empescher de preferer comme luy Diogene à Dedale, & la demeure ordinaire d'vn homme de mediocre fortune, à ces superbes Palais qui s'esleuent tous les jours par des particuliers. Non seulement on bastit comme si l'on estoit immortel, au mesme tems qu'on se soule à deuoir mourir dés le lendemain, selō le reproche de ce Philosophe cynique à ceus de Me-

gare: Le pis est à l'esgard de l'Architecture, qu'il ne se fait plus de logemens pour la commodité; tout y va à l'ostentation; il faut passer cinq & six sales, chambres, & antichambres inutiles, deuant que d'arriuer au lieu où est l'Alcove; & qu'vn étranger se puisse esgarer, s'il n'est bien conduit, en cherchant le vray endroit de l'habitation.

Horat. ep. 6. l. 1. *Exilis domus est vbi non & multa supersunt,*
Et dominum fallunt, & prosunt furibus.

Ie ne veus offencer personne si ie puis, ny donner sujet au moindre financier de se plaindre, en luy reprochant que sa maison est plus ample & plus magnifique de beaucoup que celle de plusieurs Princes. Mais ie vous prie de vous souuenir qu'auant la deprauation des mœurs Romaines, le seul auantage du logis d'vn Consul ou d'vn Dictateur apres leur triomphe, c'estoit d'auoir sa porte qui se poussoit en dehors; & que celuy des premiers hommes de la Grece, Aristide, & Miltiade, n'estoit pas plus considerable que le moindre du quartier dont ils estoient, parce, dit Demosthene dans sa troisiéme Olynthiaque, qu'ils ne trauailloient que pour le public, sans se soucier de deuenir riches en particulier. Les maisons de ce tems-là estoient respectées à cause de celuy qui les habitoit; lon veut aujourd'huy tirer d'elles sa recommendation, & se faire honorer par ce qu'on les tient à grand loüage ou en proprieté. Pour moy ie ne vois rien de plus contraire à la raison que cela, & j'entre volontiers dans le sentiment de l'Orateur Romain, que beaucoup de lieus *Cic. s. ¹* qu'on rend plus splendides & plus spa- *Fin.* cieux, deuiennent moindres & de plus petite consideration par le changement de ceux qui les occupent, *noua Curia Hostilia mihi minor esse videtur, pest eaquam est maior.* Que de logis dont la sumptuosité obligeroit Aristippe à cracher au nez de leur maistre, ne trouuât point de lieu plus propre à le faire? Que d'autres encore qui rendent vn tesmoignage public de la sotte ambition des proprietaires, par des portes pareilles à celles de Mynde, & d'vne grandeur si immense, qu'il les faut tenir fermées de peur que tout l'edifice ne s'efuïe. Ce qu'il y a de plus insupportable en cela, c'est qu'on fait ceder l'interest du public à la vanité des hommes priuez. L'on oste les grands chemins à vn million d'hommes pour dresser la promenade d'vn particulier. Et au lieu que Caton estãs Censeur fit abatre les bastimens qu'on auoit trouué moyen de construire en des places communes ; nous voyons prendre des ruës entieres par ceus qui ont l'effronterie d'en priuer la ville, & l'artifice de se les approprier. Ie ne sçaurois non plus lire sans deplaisir que les Papes Paul second & troisiéme ayent fait démolir l'Amphitheatre de Rome pour bastir l'vn le Palais de sainct Marc, & l'autre celuy de Farnese. Ce precieus reste de la grandeur Romaine, que la fureur de tant de nations barbares nous auoit laissé, valoit mieux que tout ce qui se peut faire aujourd'huy. Et l'on peut dire de mesme que les coulonnes du *Pantheum* ou de la *Rotunde*, ne sçauroient auoir esté conuerties depuis peu en nul vsage qui

T. Liu.
dec. 4. l.
9.

puisse recompenser leur perte. Pourquoy ne garder pas de si belles reliques, si l'on conseruoit bien autrefois au mesme lieu la chaumiere de Romulus ? & dans Athenes ce vieil Areopage couuert de paille, en faueur de l'antiquité ? Il me passe vne infinité de considerations semblables par l'esprit, qui me desgoustent merueilleusement de tous nos edifices modernes; mon Genie s'irrite par fois de telle sorte là-dessus, que ie m'imagine apres Pline qu'il ne peut arriuer trop d'incendies pour punir le luxe de nos bastimens; & peu s'en faut que dans cette pensée ie ne mette l'Architecture au rang des arts reprouuez. *L.26.c. 15.*

Mais quand ie me represente que Salomon le plus sage des hommes, ne fit presque autre chose durant toute sa vie que bastir ; & que Dieu mesme apres s'estre plaint à Dauid par la bouche du Prophete Nathan, de ce qu'on ne luy auoit point encore dressé de maison, *neque enim habitaui in domo ex die illa qua eduxi Israël de terra Ægypti, vsque in diem hanc, sed ambulan in Tabernaculo, & in Tentorio*, en est *2. Reg. c. 7. & 1. paral. c. 18.*

PETITS TRAITEZ,
luy-mesme l'Architecte, reuelant à ce Roy la figure qu'elle deuoit auoir, & les dimentions de toutes ses parties, comme il auoit fait à Moyse celles de son Tabernacle ; ie suis contraint de penser mieux d'vne si importante partie des Mathematiques.

L.1.c.1. En effet sans nous arrester à ce que Vitruue l'accompagne d'vne connoissance necessaire de presque toutes les sciences, le texte sacré nous fait voir que pour la construction du mesme Tabernacle dont nous *Ex.c. 31.* venons de parler, Beseleel & Oliab son *& 35.* adjoint receurent d'enhault vne lumiere infuse, & vne connoissance parfaite de tout ce qu'il y faloit obseruer, *impleui eum Spiritu Dei, sapientia, & intelligentia, & scientia in omni opere, &c.* Aussi peut-on dire que celuy qui est autheur de tout l'ordre qu'on voit dans le monde, l'auoit merueilleusement agreable dans les edifices qui luy estoient consacrez, puis qu'il est si *L.7. de* soigneus de l'y faire garder, & que Iosephe *bel. Iud.* attribuë en partie la ruine & derniere de-*c.12.* struction de la ville de Hierusalem, à ce que les Iuifs en rebatissant le Temple l'auoient

OV LETTRES. 583

uoient fait de forme quarrée, contre la deffenfe expreffe de leurs liures Sainɛts. Et ne fit-il pas bien paroiftre combien cette ftructure luy plaifoit, s'il eft vray, comme l'efcrit le mefme Iofephe, que pendant plus de huict ans qu'elle dura fous le Roy Herode, il ne pleut iamais que de nuict, afin que le trauail des ouuriers ne peuft eftre interrompu le iour par de fafcheufes pluyes? Peut-eftre que ces foins confiderables du Tout-puiffant ont donné lieu aux fables du Paganifme, qui nous reprefentent Neptune & Apollon trauaillans eux-mefmes aux baftimens du Roy Laomedon, dont ils eftoient les principaux Entrepreneurs. Quoy qu'il en foit toutes les Nations ont efté fi conformes dans l'eftime des beaux ouurages de l'Architecture, que les fept merueilles d'icy bas dont les anciens ont fait tant d'eftat, eftoient prefque toutes de ce nombre. Le nouueau Monde a eu les fiennes qui n'auoient rien d'inferieur, felon que la fortereffe de Cufco, & ces deux chemins de cinq cent lieuës chacun dreffez par les Incas, nous

L. 15. ant. Iud. c. 14.

Garcil. l. 7. c. 27. & l. 9. c. 13.

EEee

sont descrits dans leur histoire. Enfin lon sçait que les plus grands Monarques ont cherché dans les bastimens l'immortalité de leur nom. Il n'y a rien de si clair dans toute l'histoire prophane. Et Constantin auec Iustinien qui ont l'auantage de la grandeur & de la primauté entre les Empereurs Chrestiens, en peuuent encore fournir de preuue. Procope a fait vn liure entier des edifices du dernier pleins de magnificence, pour ne rien dire du restablissement de cent cinquante villes dont

Euagr. vn autre historien luy donne l'honneur. Et le Panegyriste du premier asseure qu'on voyoit par tout où il passoit les Temples & les Villes qui s'esleuoient sur ses pas, comme les Poëtes font croistre les fleurs aux lieus que quelque Diuinité a daigné toucher de ses pieds, *nec magis Ioui & Iunoni recubantibus nouos flores terra submisit, quam circa tua Constantine vestigia vrbes & templa consurgunt.* Ce n'est donc pas merueille qu'entre les tiltres & les surnoms dont on a voulu les honorer, ils en ayent receu par fois qui tesmoignoient leur grande inclination aus edifices, comme il me souuient qu'vn Baudouin Comte de Hainault fut surnommé le Bastisseur.

Or puis que j'ay pris assez de loisir pour vous coucher sur le papier ce que i'auois dans la fantaisie touchant l'inclination à bastir qu'ont tant de personnes aujourd'huy, il faut que ie vous communique encore quelques petites pensées qui me viennent sur le mesme sujet, & qui pourront estre consideréespar les particuliers aussi bien que par les Souuerains.

Desia c'est vne maxime qu'il faut tenir pour tres-constante, que le mestier de bastir est celuy d'vn homme de repos, ne pouuant estre fait par ceus à qui des affaires plus importantes donnent trop de distraction. Quand Dieu voulut que Salomon s'appliquast à l'edification de son Temple, il mit ce Prince dans vne paix si profonde, qu'apparemment il ne deuoit estre troublé par aucun de ses ennemis, *subiecit ei Deus omnes hostes, vt conderet Domum in nomine suo.* Et ce fut sur cette consideration que Iudas Macchabée chassa depuis de son armée ceus qui auoient entrepris quelque bastiment, comme incapables de bien faire deus si importantes besongnes tout à la fois.

1. Macch. c. 3.

Les cauernes creusées par les propres mains de la nature ont seruy de premieres maisons aus hommes, aussi bien que de Temples aus Dieux, comme Porphyre l'a fort bien remarqué dans son explication de l'Antre des Nymphes. Ils pouuoient estre nommez Myrmidons aussi bien que les Æginetes, qu'on voyoit sortir de leurs spelonques comme autant de Fourmis, d'où Strabon pense qu'ils reçeurent cette appellation. L'on s'est auisé depuis de dresser des habitations en des lieus commodes à la vie où ces Antres manquoient, & il ne faut point douter qu'elles ne fussent fort simples, & d'vn seul estage au commencement. Leur esleuation estoit arriuée à tel poinct sous l'Empire de Traian, qu'il fut contraint de deffendre qu'on leur donnast dans Rome plus de soixante pieds de hault comme Sextus Aurelius Victor le rappor-

L. 8. Geogr.

te. Il n'est pas vray pourtant que les plus hautes soient ny les plus belles, ny les plus commodes. Tant s'en faut leur exaltation semble tesmoigner le defaut de place, ou de terrain; & comme le Maistre ne peut habiter sans peine la partie superieure, à cause de la necessité de monter & de descendre, il est presque impossible que d'autres l'occupent sans l'incommoder. C'est pourquoy nous voyós dans la relation du Pere Trigault, que le Roy de la Chine se moquoit de nos Princes, dont il apprenoit que les Palais auoient de si haults estages, soustenant qu'ils n'y pouuoient demeurer sans peril, & sans estre sujets à beaucoup d'importunitez. Pour ce qui est de la grace qui se trouue pour ce regard dans la proportion, quelques regles d'Architecture qu'on puisse donner, tout depend presque de l'accoustumance de nostre veuë, qui veut icy des exaucemens que celle des Chinois ne peut souffrir, parce que toutes leurs maisons n'ont iamais eu qu'vn estage. Lon peut dire de chacune de nos villes bié peuplées, que s'en sont quatre ou cinq

que nulle confideration ne les retinſt de faire les choſes auec toute la dignité poſſible, *non supputetur fabris argentum quod accipiunt, sed in potestate habeant & in fide.* C'eſtoit à l'imitation de Moïſe lors de la ſtructure du Tabernacle, dont les entrepreneurs l'auertirent qu'on leur diſtribuoit plus d'or & d'autres richeſſes qu'il n'en eſtoit de beſoin, de ſorte qu'il fut contraint de faire publier à ſon de trompe qu'homme ny femme ne leur apportaſt plus rien. Et qui peut s'imaginer que ces puiſſans Empereurs du Perou n'en vſaſſent de meſme, puiſque les Eſpagnols ne demolirent leur ſuperbes baſtimens, que parce qu'ils trouuoient ſouuent entre les pierres de l'or & de l'argent fondus auec du bitume, dont ils auoient accouſtumé de les tenir vnies par magnificence en guiſe de ciment? Les hommes de condition mediocre ne doiuent donc chercher dans leurs logemens que la commodité auec l'ajuſtement qui donne de la grace, puis que ne pouuant iamais arriuer iuſques à la grandeur, ny à la magnificence, ils s'expoſent

Ex. c. 36.

Hiſt. des Incas l. 6. c. 1. & 5.

OU LETTRES.

posent à l'enuie, & souuent se font moquer d'eus en mesme tems, pour peu qu'ils tesmoignent d'y viser.

Cette façon de ciment dont ie viens de parler me fait souuenir du trait de ce Dinocrates, qui trauaillant aus murailles d'Alexandrie employa faute de chaux de la farine, *omnes ambitus liniales farina respersit*, selon les termes d'Ammian Marcellin, ce qui fut pris depuis pour vn presage de l'abondance où ses habitans ont tousjours esté. Cesare de Federici dit qu'au Royaume du Pegu les Pagodes ou Eglises y sont toutes enduites de sucre meslé parmy de la chaux, de sorte qu'on peut dire que leurs murailles sont semblables à celles du Paradis de nos petits enfans. Pline nomme des peuples de l'Affrique Occidentale qui ont leurs maisons basties de sel, & d'autres encore de la ville de Carrhes en Arabie, qui ne massonnent aussi qu'auec des pieces de sel, qu'ils font tenir ensemble se seruant de l'eau pure pour tout mortier, *aqua ferruminantes*. Herodote auoit desia fait mention des per-

L. 22.

L. 5. c. 5. & l. 31. c. 7.

miers, dans sa description de cette partie de la Libye qui est entre le mont Atlas & les coulonnes d'Hercule, supposant que s'il pleuuoit en ce païs-là tous ces edifices de sel se dissoudroient. Et Strabon nommant Gerrhe la colonnie des Babyloniens qui s'estoit habituée en Arabie, où ils bastissoient leurs maisons de sel, entendoit vray-semblablement parler des Carrhes dont Pline recite ce que nous venons de rapporter. On tient que la brique est la meilleure & la plus saine de toutes les matieres propres à la massonnerie. Vitruue le prouue pour ce qui est de la durée, par les plus anciens & plus considerables edifices de son tems qui estoient tous de brique, apres auoir obserué que les maisons ordinaires ne s'eualuoient par les Legistes Romains que sur le pied d'vne durée de quatre-vingt ans, mais que celles de brique faites à plomb estoient tousjours reputées neuues, & autant estimées apres ce terme que le premier iour. Aussi quand Pline descrit les murailles de brique, qu'il nomme *parietes formaceos*, & qui

L. 4.
L. 16.
L. 2. c. 8.
L. 35. c. 14

se faisoient regarder auec admiration en Espagne & en Affrique, il veut qu'elles resistent à toute sorte de ruines, *auis durant, incorrupti imbribus, ventis, ignibus, omnique camento firmiores.* Le moyen de faire durer nos pierres dauantage que l'ordinaire, ce seroit, au dire d'vn autheur recent, d'obseruer lors qu'on les met en œuure de leur donner vne position semblable à celle qu'elles auoient dans leur carriere, en les tournant vers les mesmes parties du Monde qu'elles y regardoient. Les poutres de palmier ont cela d'excellent, si nous en deuons croire Strabon, qu'au lieu de se courber en ployant, elles s'esleuent contre le poids qui les charge; comme on dit que les grands courages font contre la pesanteur des coups d'vne mauuaise fortune. Et le premier des vingt Theodores qu'à nommez Diogenes Laertius, donna l'auis de mettre des charbons aux fondemens du Temple de Diane Ephesienne, pour resister à l'humidité du terrain.

L. 15.

In Aristip.

Le Chancelier Bacon, fort croyable aux choses de son Isle, dit vne chose mer-

FFff ij

ueilleuse des maisons d'Escosse basties de pierre, qui suent & se sechent reglement deux fois le iour, quelques esloignées qu'elles soient de la mer, aus heures de son flus & reflus, à cause qu'on les tire pour la pluspart des riuages de l'Ocean. L'Architecture prescrit tout ce qui doit estre obserué pour rendre saine la demeure d'vn logis: Mais ce que Pline enseigne pour le preseruer des pulces, par le moyen d'vn peu de terre prise sous le pied droict la premiere fois qu'on entend le chant du Coucou, est vne galanterie plus propre à faire rire, qu'à estre experimentée. Ie croirois aussi-tost ce qu'il escrit ailleurs, que les mouches, ny les chiens, n'entroiét iamais dãs le Temple d'Hercule, encore qu'il fust au marché aus bœufs de Rome. On peut dire encore la mesme chose des inscriptions de porte, que la superstition faisoit mettre, pareilles à celle-cy, μηδὲν εἰσίτω κακόν, *nihil ingrediatur mali*, qui fit demander à Diogene par où passoit le Maistre de la maison. L'Empereur Domitien craignant d'estre assassiné fit mettre aux mu-

L. 30. c. 10.

L. 10. c. 29.

Suet. art. 14.

railles des Portiques où il auoit accoustumé de se promener, de ces pierres de marbre appellées Phengites, qui luy renuoyoient les images de ce qui se faisoit derriere luy; comme le Poëte Horace, & cét infame Hostius dont parle Seneque dans ses questions naturelles, firent reuestir de miroirs tous les costez d'vne chambre pour vn tout autre effect. Il est bien plus important d'auoir esgard à la solidité du bastiment. Le Pape Iean vingt-deuxiéme fut accablé sous les ruines d'vne chambre qui tomba, encore qu'il l'eust faite bastir depuis peu dans son chasteau de Viterbe. Et au couronnement de Clement cinquiéme qui se fit à Lion, la cheute d'vne muraille pensa l'escraser auec le Roy Philippe le Bel, comme elle fit Iean Duc de Bretagne, & plusieurs autres. Sa Sainteté ayant esté jettée à bas de son cheual dans le tumulte, en fut quitte pour la perte d'vne Escarboucle de sa tiare du prix de six mille escus. Peu s'en falut que le feu Roy Louis treisiéme qui estoit heureusement sorty, & la Reine sa Mere ne pe-

L. 1. c. 16.

Platina.

rissent à Tours en mille six cent seize, par l'enfoncement du plancher d'vne salle où elle tenoit le Conseil. Et le Duc de Saxe courut la mesme fortune en mille six cent trente-deux dans vn Chasteau de Prusse, dont le plancher fondit aussi sous ses pieds. Ces exemples sont d'instruction pour les Grands, & doiuent faire apprehender les autres.

Encore que ce soit vn tres-agreable diuertissement à beaucoup de personne de bastir à sa fantaisie, & de se donner vn logement tel qu'on le desire, d'où vient l'vne des imprecations de Moïse contre ceux *Deuteri.* qui n'obserueront pas les loix diuines, *do-* *c. 26.* *mum ædifices & non habites in ea*: Si est-ce que tout le monde n'est pas esgalement touché de ce costé-là. L'on a assez ordinairement des tendresses pour des lieux anciens & de peu d'ornement, à cause du seiour qu'on y a fait autrefois, qui reuient à la memoire, & qui touche plaisamment l'imagination. Vespasien ne voulut iamais *Suet. art.* qu'on changeast sa maison paternelle où *2.* il auoit esté esleué, l'allant souuent visiter

OV LETTRES. 597

auec vn tres-doux souuenir que diuers endroits luy donnoient, parce qu'ils étoient tousiours en mesme estat, *manente villa qualis fuerat olim, ne quid scilicet oculorum consuetudini deperiret.* Il y a d'ailleurs mille soins & mille degousts que plusieurs apprehendent dans le mestier de bastir, ce qui nous a fait dire, *maison faite & femme à faire*, & à l'Espagnol *casa labrada y vigna plantada*. Mais il y a vn autre Prouerbe bien plus instructif, & par lequel ie veus finir pour vous laisser mediter dessus, quand il prononce que pour trouuer vne maison parfaite il la faut aller chercher dans le Ciel, *casa cumplida en la otra vida.*

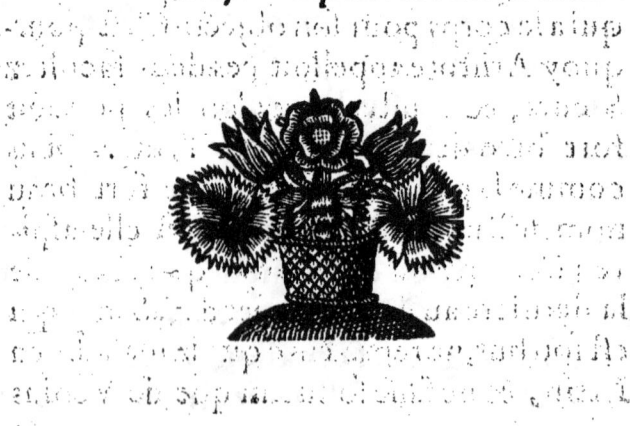

DES POISONS.

LETTRE LII.

MONSIEVR,

On dit que comme la Philosophie est la Medecine de nostre ame, la Medecine n'est rien autre chose qu'vne Philosophie qui a le corps pour son object. C'est pourquoy Aristote appelloit ces deus facultez Sœurs, & soustenoit qu'on les pouuoit fort bien definir l'vne par l'autre. Mais comme la premiere a reçeu vn fort beau nom de l'amour de la Sagesse où elle aspire; c'est vne chose estrange que celuy de la derniere au lieu de parler de la Santé qui est son but, ne represente que la maladie en Latin, & ne fasse souuenir que de Venins

& de Poisons en Grec, si l'Empirique Sex- *L. adu.* tus en a bien sçeu l'Etymologie. Cela *Gramm. c. 1.* m'est venu dans la pensée, quand j'ay leu ιατρικὴ dans vostre lettre cét horrible empoison- ἀπὸ τῶν nement arriué à Angers, par vne impieté ἰῶν. tres-detestable à la verité, mais non pas nouuelle comme elle vous a paru. Il y a long-tems qu'on a fait seruir ce que la Religion a de plus Sainct à toute sorte de passions. Et si ce que Platine auec tant *In vita* d'autres ont escrit est veritable, que l'Em- *Clem. 5.* pereur Henry septiéme de la maison de Luxembourg fut empoisonné auec vne hostie, qu'il prit de la main d'vn Moine corrompu par les Florentins, il faut auoüer que l'Enfer n'a pû rien faire voir depuis de plus execrable. Gregoire de *L. 3. c. 31.* Tours recite vn fait qui a beaucoup de rapport au precedent. Il dit que la sœur de Clouis premier, qui auoit espousé Theodoric Roy d'Italie, fut empoisonnée par sa fille auec le calice de la communion. Mais quand ce bon Prelat à pris sujet làdessus d'inuectiuer contre l'Arrianisme, dont ces Princesses faisoient profession, &

de presupposer pieusement qu'vn cas si dânable ne peut pas arriuer entre des Catholiques, il les a creus meilleurs qu'ils ne sont si ce que nous venons de dire est historique. Quoy qu'il en soit la prophanation est si grande, que nos Autels sont tesmoins d'assez d'actions de mesme nature.

Mathieu en sa vie l.9. Vn Prince d'Oranges entreprit de faire empoisonner le Roy Louis onziéme, en frottant les coins de l'Autel, & les lieus où estant à genous il auoit accoustumé de baiser la terre durant la Messe. Ie me veus taire du poison preparé pour des Cardinaux par le Duc de Valentinois, & qui fit son effet sur le Pape Alexandre sixiesme son pere. Mais ie trouue merueilleux ce *L.4. p. 77.* que j'ay leu dans vne lettre de l'Ambassadeur du Fresne Canaye, que Clement huitiéme donna l'absolution à vn Penitent, qui se confessa d'auoir empoisonné deux Papes. Il rapporte cela au sujet de Leon onsiéme, qu'on tient l'auoir esté auec vne paire de gands, qui luy fut presentée le lendemain qu'il sortit du Conclaue. Voila des preuues de l'impieté des hommes

OV LETTRES.

dans la vraye Religion, ce qui peut bien faire croire tous les cas enormes qu'on impute sur ce sujet aus Gentils & aus Infideles. L'on asseure de ceus-cy que leur Prophete Mahomet fut empoisonné à l'âge de quarante ans par ses domestiques.

Or pour vous faire voir iusques à quel poinct la malice humaine s'est renduë ingenieuse là-dessus, considerons en combien de façons l'on a voulu pratiquer les empoisonnemens. Parysatis se voulant defaire de sa brus Statira, empoisonna l'vn des costez de son cousteau de table, & couppant vn oiseau fort delicat en deux, en mangea la bonne moitié, & donna l'autre infectée de poison à celle dont elle ne pouuoit souffrir le credit auprés d'Artoxerxes. On trouua l'inuention de faire vn vase de la corne du pied d'vne Mule, seule capable de contenir cette eau Stygiale qui termina les iours d'Alexandre ; *memoria dignum*, au jugement de Pline, *sed magna Aristotelis infamia excogitatum*. Ce grand Prince auoit desia couru fortune d'estre empoisonné par les embrassemens d'vne

Pluta. in Artox.

Plin. l. 30. c. vlt.

GGgg ij

Indienne nourrie expreſſément de Napel & d'autres venins : Comme les relations de Louis Bartheme & d'Odoardo Barboſa portent, qu'vn Soldan de Cambaie accouſtumé dés ſon jeune âge à vne ſi eſtrange nourriture, tuoit les hommes de ſon crachat, les mouches qui le piquoient de ſon ſang, & les femmes qui couchoient auecque luy de ſon odeur & de ſon haleine, ce qui eſt aſſez difficile à croire. Agathocles ſe ſeruant ordinairement d'vn cure-dent apres le repas, on prit ſujet de l'empoiſonner par le moyen de ce meſme inſtrument. Vn Medecin de Rhegio pour ſe vanger de Decius Tribun Romain qui tyranniſſoit ſon païs, l'aueugla en luy frottant les yeux où il auoit mal auec des Cantharides. Liuia eſt accuſée d'auoir preparé des figues à Auguſte, qui eurent le meſme effet que les champignons donnez par Agrippine à Claudius. Dion Caſſius aſſure que du tems de Domitien, & de celuy de Commodus, pluſieurs perſonnes ſe mirent à piquer auec des aiguilles empoiſonnées, dont beaucoup mouroient ſans

Diod. Sic. in Ecl.

L. 67. & 72.

OV LETTRES.

l'auoir fenty: Ce qu'auoit leu peut-eftre le Duc d'Alençon, qui voulut porter vn valet de chambre de fon frere le Roy Henry troifiéme, à l'efgratigner d'vne aiguille femblable vers la nuque du col en luy attachant fa fraize. M. Cæcilius fit reproche à Calphurnius Beftia, qu'il auoit fait mourir fes femmes en les maniant apres s'eftre infecté les doigts auec de l'aconit, *eius in digito mortua*, pour vfer des termes que Pline cite de la pero-raifon de Cæcilius; à quoy il femble que Iuuenal faffe allufion dans fa quatorziéme Satyre. Le bruit courut que Marc Antonin s'eftoit deffait de fon frere Lucius Verus par le mefme artifice que nous auons rapporté de Paryfatis, *illita veneno cultri parte*, ce que Sextus Aurelius Victor ne peut s'imaginer d'vn fi grand perfonnage. Vn More Granadin empoifonna Henry Roy de Caftille auec des bottes. Vn autre Roy de Grenade nommé Iofeph le fut par le moyen d'vne Vefte ou robe, que celuy de Fez luy enuoya. Mariana dit encore que Mahomet auffi Roy de Grenade & fils de Iofeph, prit

Mathieu l. 7.

L. 27. c. 2.

Iul. Capitol.

L. 18. c. 2. l. 19. c. 7. & 17.

vne chemise de la nature de celle dont Deianire fit present à Hercule. Vn Medecin de Peruse fasché de ce que le Roy Ladislaus abusoit de sa fille, luy osta la vie auec vne semblable chemise, quoy que d'autres attribuent sa perte à vn breuuage. Le bou-

Mathieu l. 5.

con que nostre Louis onziesme fit donner au Duc de Guyenne son frere par la Dame de Montsorreau, fut vne pesche dont la moitié eut le pouuoir de la tuer elle-mesme, l'ayant receuë de l'Abbé de sainct Iean d'Angely. Les courtisans d'Alphonse Roy

P. Crinitus l. 18. de bou. disc. c. 9.

de Naples luy voulurent donner de la peur d'vn fort beau Tite-Liue que Cosme de Medicis luy auoit enuoyé, à cause de la facilité d'y couler du poison. Il n'est pas moins aisé, & bien plus ordinaire d'en mettre aus fleches, aus espées, & mesme aus boules d'arquebuse, comme on escrit

Mathieu l. 5.

qu'auoit fait Poltrot aus trois dont il blessa le Duc de Guise. L'opinion commune de la Cour fut au mesme tems que la Reine de Nauarre mere de Henry quatriéme, auoit esté empoisonnée par vne paire de

Thuan. l. 51.

gands qu'vn René Milanois auoit prepa-

OV LETTRES. 605

rez: François second le fut au dire de quelques-vns par vn Cure-oreille: Et Charles Cardinal de Lorraine vn peu apres auec vn flambeau porté deuant luy la nuict, ou par vne bource, pluftoft que par des ducats parfumez comme le veut Aubigné. Bref on voit dans l'hiftoire de Camdenus qu'vn Squierus fut executé en Angleterre, pour auoir attenté à la vie de la Reine Elifabeth, mettant du poifon au pommeau de fa felle à cheual. *Id.l.59.*

N'eft ce pas vne chofe merueilleufe qu'outre la force ouuerte que l'homme employe tous les jours à la deftruction de fon femblable, *homo homini lupus*, il ait encore inuenté tant de deteftables moyens pour vne fi abominable fin. Il ne s'efpargne pas luy-mefme, tefmoin Annibal, & ce cheualier Vibulenus Agrippa, dont parle Dion Caffius, qui fe deffirent tous deux auec le venin qu'ils conferuoient foigneufement dans vne bague pour s'en preualoir au befoin. Il eft vray que Mithridate n'en pût pas faire autant quand il le voulut, & l'on fçait qu'il fut contraint de *Appian. de bell. Mithr.*

se faire tuer par le Gaulois Bituitus, l'vsage du contrepoison, qui a depuis porté son nom, ayant de trop longue main fortifié son esthomac contre cét attentat.

L. 20. c. 13. & l. 27. c. 2. & vlt. Car il y a grand suiet d'admirer auec Pline que la Nature ait produit des venins qui destruisent les autres, que *venenorum sint venena*, & que *duo venena in homine commoriantur vt homo supersit*; le Mithridat, la Theriaque, & autres telles compositions ne resistant gueres aus poisons, que par d'autres qui nuiroient separement. L'action de ce Roy, jointe à ce que nous auons dit du Soldan de Cambaie, nous doit aussi faire remarquer combien l'accoustumance est puissante. Les choses mauuaises cessent de nuire aussi bien que les bonnes de profiter, quand on en vse fort souuent, & comme le mesme Pline l'a prononcé au sujet de la vertu des herbes, *desinunt prodesse cum opus est, quæ quotidie in vsu fuere, æque quam nocere*. Ce seroit encore vne chose digne de grande consideration, si elle estoit veritable, que le cœur d'vn homme empoisonné ne peust estre

estre consommé par le feu, comme Sueto-ne l'asseure de celuy de Germanicus. Ie vous prie de me prester encore vostre attention sur deus ou trois petites remarques. La première sera qu'il n'y a point de venin plus contraire au corps d'vn homme, que celuy qui se prent de son semblable, & que vifs ou morts nous nous persecutons les vns les autres à toute outrance. Garcilasso de la Vega me le fait dire quand il obserue que de tant de façons dont les Indiens Occidentaus empoisonnoient leurs fleches, la plus dangereuse estoit quand ils en trempoient le fer dans vne cuisse d'homme mort, tenuë quelque tems au Soleil, laissant apres secher le mesme fer à l'ombre; ce qu'il confirme ailleurs par l'espreuue d'vn enfant, qui ayant mis le doigt dans la cuisse d'vn pendu, en eut tout le bras enflé, & en pensa mourir. Ma seconde remarque sera sur ce que comme nous faisons en toutes manieres plus de tort au reste des animaus, qu'ils ne nous en procu-

Hist. des Incas 2. part. l. 4. c. 37. & l. 5. c. 42.

rent, aussi trouuent-ils bien souuent en nous des poisons plus presens, & plus subtils, que nous n'esprouuons les leurs.

Pline l. 7. c. 2. & l. 28. c. 4. Qu'ainsi ne soit; nostre saliue, principalement si nous sommes à jeun, tuë les serpens, les crapaux, & les scolopendres. Mais en voulez-vous vne autre preuue encore plus éuidente ? Le Liévre marin, ce grand deletere, ne nous fait mourir qu'auec luy, & son poison nous laisse en vie aussi long-temps que dure la sienne,

Id. l. 52. c. 1. là où l'homme luy donne la mort dés aussi-tost qu'il le touche seulement du bout du doigt. Pour conclusion, quel-

Id. l. 2. c. 63. ques-vns se sont imaginez que la Nature n'auoit produit les poisons qu'en nostre faueur; & par vne grande compassion de nos miseres, nous donnant vn remede contre toutes les calamitez de cette vie, dont vne petite potion nous tire sans beaucoup de peine, & auec cét auantage, qu'apres nostre mort mesme sa vertu preserue nos corps des bestes sauuages, & des oiseaux de proye, afin que la terre nous reçoiue tous entiers dans son sein d'où nous estions sortis. Si cette reflexion s'accordoit aussi bien auec la pieté Chrestienne, qu'auec la philosophie de quelques Payens, elle meriteroit d'estre dauantage examinée.

DV COMMANDEMENT Souuerain.

LETTRE LIII.

MONSIEVR,

Noſtre ancien Prouerbe, *de meſchant homme bon Roy*, ſemble mettre vne diſtinction eſſentielle entre le commandement Souuerain & la probité, la politique & la morale. Ie ſçay bien que Bodin veut dans ſa Republique que le mot *meſchant* n'ait ſignifié que fin & ruſé du tems que ce Prouerbe fut fait ; ce qui pourroit regarder l'addreſſe d'eſprit, & la diſſimulation, dont vn Prince tel que noſtre Louis onziéme eſt par fois obligé d'vſer pour le bien de ſon Eſtat, trompant ſes peuples

L. 2. c. 4

Plato. 5. de Rep.

à leur aduantage, par l'auis mesme des plus grands Philosophes. D'autres ont creu que sans auoir recours à cette interpretation, & sans biaiser de la sorte, lon pouuoit soustenir que le deuoir d'vn Monarque estant si different de celuy d'vn particulier, ce qui est vice au dernier peut passer pour vne vertu en l'autre. Car comme quelqu'vn eut la hardiesse de dire à celuy qui n'estimoit rien de sousmettre tout vn monde à la Macedoine, quelle difference doit-on establir entre vn celebre Conquerant, & vn simple voleur ou corsaire, que selon le plus & le moins qui semblent icy changer l'espece? Lon ne reproche non plus à vn Roy les desordres ny les injustices particulieres qui accompagnent tousiours ses conquestes, qu'à vn Aigle la rapine, ou à vn Lion le rauissement de sa proye. C'est ainsi que toutes choses se pallient quand on veut, qu'on donne aus plus grands vices l'habit & le manteau des Vertus, & que ce Pilus soustenoit dans les liures que Ciceron escriuit de la Republique, qu'vn Estat ne se

Aug. 2. de ciu. Dei c. 21.

pouuoit bien gouuerner sans injustice, *Rempublicam regi sine iniuria non posse.*

Si faut-il tenir pour constant que la vraye politique n'est iamais contraire à la bonne morale. Tout ce qu'on peut dire, c'est qu'encore que dans celle des particuliers il ne soit pas permis de faire vn mal, pour en retirer du bien ; La raison d'Estat en vse souuét tout au rebours, & mal-traite le particulier en faueur d'vne communauté. Mais les Italiens mesmes, qui font tant de cas de cette raison d'Estat, quoy qu'elle ne soit rien au fond qu'vne pure consideration d'interest, auoüent qu'elle ne doit iamais estre employée que dans d'extrémes necessités, & où les voyes ordinaires ne peuuent auoir lieu; comme les Medecins ne se seruent de poisons pour medicament, qu'aus maladies incurables, & lors que tout autre remede seroit vray-semblablement inutile. Hors de telles rencontres la politique Chrestienne oblige les Souuerains à s'esloigner du vice, & à suiure la vertu, autant & plus que le reste des hommes. Elle leur apprent que les commandemens les plus abſolus, & les plus *Deſpotiques*, ne furent iamais les meilleurs, & que *plenitudo poteſtatis nihil aliud ſæpe eſt, quam plenitudo tempeſtatis.* Auſſi ne voyons-nous pas qu'Homere meſme dans les tenebres de ſon Paganiſme, compare Agamemnon à ces Aigles, ou à ces Lions dont nous venons de parler. Il trouue bien plus propre à le repreſenter la ſimilitude d'vn Taureau, qui ſe repaiſt ſans effuſion de ſang, qui combat courageuſement ſoit pour la deffence de ſon trouppeau, ſoit pour celle de ſon authorité, mais ſur tout qui reconnoiſt vn ſuperieur & ſe ſouſmet à ſon Paſteur, comme vn Roy doit faire à la raiſon, & à Dieu, auquel obeïr c'eſt regner. *Si vis tibi omnia ſubijcere*, dit Seneque dans vne de ſes epiſtres, *te ſubijce rationi; multos reges, ſi ratio te rexerit.* Et puis que la Poëſie d'Homere nous peut fournir tant d'inſtruction, obſeruons encore dans celle de Virgile qui l'eſgale, comme la qualité de Pere qu'il donne ſi ſouuuent à ſon Enée, ne deſigne pas ſimplement ce qu'il eſtoit à l'eſgard

Ilia 3.

Ep. 37.

d'Ascanius. Certes ce seroit vn froid epithete qu'il luy attribueroit, s'il n'auoit point d'autre rapport, ny d'autre signification. Il le nomme ainsi sans doute, le considerant comme vn digne chef, & souuerain de ce reste de Troyens qu'il conduisoit, parce qu'vn bon Prince est le pere de son peuple, & à toutes les tendresses pour luy qu'on peut auoir pour des enfans.

Arriere donc toutes ces dangereuses maximes, qu'vn Roy ne peut rien faire que de iuste, par ce qu'il est au dessus des lois, & que Themis, disoit Anaxarque pour flater Alexandre, est tousiours à la dextre de Iupiter. Gardons-nous bien de faire valoir cét infame *si libet, licet*, & detestons la damnable pensée de Caligule, *Imperatoria maiestatis esse, ne vitijs quidem alteri cedere.* Diogene parla bien mieux qu'Anaxarque à ce mesme Alexandre, qui luy demandoit des preceptes pour bien regner. Il est impossible, luy dit-il, de mal faire vn tel mestier, ny par consequent d'estre mauuais Prince, d'autant que

Di. Chrys. orat. 4.

que dés l'heure qu'on s'y prent mal, on en pert la qualité, & au lieu de regner on tyrannise. Ce n'est pas que cette opinion soit absolument vraye, ny qu'elle puisse estre de mise ailleurs que parmy des Republiques de Grece, ou d'autres Estats aussi ennemis qu'elles ont esté de la Royauté. Vn Roy vicieux, lors qu'il s'en rencontre pour nos pechez, n'est pas moins absolu, ny moins à respecter pour cela. Mais le mesme Christianisme qui nous oblige à cette obeïssance, donne aus Souuerains les regles d'vn iuste & raisonnable commandement. *Infinitam Regiæ Maiestatis potestatem isti agnoscant, qui infinitam diuini Numinis omnipotentiam non credunt.* Tout ce que possedent les particuliers, & leurs personnes mesmes, sont veritablement en la disposition des Princes; mais les bons n'ont iamais vsé de ce pouuoir qu'à l'auantage de leurs Subjets, & pour leur conseruation, *tuitione, non destructione*; de sorte qu'il faut de grandes precautions pour rendre receuable cét aphorisme, *qui habet dominum non habet domi-*

nium. Nos Monarques seront bien mieux instruits quand on leur fera comprendre dés leurs plus tendres années, que la Vertu qui semble n'estre au reste des hommes qu'vne honeste possession, leur est entierement necessaire pour bien representer celuy dont ils sont l'image: Qu'ils doiuent estre plus justes que les autres, parce qu'ils distribuent la Iustice aus autres: Et qu'ils sont obligez de respecter d'autant plus les lois, que n'y estant pas assujettis ils ne les craignent point. Quelle gloire à vn Roy de s'abstenir des voluptez, luy qui les peut toutes posseder! De se plaire au trauail, luy qui n'y peut estre contraint! Et de ne desirer ny prendre iamais le bien d'autruy, luy qui se le peut tout approprier quand bon luy semble! C'est ainsi que Louis douziéme merita d'estre nommé le pere du peuple, nos annales nous faisant voir qu'il a souuent refusé des impositions, que ses subjets luy auoient liberalement accordées. L'Histoire d'Angleterre nous apprent de mesme, que rien ne gagna tant à la Reine Elisabeth le cœur de ses Insulaires, que de leur auoir remis de tres-grandes sommes d'argent ausquelles ils s'estoient volontairement cottisez, protestant qu'elle les aymoit mieux dans leur bource que dans la sienne, & qu'elle faisoit plus de cas du témoignage d'affection qu'ils luy rendoient, que de tous les subsides dont ils la pouuoient gratifier.

En verité ie ne voy rien de comparable à de telles actions, ny qui puisse faire aymer les Souuerains comme elles, feront tousiours ceus qui les pratiqueront. Ils peuuent se souuenir comme Henry troisiéme Roy de Castille confessoit souuent, qu'il auoit plus de peur des imprecations de son peuple, que des armes de ses ennemis. Aussi ne se trouue-t'il point d'Empire asseuré ny absolu, à l'esgal de celuy qui plaist aus peuples qui luy sont soûmis. Et quelque mespris qu'on fasse des Rois de Sparte, ie n'en sçay point de plus illustre dans toutes les Monarchies, qu'vn Agesilaus condamné à l'amende par les Ephores pour auoir desrobé le cœur, & acquis à luy seul l'amour de tous ses Ci-

Mariana 19. hist. c. 14.

toyens. La grandeur & la felicité d'vn Prince ne consiste pas à se faire craindre de ses subjets, il vaut mieux qu'ils craignent pour luy, & qu'ils apprehendent de le perdre. L'estenduë de son Domaine ne fera iamais celle d'vne glorieuse reputation, si sa Iustice & ses autres vertus ne l'appuyent. Et pour petit que soit son Estat il le peut rendre des plus considerables, puis que le Royaume mesme des Cieus n'est comparé ny au gland, ny à la nois, mais à celle de toutes les semences qui à le moins de corps. Pourquoy, dit ce petit Roy Grec, l'Empereur de Perse seroit-il plus grand que moy, s'il n'est ny plus iuste ny meilleur que ie puis l'estre. Ἐν τῷ εὖ, τὸ μέγα, la grandeur est en la bonté, & en l'excellence, selon le beau mot de Zenon. C'est pour cela que le moindre quasi de tous les Oiseaus, que nous nommons Roitelet, a bien la hardiesse de se presenter au combat contre l'Aigle, & de luy disputer l'honneur de la Souueraineté entre les Volatiles, si Pline & Aristote en peuuent estre creus. Mais puis que son

Pl. 10. hist. nat. c. 74.
Arist. 9. hist. an. c. 11.

nom nous à fait souuenir de luy, n'oubliõs pas qu'il porte encore celuy de Senateur, comme pour nous faire leçon que la prudence & le bon conseil sont de l'essence de la Souueraineté. Car bien qu'à l'exemple de Iupiter qui a tousiours Pallas à ses costez, les Princes se fassent assister de ces vieillards qui portent des lunettes à longue veuë aus affaires d'Estat, & qui sont tous necessairement Astrologues iudiciaires au Royaume de la Chine pour mieux preuoir l'auenir : Si est-ce que la connoissance & le bon jugement doiuent estre si personels à vn Monarque, qu'Alphonce d'Arragon prononça tres-bien qu'il ne pouuoit deuenir pauure, s'il ne trouuoit par fortune de cette marchandise à vendre, parce qu'en ce cas-là il seroit obligé de se despoüiller de tout, pour acquerir vne chose qui luy estoit la plus importante de toutes. Celuy de Perse, pour en dire encore ce mot, enuoyoit de tous costez des hommes qu'on nommoit les Oreilles du Roy, afin d'apprendre ce qui se passoit dans ses Prouinces. Il estoit besoin neantmoins que son propre entendement prononçast sur tant de rapports differens. Et

Orat. 57. mesme Dion Chrysostome croit, qu'il eust mieux fait d'auoir d'autres hommes auprés de luy qui eussent eu soin de ses oreilles, empeschant qu'on ne luy dist rien que de bon & de profitable, au lieu de tant de flateries, & d'autres poisons spirituels, qu'on luy versoit par là dans l'ame à tous momens. Qui approche plus prés & plus souuent de ce grand Potentat le Soleil, qu'vn insolent causeur de Mercure? pour ne rien dire de pis touchant ses autres qualitez. C'est vne merueille qu'Alexandre voulust escouter Diogene, quand il l'auertissoit qu'apres auoir subjugué Darius, il trouueroit à combattre vn plus grand ennemy qui parloit Grec & Macedonien. La verité n'est pas assez complaisante pour estre admise dans le cabinet des Princes. Elle a ie ne sçay quoy non seulement de trop libre, mais mesme de trop aspre, & de trop amer au goust, pour des palais si delicats. Qui eust osé dire à cét Inca Atahuallpa, qu'il n'y auoit rien de plus indigne de sa personne, ny de plus inciuil, que de cracher comme il faisoit dans la main d'vne Dame de qualité, se persuadant qu'il eust fait tort à sa Majesté d'enuoyer son crachat à terre? Et lequel de ses subjets eust esté assez hardy pour luy faire vne leçon de morale, quand il cassa ce verre qu'il trouuoit si beau, sur ce qu'il apprit que d'autres que des Rois beuuoient dans des vases de mesme matiere? Ie me sers de ces exemples esloignez, craignant que de plus proches, & de plus recens, ne fussent trouuez plus odieus.

Ce n'est pas neantmoins le peril de parler hardiment qui peut donner le plus d'auersion de la Cour des Princes. Le seul nom *Aula* que les Latins luy ont donné, l'ayant emprunté des Grecs, doit faire peur des vents & des orages dont il menace ceus qui y sejournet. Certes ce n'est pas merueille que les Courtisans se couurent de tant de plumes, en vn lieu où ils ne trouuent bien souuent que du vent. La Cour est vne vraye Blanque ou pour vn billet de bonne rencontre, il y en a mille qui ne portent rien. Que si l'heure fauo-rable qui en vaut mille s'y presente par fois aussi bien qu'en amour, il faut tenir pour constant que mille autres s'y passent qui non seulement n'en valent pas vne passable, mais qui sont pleines de toutes les calamitez que peut causer la plus infame seruitude. Vne rude parole d'vn Souuerain, vn regard de trauers de certains Basilics, sont capables de porter aux dernieres extremitez. En voulez-vous des preuues prises de la Cour d'vn des Sages & vertueus Monarques de ce dernier siecle. Le Cardinal Espinosa mourut pour auoir oüy proferer à Philippe second ces seules paroles de disgrace, *Cardenal yo soy el Presidente*. Et le mesme Roy disant à vn Secretaire qui auoit versé de l'encre sur quelque expedition au lieu d'y mettre de la poudre, *Este es el tintero, y estotra la saluadera*, le perça si auant auec ces deus ou trois mots, qu'il ne se retira de sa presence que pour aller au lict de la mort. Cependant la presse est à qui penetrera iusques en des lieus de si dangereus accez.

Lon

OV LETTRES.

L'on dit qu'il faut s'approcher du Soleil, qui n'eschauffe bien, que ce qu'il voit, *il Sole tanto scalda, quanto vede.* Et personne ne considere autre chose que la bonne mine que font ceus qui viuét en ce païs là, sans prendre garde que ce sont des mines trompeuses comme celles dont on se sert en guerre, & que le meilleur physionomiste du monde ne sçauroit exercer son art sur des visages si couuerts, ny sur des contenances si estudiées dans leur déguisement.

Mais ne trouuez-vous pas bien estrange que pour aucunement vous iustifier ma retraite solitaire, ie prenne la liberté de parler de la sorte. Car que ne doit-on point se promettre dans la Cour d'vn Prince tel que le nostre, dont le naturel & la bonne education respondent à tous les vœus que la France peut faire. Nous discernons parmy les Graces de son visage tous les lineamens qui ont accoustumé de representer vn grand Roy, & l'on peut dire plus veritablement de luy que le Poëte Latin n'a fait du pre- *Vir. eclo. 5.*

KKkk

mier des Cesars,

Formosi pecoris custos formosior ipse.

Que si le seruice & la succession qui se rendent à d'autres Souuerains que le Ciel n'a pas regardez si fauorablement, ne laissent pas d'estre vtiles & honnorables; comme l'ombre d'vn arbre dont le fruict est plustost aspre que delicieus, fournit neantmoins assez souuent vn agreable & auantageus repos : Ne pouuons-nous pas former de merueilleuses esperances du sejour d'vne Cour, que l'exemple de son Monarque va rendre vne copie de celle des Bien-heureux si nos deffauts ne s'y opposent. Ce que ie lisois dernierement dans vn autheur Arabe me donne la hardiesse d'vser de ces termes. Il asseure qu'Alexandre se moqua d'abord de ceus qui luy conseilloient sa grande expedition contre l'Asie, disant qu'vn commandement de si peu de durée qu'est la vie, fust-il de tout le monde, ne meritoit pas qu'on y pensast, tant s'en faut qu'on deust se donner beaucoup de peine pour l'obtenir. Mais qu'aussi tost que de cer-

Semita Sap. c. 6.

tains Philosophes luy eurent fait entendre, que l'Empire de la Terre estoit la figure de celuy du Ciel, & le vray chemin pour y aller, il se mit incontinent en campagne. La difference du Ciel & de la Terre, ny leur esloignement, n'empeschent pas qu'on ne fasse tous les jours de semblables rapports.

DES ANIMAVX.

LETTRE LIV.

MONSIEVR,
Le different n'a pas esté petit entre les Philosophes Payens, si l'empire que nous pretendons auoir sur le reste des Animaus estoit de droict naturel, ou si c'estoit vne vsurpation tyrannique de nostre part. La loy de Dieu ne nous permet pas de douter que l'opinion des Stoïciens ne fust la meilleure, quand ils soustenoient contre les sectateurs de Pythagore & d'Epicure, que l'homme se pouuoit seruir & preualoir de tous les animaus sans commettre d'injustice, ou comme parle Chrysippus dans Ciceron, *bestijs homines vti ad vtilitatem*

L. 3. de fini.

suam posse sine iniuria. Mais de dire comme fait Zenon dans Diogenes Laertius, qu'il n'y ait nulle sorte de droict ny d'equité à obseruer entre ces mesmes animaus & nous, c'est à quoy ie pense qu'il faut prendre garde de plus prés: Car l'authorité & la domination que Dieu donne à l'homme dans le premier chapitre de la Genese, lors qu'il le met auec eux comme dans vn patis commun, ne peuuét estre entendües qu'auec toute iustice & raison, veu mesmement que l'iniustice n'estoit pas encore au monde, ny ce qui est contraire à la raison. Or on peut obseruer dans la suitte du texte sacré, que nonobstant le pouuoir attribué depuis à Noé & à ses enfans de manger librement de tout ce qui a vie, Dieu ne laisse pas de prendre soin des bestes aussi bien que de nous ; & qu'il y a quelque legalité à garder dans nostre superiorité, puis qu'il prescrit de certains termes au de-là desquels il n'a pas voulu qu'elle s'estendist. Ainsi ordonnant qu'on laissast chommer la terre la septiéme année sans faire de recolte, il vse de

Gen. c. 9.

ces termes dans l'Exode, *ut comedant pauperes, & quicquid reliquum fuerit edant bestia agri*. Il veut au mesme lieu & au cinquiéme chapitre du Deuteronome, qu'elles se reposent auec nous le jour du Sabbath, *bos, & asinus, & omne iumentum*. Le vingt-deuxiéme chapitre de ce dernier liure porte vne deffence expresse de mettre à mesme joug pour labourer vn bœuf & vn asne, qui dans vne inegalité de forces auroient par trop à souffrir. Et ce qui est merueilleusement considerable, dans vne autre prohibition de prendre des petits oiseaus trouuez au nid, il propose vne recompense pour cette action d'humanité, *matrem abire patieris captos tenens filios, ut bene sit tibi, & longo viuas tempore*. Ne deffent-il pas aussi au dix-neufiéme du Leuitique de faire accoupler des especes differentes ? *iumentum tuum non facies coire cum alterius generis animantibus*. Et de mesme qu'il ne veut pas qu'on se nourrisse de leur sang dans le dix-septiéme chapitre, ne proteste-t'il pas reciproquement au neufiéme de la Genese, qu'il fera rendre conte du nostre aus bestes qu'ils respondront? C'est vne chose certaine par l'authorité de sainct Augustin, que plusieurs *L. 1. de ciu. Dei. c. 20.* personnes ont voulu estendre le precepte, *Tu ne tueras point*, iusques sur elles. Tant y a que nous voyons comme le Prophete Balaam est repris seueremét par vn Ange, *Num. c. 22.* d'auoir excedé iusques à trois fois de coups de baston son asnesse qui luy auoit sauué la vie en s'arrestant. Et lors que Dieu voulut faire misericorde aus Niniuites, il declare à Ionas qu'il pardonne à leur grande ville, où il y auoit plus de six vingt mille hommes, & vn tres-grand nombre d'animaus.

Ie sçay bien que la pluspart de ces passages de la Bible que ie viens de rapporter, sont significatifs de beaucoup de mysteres, & qu'ils reçoiuent auec le sens literal des interpretations allegoriques que tous les Peres de l'Eglise leur ont données. Mais cela n'empesche pas, ce me semble, qu'on n'y remarque comme Dieu a tousiours tesmoigné qu'il consideroit iusques aus moindres animaus sur qui s'estend sa Prouidence, & qu'establissant de certaines bornes au pouuoir qu'il nous donnoit sur eus, il vouloit qu'il fust iuste & raisonnable, puis qu'il n'estoit pas indeterminé. En verité l'abus que nous y commettons ne procede pas seulement de nostre iniquité, il a pour fondement cette extréme vanité qui fait que n'ayant esgard qu'à nous-mesmes, nous mesprisons par trop le reste des ouurages du Tout-puissant, ce qui ne luy peut estre que tres-desagreable. Aussi lisons-nous qu'il s'est trouué de tout tems des personnes qui par des motifs de pieté se sont opposez à la tyrannie que les hommes exerçoient sur le reste des animaus. Et comme le Paganisme eut autrefois des Pythagoriciens, & fait voir encore aujourd'huy des Philosophes à la Chine pleins de charité enuers les bestes ; la vie de nos plus saincts Anachoretes nous apprent aussi que beaucoup d'entr'eus eussent fait conscience de mal traiter la moindre Fourmy, & qu'ils ont estendu iusques sur elles les actions d'humanité.

L.3.obser.
c.6. Les Turcs mesmes ont des hospitaus pour
les

OV LETTRES.

les receuoir; Mahomet deffent dans son Alcoran de leur coupper les oreilles, ny de les mutiler de quelque membre que ce soit; & si Belon dit vray il les admet au liure de la Zuna dans son Paradis, à l'imitation peut-estre de ceus d'Egypte ses voisins qui les ont il y a si long-tems deifiez. Quoy qu'il en soit Busbec rapporte à ce propos vne bonté merueilleuse de ce faux Prophete. Il dit que son Chat s'estant endormy sur vne de ses manches, comme il lisoit appuyé contre vne table, il ayma mieus coupper sa manche quand l'heure fut venuë d'aller au Temple, que d'esueiller cét endormy; sans auoir vray-semblablement iamais oüy dire nostre prouerbe François, *qu'il ne faut pas esueiller le Chat qui dort.*

Ep. 3. legat.

Or il me semble que le procedé de ces Infideles doit faire honte à beaucoup de Chrestiens qui paroissent si desnaturez à l'endroit des animaux. Car outre que c'est vn tesmoignage d'inhumanité & de barbarie enuers les hommes, selon le iugement que firent les Areopagites de celuy qui creuoit les yeus à des Yrondeles, nostre Religion ne nous preschant que la douceur nous deuroit auoir rendus plus moderez, sur tout à l'esgard des bestes domestiques & de seruice, *nouit iustus iumentorum suorum animas, viscera autem impiorum crudelia.* Ie vous auoüe que ie leur voy faire souuent des traitemens, qui me font souhaitter qu'il y eust quelque peine establie contre de certains bourreaus qui ont cent fois plus de brutalité qu'elles. Il me semble mesme que ce poinct deuroit estre touché par ceux qui se meslent d'instruire aus bonnes mœurs, & qu'on deuroit apprendre à vn peuple farouche & cruel, que Dieu plein de misericorde veut que nous en vsions enuers les animaux, afin de nous la rendre plus familiere par accoustumance. Ce n'est pas que ie voulusse establir le Talion entr'eus & nous; ny que j'approuue qu'on ait fait mourir vn soldat en Egypte, comme Diodore Sicilien le rapporte, pour y auoir tué vn Chat. Mais il y a des degrez d'equité à obseruer en cela, sans aller jus-

Prou. sal. c. 12.

L. 1.

ques aus extremitez. Quant aus bestes sauuages & que nous nommons mal-faisantes, si nous y prenons bien garde nous trouuerons que c'est l'homme, qui conformément à l'apologue du Loup, les rend telles qu'elles sont par sa persecution. En effet, les plus feroces deuiennēt innocentes aus lieus où on les traite auec quelque douceur. Les Serpens estoient dociles en Macedoine, tesmoin celuy d'Olympias, auec cét autre du Pseudomante de Lucien ; & ils le sont encore aus montagnes de Zis en Affrique, où Iean Leon nous asseure qu'ils deuiennent domestiques, & donnent du plaisir comme les Chiens & les Chats par deça. Les Crocodiles s'appriuoisent encore de la sorte en quelques lieus. Et le mesme autheur, qui parle de son païs & de ce qu'il a veu, dit que les Lions du mont Guraigura ne font desplaisir à personne ; qu'à Pietra Rossa ville du Royaume de Fez ils viennent manger les os par les ruës, sans que les femmes ny les enfans s'en effrayent ; & que ce n'est pas sans sujet qu'on a dit des poltrons ce prouerbe en langue Arabique, qu'ils reſſemblent aus Lions d'Agle à qui les veaus rongent la queuë, eſtant vray qu'il ne faut que le ſeul cry des enfans pour leur donner la chaſſe. Enfin il me ſouuient d'auoir leu dans François Aluarez, qu'en Ethiopie les Tigres & les Pantheres ne nuiſent à qui que ce ſoit, parce qu'elles y viuent ſans eſtre irritées, & que perſonne ne les y pourſuit. Ie ſçay bien qu'il y en a qui ont naturellement plus de ferocité, mais apres tout on ne ſçauroit nier que toutes les relations ne portent qu'aus endroits de nouuelle deſcouuerte il ne s'eſt point trouué d'animaus qui ne fuſſent priuez. Les Oiſeaus ſe laiſſoient prendre ſans s'enuoler aus Iſles du Cap verd. Les Oies que nous nommons icy ſauuages ſont domeſtiques aus coſtez de Noruegue. Les Hollandois les prennent encore tous les jours à la main vn peu plus hault vers le Nort. Et Louis de Cadamoſte repreſente comme à Madere les pigeons qui eſtoient au ſommet des arbres ſe laiſſoient entortiller le col auec vne korde qui les attiroit à bas,

ne craignant rien, non plus que ceus d'A- *L.8.prep.*
scalon dont parle Philon & Eusebe apres *Eu.c.vlt.*
luy. Ce n'est donc la pluspart du tems que
le mauuais traitement que nous faisons
aus bestes qui les rend sauuages, & qui
leur donne en suitte cette animosité auec
laquelle ils taschent de nous rendre la pareille.

Le principe d'vn tel desordre, aussi bien
que tout le mal qui est au monde, doit
estre rapporté, comme j'ay desia dit, à nostre vanité, & à la sotte opinion que nous
auons que tout nous y doit estre permis,
puis qu'il n'a esté fait que pour nous, *ini-* *Eccl.c.10.*
tium omnis peccati est superbia. Auec cette
ridicule fantaisie nous nous faisons accroire que les Cieux ne roulent que pour
nous, que le Soleil n'a de la lumiere que
pour nous esclairer, & que les Anges
mesmes qui composent ces grandes Hie-
rarchies n'ont esté crées que pour auoir
soin de nos commoditez. *Profecto ni-*
mis nos suspicimus, si digni nobis vide-
mur propter quos tanta moueantur. Ce *L.4. con-*
n'est pas que ie ne deteste auec Origene *tra Celf.*

l'impieté de Celſus & des Epicuriens, qui ne vouloient pas que l'homme euſt aucune prerogatiue pour ce regard ſur le reſte des animaus. Il eſt iuſte d'adorer auec remerciement l'eternelle Prouidence, du rang auantageus qu'elle nous a donné icy bas, dans vne ſubordination où nous voyons toutes choſes au deſſous de nous, & faites en quelque façon pour nous. Mais noſtre premiere penſée doit eſtre ce me ſemble, que Dieu a creé le Monde pour ſa gloire, dont tout ce qu'il contient publie la grandeur, *omnia propter ſemetipſum operatus eſt Deus* ; & que comme remply de bonté il s'eſt plû à faire ce qui eſt bon, & à nous combler de biens ſans les auoir meritez. *Quæ Deo faciendi mundum cauſa fuit? bonus eſt, bona fecit;* c'eſt vne Sentence de Platon tres-digne du Chriſtianiſme. Les Chats ſe perſuadent peut-eſtre que les Rats & les Souris ne ſont que pour les engraiſſer. Gardons-nous bien de croire quelque choſe qui approche de cela, en nous imaginant que tous les animaus ſoient tellement faits

Sal. prou. 6. 56.

pour nous fouler, ou pour nous feruir, que nous puiſſions ſans reproche & ſans injuſtice eſtre inhumains & deſpourueus de toute charité en leur endroit.

L'autheur de la Nature ne veut pas ſans doute que nous ſoyons deſnaturez. Sa grace qui redreſſe & parfait cette meſme Nature ne la deſtruit iamais. Et ie trouue que l'Empereur Marc Antonin a eu raiſon de nommer celuy qui la controlle trop abſolument, ἀπόσημα καὶ οἷον φῆμα τοῦ κόσμου, *abſceſſum & velut vlcus mundi*. Or elle ne nous inſpire rien plus fortement dans l'ame, que la reconnoiſſance de toute ſorte de bien-faits. Comment pourrons-nous donc ſans luy faire violance, c'eſt à dire ſans offenſer les lois diuines & humaines, tyranniſer les beſtes qui nous rendent ſeruice, & eſtre impitoyables enuers celles qui nous ſont vtiles en tant de façons. Car les plus grands Philoſophes demeurent d'accord qu'il n'y a aucun animal dont nous n'ayons moyen de tirer quelque auantage, les Pulces meſmes nous eſueillant à propos, comme diſoit

L. 2. de vita ſua.

Chrysippe, & les Souris nous apprennant à estre soigneus de bien placer ce que nous deuons conseruer. Aussi peut-on remarquer l'equité naturelle dont nous venons de parler, en ce que par vne iuste compensation il n'y a reciproquement aucune partie de l'homme qui ne soit vn remede specifique à quelques animaus. Cela se prouue par vn trop long dénombrement, il me suffit d'obseruer apres Aristote que nos excremens mesmes seruent de medecine à la Panthere, lors qu'elle a mangé du Pardalianches : Que l'oiseau que nous nommons Hupe, & les Latins *Vpupa*, n'employe point d'autres materiaus qu'eus à la construction de son nid : Et que les Bœufs de Bœotie, aussi bien que ceus de Cypre, n'ont esté nommez *Scatophages*, qu'à cause, dit Pline, en parlant des premiers, que nostre ordure leur est vn souuerain antidote contre les mauuaises trenchées dont ils sont persecutez.

Pour ne vous pas laisser sur vn sujet de si mauuaise odeur, ie vous veus diuertir par quelques petites obseruations faites sur

Pluta. contr. des stoi.

L. 9. de hist. an. c. 6. & 13.

sur ceus qui nous ont entretenus iusques-icy.

Pline prent l'Elephant pour le plus spi-rituel de tous les animaus, lors qu'il le nomme *humanis sensibus proximum*; car quant au Chien, il ne luy attribuë ailleurs que l'auantage de la memoire par ces mots, *nulli præter hominem memoria maior*. Ammian Marcellin defere l'honneur de la spiritualité à l'Hippopotame au vingt-deuxiéme liure de son histoire dont voicy les termes, *Hippopotami ultra animalia cuncta ratione carentia sagacissimi*. Si ce qu'on dit des Singes de la Guinée est veritable, dont ie vous renuoye à la vie de feu M. de Peiresc si excellemment es-crite par nostre amy, ils sont encore plus intelligens, & il est fort aisé de croire ce qu'à escrit Philostrate de la recolte du poi-vre que les Indiens faisoient faire par leurs Singes. Mais la consecration du Hibou à Minerue à cause de sa sagesse, le mettroit au dessus de tous n'estoit qu'elle tient trop de la fable, quoy qu'en vieülle dire Dion Chrysostome en deus oraisons dif-

L. 8. c. 1. & 40.

Gassendus p. 271.

De vita Ap. l. 3. c. 1.

Orat. 12. & 71.

ferentes. Voulez-vous sçauoir qui sont les plus sots ou les plus stupides ? Pline vous asseurera en parlant de la Brebis, que ce sont ceus à qui la laine sert de couuerture, *quam stultissima animalium lanata*, quoy qu'il dise en vn autre endroit qu'il n'y en a point de si indociles, ny de si peu d'entendement que la Mouche, *nullum animal minus docile musca, minorisue intellectus.*

L. 8. c. 49. & l. 29. c. 6.

Le Crocodile est le seul qui croist autant de tems qu'il est en vie, & qui sortant d'vn œuf gueres plus gros que celuy d'vne Oie, paruient à la longueur de dix-sept couldées, *maximumque existit ex minimo*; mais il n'est pas le plus grand pourtant. On fait passer la Balene sans contredit pour la plus grosse de toutes les creatures viuantes. Et s'il s'en trouue aus Indes de cinquante couldées selon le texte d'Arrian, ou de quatre iourneaus de terre comme Solin le rapporte, ou qui logent sept hommes dans leurs testes, dont vn entre facilement à cheual par leur bouche ; Cabrera descriuant ainsi celle qui

Herod. l. 2. & Diod. sic. l. 1.

Bacon hist. nat. l. 6. c. 2.

C. 52.

L. III. hist. c. 2.

blessée depuis peu au détroit de Gibraltar vint mourir sur la coste de Valence; ie ne pense pas qu'on leur puisse rien comparer en masse de corps. Le *Cuntur* ou *Condor* dont l'histoire des Incas fait mention, est *L.5.c.23.* grand entre les Volatiles; il ne l'est pas *& l.8.c.* neantmoins prodigieusement comme le *17.* *Ruch* de l'Isle Magadascar, qui enleue les Elephans auec ses ongles, s'il en faut croi- *L.3.c.35.* re Marc Polo dont les relations se confirment tout les jours. On ne luy peut rien opposer de mieux, que ce petit oyseau qu'Obiedo nomme *Moschetto*, & d'autres *Vocelin*, ou *Oiseau-mouche*; puis qu'auec son nid & sa plume il ne pese pas plus de vingt-quatre grains. Mais à parler en general le moindre de tous les animaux est celuy qui naist dans la cire, & dans le bois, qu'Aristote appelle *Acare*, comme *5. de hist.* qui diroit insectile ou indiuisible. Nos Ci- *an: c. 32.* rons des mains ont pris sans doute leur nom de luy.

Ouiedo tient que le Loup marin est le *13. hist.* plus viste de tous les Poissons. Pline fait le *6.* Dauphin bien plus prompt, puis qu'il luy

MMmm ij

luy donne l'auantage en cela sur tous les animaus; *velecißimum*, dit-il, *omnium animalium, non solum marinorum, Delphinus, ocyor volucre, ocyor telo*. Si est-ce que le Faulcon du Roy François premier qui passa de Viliers-Coterests à Londres fut merueilleusement fort d'ailes, & cét autre encore dauantage qui d'vn vol retourna d'Andalusie en Teneriffe, l'vne des Isles Canaries, auec les veruelles du Duc de Lerme, trauersant en seize heures vn espace de deux cent cinquante lieuës. Ie ne doute point que le plus tardif des animaus ne soit celuy des Indes Occidentales nommé *Paresse*, veu ce qu'on escrit de luy, qu'il est vn jour à faire cinquante pas. Les Grecs ny les Latins n'ont point connu de plus grande tardiueté que celle de la Tortuë, qui n'en approche pas.

Si la beauté des animaus se deuoit regler par nostre ressemblance, le Singe en pourroit emporter le prix, & neanmmoins Aristote le luy a fort expressément refusé au chapitre second du troisiéme liure de ses Tropiques. Ie pense aussi que quand

L.9.c.8.

Zoroastre au lieu de faire Dieu *anthropo-* *Euſ. præp.* *Euā.l.1.c.* *morphite*, luy a donné vne teste d'Esper- *vlt.* uier, il n'a voulu parler que de sa bonne veuë. Mon opinion est que le Paon doit passer pour la plus agreable & la plus superbe tout ensemble des creatures desraisonnables.

Fastus inest pulchris, sequiturque superbia *Ouid. 1.* *formam.* *faſt.*

Il semble posseder luy seul tout ce que la Terre a de plus esmaillé, & le Ciel de plus lumineus. Tertullien dit qu'il change d'habits aussi souuent qu'il prent de differentes postures. Et Chrysippe rauy de la beauté de son plumage, soustenoit que la nature l'auoit fait pour sa queuë, & non pas sa queuë pour luy, par vne façon de parler dont Plutarque ne s'est pas conten- *Contr. des* té. Ie ne sçay sur qui jetter les yeus pour *Stoï.* trouuer en suite le plus difforme des animaus. Vous sçauez bien qu'il n'y a gueres de laideur qui esgale celle d'vne laide femme, comme la beauté d'vne belle est sans pareille. Mais n'irritons pas les Fées dans vn discours fait seulement en faueur des animaus. Finiſſons le pluſtoſt par où nous l'auons commencé, attribuant à l'homme vn pouuoir royal ſur eus, encore qu'il ne doiue pas eſtre tyrannique. Conſiderons que quelque difference que nous eſtabliſſions entr'eus & nous du coſté de la forme, nous ne laiſſons pas d'eſtre tous d'vne matiere commune ; qu'Agamemon eſt loüé d'auoir preferé vne bonne Caualle à vn homme poltron ; & que les Arabes donnent tous les jours quinze Eſclaues pour vn Cheual.

DE L'EXAMEN
de conscience des Pythagoriciens.

LETTRE LV.

MONSIEVR,

Quand ces anciens Poëtes, qui ont esté les premiers Philosophes, feignirent que Promethée auoit formé l'homme de diuers membres qu'il prit de plusieurs especes d'animaux, ie ne doute point qu'ils n'eussent intention de remarquer la grande varieté de l'esprit humain, & à combien de differentes passions il est sujet. La mesme moralité se tire de la fable des Centaures, qui n'ont esté representez de deus natures si peu conformes, que pour exprimer la difficulté d'accorder l'appetit

sensuel auec le raisonnable, & de faire vne vnion parfaitte des deus parties qui nous composent. C'est ce qui portoit Socrate à dire qu'il n'eust pas voulu asseurer d'estre vn homme veritable & tel que nous le definissons, n'estant pas bien certain s'il n'estoit point quelque autre animal extraordinaire, & aussi estrange qu'on representoit Typhon de son tems. Cependant l'Oracle l'auoit declaré le plus sage des hommes, & ce mesme Oracle recommandoit à vn chacun la connoissance de soy-mesme, comme la plus importante partie de la Sagesse humaine. Ne peut-on pas conclure de là qu'il n'y a rien qui soit plus difficile que de se connoistre, puis qu'vn si grand personnage n'en put iamais venir à bout? Et que toute nostre Sagesse est fort bien nommée vne vraye folie deuant Dieu, puis que les viues lumieres de Socrate ne l'auoient pas rendu plus clairvoyant en son propre faict? Si est-ce que la Philosophie n'a point de si important precepte que celuy de rentrer en nous-mesmes, de nous obseruer soigneusement, &
de

de faire des reflexiōs interieures qui nous donnent toute la conñoiſſance que nous ſommes capables de prendre pour ce regard. Mais entre tous ceus qui ont cultiué la Morale, les Pythagoriciens ont eſté ſans doute incomparables en cecy. Ils s'obligeoient & leurs ſectateurs à faire chaque ſoir iuſques à trois fois deuant que de s'endormir vn tres-ſeuere examen de conſcience, ou repaſſant par leur memoire toutes les actions du iour, ils ſe reprochoient non ſeulement le mal commis, mais l'obmiſſion meſme du bien, s'il s'eſtoit eſcoulé quelque occaſion d'en faire qu'ils euſſent negligee. En verité nous deurions auoir honte, dans la profeſſion que nous faiſons du Chriſtianiſme, de mener vne vie beaucoup plus deſordonnée que n'eſtoit la leur, & de ſçauoir bien moins qu'eus la pratique de ce Tribunal interieur, d'où lon ne ſort iamais ſans quelque nouuelle lumiere d'entendement, & quelque melioration de la volonté. Car il ne faut pas penſer que rien nous puiſſe rendre plus vertueus, que la

Aurea carm. Pyth.

connoissance de nos fautes. La meilleure partie de nostre perfection consiste à bien remarquer nos imperfections. Et c'est vn si grand auancement au bien de sçauoir discerner le mal où nous trempons, que comme il n'y a que celuy qui est esueillé qui puisse raconter ses songes, il n'appartient qu'à ceus qui sont desia dans l'vsage des Vertus de s'apperceuoir de leurs Vices, d'en comprendre la laideur, & d'en auoir necessairement en suite vne parfaite auersion. Ie parle de necessité, par ce que le plus desreglé des hommes changeroit indubitablement de mœurs, & auroit horreur de sa turpitude, s'il se donnoit le loisir de l'envisager comme il faut. Et c'est à mon auis pourquoy Platon ordonne au cinquiéme liure de ses lois, qu'apres le respect deu à Dieu, chacun reuere son ame propre, & s'accoustume à la considerer comme vn tesmoin de tout ce qu'il fait; ayant mesme quelque pudeur à l'esgard de son corps, auquel il veut qu'on defere vne troisiéme espece d'honneur.

Or le fruict de cét entretien secret où

OV LETTRES. 549

chacun se doit exercer est de telle importance, que Seneque ne croit pas qu'il y ait vn moyen plus asseuré pour discerner le progrez que nous faisons dans le chemin de la Vertu, nos auances vers la Sagesse, & de combien de degrez nous pouuons estre distans du pole de nostre Felicité, que de se consulter soy-mesme, sonder sa conscience, examiner les reproches qu'elle nous fait, sa synderese, & ses remords; n'y ayant que la probité seule qui donne la tranquillité d'esprit, & cette pleine satisfaction dont joüissent les gens de bien, *secura mens quasi iuge conuiuium*, dit Salomon dans vn sentiment parfaitement conforme à celuy de Seneque. Si le chagrin nous prent dans cette retraite, si nous nous y trouuons insupportables à nous-mesmes, si les passions sont assez insolentes pour nous y venir solliciter, & si le moindre coup de tonnerre nous y fait pallir au souuenir de nos crimes, ne serons-nous pas contrains d'aüoüer qu'il y a bien du païs encore à trauerser deuant que d'arriuer à l'estat de perfection, & qu'il nous reste bien des

NNnn ij

monstres à surmōter dans la voye qui conduit au Ciel. Certes il y a grandemēt à dire entre vne innocence apparente, par le deffaut de tesmoins qui luy puissent rien reprocher, & la vraye innocence qui n'apprehende pas mesme ce rigoureus Tribunal de la conscience dont nous auons desja parlé. Mais bien que personne peut-estre n'y trouue vne entiere absolution, & que cette bonté consommée, ou cette καλοκαγαθία des Grecs dont Diogene se vantoit aus chams Olympiques d'auoir remporté le prix, soit vne pure Chimere; si est-ce que le plus ou le moins qu'on en approche est merueilleusement considerable. Nous deuons tenir pour certain que les parfaits ne sont pas de ce siecle. C'est beaucoup de viure sans crime, & celuy-là n'en est pas exemt au jugement de sainct Augustin, qui s'ose vanter d'estre sans peché. *Satis bene viuitur si sine crimine, sine peccato autem qui se viuere existimat; non id agit vt peccatum non habeat, sed vt veniam non accipiat.* De sorte qu'il n'y a guéres que le secret de nos fautes qui nous donne

Dem. Phal. l. de eloc.

L. 14. de ciu. Dei c. 9.

OV LETTRES. 651
la hardiesse des Innocens; *innocentem quisque se dicit, respiciens testem non conscientiam*, la morale de Seneque se rencontrant encore icy d'accord auecque nostre Theologie. N'est-ce pas nostre conscience, dit le mesme Philosophe, autant & plus que Ep. 43. nostre ambition, qui a mis tant de portiers aus maisons mesme des particuliers, & qui fait que persóne n'oseroit plus viure à huis ouuert? Quoy qu'il en soit la malice la plus acheuée ne se trouue iamais à l'espreuue de l'examen Pythagorique, & de cette inquisition mentale qui penetre iusques aus plus cachez replis de nostre ame. Ceus qui s'y accoustument ne se contentent pas de viure selon les loix escrites, & de ne rien faire contr'elles; ils sçauent que celles de la Charité & des offices mutuels s'estendent infiniment au delà. Ils tiennent que chacun est obligé de faire tout le bien à tous les hommes, qu'il voudroit receuoir d'eus. Qu'on doit estre tel en effet qu'on desire estre tenu. Qu'il faut s'acquiter du deuoir d'vn homme de bien alors principalement qu'on peut impunement estre

NNnn iij

meschant. Et que si les bestes ne s'abstiennent de mal faire que par la crainte, il n'en est pas de mesme des hommes qui s'en doiuent abstenir par raison.

La connoissance neantmoins de ces maximes, que vous pourriez assez apprendre d'ailleurs, n'est pas le plus grand auantage qui se receüille des retraites d'esprit journalieres que nous deuons faire. L'égalité de vie & l'vniformité de mœurs qui s'y contractent sont tellement importantes, que nous ne pouuons estre vertueus sans elles, si la Vertu est bien definie vne constante application de toutes nos actiós au bien. Voyez ie vous supplie celles d'vn *L.1.sat.3.* Tigellius d'Horace, ou de tel autre vicieus que vous voudrez choisir, & vous m'auoüerez ie m'asseure que l'irresolution, l'inquietude, & la contrarieté qui s'y remarquent, forment vn caractere non seulement indicatif, mais mesme infaillible de la mauuaise assiette de leur ame. *12.instit.* *Nihil est enim*, dit Quintilien quelque *c.1.* part, *tam occupatum, tam multiforme, tot ac tam varijs affectibus concisum, atque la-*

OV LETTRES.

ceratum, quam mala mens, Aussi auoit-il appris de celuy qu'il nomme perpetuellement son maistre, que l'ordre & le rapport des mœurs d'vn homme ne sont pas moins considerables dans sa vie, que la juste collocation des paroles, & l'arangement des periodes dans vne piece d'eloquence. Si la fin ne respond au commancement, & si ce qui est enoncé en vn endroit se destruit par vn autre, il n'y a personne qui ne fasse aussi-tost vn tres-mauuais jugement de l'Orateur. *Talis est igitur ordo actionum adhibendus, vt quemadmodum in oratione constanti, sic in vita omnia sint apta inter se & conuenientia.* C'est à quoy tout le monde ne prent pas garde de si prez. Mais de la mesme façon que ceus qui sçauent la Musique remarquent facilement le moindre ton discordant qui arriue dans vn concert; ceus qui s'entendent aus regles de la Morale ne manquent gueres à tirer des consequances necessaires d'vne contrarieté d'actions d'autant plus vicieuse, que la melodie des mœurs est tout autrement importante que celle des vois ou des in-

Cic. 1. de Offic.

ſtrumens. Tant y a que rien ne ſert tant à rendre noſtre vie eſgale, à retrancher les irregularitez qu'elle peut auoir, & à faire ſelon le mot de Phocylide que toutes choſes y ſoient conformes ὁμόφρονα πάντα, comme le raiſonnement du ſoir ſur tout ce qui s'eſt eſcoulé de bien & de mal le long de la journée. La cenſure du paſſé rectifie l'auenir, & la repetition quotidienne des leçons de noſtre deuoir, nous y forme des habitudes qui nous font agir ſans peine & ſans variation. Ie ne veus pas dire pourtant que nous puiſſions deuenir impeccables par ce ſeul moyen. Il faut vne grace du Ciel toute particuliere pour cela. Les meilleurs eſprits ſe dementent par fois. Et ie les tiens ſujets auſſi bien que les corps à des infirmitez peridioques qui ſe preſentent de tems en tems lors qu'on y penſe le moins, & qui ne ſe peuuent preſque eſuiter. L'entendement n'a pas moins ſes cathares & ſes diarrhées, qui nous font remarquer ſouuent pour gens de mauuaiſe humeur, que la partie la plus caduque; *Orat. 4.* & Dion Chryſoſtome a fort bien obſerué né qu'il se trouue par fois en l'vn & en l'autre des maladies tellement compliquées, qu'elles passent pour incurables. Il est donc fort auantageus de sçauoir que le plus promt & le plus souuerain remede qu'on leur puisse opposer, dépent de ce discours secret, & de cét examen interieur dont Pythagore prescriuoit l'vsage à ses disciples, la vraye Religion l'ayant depuis rendu beaucoup plus parfait.

Cependant il n'y a rien qu'on neglige dauantage aujourd'huy. Personne ne prent le tems necessaire pour rentrer en soy-mesme. Et c'est ce qui cause le desordre & l'irregularité dans nos vies, où nous ne voulons jamais deus jours de suitte vne mesme chose. L'Orateur Grec que ie viens *Orat. 33.* de citer reproche ailleurs fort gentiment à ceus de Tharsis, qu'ils auoient bien plus de soin de la clairté des eaux du fleuue Cydnus, que de la pureté de leurs mœurs; adjoustant cette raillerie, qu'il les voyoit auec admiration dormir comme des Liévres les yeux ouuers. Certes on en peut dire autant de la pluspart de nous au

PETITS TRAITEZ,

sens, & qu'il parloit. Les passions qui nous agitent tant que le jour dure, ne sont pas moins desreglées ny moins extrauagantes que celles qui viennent des songes les plus bizarres de la nuict. O la difficile chose, s'escrie Seneque à ce propos, d'estre tousiours vn mesme homme, & de ne joüer iamais qu'vn personnage! Encore quand Alcibiade paroissoit magnifique dans Athenes, laborieus dans Thebes, frugal dans Sparte, yurongne en Thrace, chasseur & amoureus en Perse, c'estoit par vn certain acte de prudence qui le portoit, aussi bien qu'Aristippe, à s'accommoder aus lieus differens où il se trouuoit. Mais quelle excuse pouuons-nous prendre de l'inconstance de nos mœurs, & de la varieté de nos desirs, qui se transforment à tout moment auec la mesme facilité que l'eau change de figure selon la diuersité des vases qu'on luy fait remplir. Nous ne nous contentons pas d'auoir deux cœurs comme les Perdris de Paphlagonie, puis que nous en donnons vn tout entier à chaque objet de nos pas-

Corn. Nepos in eius vita.

sions. Et nostre Esprit est si inquiet & si peu arresté, qu'on le peut comparer à cette Lune qui ne pût iamais trouuer de Tailleur assez adroict pour luy faire vne robe iuste. Si est-ce que beaucoup de Philosophes ont creu que sans s'amuser à toutes les definitions qu'on donne de la Sagesse si l'on pouuoit s'asseurer d'en estre en possession, si l'on vouloit ou ne vouloit pas tousjours vne mesme chose. Qu'est-ce qui a rendu Caton le plus considerable des Romains, que la fermeté de son ame, & cette mesme teneur de vie dont il ne se départit iamais, *nemo mutatum Catonem totiens mutata Republica vidit, eundem se in omni statu præstitit.* Ie vous en pourrois dire autant de Socrate, & ce discours mesme-roit fort loin si ie ne le terminois expressément, pour finir par deux ou trois petits aphorismes qui me viennent dans l'esprit, comme faisant partie de la Morale dont ie vous viens d'entretenir.

Que nostre entendement deuienne tous les iours plus riche si faire se peut par quelque nouuelle acquisition, ne fust-ce

Sen. ep. 20.

Idem ep. 105.

Cic. 4. Tusc. de anim. pass.

que pour remplacer ce qui se perd d'vn autre costé. Il ne se voit point d'hommes plus simples ny plus traitables, que ceus qui sont solidement vertueus, & veritablement sçauans. Mais il arriue que comme à mesure qu'vn tonneau se vuide, le vent succede en la place de la liqueur: Nostre ame aussi perdant ses bonnes habitudes, & ses meilleures notions par negligence ou autrement; la sotte vanité auec assez d'autres mauuaises qualitez entrent en la place, & sont reconnoistre par experience qu'il n'y a rien de plus badin, ny de plus presomptueus, qu'vn vicieus, & vn ignorant.

C'est dans vos plus profondes retraites, & lors que vostre esprit se concentrera dauantage, que vous iugerez le mieus de l'immensité du monde, & que le spectacle de toute la Nature vous donnera les plus essentiels contentemens. *Continet enim sedationem animi humana in conspectu posita natura.* Faites en sorte que les lumieres qui vous viendront alors ne se perdent pas inutilement, & qu'au sortir de là, au lieu de se dissiper sans fruit, elles vous seruent dans la conduitte de vostre vie. Hérodote parle de deus fontaines de Lybie, celle d'Ammon ou du Soleil, & celle d'Ægile, qui sont tres-chaudes la nuit, mais que la presence de cét Astre refroidit de telle façon qu'on les trouue extremement froides à l'heure de midy. La plus part des hommes sont de mesme en ce qui touche la Morale. Ils n'ont de la chaleur à bien faire que hors de l'occasion, & quoy qu'ils prennent de bonnes resolutions la nuit & dans le plus secret de leur interieur, elles se glacent auec le jour, & ils ne se portent iamais qu'auec froideur aus actions de vertu. Ce sont ordinairement les mauuaises compagnies qui causent ces refroidissemens au bien. Elles peruertissent les meilleures inclinations, & font en cela comme les vents à l'esgard de la Mer, qui seroit d'elle-mesme tousiours vtile & agreable, si leur impetuosité n'alteroit sa nature, & ne changeoit sa bonace, & ses calmes en de furieux orages. Esloignez-vous de ces violentes & perilleuses frequentations, si vous estes amy de la tranquillité de voſtre ame & de ſon ſalut.

Tenez pour aſſeuré qu'il n'y a point de vertu qui demeure ſans recompenſe, ny de vice ſans punition. Celuy qui peche, la merite; celuy qui la merite, l'attend; & celuy qui l'attend, l'endure; *ſceleris in ſcelere ſupplicium eſt*. Croyez-vous que voſtre qualité couure vos faultes? elle les rend plus grandes & plus viſibles, ce ſont des taches ſur vn habit precieux. Ne penſez pas auſſi faire vne bonne action, ſi vous ne la faites bien; Dieu eſt amy des Aduerbes. La meſme choſe qui paſſe icy pour vn crime, ſera priſe ailleurs pour vne vertu; comme le meſme foin qui croît & tuë au territoire que Pline nomme *Cruſtuminum*, eſt ſain & nourriſſant ailleurs. Et pour concluſion apprenez des Payens, quoi qu'on veüille qu'ils n'ayent eu aucune vertu morale, que ce qui ſe fait par vn pur motif de vanité n'a rien de recommandable, *qui virtutem ſuam publicari vult, non virtuti laborat ſed gloriæ*, dans le propre texte de Seneque. Il n'eſt donc

Greg. Nanz.

L. 2. c. 95.

pas absolument vray que leurs meilleures œuures fussent tousiours corrompuës par vn mauuais leuain d'ambition. Et il faut dementir tout ce qu'ils nous ont laissé par escrit, ou reconnoistre qu'ils se sont souuent portez à bien faire, par ce que selon leur creance aussi bien que selon la nostre, Dieu aimoit les actions de Vertu, comme il estoit le grand ennemy du vice.

DES BRINDES.

LETTRE LVI.

Monsieur,

I'auois bien oüy definir l'yurognerie vne alienation d'esprit volontaire, mais à ce que ie puis voir par ce que vous me dites de vos Brindes, il s'en trouue encore d'autre où l'on ne tombe que par force, & qui se peut nommer involontaire. Prenez garde cependant qu'il n'y ait plus d'inhumanité à contraindre de la sorte ceus qui n'ont nulle enuie de boire, & qui par raison s'en deuroient abstenir ; qu'il n'y en auroit à leur oster le verre de la main, & à les empescher de se desalterer dans vne tres-ardente soif. Vous auez beau prendre

dre à garend toute l'Allemagne, & mettre mesme l'ancienne Philosophie Grecque Romaine de vostre costé; vous ne ferez iamais que ce qui est absolument contre Nature soit tolerable, tant s'en faut qu'il merite d'estre estimé. Ie sçay bien qu'on a dit prouerbialement que la Verité se trouuoit dans le Vin, qui la fait sortir du plus secret de nostre ame, auec la mesme faculté & facilité dont il tire iusques à la lie du fond du vaisseau où il boult. C'est ce que signifie le mot Espagnol *el vino anda sin calzas*. C'est encore pourquoy on l'a souuent nommé le miroir de nostre interieur. Et quand on donnoit à ceux qui auoient remporté la victoire aus combats de Bacchus vn Trepied, ou pour mieux dire vne tasse à trois pieds; Athenée nous apprent que c'estoit en faisant reflexion sur la proprieté qu'à le vin, de nous rendre aussi veritables que l'estoient ces personnes qui prononçoient des Oracles montez sur vn Trepied. Mais quelques bonnes qualitez qu'ait le Vin, comme il en a sans doute de tres-considerables sans celle-là,

2. *Deipn.*

il ne s'enfuit pas que nous deuions approuuer ses mauuais effets, ny que ses excez qui font perdre le jugement, & qui mettent l'homme en pire estat que ne sont les bestes brutes, puissent estre tolerez. Ie parle de la sorte parce qu'elles ne se priuent iamais de leur forme naturelle; là où ceus à qui le Vin oste l'vsage de la raison deuiennent les plus imparfaits de tous les animaus, n'ayant plus ce qui nous distingue d'eus, qui constituë nostre espece, & qui est nostre veritable forme. Aussi lisons-nous que les Lacedemoniens ne croyoiét pas qu'il y eust de meilleur remede contre vn si vilain vice, qui rendit leur Roy Cleomene insensé de tout poinct, que de faire considerer à leurs jeunes gens les infames & ridicules actions ou s'abandonnoient leurs Ilotes ou esclaues lors qu'ils estoient yures. Platon conseilloit de mesme à ceus qui estoient tombez dans ce malheur, de se regarder dans vn miroir, ne doutant point que la honte qu'ils auroient de leur seule contenance, & de leur image desfigurée, ne leur donnast vne ex-

Diog. Laer. in Pl.

OV LETTRES.

tréme auersion d'vn tel desordre. Et ie pense que les Cornes mises par les Peintres au front de Bacchus, n'auoient pas moins de rapport à l'estat furieus où le Vin reduit ceus qui en prennent immoderement, qu'à la façon de boire dans des vases ou gobelets de corne, dont on veut que les premiers hommes se soient seruis.

Quoy qu'il en soit, Pittaque, que vous prendrez ou pour l'vn des sept Sages comme l'escrit Diogenes Laertius, ou pour quelqu'autre Legislateur de mesme nom, fut loüé d'auoir estably vne double peine aus crimes qui se commettroient par des yurongnes. Les Dames Romaines n'estoient pas moins punies pour auoir beu du Vin, que si elles eussent esté conuaincuës d'adultere. Iamais les Carthaginois n'en voulurent permettre l'vsage à leur Milice. Pythagore le deffend à ses disciples dans Iamblique. Les Musulmans s'en abstiennent dans toute l'estenduë de leur religion. Diodore Sicilien interprete l'aueuglement de cette Reine Lamia qui mettoit ses yeux dans sa gibbeciere, de son

Ramus ad t. vlt. l. 2. Polit. Arist.

A. Gell. l. 10. c. 23.

Arist. 1. Oecon. c. 5.

L. 20.

ebrieté, durant laquelle toutes les affaires de son Royaume alloient en confusion, par ce qu'elle n'en prenoit nulle connoissance. Il n'estoit pas permis d'en mesler auec ce qu'on sacrifioit autrefois au Soleil, pour tesmoigner l'auersion qu'en doit auoir celuy qui est preposé au gouuernement de tout le monde. Et parmy les Allemans mesme il suffit, pour faire casser vn contract, de prouuer qu'on l'a passé apres auoir fait carrousse. En verité c'est vn grand auantage d'estre nay dans vn païs different du leur pour ce regard, ou d'vn temperament qui esloigne de leurs mauuaises habitudes, comme l'ont ceus que les Latins nomment *abstemios*. A peine que ie ne dise qu'il vaudroit mieux ressembler à ceus qui ne boiuent point du tout, que d'estre engagé presque naturellement dans des mœurs si desraisonnables. Car vous sçauez ce qu'Apollonius surnommé le Dyscole rapporte d'vn liure d'Aristote que nous auons perdu, & qui traittoit du vice dont nous parlons. L'on y lisoit qu'vn Grec d'Argos auoit passé toute sa vie non

Athen. l. 15.

Bodin l. 3. de la Rep.

culement sans boire, mais encore sans auoir soif, bien qu'il mangeast beaucoup de choses seches & salées. Le mesme ne fut pas seulement alteré en trauersant ces grands deserts d'Affrique qui se trouuent deuant que d'arriuer au lieu où estoit le Temple de Iupiter Ammon, quoy que dans tout le chemin il ne prist nulle nourriture qui eust la moindre humidité. L'on a creu que ce fameus Abaris Hyperboreen n'auoit iamais esté veu ny boire, ny manger. Et quelqu'vn asseure dans Athenée qu'on obserua durant trente iours d'Esté vn Lasyrta Lasionius, qui sans s'abstenir des viandes les plus propres à donner de la soif, ne beuuoit en façon quelconque, & si ne laissoit pas de pisser comme vn autre homme. Ie doute donc s'il ne seroit point plus souhaittable d'estre nay comme ces derniers, que d'auoir les inclinations deprauées de ceus qui mettent leur souuerain bien à vuider les bouteilles. Il est vray que le Vin passe pour le laict de Venus dans Aristophane. Le plaisir qui se ressent quand

Iambl. de vita Pythag. 6. 28.

L. 2. Deipn.

on estanche la soif est tout autrement grand que celuy qu'on prent en contentant la faim, à cause qu'autant que ce dernier est lent, le premier est subit, & se fait sentir en vn moment par toutes les parties du corps, selon le raisonnement du Disarius de Macrobe. Et ie me souuiens tousiours de cet Espagnol qui disoit à la Maluoisie, dont il ne se pouuoit seurer quelque preiudice qu'elle fist à sa santé, *yo te perdono el mal que me hazes, pour el bien que me sabes*. Mais si en faut-il reuenir-là qu'il n'y a point de volupté qui puisse iustifier vn crime, ny de coustume qui doiue authoriser vos raisons de table, & vos Brindes, qu'on doit tenir auec Empedocle pour des contraintes tyranniques, & des persecutions tout à fait insupportables. Aussi n'y a-t'il rien dans tout le superbe festin d'Assuerus qui me plaise d'auantage, que la deffence qu'il fit qu'on y violentast qui que ce fust à boire plus qu'il ne voudroit, *nec erat qui nolentes cogeret ad bibendum*. Si vous doutez que la force soit icy vn peché contre Nature, considerez que de tous

7. Saturn. c. 12.

Esther. c. 1.

les animaux il n'y à que l'homme seul qui boiue sans auoir soif.

Ce n'est pas que ie pretende vous interdire absolument les gayetez de la bonne chere, qui oblige à quelque chose de plus que l'ordinaire; ny que ie veüille vous reduire aus termes de ceux *quibus libentia gratiaque omnes conuiuiorum incognita sunt.* Il n'y a que les Vautours qui prennent naturellement leurs repas sans boire, quoy que nous aions dit d'Abaris & de ses semblables. Les sectateurs mesme d'Hippocrate sont contraints d'auoüer qu'il est vtile par fois de boire vn peu largement. L'Oracle auertit pour cela les Atheniens de rendre des honneurs diuins à Bacchus Medecin. Encore aujourd'huy ceus qui habitent la Montagne de Beny en Affrique adorent le Vin comme vn Dieu, si nous en croyons Iean Leon. Aristote reconnoist qu'il nous remplit d'vne douce esperance qui donne de la generosité, εὐέλπιδας ποιεῖ; d'où vient qu'il remarque encore ailleurs que tous les hommes de courage, ou peu s'en faut, aiment fort ce

Macrob.
2. saturn.
c. 8.

l. 3. Affr.

3. Eud. c.
1. & probl.
sect. 3. qu.
16. & sect.
27. qu. 4.

breuuage, *vinosi sunt*, οἰνώοι. Et bien que Chæremon attribuast les effets differens du Vin à sa complaisance, s'accommodant aus diuerses humeurs de ceus qui en prennent. Si est-ce que Salomon l'ordonne à ceus qui ont l'esprit contristé, pour les resioüir, *date siceram mœrentibus, & vinum his qui amaro sunt animo. Bibant & obliuiscantur egestatis suæ, & doloris sui non recordentur amplius.* L'importance est de ne passer pas iusques aus extremitez, & de considerer que celuy mesme qui donne ce conseil, nous auoit fait peur vn peu auparauant des mauuais effets de cette liqueur si l'on en abuse. *Cui væ? cuius patri væ? cui rixa? cui fouea? cui sine causa vulnera? cui suffusio oculorum? nonne his qui commorantur in vino, & student calicibus epotandis?* Il faut donc vser de beaucoup de moderation, detester ces infames coustumes de boire à toute outrance, & admirer comme vne Prophetie dont nous voyons auec horreur l'accomplissement en nos jours, ce que Seneque nous a laissé par escrit, *Habebitur aliquando ebrietati honor,*

honor, & plurimum meri cepisse virtus erit.
Pour cōclusion, permettez-moy que sur le mot de *Sicera* dont s'est seruy Salomon, ie considere auecque vous comme l'esprit humain s'est porté, nonobstant son desauantage, à faire en sorte que l'Eau mesme fust capable de nous enyurer. Il semble que rien ne nous plaise en l'estat que la nature l'a creé, *nihil homini sic quemadmodum Naturæ rerum placet*, comme Pline l'a desia obserué sur vn sujet assez approchant de celui cy. Nous corrompons iusques à la pureté des Elemens, pour les faire seruir à nos vices plustost qu'à nos plaisirs. Et si cét ancien parloit bien de nommer le Vin vne Eau pourrie dans du bois, nous pouuons dire qu'il n'y a sorte de putrefaction de cette mesme Eau, tantost auec des grains, tantost auec des herbes, ou des legumes, que nous n'ayons tentée pour y chercher de nouuelles voluptez. O que nous sommes inuentifs quand il est question de les multiplier. Il n'y a pourtant point de boisson non seulement

L. 19. c. 4.

plus naturelle, mais mesme plus precieuse que celle de l'Eau pure. Ie n'en veus point d'autre preuue que l'inscription du sepulchre qui se voit au desert d'Azaoad.

Iean Leo. Elle porte que plein vn gobelet d'eau y fut vendu dix mille ducats, ce qui n'empescha pas l'achetteur de mourir de soif, aussi bien que le vendeur. Qu'on me dise quel vin, quelle biere, quelle eau de vie, ou quel *ros Solis*, ont esté iamais vendus à

Athen. l. 1. deipn. si haut prix? Aussi n'y a-t'il point d'Ambrosie ny de Nectar (puis qu'on doute lequel des deus se beuuoit) qui soit si sauoureus que de l'eau bien fraische & bien claire lors qu'on à grande soif. Mais voulez-vous sçauoir ce que peut l'accoustu-

Hist. des Incas l. 9. c. 25. mance en matiere de breuuage. Garcilasso de la Vega vous apprendra que ceus du Perou preferent à tous les vins cette sorte de liqueur qu'ils font auec leur graine de cara. Et ce qui est beaucoup plus merueilleus vous verrez dans l'excellente relation nouuelle du Groenland, que des gens de ce païs-là ne peurent iamais s'ac-

OV LETTRES. 673

couſtumer eſtant en Dennemarç à boire du Vin, non plus qu'à manger du pain, ou des viandes cuittes; ne trouuant rien de ſi delicieux que d'aualer de l'huile à longs traits, & quelquefois de la graiſſe de Balene. Certes l'homme eſt vn animal encore plus bigearre que Socrate ne ſe l'eſt imaginé.

QQqq ij

LE LIBRAIRE AV LECTEVR.

I'Ay creu vous faire plaisir de mettre icy quatre Lettres imprimées il y a vn an, & qui sont de la mesme main qui nous a donné les precedentes. Elles estoient escrites à Monsieur Naudé Prieur de l'Artige, & Bibliothecaire de Monseigneur l'Eminentissime Cardinal Mazarin, au sujet des nouuelles Remarques sur la Langue Françoise. Je pense que l'Autheur ne me sçaura pas mauuais gré que ie suiue en cela le conseil de ses amis, & mesme sa premiere intention, qui estoit, à ce que j'apprens, de ne les publier que dans ce volume.

DES NOVVELLES
Remarques sur la Langue Françoise.

LETTRE LVII.

MONSIEVR,
 J'ay veû le Liure des Remarques sur nostre Langue, dont vous voulez que ie vous parle, le merite de son Autheur ne m'ayant pas permis d'en negliger la lecture. Encore qu'on vous ait dit qu'il y a bien des non-valeurs; & quoy qu'il ressemble en effet à l'Egypte d'Homere, dont toutes les plantes ne sont pas de mesme bonté, tenez pour asseuré neantmoins qu'il contient de tres-belles obseruations, & qu'on en peut retirer beaucoup de profit. Mais

dispensez-moy, ie vous supplie, de vous entretenir sur vn sujet pour lequel ie commence à ressentir ie ne sçay quelle auersion. Mon ame se fait accroire qu'il est tems de s'occuper plus serieusement, & qu'il y a de la honte à s'amuser encore à des questions de Grammaire. Et certes Platon, tout eloquent qu'il est, ne laisse pas de declamer en plus d'vn lieu contre le trop grand soin des mots, & l'excessiue affectation du langage. *Si verborum*, dit-il dans son Politique, *curiositatem vitaueris, euades in senectute admodum sapientior.* Et dans son Theætetus, qui est le Dialogue de la Science, il declare qu'vne certaine negligence au chois des paroles a souuent bonne grace, tant s'en faut qu'elle soit indigne d'vn honneste homme : *Hominum & verborum facilitas, & non nimis accurata examinatio, vt plurimum non est sordida & illiberalis, sed eius potius contrarium, est autem nonnunquam etiam necessaria.* Ie ne m'amuse pas à vous transcrire le Grec que vous pouuez voir. I'ayme mieux vous adiouster, que Clement Alexandrin qui rapporte ces deux passages de Platon au premier liure de ses Tapisseries, les trouue fort conformes au texte l'Escriture saincte, *Ne multum verseris in verbis*, iugeant que de contreuenir à ce precepte, c'est commettre la faute de ceux qui ont plus de curiosité pour leurs habits, que pour leur propre personne, & qui ne se soucient pas tant d'auoir le corps net & à son aise, que d'estre vestus superbement & à la mode. En fin quand ie me represente cette seuere sentence que Seneque a prononcée dans vne de ses Epistres, *Turpis & ridicula res est elementarius senex*, mon esprit se reuolte tellement contre toutes les loix de Donat & de Priscien, qu'en verité ce me seroit vne trop grande contrainte d'y faire la moindre reflexion. I'aouë neantmoins que c'est prendre les choses vn peu trop à la rigueur: Aussi serois-je tres-fasché de trouuer à redire là-dessus aus diuertissemens des autres, quoy que le mien ne s'y rencontre pas. Et j'honore d'ailleurs à vn tel poinct celuy qui a pris la peine de nous donner ces belles Remarques, qu'il n'y a rien que ie ne pense à son auantage au mesme tems que ie veux estre si austere en mon propre faict. Trouuez bon que ie le vous tesmoigne, en vous representant en sa faueur, que ce grand Chancelier du Roy Theodoric ne desdaigna pas à l'âge de quatre-vingt treize ans, comme il le confesse dans son Auant-propos, d'escrire le liure que nous auons de luy touchant l'Orthographe, sans parler de ceux qu'il a faits de la Grammaire & de la Rhetorique. L'exemple de Socrate nous apprend aussi, qu'il n'y a point de tems si auancé dans la vie, auquel il ne soit bien seant de s'instruire des choses mesme qui semblent les plus legeres. Et si ce fameux Domteur de tant de Monstres ne creut pas se faire tort de purger vne estable de toutes ses ordures, peut-on blasmer celuy qui s'applique à mettre nostre Langue dans la plus grande pureté dont elle est capable ? & qui tasche d'en oster tous les deffauts que le barbarisme ou le solœcisme y ont introduits ?

Cassiodore.

Ne vous imaginez donc pas, que la part
que

que ie puis prendre dans toutes ses censures me touche trop sensiblement, ny que ce qu'il a couché en characteres differens dans sa Preface me donne le moindre ressentiment qui luy puisse estre preiudiciable. Tant s'en faut, j'ay esté tres-aise qu'il se soit deschargé de ce qu'il auoit sur le cœur, & qui le deuoit sans doute incommoder depuis vn si long-tems. Car vous sçauez bien qu'il y a dix ans que le liure dont il rapporte les textes fut imprimé; & ie m'estonne seulement que le mal qu'il pouuoit faire, & qui demandoit, dit-il, vn fort prompt remede, luy ait permis de nous laisser durant tout ce terme dans le peril. Mais comme son zele pour le public est tousiours loüable nonobstant ce retardement, il ne trouuera pas mauuais que par vn mesme motif ie vous donne auis, qu'il ne faut pas prendre ses sentimens particuliers pour ceux d'vne Compagnie, qui ne peut estre iamais trop estimée. Ie vous le dis sans flaterie, & vous proteste que depuis son establissement i'ay veu fort peu de personnes qui en parlassent auec mespris, puisque rien ne l'esvite aujourd'huy, qui ne fussent infiniment au dessous du merite de ceux qui la composent, pour ce qui touche le bel vsage de nostre Langue. Si les regles de cét Autheur venoient donc de si bonne part, ie vous exhorterois à les respecter comme des Oracles, & pour moy ie ferois gloire d'y deferer en me retractant, encore que ie ne creusse pas faire en cela vne action heroïque comme il la nomme. I'ay bien appris de la Morale qu'il y auoit quelque chose d'heroïque à surmonter les grandes passions, comme sont celles de la cholere; mais pour ce qui touche vne simple deference en des choses legeres, telles que sont celles-cy, il me semble que cela s'appelle docilité, qui est vne vertu dont les moindres enfans sont capables, & que ie crois n'auoir esté mise que cette seule fois au rang des Heroïques. Quoy qu'il en soit, ie ne veux pas dire qu'vne infinité de belles choses qui se voyent dans ces Remarques, ne viennent de ce lieu de respect dont nous parlons;

mais ie vous asseure qu'il n'en est pas de mesme du reste où vous trouuez tant à redire, & que ce seroit vne grande injustice d'attribuer à tout vn Corps des opinions singulieres, qui ne doiuent estre considerées que comme le sont celles des particuliers.

Apres ce petit auis ie vous en donneray deux ou trois autres (pour aucunement vous contenter) qui regardent principalement cette Preface, quoy qu'ils ne laissent pas d'estre importans pour la lecture de tout l'Ouurage. En premier lieu elle accuse ces Messieurs dont elle se plaint, les nommant tousiours de la sorte, d'auoir fort declamé contre la pureté du langage, & contre ses partisans, à quoy ie me doute qu'ils n'ont iamais pensé; pour le moins ne voit-on rien qui aille là, ny dans le liure dont il cite les textes en grosse lettre, ny dans tous ceux dont j'ay peû prendre quelque connoissance. Comme ils ne parlent que du merite de l'Eloquence, ils n'auoient garde d'estre pour l'impureté des mots, ny pour celles des phrases, puisque tout le monde sçait qu'il n'y a rien qui luy soit si contraire. Mais comment peut-on escrire, *que dans tous ces beaux raisonnemens qu'ils font de la Langue, ils ne parlent iamais de l'Vsage*; semblables a ceux qui traiteroient de l'Architecture sans parler du niueau ny de l'esquierre, ou de la Geometrie prattique sans dire vn seul mot de la regle ny du compas. Vrayment c'est vne chose estrange, qu'à l'ouuerture du mesme liure dont ie viens de parler, & qui semble estre l'objet principal de cette Preface, l'on ne manque iamais à rencontrer de quoy prouuer la fausseté de cette imputation; & qu'on la puisse mesme conuaincre de mauuaise foy, veû qu'vn des articles dont on se plaint commence par ces propres termes : *Il y a aussi la consideration du mauuais son, & du peu de satisfaction que reçoit l'oreille, quand elle est touchée de quelque mot que l'Vsage n'a pas encore poly ny approuué.* Ie vous prie que ie vous rapporte encore ce que ie trouue au feüillet precedent. *Il faut que ceux qui pretendent à l'Eloquence façent leur premiere* estude de la valeur des mots, & de la pureté des dictions, pour sçauoir celles dont ils se peuuent seruir, & celles qui doiuent estre rejettées comme n'estant plus en vsage. Car c'est vne des premieres regles que donnent les Maistres de cette profeßion, d'esuiter comme vn escueil toutes les paroles inusitées, & de les considerer pour estre de la nature des pieces de monnoye, dont il ne se faut iamais charger si elles n'ont cours, & que le peuple ne les reçoiue. Auec quel front ose-t'on dire apres cela, & assez d'autres endroits du mesme liure, que ces Messieurs qu'on prend si fort à party ne parlent jamais de l'Vsage? Ils en publient l'importance dans tous leurs Ouurages. Ils tombent d'accord de toutes les definitions qu'en donne l'Autheur des Remarques. Ils condamnent le mauuais aussi rigoureusement qu'il se peut. Et ils conuiennét encore auec luy sur ce poinct, que quand le bon est reconnu lon ne sçauroit mieux faire que de le suiure. Mais ils soustiennent qu'il s'equiuoque apres cela: Qu'il prend le douteux & l'inconnu, ce sont ses termes, pour le bon, le declaré, ou

RRrr iij

le veritable : Et qu'il n'y a rien de si contraire à ce dernier, que le jugement qu'il fait de beaucoup de paroles, & d'vn grand nombre de façons de parler condamnées par son liure, fust-il, comme il le declare dans cette Preface, beaucoup plus sçauant que luy.

Vous rirez ie m'asseure, de luy voir refuter tous les Autheurs dont on s'est seruy, & qui choquent ses sentimens, par ces termes generaux, *qu'ils ne disent rien moins que ce qu'on leur fait dire.* Des responses si indefinies ne s'employent iamais qu'au deffaut de raison qui satisfacent dans le particulier. Et quand il choisit entre tant de passages qu'il auoit à combattre, celuy de Pomponius Marcellus, il monstre assez ce qu'il pouuoit faire au reste. *Ces Messieurs*, dit-il, *en font leur espée & leur bouclier.* I'ay pris la peine de reuoir l'endroit où l'on a parlé de ce Marcellus, ce qui s'est fait tellement en passant au sujet de Tibere, que ç'a esté sans y joindre la moindre reflexion, tant s'en faut qu'on ait pris cela pour principal fondement. Il s'escrie qu'on a grand tort d'auoir escrit que ce Grammairien s'estoit rendu extrémemét importun, & mesme ridicule, à force d'estre exact obseruateur de la pureté de sa Langue ; adjoustant que Suetone ne l'a pas dit ainsi, & qu'il faut que par surprise, ou par negligence lon se soit mespris de la sorte. Desia pour ce qui est du ridicule, c'est luy-mesme qui a le tort de s'en plaindre, puis qu'il a pris la peine d'estendre au long le procedé pedantesque de Marcellus (car il le nomme de la façon) auoüant que Cassius Seuerus eut raison de s'en moquer. Et quant à l'importunité qui accompagnoit la trop exacte obseruation des regles & de la pureté de sa Langue, voicy le propre texte de Suetone lors qu'il commence à parler de luy : *Marcus Pomponius Marcellus sermonis Latini exactor molestissimus.* Il n'en faut pas dauantage pour vous faire reconnoistre la valeur de cette instance, qui nie vne chose si claire, & qui va toute à prouuer que Marcellus n'estoit pas vn ridicule obseruateur des loix Grammaticales, parce que c'estoit vn

De ill. gr. c. 22.

vray Pedant. Pour moy ie vous confesse que ie n'entens rien à de telles negatiues, ny à cette sorte de raisonnement.

Ce n'est pas que ie ne veüille respecter au double, comme i'y suis obligé, vne personne qui a eu assez de courtoisie pour dire qu'elle faisoit profession de nous honorer. Mais encore n'est-il pas juste d'abandonner sans repartie des sentimens qu'on croit raisonnables, à cause qu'ils n'agreent pas tout le monde, & qu'ils heurtent des maximes prises de si longue main qu'on ne les peut abandonner. C'est le fondement ordinaire de toutes les animositez qui paroissent dans nos disputes. Il nous fasche de quitter quand nous deuenons vieux, la mauuaise doctrine de nos jeunes années. *Quod quisque perperam in inuentute didicit, in senectute confiteri non vult.* Et nous sommes si sensibles de ce costé-là, que nous contestons iusques à l'extremité pour vne syllabe, si nous sommes accoustumez depuis vn si long-tems à la prononcer. Il me seroit fort aisé d'appliquer cela au sujet de cette Lettre,

&

& de vous monſtrer par le menu auec combien d'injuſtice l'on s'opiniaſtre à condamner, ou à faire valoir des termes indifferens, par vne pure preuention d'eſprit. Mais ie vous ay deſia declaré la reſolution du mien, à meſpriſer des choſes qui ſont ſi peu de ſon gouſt. Et puis, il n'y auroit point d'apparence de mettre à l'examen les phraſes ny les dictions dont traite cette Preface, puis qu'elles ſont plus particulierement conſiderées dans le corps de l'ouurage, où ie vous ay dit que ie ne voulois point toucher.

Il vaut mieux que i'employe ce qui me reſte de papier à combattre le dangereux aphoriſme qu'on a gliſſé vers le milieu de la piece pour le faire paſſer auec le reſte; *qu'il ne faut qu'vn mauuais mot pour deſcrier vn Predicateur, vn Aduocat, vn Eſcriuain; & qu'il eſt capable de faire plus de tort qu'vn mauuais raiſonnement.* Pour moy ie tiens ce diſcours pour vn auſſi grand blaſpheme dans la matiere dont il eſt queſtion, qu'on en puiſſe iamais prononcer. Car pour ce qui concerne ces

SSſſ

trois professions differentes, il faudroit que la reputation d'vn Predicateur, d'vn Aduocat, ou d'vn Escriuain fust bien mal fondée, pour estre si tost & si facilement renuersée par vn seul mot, que chacun d'eux croit sans doute tres-bon puis qu'il l'escrit ou le profere, mais qui n'agrée peut-estre pas à vne oreille trop delicate, ny à vn Lecteur scrupuleux. A la fin lon voudra qu'vn Predicateur prenne garde de plus prés aux loix de la Rhetorique, qu'à celles du Decalogue; & qu'vn Aduocat songe dauantage aux regles de Despautere, qu'aux Constitutions de Tribonien. En tout cas ie maintiens, que la plus mauuaise diction qui puisse apparamment estre employée, ne doit iamais causer vn si mauuais effet, & qu'elle ne le peut aussi qu'enuers des personnes tres-injustes. Il y a mesme lieu de soustenir que iamais homme n'a mis la main à la plume, ny parlé en public, dont la renommée n'eust esté bientost diffamée, si cette maxime auoit tant soit peu de verité. Mais pour ce qui concerne le raisonnement, qu'on veut rendre,

OV LETTRES.

autant qu'on le peut, de moindre consideration que les simples paroles, c'est ce que ie vous prie de rejetter bien loin de vostre esprit, quelque pretexte qu'on prenne pour l'y imprimer. Et qui sont les personnes dont il faille faire quelque estat, si elles s'apperçoiuent plutôt d'vn mauuais mot, que d'vn mauuais raisonnement? & si elles s'arrestent pluſtoſt au premier qu'au second? Tenons pour vne verité inébranlable, que c'eſt de la bonne pensée que doit venir le prix à vne piece d'Eloquence, qui n'a rien sans elle de recommandable, *pectus est quod nos disertos facit, & vis mentis*, Mercure n'a nul pouuoir sans l'aide de Minerue. La plus grande pureté de langage est insipide, & ressemble, si elle n'est accompagnée du bon sens, à vn boüillon d'eau claire qui ne nourrit point. Et quand Saluste a dit de Catilina qu'il auoit assez d'eloquence, mais fort peu de jugement, *huic eloquentiæ satis, sapientiæ parum*, il n'a parlé que d'vne fausse Eloquence, dont on ne doit iamais faire la moindre estime. C'est pourquoy Ciceron a posé pour vn fondement certain, que sans la Philosophie l'on ne pouuoit estre veritablement eloquent, *positum sit in primis, sine Philosophia non posse effici quem quævimus eloquentem.* Et dans vn autre endroit il maintient que la source de l'Eloquence ne se doit chercher que dans l'estude des belles Lettres, nommant cette mesme Philosophie, la mere de toutes les belles paroles, aussi bien que de toutes les bonnes actions, *matrem benefactorum, beneque dictorũ.* Quintilien n'a pas esté d'vne opinion differente. Il remarque apres ce grand Homme, qu'il appelle tousiours son Maistre, que ceux qui enseignoient autrefois à bien parler, estoient les mesmes qui apprenoient à bien penser. Et il proteste qu'il s'opposera toute sa vie à de certaines gens, qui sans se soucier beaucoup des choses qui importent le plus, & de la matiere du discours, qui doit faire le capital, vieillissent dans vne vaine recherche de termes choisis. Afin que vous ne pensiez pas que ie vous impose, voicy son texte : *Resistam ijs qui omissa rerum, qui nerui sunt in causis, dili-*

In Orat.
In Bruto.
L.12.inst. c.2.
Præm.l. 8.

gentia, quodam inani circa voces studio senescunt. De verité l'agreable elocution est à priser, mais non pas iusques à vn tel poinct, que nous la rendions plus importante que le raisonnement. Aron qui estoit fort disert represente la premiere, l'autre ressemble à Moïse, & Dieu semble auoir decidé le merite des deux par ces paroles, *ille erit tibi vice Oratoris, tu vero ei vice Dei.* Ie ne doute point que celuy mesme qui auance la proposition dont nous nous plaignons, ne tombe d'accord de tous les auantages que nous donnons au dernier, puis qu'il auoüe qu'il n'y a point de comparaison de l'vn à l'autre. Mais cependant il est tres-dangereux icy de laisser establir des maximes qui vont à faire negliger ce qui est le plus important, outre que nous pouuons dire qu'elles ne sont pas veritables. Il ne faut pas souffrir qu'on donne en quelque façon que ce soit le premier lieu aux choses inferieures & subordonnées, ny qu'on mette le seruiteur en la place du Maistre, ou qu'on prenne, comme disoit cét Ancien, Melantho & Polidora pour Penelope. Nous voyons tous les iours des Autheurs qui font d'autant plus mal, qu'ils escriuent bien & poliment, parce qu'ils ne s'amusent qu'à des bagatelles, où l'on peut dire qu'ils employent & consument de trop nobles materiaux. Combien s'imprime-t'il de liures semblables à ces fruits de cire, qui ne sont bons, nonobstant leur artifice, qu'à tromper la veuë. Et ce que dit gentiment l'Espagnol n'est-il pas tout euident, qu'on se donne assez souuent bien de la peine à mettre *necedades en almiuar*, ou pour le dire auec moins de grace en François, à debiter des sottises bien confites. Brisons là, ie vous supplie, & vous souuenez que ces generalitez, où ie me laisse parfois emporter, ne doiuent offencer qui que ce soit, parce qu'elles ne regardent personne dans le particulier.

❧❧

SVR LE MESME
sujet.

LETTRE LVIII.

MONSIEVR,
Quoy que vous ayez tort de me presser comme vous faites, i'vseray d'autant de complaisance qu'il me sera possible, pour-ueu que vous ne m'obligiez pas à tenir plus long-temps la main à la plume, que ce que la longueur d'vne Lettre assez esten-duë le pourra souffrir. S'il faloit satisfaire à toutes vos demandes sur ces belles Re-marques, ie me verrois reduit au trauail d'vn aussi gros volume pour le moins qu'est le leur. Qu'il vous suffise que ie me feray vne extréme violance afin de vous

rendre content, n'ayant gueres de choses plus à contre-cœur que la contestation; sur tout quand elle doit estre auec des personnes de merite, & qu'on honore, comme ie fais celle que ie crains d'offencer icy par des sentimens assez differens des siens. Car apres tout, quelques equitables que nous soyons, il arriue peu que nous disputions sans ressentiment, & sans vne secrette esmotion mal propre à conseruer les amitiez. Ie pense qu'on en peut rendre cette raison physique & morale tout ensemble, que comme la communication est grande entre le jugement & la volonté, & leur liaison tres-estroite, il est aussi presque impossible que ceux qui pensent diuersement des choses, & qui ont des opinions contraires, soient bien vnis d'inclinations, & se rendent autant de bons offices qu'ils feroient sans cela. C'est vne honte neantmoins que nous soyons si peu raisonnables, & vne grande foiblesse d'esprit, de ne pouuoir souffrir la moindre contradiction sans en venir pour *Cic. 2. de Fin.* le moins aux mauuaises paroles. *Sit ista in Gra-*

Græcorum leuitate peruersitas, qui maledictis infectantur eos à quibus de veritate dissentiunt. I'espere de me tenir tellement esloigné d'vn si infame procedé, qu'on ne me pourra rien imputer qui en approche, me contentant de vous remarquer simplement ce qui m'a semblé le moins receuable en lisant ces Remarques dont il est question. Ce sera sans y obseruer d'autre ordre que celuy du liure qui les contient, si tant est qu'il en ait, puis que l'Autheur a declaré qu'il n'en vouloit point garder, & sans me donner plus de peine que de repasser feüille à feüille sur les endroits où j'ay mis vne petite marque en faisant ma premiere lecture.

Page 6. Ie m'estonne qu'il condamne *Cypre*, son grand Autheur Coeffeteau n'ayant point escrit ce mot autrement, comme on peut le voir au neufiéme chapitre du troisiéme liure de son Florus traduit. Il est vray qu'on dit communément de la poudre de *Chypre*; mais dans vn discours d'Histoire, ou de Geographie, il est peut-estre bien à propos d'escrire Cypre, qui est plus correct, & que ie serois tres-fasché de condamner en ces lieux-là.

P. 31. Il veut que *Superbe* soit tousiours adiectif, & iamais substantif, pour dire l'Orgueil. Pourquoy cela? puis qu'outre les Predicateurs, & vne infinité de gens qui disent *la Superbe*, comme il l'auoüe, on luy peut cotter vn tres-grand nombre de bons Autheurs qui l'escriuent. Il n'a donc pas l'Vsage pour luy. Et s'il suffit de faire le scrupuleux, vn autre protestera qu'il ne veut plus dire *la cholere, ny le chagrin*, parce qu'ils sont par fois adiectifs, *vn homme cholere, vn homme chagrin*. C'est la beauté de toutes les Langues d'auoir des noms de cette nature; & ils sont souuent tres-necessaires pour diuersifier.

Il condamne dans la mesme page *bref*, & *en somme*, comme vieux, ce qui est si peu vray, que nous n'auons point de termes qui soient ny plus dans la bouche de ceux qui parlent bien, ny plus employez par ceux qui escriuent le mieux. Il en a dit autant de *quasi*, dans la page 24. le nommant bas, mais parce qu'il s'en est comme retracté au mesme lieu en faueur de cette façon de parler, *il n'arriue quasi iamais*, qu'il trouue bonne, ie ne m'y suis pas voulu arrester.

P. 33. Voicy vne de ses plus grandes erreurs, de blasmer ce qu'il appelle transposition des Pronoms, *le, la, les*, ce qui ne l'est point; & si sa regle estoit vraye qui condamne *ie le vous promets*, & substituë *ie vous le promets*, il faudroit dire necessairemét *ie luy le diray*, & non pas *ie le luy diray*, encore que le premier ne vaille rien. On dit indifferemment *ie le vous diray*, & *ie vous le diray*. Toutes les Lägues ont cette varieté de locution pour ornement, & c'est vne pure fantaisie de le vouloir oster à la nostre. Aussi ne peut-il nier que ceux qu'il louë si haut, & qui veritablement ont le plus merité de nostre Langue, ne combattent son precepte dans toutes leurs œuures. Il n'a donc pas encore icy l'vsage pour luy, ny beaucoup moins la raison, & l'analogie des autres Langues. Ie luy soustiendray bien plus, il est souuent necessaire de faire ce qu'il deffend, & son propre exemple *vous le vous figurez* n'a rien de mauuais, nos meilleurs Autheurs disjoignant ou separant les deux *vous* fort ordinairement auec beaucoup de grace. I'ay trouué depuis en la page 376. qu'il a presque changé d'auis, & pris heureusement le nostre.

P. 35. De condamner *tant plus*, parce que *plus* tout seul suffit en plusieurs endroits, c'est vne mauuaise raison, & vne dangereuse rigueur, qui va à la ruine de nostre Langüe. Le *tant* adiouste par fois à la signification de *plus*, outre qu'il peut seruir à la perfection d'vne periode. C'est à tort qu'il se veut preualoir icy de l'Vsage.

P. mesme. Ie serois bien fasché de condamner absolument, comme il fait, cette façon de parler *cent mille escus valant*, & de fait on dit en la tournant, il auoit bien de meubles, ou en meubles, *valant cent mille escus*, & non pas *vaillant*. Mais quand on parle de toute la richesse d'vn homme, on dit *son vaillant*, & iamais *son valant*.

P. 37. Toute cette remarque de *ny*, qu'il

appelle curieuſe, eſt purement chimerique, & n'a iamais eſté obſeruée. Dieu garde vn genereux Eſcriuain de ſonger à cela lors qu'il veut exprimer vne bonne penſée. *Quidam diligentiam putant facere ſibi ſcribendi difficultatem*, dit fort bien Quintilien. L. 10. *Inſt.* c. 3.

P. 42. Il auoüe que *voire meſme* eſt neceſſaire, qu'il eſt ordinaire, & qu'il ne le condamne point aux autres, ſe reſeruant ſeulement de n'en pas vſer. Cela luy eſt permis. Cependant les derniers liures des plus eloquens hommes de ce ſiecle l'employent fort à propos. Ils ne le font pas, à cauſe que *& meſme* eſt vn peu plus foible, à ce qu'il dit, mais c'eſt qu'on doit diuerſifier, & que cette particule *&* ſe trouuant trop proche, deuant, ou derriere, il s'en faut par fois abſtenir.

P. 43. Il euſt bien fait de ne parler point de cette extrauagante opinion de Malherbe.

P. 45. Ie ne ſçay qui eſt ce celebre Eſcriuain qu'il blaſme d'auoir mis *là où* dans ſon dernier ouurage, encore que ie m'en doute: Mais ie sçay bien que c'est auec iniustice, le terme estant fort bon, & d'vne agreable varieté, pour ne pas dire tousjours *au lieu que*. Ie veux respondre icy vne fois pour toutes à l'authorité de son M. Coeffeteau, que c'est vne fort mauuaise raison pour condamner *là où*, de dire qu'il ne s'en sert iamais. Peut-estre n'a-t'il iamais pensé à l'esviter. Quand ainsi seroit neantmoins, ie n'en vois pas la consequence. Ce Prelat auoit beaucoup de merite; il a esté vn des plus suiuis Predicateurs de son temps, & sa plume s'est trouuée vne des mieux taillées qui fussent alors. S'il a eu pourtant les scrupules qu'on luy attribuë, il n'en est pas plus à estimer. Et l'on peut dire, cela presupposé, qu'il eust mieux fait d'estre plus exact aux choses d'importance, & de negliger celles-cy, qui sont possible cause, parce qu'elles luy occupoient trop l'esprit, de quelques beueuës ou meprises qui luy peuuent estre reprochées. Il eust bien mieux valu qu'il n'eust pas fait de la ville *Corfinium* vn Capitaine Corsinius qui ne fut iamais, comme cela luy est

OV LETTRES.

arriué au dix-huictiéme chapitre du troisiéme liure de son Florus, & qu'au vingtiéme chapitre suiuant il n'eust pas traduit ces mots, *sine missione*, *sans attendre le congé de leur Capitaine*, qui veulent dire en ce lieu-là, iusques à la mort, & sans attendre aucune grace. Mais laissons les Morts parmy les Oliuiers sans troubler leur repos, ny la suite de nostre entreprise.

P. 47. Il abandonne icy injustement Malherbe pour suiure Coeffeteau. C'est vne moquerie de preferer *parce que* ou *pource que* l'vn à l'autre. Ils n'ont nul auantage que selon les lieux où l'on s'en sert, hors de cette consideration ils sont indifferens.

P. 51. I'ay pitié de luy voir condamner vne façon de parler des plus elegantes de nostre Langue, où *qui* est repeté plusieurs fois. Celle qu'il luy prefere est bonne, mais elle n'est pas meilleure.

P. 54. Il ayme mieux dire *le plus grand vice à quoy il est sujet*, que *le plus grand vice auquel il est sujet*; ce dernier neantmoins est plus naturel. Son autre exemple, *Les tremblemens de terre à quoy ce païs est sujet*, ne vaut rien du tout, que peut-estre dans la Sauoye, fort sujette à de tels accidens. Il faut dire, *Les tremblemens de terre ausquels ce païs est sujet.*

P. 55. Sa regle de *qui* & *quoy* est bonne en quelque chose, & fausse en d'autres. Car on ne dit pas mieux *voila vn cheual à qui ie dois la vie*, que, *c'est vn cheual de qui i'ay reconnu les deffauts.* Tous deux sont bons, *le cheual auec quoy*, qui luy sonne bien aux oreilles, en offensent d'autres, qui trouuent mieux dit, *le cheual auec lequel.*

P. 57. Solliciter vn malade est du bas vsage quant à l'action, mais non pas quant à la diction, comme il le pretend.

P. mesme. *Longuement*, dit-il, estoit fort bon à la Cour il y a vingt ans, mais on n'oseroit plus s'en seruir dans le beau langage. Il y a des lieux où il est preferable à *long-temps*, comme dans cet exemple, *l'on obseruera au mesme temps qu'ils s'estoient longuement promenez ensemble.* L'on en pourroit

pourroit rapporter mille semblables.

P. 70. Où est-il allé chercher ce *Pythagore*, dont l'on n'a iamais oüy parler? Pythagore ne suffisoit-il pas auec les autres?

P. 85. *Les pieds & la teste nuds*, est mieux dit que, *les pieds & la teste nuë*, contre son sentiment ; si lon veut exprimer la nudité de toutes les deux parties, à quoy ie ne pense pas qu'il ait pris garde.

P. 88. Il vse de cette phrase, *si c'estoient nous qui eussions fait cela*, asseurant que tout le monde parle ainsi. Ie luy soustiens qu'il faut dire *si c'estoit nous qui eussions fait cela*, soit que l'Vsage fauorise par fois, & non pas souuent comme il dit, le solœcisme; soit que le *si c'estoit* ne se conjugue pas là, non plus qu'en assez d'autres elocutions, comme, *si c'estoit qu'il fist beau, si c'estoit que vous me l'eussiez ordonné*.

P. 101. Il est admirable de condamner presque vne façon de parler, en disant qu'il ne s'en voudroit seruir que rarement; encore qu'il tombe d'accord que tous nos meilleurs Autheurs s'en seruent, par cette

V V u u

belle raison, qu'elle choque beaucoup d'oreilles delicates. Et qui sont ces oreilles delicates qu'il faille tant considerer, puisque ce ne sont pas celles de nos meilleurs Autheurs?

P. 113. *Germanicus a esgalé sa vertu, & son honneur n'a iamais eu de pareil*, il appelle cela vne construction louche, qu'il n'a iamais remarquée en M. Coeffeteau. Si elle l'estoit ce seroit à cause du pronom *son*, non pas pour ce qu'il y considere. En verité il n'y a que ses yeux qu'elle puisse blesser. Et quand ie considere cette censure, aussi bien que celle de la page suiuante, où il ne peut souffrir qu'on dise *lors de son eslection*, pour, *quand il fut esleu*, auec ce grand nombre d'autres corrections semblables dont il a vsé, ie ne sçaurois m'empescher de m'escrier,

Iuuen. sat. 2.

O proceres! censore opus est, an haruspice nobis.

P. 117. *C'est vn importun duquel j'ay bien eu de la peine à me deffaire*, il improuue cela, & veut qu'on mette *dont*, au lieu de *duquel*. L'vne & l'autre façon de s'expliquer est bonne, & ie craindrois d'estre importun si ie voulois que l'vne fust meilleure que l'autre.

P. 119. Il n'aura ny les sains ny les malades pour luy, quand il soustient que *se medeciner* est vn mauuais mot.

P. 123. C'est pourtant à la Cour où lon chante, & où lon danse *des mieux*. Il feroit croire que lon n'y parle pas de mesme, si son obseruation estoit vraye. Mais ie voy des premiers de ce païs-là qui n'en tombent pas d'accord.

P. 124. Il parle fort bien de Henry quatriéme, & toute cette section est veritable; mais j'eusse voulu y adjouster, qu'en parlant de nostre Roy Charles le Sage il faut dire Charles cinquiéme, & non pas Charles quint; comme tout au contraire si nous voulons parler de l'Empereur, il faut escrire & prononcer Charles quint; car ce seroit alors mal dit Charles cinquiéme si lon n'adjoustoit *du nom*, mais lon dit tousjours l'Empereur Charles-quint.

P. 138. Ie ne sçay qui est cét excellent Aduocat, mais il aura bien de la peine à

VVuu ij

gagner fa caufe quand il veut qu'on dife *quelque que puiffe eftre.* S'il y a vne cacophonie à efviter dans noftre Langue, c'eft celle-là.

P. 140. Pourquoy ne dira-t'on pas auffi toft *le malheureux qu'il eftoit*, que *le malheureux qu'il eft*. Il trouue bon celui-cy, & il improuue le premier.

P. 149. Il donne confeil à ceux qui veulent efcrire poliment, de s'abftenir du mot *poßible* aduerbial, pour *peut-eftre*. Ie luy fouftiens que toute la Cour le dit, & que nos meilleurs Efcriuains l'employét. D'ailleurs, il fe trouue des lieux où *poßible* eft mieux placé, mefme dans le plus haut ftyle, que *peut-eftre*, foit pour efviter le mauuais fon dans vne repetition de plufieurs mots qui auroient la mefme cadence ou terminaifon, foit pour s'efloigner de *peut*, ou *eftre*, qui feroient trop proches; foit encore pour rendre la periode plus jufte, ou mieux arondie, ce qui fe prefente fort fouuent.

P. 152. Le *Proceder* à l'infinitif fe dit à l'exemple des Grecs, les Latins n'ayant pas cette conſtruction. Il eſt autant dans le bel vſage, que le *procedé*. L'vn & l'autre ſe prononçent de meſme, ce qui trompe ſouuent ceux qui condamnent le premier. Pourquoy oſterions-nous de nos liures vne ſi noble façon de s'exprimer?

P. 171. Il approuue ſur l'authorité de Malherbe *iamais plus*, qui certes ne vaut gueres que proche des lieux où l'on dit *mai più*.

P. 177. Cét article a beaucoup de bonnes regles, mais il ſe trompe en cét exemple, *le commerce l'a rendu puiſſante*, en parlant d'vne ville; car il faut dire neceſſairement, à cauſe de l'a, *le commerce l'a renduë puiſſante*. Son exemple de Malherbe dans la page qui ſuit, ne vaut rien non plus; car *la deſobeiſſance s'eſt trouué montée*, ou, *trouuée montée*, ne ſe diſent point tous deux, il faut eſcrire, *la deſobeiſſance s'eſt trouuée auoir monté*.

P. 186. Ie trouue beaucoup de perſonnes qui ne peuuent ſouffrir qu'il condamne ſi determinément cette phraſe, *ſa vigueur alloit diminuant de jour en jour*, qui

VVuu iij

est dans la bouche de tout le monde.

P. 219. Il eust donné vne meilleure regle pour les synonimes, s'il eust dit, que quand l'vn ne signifie pas plus que l'autre, il s'en faut abstenir; parce que s'ils ne sont alors tout à fait vicieux, il y a peu à dire. Mais que quand le dernier est plus significatif, ou qu'il sert à rectifier vn sens equiuoque du premier, ils sont fort bons, & demandent le pluriel en suitte.

P. 220. *Ay-je fait quelque chose que vous n'ayez fait ?* ou *faite ?* sont tous deux bons.

P. 221. C'est vne pure imagination de dire que *taxer*, pour noter, & mesme pour accuser, n'est plus receu aujourd'huy dans le beau langage; & l'equiuoque du Palais, où lon dit taxer des despens, des frais, des espices, qu'on veut qui l'ait rendu mauuais, est vne chose ridicule.

P. mesme. *Supplier.* C'est icy vn des mots dont il s'est souuenu dans sa Preface, où il le condamne, aussi bien qu'icy, à l'esgard de Dieu. Ie ne sçay qui sont ceux dont il parle, qui dans la traduction des liures anciens l'ont employé en parlant des Dieux du Paganisme; mais ie ne voudrois pas alors condamner ce mot, sans voir comment ils l'auroient couché. Il est certain qu'on ne dit iamais aller supplier Dieu, & qu'vn pere dit tousiours à ses enfans, allez prier Dieu. Cela ne prouue pas pourtant que le mot de *supplier* soit impropre quand on parle à Dieu. Car on dit aussi correctement que pieusement en s'adressant à luy, Mon Dieu, ie vous supplie d'auoir pitié de mon ame, &c. A faute d'auoir fait cette distinction, l'Autheur des Remarques a declamé à tort dans sa Preface contre ceux qui s'estoient plaints qu'on bannissoit ce terme à l'esgard de la Diuinité, mais qui n'ont iamais ny dit, ny pensé, que ce fust bien parler de dire supplier Dieu pour prier Dieu. Voicy leur propre texte. *Si nous en croyons ces Messieurs, Dieu ne sera plus supplié, il faut qu'il se contente d'estre prié, puis que le mot de supplier est improre à son esgard.* Vous jugez bien si cette plainte n'estoit pas juste, & si elle n'a pas esté tres-mal interpretée. En effet la priere où l'on dit, Mon Dieu ie vous supplie, &c. tesmoigne bien plus d'ardeur, que celle qui n'employe que le mot de prier.

P. 224. Les Courtisans & hommes & femmes (c'est ainsi qu'il parle) qui pour auoir rencontré dans vn liure l'aduerbe *à present*, en ont soudain quitté la lecture, comme faisans par-là vn mauuais iugement du langage de l'Autheur, se sont plus fait de tort qu'à luy ; & ie le trouue fort heureux de n'auoir point eu de Lecteurs si peu raisonnables. En verité il faut auoir le goust fort depraué pour trouuer *à present* vicieux. C'est à peu prés la mesme chose de *partant*, dont il conseille qu'on s'abstienne dans la page suiuante 225. Il extermine *d'abondant* auec la mesme rigueur p. 230. & *mesmement* p. 244.

P. 249. Ie ne sçay qui est ce celebre Autheur qui a escrit *gagner la bonne grace du peuple*, mais il est repris par vne raison fort puerile.

P. 250. On dit *guarir*, & *guerir*, & le premier n'est pas mauuais comme il pense.

Guerir

OV LETTRES.

Guerir est plus efféminé, & d'enfant de Paris qui change l'a en e.

P. 251. *Ie ne vais pas à l'encontre de cela*, ne peut estre condamné auec equité en ce moderne & excellent Escriuain que ie ne connois point. Et cette autre phrase, *fut fait mourir*, n'est pas mauuaise non plus comme il la croit.

P. 256. Il se trompe, lon dit aussi bien *courir la poste*, que *la courre*.

P. 298. Ie ne crois pas comme luy que *chez les Estrangers* soit mauuais.

P. 305. Il se trompe dans l'exemple qu'il donne, où *ce furent* n'est pas si bon que *furent* sans la particule *ce*.

P. 307. *Ce que* ne se resout point par *si*, comme il le dit, dans ses exemples mesmes, il respond à *id*, & à *quod*, Latins, & n'est point vieux, mais elegant.

P. 309. *Vous me ferez ce bien*, &, *vous me ferez le bien*, sont esgalement bons. C'est vne fantaisie de croire que le dernier soit plus doux & plus regulier que l'autre.

P. 319. *Je ne seray jamais ingrat en vostre endroit*, n'est pas moins du beau langage

XXxx

que, *ie ne seray jamais ingrat enuers vous*, contre le jugement qu'il en fait.

P. 320. Les trois fournitures de sel sont semblables, & c'est se moquer de nommer la derniere meilleure, & plus elegante. Il y a autant de sel spirituel en l'vne qu'en l'autre.

P. 349. Il prefere *die*, à *dise*. Messieurs nos Maistres, pour parler auecque luy, ne seront pas de son auis. Presque tous leurs liures portent *dise* au singulier, *disent* au pluriel, & iamais *dient*. Le composé *mesdire* a ses temps qui fauorisent leur opinion.

P. mesme. *Bailler* pour *donner* ne doit pas estre mesprisé, il est necessaire pour diuersifier, outre qu'il est en vsage.

P. 359. Il se trompe, il faut escrire *quelques riches qu'ils soient*, & non pas *quelque* sans *s*. C'est la mesme chose à l'adjectif qu'au substantif.

P. 364. Ie ne voudrois pas bannir de nostre Langue *notamment*, comme il fait; & il me semble qu'il vaut bien *nommément* qu'il luy substituë.

P. 370. Il veut qu'on dise *preuit*, & non *preueut*, celui-cy neantmoins est plus en vsage.

P. 373. A quoy pense-t'il de flestrir cette façon de parler, *il est courroucé contre moy*, en disant qu'on en vse rarement. Le figuré n'oste rien icy au propre.

P. 378. Tout cét article est contre l'vsage, aussi bien que contre la raison. Il n'est pas vray, comme il l'asseure, que tous ceux qui sont sçauans en nostre Langue condamnent cette phrase qu'il propose, *tous ses honneurs, toutes ses richesses, & toute sa vertu s'esvanouirent*. Il veut qu'on mette *s'esvanouit* au singulier, ce qui feroit vn parfait solœcisme, à cause que les pluriels *honneurs* & *richesses*, demeureroient sans regime & sans construction. L'oreille & l'esprit sont si fort blessez quand on entend *tous ses honneurs, toutes ses richesses, & toute sa vertu s'esvanouit*, qu'en verité ie n'ay trouué pas vn homme du mestier d'escrire & de bien parler, qui n'ait rejetté cette elocution. Mais vous ne deuez pas auoir trouué mal plaisant, qu'il appuye toute sa

XXxx ij

regle sur l'authorité des femmes qu'il a consultées là-dessus, & qui sont toutes de son auis. Sans doute qu'elles deuoient estre alors dans le degoust ordinaire à celles de leur sexe. S'il eust retardé sept ou huit iours à leur proposer sa question, il les eust trouuées d'vn tout autre sentiment. En tout cas ie soustiens que par ses propres principes, puis qu'elles n'estoient pas alors de la plus saine partie de la Cour qui fait le bon Vsage, selon la definition qu'il en donne dans sa Preface, il n'y a point d'apparence de les rendre iuges en dernier ressort de ce different. Elles me pardonneront s'il leur plaist, cette petite raillerie, qui ne diminuë rien du respect que ie leur ay tousiours porté ; & vous m'excuserez de mesme si ie remets le reste à vne autre fois, pour donner vn repos à ma main, que vos yeux seront sans doute bien aises de prendre.

SVR LE MESME
sujet.

LETTRE LIX.

MONSIEVR,
Ie fais pour m'acquiter de ce que ie vous ay promis, la chose du monde qui est le plus contre mon genie, lors qu'entre tant de belles Remarques, & de curieuses Obseruations, ie vous choisis celles où ie pense qu'on peut trouuer à redire; comme si ie triois quelque Aubifoin & quelque Pauot sauuage du milieu d'vne tres-fertile moisson. La figure d'Apollon portant les Graces dans sa main droite, & son arc auec ses fleches dans la gauche, comme beaucoup plus enclin à faire du bien, qu'à

nuire, apprenoit aux hommes d'eſtude, qui en faiſoient autrefois leur Dieu, qu'ils deuoient bien plus volontiers loüer que reprendre, & publier le merite des belles choſes, que cenſurer les autres. Mais puiſque les meſmes conſiderations qui m'ont fait commencer ces petites notes, m'obligent à les continuer, ie veux vous tenir parole, & reprendre le liure que j'auois laiſſé, au meſme lieu où ie trouue le feüillet plié.

Page 382. Celuy qui eſt icy nommé vn de nos meilleurs Eſcriuains, & que ie ne connois point, eſt repris d'vne façon de parler qui n'eſt pas vne faute, encore que l'autre phraſe qu'il prefere ſoit peut-eſtre la meilleure. Il ne faut pas pour faire vne regle condamner comme abſolument mauuais, ce que nous trouuons qui peut eſtre mieux dit autrement.

P. 383. Si le mot *accouſtumance* exprime mieux & vniquement (il parle ainſi) ce qu'il ſignifie, pourquoy le condamne-t'il en diſant qu'il commence à vieillir. On nie qu'il ſoit hors d'vſage, comme il dit;

non plus que *d'auanture* qui suit.

P. 384. On ne risque rien comme il pense en disant *le peu d'affection qu'il m'a tesmoignée*, quoy qu'on dise fort bien *tesmoigné*.

P. 385. Lisez la regle qu'on propose icy, & comprenez si vous pouuez par quelles raisons lon condamne cette elocution, *il a esté blessé d'vn coup de fleche qui estoit empoisonnée*. Et où a-t'il appris ce beau principe de Grammaire, que l'article indefiny ne reçoit jamais apres soy le pronom relatif? Et quand cette maxime seroit aussi reelle qu'elle est imaginaire, que deuiendront ses propres aphorismes, qui portent que l'vsage va souuent contre les regles? & que ce sont des choses fort differentes par fois de parler bien, & de parler Grámaticalement? *aliud Latinè aliud Grammaticè loqui*. Y a-t'il quelque façon de s'expliquer dans nostre Langue qui se prononce plus naturellement ou plus ordinairement que celle-là, & toutes celles qui luy ressemblent dans la contrarieté qu'elles ont à sa regle, contre laquelle il peche luy-mesme en cent endroits? Celle qui suit dans la page 386. reçoit d'autres exceptions que du vocatif, & l'on dira fort bien, *il a fait cela par amour, qui est vn dangereux Maistre.*

P. 388. *Au surplus n'est pas du bel vsage, si nous l'en croyons, bien qu'vn excellent Escriuain, qu'on peut imiter en tout le reste, ne face pas difficulté de s'en seruir dans ses derniers ouurages.* C'est vne chose estrange qu'vn homme qui peut estre imité en tout le reste, merite condamnation pour si peu de chose? & qu'il se soit mespris en cela seulement. Il obserue que dés le temps du Cardinal du Perron *au surplus* estoit tenu mauuais; là où *au demeurant* a cét auantage qu'alors il estoit bon, n'y ayant que quinze ou seize ans qu'on commence à le mettre au rang des termes barbares (c'est ainsi qu'il parle.) Admirez vne si precise supputation chronologique, qui n'empesche pas pourtant que ces termes n'ayent tousiours esté employez, & ne le soient encore tous les iours tres-elegamment.

P. 392.

P. 392. Ie ne trouue pas eſtrange que ce ſoit vn de nos meilleurs Eſcriuains qui ait dit *auoir à la rencontre*, car il n'eſt pas mau-mais, & c'eſt à tort qu'on le reprent.

P. 393. L'vſage eſt contre tout ce qu'il dit du *mutuel*, & du *reciproque*.

P. 397. Il approuue cette phraſe *pour s'empeſcher d'eſtre ſuiuy*, que ie ne blaſme pas, mais que beaucoup de perſonnes veulent eſviter. L'autre qu'il trouue bonne auec raiſon, *laiſſant ſa mere auec ſa femme & ſes enfans priſonniers*, n'eſt pas vne faute dans la Grammaire comme il le croit, parce que la prepoſition *auec* n'a pas toûjours l'effet qu'il dit, joignant au contraire, & entaſſant diuerſes choſes pour faire vne pluralité.

P. 403. Il y en a qui trouuent plus à re-dire que moy dans la façon dont il condamne *proüeſſe*.

P. 404. Il ne faut point eſviter, quoy qu'il diſe, le mot *d'eſclauage*, qui eſt auſſi noble que ſa ſignification eſt miſerable. Il euſt bien mieux fait de croire cét homme tres-eloquent qui le trouuoit bon.

P. mesme, *Auiser* pour *apperceuoir* est bas, dit-il, & de la lie du peuple. Les Princes & les Princesses neantmoins le disent tous les jours, & il s'escrit de mesme.

P. 408. Il se trompe apres auoir fait de fort bonnes obseruations. On dit tres-bien *il ne le peut pas faire*, & *il ne pouuoit pas mieux faire*, de sorte qu'ostant *pas*, il ne reste rien d'incomparablement meilleur, comme il pretend.

P. 413. *Seraphin* n'a point d'*m* en Latin non plus qu'en François, tesmoin son genitif, & les autres cas tant du singulier que du pluriel. Quand il a vne *m*, il est Hebraïque & indeclinable parmy nous. Il a raison de condamner *viol*, pour *violement*, mais c'est sans besoin ; car comme il ne se dit point, ie ne pense pas qu'il puisse monstrer que iamais personne l'ait employé.

P. 434. Sa remarque sur *courir sus*, n'est pas bonne. Lon dit fort bien, *il ne faut pas leur courir sus*.

P. 435. Il couche *de façon que*, qui est

tres-bon, en fort mauuaife compagnie, pour le faire rebuter; *ma questo non va con l'infalata.*

P. 442. *Vouloir*, pour *volonté*, eſt encore auſſi bon & en proſe & en vers, qu'il fut iamais.

P. 446. Il ſe trompe, l'on dit fureur du combat, auſſi bien que furie; & la fureur du mal ſe dit auſſi.

P. 449. *Fortuné* pour malheureux, n'eſt pas bas, mais beaucoup de perſonnes le tiennent mauuais en cette ſignification, & qu'il faut dire *infortuné*.

P. meſme. *Et ſi*, pour *& de plus*, eſt en vſage, & auſſi bon qu'il fut iamais.

P. 451. *Les Geſtes*, qu'il ne peut ſouffrir, ont touſiours eſté vn tres-beau mot, & qui ſignifie autant tout ſeul, que hautes ou grandes, & heroïques actions, comme quand ie dis, les geſtes d'Alexandre le Grand: Si ie ne diſois que les actions d'Alexandre le Grand, cela ne ſignifieroit preſque rien, & ſe pourroit entendre de ſes moindres actions, auſſi bien que des plus releuées.

YYyy ij

P. 458. Ie suis de son auis qu'on a eu tort de reprendre l'expression du Tacite François, qui est tres-bonne. Cela monstre combien il y a de mauuais Critiques, & doit donner vne iuste apprehension de censurer mal à propos.

P. 460. Cette regle touchant le verbe *auoir* doit estre mise au rang des autres que nous auons veuës qui regardent les transpositions. Il veut que tout soit vniforme, & la varieté est celle qui agrée le plus. *S'il eust encore esté malade*, vaut bien *s'il eust esté encore malade*, quoy qu'il veüille dire.

P. 463. Pourquoy bannit-il *futur* de la prose? On y dit fort bien, les races futures, les assemblées futures, & autres semblables.

P. 465. On ne dira iamais que tres-mal en parlant d'vne Princesse, elle vient *incognito*, ce qu'il approuue. On dira, elle vient, ou passe comme inconnuë. Et si l'on vouloit se seruir alors du terme Italien de mesme qu'on fait en parlant d'vn homme, il faudroit former vne phrase, & dire, elle veut passer *à l'incognito*, comme l'on dit *à l'improuiste.*

P. 479. Ce celebre Escriuain qui m'est inconnu souffre vne iniuste censure, *cette entreprise luy est reüscie* est aussi bien dit que, *cette entreprise luy a reüsci.*

P. 484. Il laisse aux Notaires *preallable*, & *preallablement.* Mais que dites-vous de l'auersion d'vn grand Prince (qu'à mon auis vous ne connoissez pas non plus que moy) qui n'entendoit iamais dire l'vn ou l'autre de ces deux mots, sans froncer le sourcil? Que deuoit-il faire en voyant les Ennemis?

P. 485. Peu de personnes tomberont d'accord de ses subtilitez sur *beaucoup*, parce que *gens* ou *personnes* sont tousiours sous-entenduës. Et sa regle quand il suit ou precede vn adiectif, n'a rien de reel, ny qui soit de l'vsage; de sorte que ce n'est pas merueille qu'vn celebre Autheur l'ait violée.

P. 486. Ce qu'il dit icy du barbarisme est bien pensé, mais il l'applique mal. Il semble qu'il ne l'ait couché que pour triompher de la phrase *leuer les yeux vers le Ciel*, qu'il attribuë dans sa Preface à ces Messieurs dont il s'est plaint si hautement. Il la repete encore dans la page 569. la mettant comme icy au rang des barbarismes, tant il a creu qu'elle estoit propre à son dessein. Cependant il se trouuera bien loin de son comte. Car ie luy soustiens, que comme il ne sçauroit monstrer que ces Messieurs ayent iamais employé cette elocution dans tous les liures qu'ils ont escrits, parce que l'occasion ne s'en est pas presentée, aussi auoient-ils raison de se plaindre qu'on la vouluft absolumēt condamner. En effet il y a des lieux où elle peut estre placée, & seruir grandement à l'expression. Par exemple, si ie veux descrire ce qui arriue à vne personne qui reuient d'vne defaillance, ie diray fort bien *que reprenant vn peu ses esprits elle commença à leuer petit à petit ses yeux vers le Ciel.* Cela explique beaucoup mieux la langueur de cette personne au retour de la syncope, que si ie disois simplement qu'elle leua les yeux au Ciel, d'autant qu'on leue les yeux au Ciel par vne action momentanée, au lieu que ce *vers le Ciel* tesmoigne qu'elle ne les pouuoit pas porter encore iusques-là, & que sa debilité l'obligeoit à les arrester en chemin. Ce n'est donc pas icy vn barbarisme tel que l'Autheur des Remarques l'a dit par trois fois. Ie sçay bien que ç'a tousiours esté auecque grande ciuilité. Il fait profession d'honorer ces Messieurs dans sa Preface. Et dans cette page c'est vn de nos meilleurs Escriuains qui a cōmis ce barbarisme. Peut-on mieux donner vn soufflet en disant *Aue?*

P. 459. de faux chifre: Il faut que ie mette icy de mon costé les femmes & les Courtisans qu'il reprent. Prenons pour cela l'exemple qu'il donne & condamne tout ensemble. *J'ay parlé à vn tel de vostre affaire, il s'y portera auec affection. Celle que vous m'auez fait paroistre ces iours passez, &c.* Ie dis que le commencement de la seconde periode par *Celle*, est fort naïf, & aussi bon qu'aux choses materielles & personnelles où il l'approuue. N'auouë-t'il pas luy-mesme dans la page 487. qui suit, que la naïfueté est vne des plus grandes perfections du style?

P. 468. On dit *cette affaire luy a bien succedé*, &, *luy est bien succedée*, & l'vsage y est tel, que c'est se moquer d'y trouuer à redire.

P. 469. La faute qu'il dit auoir trouuée dans les œuures d'vn bon Escriuain, est vne elegance fort vtile, & qui sert à l'expression; le *quoy que*, apres *bien que*, dans l'exemple qu'il propose, me semble necessaire pour exprimer plus fortement, outre qu'il a vne grace particuliere.

P. 486. Il donne vn auantage au verbe faire, qu'il n'a pas mesme dans les phrases qu'il propose: *Ie n'escris plus tant que i'escriuois autrefois*, vaut bien; *Ie n'escris plus tant que ie faisois autre-fois*. Cela est esgal pour le moins, si la repetition d'*escriuois* n'est par fois meilleure, comme il arriue quand on s'est desia seruy du mot faire.

P. 490. Tout au contraire de ce qu'il dit, aux synonimes comme *sage & auisé*, il ne faut point repeter la particule *si*, veû
mesme-

mesmement que le dernier, qui est *auisé*, signifie moins que le premier. Or il semble qu'en repetant *si, vous estes si sage & si auisé*, l'on veüille faire passer *si auisé* pour quelque chose de plus que *si sage*, ce qui est ridicule, & s'appelle en Latin *nugari*. Ie tiens donc que si l'on met ces synonimes, ou autres semblables, pour accommoder vne periode, à quoy il faut estre fort reserué, le meilleur sera de les mettre sans la particule *si*, afin qu'on ne pense pas qu'on ait dessein de peser ou faire fort sur le dernier.

P. 512. *Arondelle, hirondelle, herondelle*. Le dernier, dit-il vaut le mieux, hirondelle est le meilleur apres, & par consequent Arondelle est le pire. I'admire cette gradation de bonté, & cét examen à la balance du Raffineur. Arondelle est le vray mot François, tesmoin nos vieux liures qui disoient Arondes, comme l'on fait encore en Normandie. Le païs Latin a preferé hirondelle à cause de *hirundo*. Et Erondelle est du franc Badaudois, qui change tousjours l'*a* en *e*, *merry* pour *marry*, comme il l'obserue fort bien, *Mademe* pour *Madame*. Cela n'empesche pas pourtant que si Erondelle est plus en vsage que les autres, lon ne doiue s'en seruir, puis qu'on a bien preferé Mademoiselle à Madamoiselle, qui ne se dit plus. Mais vous estiez ce me semble dans vne grande compagnie, où lon trouua sur cette remarque, qu'on auoit choisi & pris le pire. Il est certain que le peuple dit à Paris la ruë de l'Erondele.

P. 514. Vn de nos plus celebres Escriuains dont il parle, qui tend des pieges à ceux qui se proposent de l'imiter, & que ie ne pense pas connoistre, ne fait point de faute comme il dit, en plaçant par fois les gerondifs *estant* & *ayant* deuant le substantif. Il y a souuent de l'elegance en cela. *Ayant ce bon-homme fait tout son possible*, ou, *estant le bien-fait de cette nature*, qui sont ses exemples choisis pour decrediter cette façon de parler, seront de tres-bonnes elocutiós selon le lieu où lon s'en seruira, quoy qu'il dise qu'elles ne sont plus en vsage que chez les Notaires.

P. 519. *Cela dit*, se prononce & s'escrit aussi bien que *cela fait*, qu'il approuue. Ie ne pense pas m'estre iamais seruy de l'vn ny de l'autre. Mais puis qu'il reconnoist que plusieurs l'escriuent, & particulierement la pluspart de ceux qui font des Romans, qu'on n'accuse pas de negliger la pureté du langage, il a deû croire qu'ils ne le mettoient pas sans vsage.

P. 520. Prenez garde qu'il auoüe que la pluspart du monde dit *ses pere & mere*, ce qui est vray. Car les plus renômez Predicateurs, & les plus diserts Aduocats parlent souuent ainsi. Et cependant ayant reconnu cét vsage, il soustient que c'est vne des plus mauuaises façons de parler qu'il y ait en toute nostre Langue, parce qu'elle ne s'accommode pas à sa regle, qui est d'ailleurs fort bonne. Et que deuiendront ces belles maximes qu'il establit dans la page 395. *qu'il faut escrire comme on parle?* & dans la page 375. *que le plus bel vsage est celuy qui va contre les regles?* Il n'a pas pris garde que la phrase *ses pere & mere* s'employe où l'on diroit autrement *ses pa-*

rens, & où l'on veut vnir les deux autheurs de nostre estre sans les considerer separément, ce qui est significatif & elegant, comme *il a mal traité ses pere & mere*, *pere & mere sont morts*, & cette autre phrase qu'il met au rang des barbarismes dans la page 570. *les pere & mere sont obligez*. Certes il a tort, c'est vne proprieté de nostre Langue qu'il faut conseruer.

P. 526. Le mot de *gracieux* ne luy semble pas bon; encore, dit-il, qu'vn de nos plus celebres Escriuains s'en soit seruy. De verité il y a des endroits où il ne sonne pas bien, mais c'est quand on le dit exprés pour rire, & auec vn ton de la voix qui fait voir l'intétion qu'on en a. Mais pourquoy ne dira-t'on pas bien, *vous trouuerez vn homme le plus gracieux du monde & le plus ciuil*, ou tout au contraire, *vn homme tres-mal gracieux*. Il fait neantmoins bas ce dernier, & dit qu'il n'a pas d'employ dans le stile noble.

P. mesme. Il ne deuroit pas tant craindre qu'on imite ce celebre Escriuain qui a mis *par sus tout j'admire*, car il n'a point failly. La façon de parler n'est point vieille, & ie ne sçay où l'on peut trouuer là de l'archaïsme, n'y ayant que de la delicatesse. On dit *par sus tout*, changeant l'*n* en *s*. De sorte que si *sur tout* est bon, *par sus tout* l'est aussi, & par regle & par vsage. L'amollissement d'vne lettre ne change pas la nature du mot.

P. 537. On dit tres-bien au passage de mesme qu'au pas des Thermopyles.

P. 539. Contre sa maxime *seant*, se dit fort bien des habits, cóme, *vn si court manteau n'est pas seát à vn hôme de la sorte*. C'est estre ingenieux à se faire de la peine & à se tromper, d'establir des regles sans fondement.

P. 542. *Entaché* lui semble extrémemét bas. Ie prie Dieu qu'il le releue, car il est tres-significatif, & cóme il l'auoüe, *dans la bouche presque de tout le móde*. Ainsi voila presque tout le monde dans vne extréme bassesse.

P. 543. Il trouue *frapper sur la cuisse* beaucoup plus elegant & plus François que frapper la cuisse. Ie le croy par la raison qu'il tait, que frapper la cuisse se dit d'vn coup donné pour faire mal; & frapper sur la cuisse est vn terme d'amourettes.

P. 544. Il doute si *froidir* est bon. Ie ne sçay qui l'en pourroit asseurer?

P. 548. I'ignore celuy dont il parle, seulement suis-je asseuré que ce n'est pas de moy. Mais ie ne trouue rien à dire en cette façon d'escrire qu'il reprent ; *Ie ne sçaurois oublier, Monseigneur, cet heureux séjour*. Il est vray qu'il a oublié à enfermer Monseigneur entre deux virgules, comme il faut tousiours faire.

P. 549. On ne doit pas commencer par *Vostre Majesté Sire*. Mais dans la suitte du discours on le peut fort bien mettre, & c'est le mesme de *Vostre Altesse Monseigneur, &c*. Pourquoy faire des regles qui sont sans raison & sans vsage, ou plustost qui combattent l'vne & l'autre?

P. 559. Il se retracte sans sujet d'auoir parlé bassement. Considerez ie vous prie le mal-heur de s'arrester à ce qui ne le merite pas. Cependant qu'il s'est amusé à faire cette vaine retractation, il pouuoit nous dire de tres-bonnes choses comme il fait ailleurs, & selon qu'il en est tres-capable.

P. mesme, ligne derniere. Il censure injustement vn qu'il nomme excellent Autheur. Ses substantifs sont trop ambitieux, de vouloir tousiours marcher auec vn si grand train, & d'estre si fort sur le point d'honneur.

P. 570. Il couche bien hardiment des phrases au rang des barbares, qui n'en ont pas le moindre air. Ce n'est pas étre Barbare d'escrire, *ie suis obligé de faire & dire tout ce que ie pourray*, ny, *se vanger sur l'vn & l'autre.* p. 571. ny, *supplier auec des larmes.* p. 572. Car on parlera tres-bien en ces termes, *il le supplioit auec des larmes qui eussent attendry le cœur d'vn Barbare*; & le barbarisme seroit pluſtoſt à mettre *auec larmes* ſans *des*, comme neantmoins il le veut.

P. 580. Il appelle vicieuses beaucoup de transpositions qui sont bonnes, & souuent necessaires, prenez la peine de les considerer.

P. 583. Il nomme de mesme mauuaise

structure, ce qui ne l'est point, & qu'vn Autheur a mis exprés pour diuersifier, vous prendrez plaisir à luy en voir faire l'anatomie. Mais quand il accuse le mesme Autheur de n'auoir pas escrit nettement de la sorte, *en cela plusieurs abusent tous les iours merueilleusement de leur loisir*, ie pense que vous vous trouuerez surpris d'vne telle censure. Il dit qu'il y a trop de mots pour vn seul verbe, & appelle cela *arenam sine calce*. Voila vne riche application du mot de Caligule? & c'est bien entendre ce qu'il vouloit dire? Cet Empereur ennemy de la gloire de tous les hommes sçauans, imputoit à Seneque par jalousie, que ses pensées estoient tellement destachées & sans liaison dans ses escrits, qu'il les auoit seulement approchées les vnes des autres, les faisant mesme souuent combatre par des sentences breves & opposées. Il prit sujet là-dessus d'vser de cette façon de parler, & d'employer la comparaison du sable mal lié, dont tout le monde s'est moqué, parce qu'elle estoit tres-mal appliquée contre vn Philosophe

qui

qui se trouuoit desia dans la grande reputation, & qui s'estoit seruy d'vn stile fort conuenable à sa profession. Mais accordons à l'Autheur des Remarques que les Verbes soient de la chaux, & les autres parties de l'oraison du sable (quoy que cela ne conuienne nullement auec le texte de Suetone, ny auec le stile de Seneque tout remply de Verbes comme extrémement concis) où est le deffaut de chaux dans la periode que nous venons de voir, qui est si courte, qu'il n'a peû la reprendre sans en faire vne trois fois plus longue, cimentée par vn seul verbe? Vous sçauez ce qu'on pourroit dire là-dessus de celles de Demosthene & de Ciceron, les premiers Architectes que nous ayons en cette sorte de bastimens. Ils en font de dix & douze lignes qui n'ont qu'vn verbe à la fin. Si est-ce qu'on ne leur a iamais reproché que leur sable fust sans chaux ; comme personne aussi n'a pris, ny peû prendre ces termes de la sorte. Pour reuenir à la correction, j'ayme mieux qu'vn autre luy donne le nom qu'elle merite que moy, n'ignorant pas comment vn plus hardy que ie ne veux eftre l'appelleroit. Le Cenfeur parle dans fa Preface de la bile de ces Meffieurs. Iugez fi la fienne n'eftoit pas icy bien efmeuë contr'eux ; auffi a-t'elle eu le temps de fe recuire dix ans durant.

P: 593. Cette fin me plaift extremement, où apres tant de regles qu'il a données, furquoy lon peut fouftenir que ny luy ny autre n'a iamais bien efcrit en noftre Langue, ny n'efcrira à l'auenir, il ne laiffe pas de prononcer hautement *pour la gloire de la France, qu'elle n'a point encore porté tant d'hommes qui ayent efcrit purement & nettement qu'elle en fournit aujourd'huy, en toute forte de ftiles.* Et comment fe peut faire cela, fi nos meilleurs Autheurs, & nos plus celebres Efcriuains, ont commis tous les folœcifmes & tous les barbarifmes qu'il leur impute?

OV LETTRES.

Me voicy donc arriué comme vous voyez au bout d'vne assez longue carriere. Ie vous supplie de croire que sans le desir de vous complaire, & de vous donner à connoistre que ces nouuelles Remarques ne sont fondées que sur des sentimens particuliers, ie n'y aurois iamais apporté de contredit. Elles ne laissent pas d'estre d'ailleurs de tres-grand prix. Leur stile est excellent dans le genre didactique. Elles contiennent mille belles regles sur nostre Langue, dont ie tascheray de faire mon profit. Et ie tiens que leur Autheur est vn des hommes de ce temps qui a eu le plus de soin de toutes les graces de nostre Langue, ne trouuant à reprendre en luy que l'excés & le scrupule, comme en ceux qui ont tant d'ardeur pour vne Maistresse, qu'ils passent de l'amour à la jalousie. Mais encore n'estoit-il pas juste de laisser establir sans dire mot de certaines maximes qui vont à la destruction de nostre langage. Vous auez veû le nombre prodigieux de dictions & de phrases qu'il veut abolir. Iamais les Renards de Sanson ne mirent tant de desolation dans la moisson des Philistins, que ces Remarques sont capables d'en causer parmy tout ce que nous auons d'œuures d'eloquence. Et à laisser aller les choses de la sorte nous tomberions bien-tost dans la disgrace dont Seneque s'est plaint, où il commence vne de ses Epistres de la sorte ; *Quanta verborum nobis paupertas imo egestas sit, nunquam magis quàm hodierno die intellexi.* Quintilien a fait depuis la mesme complainte en ces termes, *iniqui iudices aduersus nos sumus, ideoque paupertate sermonis laboramus.* Si n'y a-t'il point de comparaison entre l'abondance de leur Langue, & l'indigence de la nostre, qui ne possede presque autre chose que ce qu'elle emprunte de la Latine. Que l'Autheur des Remarques nous pardonne donc vne si juste apprehension, & qu'il se souuienne s'il luy plaist, que le nom de cét Ange de l'abysme si redou-

Ep. 59.

8. inst. c. 3.

OV LETTRES.

té, de ce Roy des Sauterelles de l'Apo- *Apoc. c. 9.*
calypse, est celuy d'Abadon en Hebreu, *v. 11.*
d'Apollyon en Grec, & d'Extermina-
teur en François. Cela veut dire qu'il
n'y a rien de plus odieux que d'abolir
& de détruire. J'aurois beaucoup de
choses à vous adjouster, mais ma plume esrenée, & le lieu où vous voyez
que le papier me manque m'obligent à
finir.

AAaaa iij

SVR LE MESME
sujet.

LETTRE LX.

MONSIEVR,

Ce que j'eusse peû vous dire la derniere fois, & que vous desirez encore sçauoir, regarde beaucoup de tres bonnes maximes que l'Autheur des nouuelles Remarques a données en diuers lieux de son liure, quoy qu'il n'y ait rien de plus contraire au but principal de son ouurage, qui est de condamner irremissiblement jusques à la moindre syllabe qui choque tant soit peu les regles Grammaticales qu'il establit. Certes ce n'est pas vne grande merueille que celuy-là contredise les autres, qui se contredit luy-mesme, & qui confesse qu'il ne sçauroit obseruer les loix qu'il veut faire garder auec tant de rigueur.

Ie vous ay desia fait considerer par ma derniere Lettre sur les pages 385. & 520. comme ses censures ne pouuoient subsister s'il est vray, selon qu'il l'establit, qu'on soit obligé d'escrire de mesme qu'on parle, qu'il y ait fort à dire entre parler bien, & p. 395. parler Grammaticalement, & que le p. 463. bel vsage soit celuy qui va contre les re- p. 375. gles.

Il dit fort bien au sujet du mot *depuis*, p. 174. que l'equiuoque qu'il peut faire à cause qu'il est tantost preposition, & tantost aduerbe, se peut oster par vne seule virgule, & par la construction entiere d'vne periode qui fait connoistre ce qu'il est. Cependant vne bonne partie de ses corrections s'esuanouïssent par-là, & auec ce seul canon ou cette seule regle l'on rectifie tout ce qu'il a creu estre de trauers.

Nous lisons dans la page 396. que c'est la richesse de nostre Langue de pouuoir dire vne mesme chose de deux façons. Ie n'en veux pas dauantage pour deffendre à propos cent choses qu'il n'a pas trouuées à son goust.

Il a souuent repeté ce qui se lit plus precisément dans la page 424. qu'il n'y a iamais de mauuais son quand l'oreille y est accoustumée. Doute-t'il que celle de tant de bons Autheurs & d'excellens Escriuains qu'il a repris, ne fussent satisfaites des termes qui ne le contentent pas?

Il a tres-judicieusement escrit dans la page 472. du second chifre, qu'il y a des frases qui ne veulent pas estre espluchées, ny prises au pied de la lettre, *quæ non aurificis statera sed quadam populari trutina examinantur*, comme parle Ciçeron. Et neantmoins il pese tout au trébuchet du Raffineur, dont ie me souuiens de luy auoir desia fait reproche.

p. 347. Il confesse que la naïfueté est vne des plus grandes perfections du stile. Comment se pourroit-il faire qu'vn stile fust naïf dans la gesne où il le met? & parmy my tant de contraintes qu'il luy donne?

Mais peut-eſtre vous imaginez-vous qu'il ſe peut tirer de toutes ces objections, en repliquant qu'il ne condamne que ce qui eſt contre le bon vſage, & qu'il entend que toutes ſes regles n'ayent lieu qu'autant qu'elles s'y peuuent accommoder.

Ie vous veux faire voir comme c'eſt en cecy qu'il ſe contrarie le plus, & que ce qu'il dit luy-meſme de l'vſage renuerſe toutes ſes maximes, & ne laiſſe ſubſiſter pas vne des cenſures que nous auons improuuées. Il declare dans la page 470. que l'Vſage n'eſt le maiſtre des Langues viuantes, que lors qu'on n'en eſt point en doute, & que tout le monde en demeure d'accord. Il auoit deſia eſcrit dans la page 454. que de mettre quelque choſe en queſtion, c'eſt vne preuue infaillible que l'Vſage ne l'a pas decidé. Et il adioûte ſelõ cette meſme doctrine page 554. que toutes les fois qu'on doute d'vn mot, c'eſt vn

BBbbb

signe infaillible qu'on doute de l'Vsage. Or il ne peut pas dire que tant de grands Autheurs & de celebres Escriuains qu'il reprent, ne luy disputent l'Vsage, & que chacun d'eux ne croye connoistre le bon, & celuy de la belle Cour aussi bien que luy. De sorte que de les vouloir battre de l'Vsage, & de pretendre gain de cause de ce costé-là, c'est tomber dans le vicieux *Diallele*, & auoir recours à vne perpetuelle petition de principe. On luy objectera toufiours qu'il prent l'Vsage douteux, pour le declaré, selon les diuisions de sa Preface, & par ce moyen il sera contraint de se battre en vain dans le cercle dont la Logique veut que nous nous éloignions si soigneusement. En effet il est par fois si peu dans l'Vsage pour lequel il esmeut de si fortes contestations, qu'on luy souftient qu'il n'y a plus que luy en France qui donne du Monsieur à Malherbe, ny qui parle auec plus de ceremonie de Coeffeteau que d'Amyot. Ce ne sera donc pas l'Vsage qui luy pourra donner de l'auantage, puis qu'on en doute, que chacun pretend l'auoir, qu'on traite d'vne langue viuante, & qu'il n'est question que de ce mesme Vsage sur lequel on ne se peut accorder.

La chose de toutes dont nous sommes le moins d'accord ensemble, c'est que son liure soit plus sçauant que luy qui l'a fait, & qu'il faille plustost suiure ce que prescriuent ses Remarques, que la façon dont il escrit. Sa modestie ne nous doit pas imposer là-dessus, & pour vous faire comprendre que ie ne le dis pas sans sujet, considerons vne ou deux des corrections de son *Errata*. Dans la page 343. ligne 18. il auoit mis apres le verbe *tromper*, *on le peut estre encore*, *&c*. par vne fort bonne façon de parler. Il veut qu'on la corrige sans besoin, & qu'on lise *on peut estre encore trompé*, ce qui est indubitablement moins bien, a cause d'vne ennuyeuse repetition du mot tromper, comme toute personne accoustumée à escrire, & qui a bonne oreille en tombera d'accord. Voicy vne autre

BBbbb ij

correction aussi mal fondée, sur ce que la page 461. ligne 5. portoit ces mots, *la toile dont les Matelots se seruent pour receuoir le vent qui pousse leurs vaisseaux.* Il ordonne qu'on oste *receuoir*, & qu'on mette *prendre* en sa place, sur ce pretexte sans doute, qu'on dit ordinairement sur la mer *prendre le vent*. Cependant la consequence qu'il tire de cela n'est pas bonne, parce qu'on peut fort bien dire, là & ailleurs, *receuoir le vent*. L'on n'est pas tousiours obligé de se seruir des termes de tous les Arts, & c'est parfois vne faute de s'y assujettir. En tout cas n'est-ce pas se moquer de faire vne correction de cela? & ne peut-on pas maintenir que sa façon d'escrire vaut souuent mieux que ses regles?

C'est icy que ie vous côjure de vous souuenir de tant de beaux preceptes que ces renommez Orateurs Grecs & Latins nous ont donnez, pour nous faire negliger les petites choses, comme sont toutes celles de cette nature, si nous voulons prendre quelque idée de la souueraine Eloquence.

Je ne vous rapporteray rien là-dessus de ce que vous pouuez voir expliqué fort au long dans les Considerations sur l'Eloquence Françoise de ce temps. Permettez-moy seulement d'y adjouster quelques passages du plus grand Rheteur qui ait enseigné dans Rome l'art de bien parler & de bien escrire, afin de faire auoüer aux plus obstinez que le trop grand soin des paroles, pour ne pas dire des syllabes, tel qu'on nous le veut faire prendre, a plustost esté tenu pour vn vice que pour vne perfection. Il se moque en vn lieu de ceux *quibus nullus finis calumniandi est, & cum singulis pene syllabis commorandi.* Il asseure ailleurs qu'il n'y a rien de plus bas, de plus digne de mespris, ny de plus contraire aux nobles fonctions de l'esprit, que cette occupation. *Nam id tum miseri, tum in minimis occupati est. Neque enim qui se totum in hac cura consumpserit, potioribus vacabit: siquidem relicto rerum pondere, ac nitore contempto, tesserulas (vt ait Lucilius) struet, & vermiculate inter se lexeis committet.*

Quint. praef. l. 8. inst.

L. 9. c. 4.

BBbbb iij

Nonne ergo refrigeretur sic calor, & impetus pereat, vt equorum cursum qui dirigit, minuit; & passus qui æquat, cursum frangit. Et dans le penultiéme chapitre de tout son ouurage ne conclut-il pas par-là, que les preceptes qu'il a donnez se doiuent obseruer auec facilité, & hors d'vne seruile contrainte? *Neque enim vis summa dicendi est admiratione digna, si infelix, vsque ad vltimũ solicitudo persequitur, ac Oratorem macerat & excoquit, ægre verba vertentem, & perpendendis coagmentandisque eis intabescentẽ.* C'est vne maxime si constante entre les grands Maistres de l'Eloquence, qu'elle doit estre accompagnée d'vn genereux mespris soit de la phrase, soit de la diction, quand il s'agit d'exprimer quelque forte & importãte pensée, qu'en ce cas là ils ont fait mesme des Vertus de quelques vices, & de la Catachrese vne figure d'oraison. Cela se prouue par les premiers Autheurs de l'vne & de l'autre Eloquence, Poëtique & Oratoire, qui l'ont tousiours pratiqué de la sorte; & parce que lon en voit diuers exemples dans la fin du liure des Confiderations dont ie vous viens de parler, ie me contenteray d'y joindre ce qu'à remarqué Dion Chryſoſtome, qui merite bien d'eſtre eſcouté là-deſſus. Ce grand Perſonnage repreſente comme Homere s'eſt ſeruy de tous les Dialectes de ſa Langue, du Dorien, de l'Ionien, & de l'Attique, le meſlant tous enſemble comme vn Peintre excellent broüille ſes couleurs. Il adjouſte qu'il employoit non ſeulement les mots reçeus de ſon temps, mais encore ceux des ſiecles paſſez, & qui n'eſtoient plus en vſage; ſurquoy il le compare aux perſonnes qui ont trouué quelque threſor, & qui debitent de vieille monnoye d'or & d'argent, qui ne laiſſe pas d'auoir ſon prix, à cauſe de ſa bonté interieure. Bref, dit-il, ce Prince des Poëtes s'eſt donné la licence d'vſer de dictions entierement barbares, autant de fois qu'il y a trouué de la grace ou de l'energie; en compoſant meſme auſſi ſouuent que des vers, lors qu'il eſtoit queſtion de faire quelque belle deſcription, & de représenter le son des vents, la furie du feu, ou le murmure des rivieres. Cependant Macrobe a fait un chapitre exprés pour monstrer que Virgile avoit en telle consideration la Poësie d'Homere, qu'il affectoit de l'imiter iusques en de certains vices de Vers dont d'autres avoiét la hardiesse de le reprendre. Tant il est vray que ce qui paroist un defaut aux grands Hommes, a souuent de la grace, & est plus digne de respect que de censure. *In quibusdam Virtutes non habent gratiam, in quibusdam Vitia ipsa delectant*, dit encore Quintilien. La rudesse d'un terme, la negligence d'une phrase, donnent par fois du goust, & plaisent par cela mesme qui est le plus prés du vice, *habent ex vitij similitudine gratiam, ut in cibis interim acor ipse iucundus est.* Aussi n'ignorez-vous pas auec combien de mespris on a tousiours parlé de ces personnes qui pointillent perpetuellement sur les dictions, & que les Latins ont si bien nommez *cymini sectores, aucupesque syllabarum.* Aulu-Gelle les appelle

L. 5. Saturn. c. 14

L. 11. c. 3

Id. l. 8. c. 3.

OV LETTRES. 751

appelle encore fort proprement *verborum*   *Noct.*
pensitatores subtilißimos, lors qu'il se sou- *Att.l.17.*
uient de la sottise d'vn Gallus Asinius, & *c.1.*
d'vn Largius Licinius, qui accusoient
Ciceron de n'auoir pas bien parlé Latin,
M. Ciceronem parum integrè, atque impropriè, atque inconsideratè locutum. Et ce
grand Orateur si mal repris, traitant de
certains esprits qui apperçoiuent des amphibolies par tout, & qui ne trouuent iamais rien d'assez nettement dit, leur reproche tres-gentiment qu'ils sont *alieni* *L. 2. ad*
sermonis molesti interpellatores, qui dum *Heren.*
cautè & expeditè loqui volunt, infantißimi
reperiuntur. Nam dum metuunt in dicendo ne quid ambiguum dicant, nomen suum
pronunciare non possunt. Il ne faut donc pas
estre si exact aux moindres equiuoques,
ny condamner des elocutions comme
mauuaises, sur ce pretexte qu'à les prendre d'vn autre biais que n'a fait celuy qui
s'en sert, on leur pourroit donner vn sens
different du sien. Ie sçay bien que Zenon *Diog.*
disoit qu'il y auoit moins d'inconuenient à *Laert. in*
                                                                       Zen.
               CCccc

broncher du pied que de la langue, mais il parloit en Philosophe, & ne songeoit alors à rien moins qu'à faire le Grammairien. En verité il n'y a rien de plus ennemy des productions ingenieuses, que ces soins trop exquis du langage. Ils occupent tellement l'esprit lors que son attention y est si attachée, qu'il ne songe presque à autre chose, & consumant en cela toute sa force, n'a plus que de la langueur pour le reste qui importe beaucoup dauantage. Vn homme qui trauaille de la sorte dans vne crainte perpetuelle de pecher contre les regles de Grammaire, ressemble proprement à ceux qui cheminent sur la corde, que l'apprehension de tomber ne quitte jamais, & qui ne songent qu'à faire pas à pas le petit chemin qu'ils ont entrepris, *patiatur necesse est illam per funes ingredientium tarditatem.* Adjouttez à cela que comme beaucoup d'ouurages s'affoiblissent tellement par la polissure, qu'ils n'ont plus rien de solide; le meilleur stile du monde se corrompt

Quint. 2. inst. c. 13.

s'il est trop limé, & pert sa vigueur à mesure qu'on repasse dessus.

Or ie ne doute point que l'Autheur des Remarques ne demeure d'accord de la pluspart de ces maximes, puis qu'il reconnoist que les pensées sont sans comparaison plus importantes que les paroles. Comme il a de grands dons de Nature, ausquels il a sceu joindre vne tres exquise erudition, il ne se peut pas faire qu'il n'ait remarqué mieux que moy dans tous les bons Autheurs cette mesme doctrine. Ie suis d'ailleurs de son opinion en ce qui concerne le bon vsage qui doit estre suiuy; & j'auouë qu'on se doit abstenir autant qu'on peut des mots barbares, & des phrases vicieuses. Mais nonobstant toute cette conformité nous ne laissons pas d'estre fort diuisez. Ie luy soustiens que les corrections scrupuleuses, les censures injustes, & les regles fautiues qui se trouuent dans ses Remarques, encore qu'il y en ait beaucoup d'autres tres-bonnes, vont à la ruine totale non seulement de nostre Eloquence, mais mesme de nostre langage ordinaire, qu'il reduit à la mendicité, pour parler comme ces Autheurs Latins que ie vous ay citez. Ie n'en veux point de plus forte preuue que celle que ie tireray de sa propre confession, & de ce qui luy est arriué dans la production de ce bel ouurage. Il reconnoist qu'il luy a esté impossible de faire si bien qu'il n'ait peché contre ses preceptes; & il prie son Lecteur d'auoir seulement esgard à ses Remarques, sans s'arrester à la façon d'escrire contraire dont il s'est seruy. Et qui pourra iamais obseruer les loix qu'il donne, si luy-mesme qui les a faites, qui les a escrites, qui a tant medité dessus, ne les a pû garder? Vous estes trop clair-voyant pour ne faire pas le mesme iugement que moy. Et vous auez trop de connoissance de nostre Langue, aussi bien que de celles dont elle tire son origine, pour n'auoir pas remarqué l'injustice de ce qu'il retranche tantost comme vieux, tantost comme bas, & tantost comme barbare; auec l'impossibi-

OV LETTRES. 755

lité de s'aſſujettir à mille punctualitez qu'il ordonne, d'autant plus defraiſonnables qu'elles ſont nouuelles, & que l'vſage de tous les bons Eſcriuains qu'il reprent, les contredit.

Mais pour finir par quelque reflexion Philoſophique, n'eſt-ce pas vne choſe merueilleuſe qu'on ſe forme de ſi differentes idées de l'Eloquence? & que ce qui plaiſt aux vns pour ce regard, ſoit ſi abſolument condamné par les autres? Il faut pour vous faire rire, que ie vous monſtre icy de quelle façon cette excellente faculté a eſté priſe, ſelon les temps & les lieux differens. François Aluarez eſcrit dans ſa relation d'Ethiopie, que quand il fut ſur le poinct de reuenir de ce païs-là, le Preſte-Ian ayant reſolu de faire reſponſe au Roy de Portugal, tous ſes Secretaires d'Eſtat ſe mirent à eſtudier les lettres de ſainct Paul, de ſainct Pierre, & de ſainct Iacques, les ayant touſiours deuant eux durant vn long-temps qu'ils employerent à faire celle de leur Prince. Il n'y a point de doute que ce font des pieces diuines, & qui ne peuuent pas eftre mieux couchées pour ce qui regarde noftre falut, puifque c'eft le fainct Efprit qui les a dictées. Mais en ce qui touche l'Eloquence humaine, pour laquelle ces Meffieurs les prenoient comme vn excellent original, vous m'auoüerez qu'on croiroit les profaner par deça de les appliquer à vn tel vfage, & que le Cardinal d'Offat, ny autre qui ait efcrit des lettres d'Eftat, ne fongerent iamais à fe mouler fur vn tel patron. Nous lifons de mefme dans l'Epitome de la vie du Roy Robert, fait par vn *Helgaldus monachus Floriacenfis*, que ce Roy fe plaifoit fi fort à l'eftude de l'Eloquence, qu'il ne fe paffoit jour qu'il ne leuft dans les Pfeaumes de Dauid, *Eloquentia tantum incumbens, vt nullus laberetur dies quin legeret Pfalterium*. En verité ie penfe que la lecture de noftre Roy eftoit pluftoft vn effet de fa pieté, que d'vn defir de fe rendre eloquent. Mais il faut pourtant que ce bon Moine qui l'a efcrit de la forte, creuft qu'il n'y auoit point de piece oratoire comparable à la verſion commune des Pſeaumes, que nous ne conſiderons iamais à cauſe de l'Eloquence, bien qu'ils en puiſſent auoir beaucoup dans leur Poëſie Hebraïque. Les gouſts ſont donc differens en cecy comme en toute autre choſe. L'on voit des perſonnes qui ne peuuent ſouffrir la moindre alluſion de mots, ou le moindre jeu dans la diction. Si eſt-ce que Platon, Ciceron, & Seneque meſme, tout auſtere qu'il eſt, ne les ont pas rejettées. Ie viens de lire preſentement dans ce dernier, *nunquam nimis dicitur,* Ep. 27. *quod nunquã ſatis diſcitur.* Il eſt tout plein de ſemblables rencontres. Les Hyperboles ſont inſupportables à beaucoup de gens, & de verité l'on en voit qu'Ariſtote a fort bien nommées μειραχιώδεις, pueriles. Les principaux Autheurs neantmoins, Grecs & Latins, ſe ſont diſpenſez d'en mettre de telles dans leurs compoſitions, que le plus grand Hyperboliſte de ce temps ne voudroit pas auoir penſé à les escrire. Theocrite le moins licentieux des premiers, parlant d'vne femme amoureuse, dit qu'elle estoit tellement en feu, qu'on eust pû allumer vne lampe en l'approchant d'elle. Tertullien pour bien descrire la jalousie de quelques hommes, asseure qu'il en sçauoit plusieurs qui jettoient des souspirs s'ils voyoient seulement entrer vn Rat dans la chambre de leurs femmes. Et sainct Iean mesme n'a-t'il pas finy son Euangile par des termes qu'il ne faut pas prendre au pied de la lettre, quand il dit, Que si tout ce que nostre Seigneur a fait estoit couché par escrit, tout le Monde n'en pourroit pas contenir les liures ? Cela se doit entendre, disent sainct Augustin & sainct Thomas, non pas de la capacité du lieu, mais de la capacité des hommes, comme s'il auoit prononcé que tout ce qu'il y en a au Monde ne pourroient pas comprendre la grandeur des actions de Iesus-Christ. *Hos libros non spatio locorum credendum est mundum capere non posse, sed capacitate legentium comprehendi*

Idy. 14.

L. 1. ad Nat.

3. p. sum. qu. 42. art. 4.

præhendi fortasse non possent. Il ne faut donc pas condamner indifferemment toute sorte d'Hyperboles. I'apprens qu'il se trouue encore des esprits si difficiles, que les plus belles Comparaisons les choquent. Vous sçauez que la Comparaison est de toutes les Figures celle que les Anciens ont le plus volontiers employée. Et pour monstrer l'estat qu'ils en faisoient, il ne faut que voir comme Hesiode, s'il est le veritable Autheur du Bouclier d'Hercule, voulant descrire le combat de cét Heros contre Cycnus, vse de quatre similitudes differentes, qu'il met l'vne après l'autre sans interruption. Enfin les pensées mesme les plus nettes, & les plus releuées, ne sont pas jugées par fois tolerables quand on les considere d'vn certain biais. En voicy vn exemple tres-notable : Hegesias faisant cette remarque qu'au mesme jour qu'Alexandre nasquit, le Temple de Diane auoit esté bruslé, adjousta, que sans doute cette Deesse estoit alors absente, & empeschée aux couches d'Olympias. Plutarque dans la vie de ce Prince trouue la rencontre d'Hegesias si froide, qu'elle pourroit, dit-il, esteindre toute seule vn si grand embrasement. Ciceron tout au contraire la nomme gentille au second liure de la nature des Dieux, où il l'attribuë à Timée, & en fait cas comme d'vne des belles imaginations de cét Historien. Qui doute que les differens Genies de ces deux grands Hommes Ciceron & Plutarque ne leur ayent fait faire de si diuers jugemens? Ne nous estonnons donc pas de la varieté des opinions touchant l'art de bien dire, puisque toutes les parties qui le composent sont suiettes à estre prises en tant de façons. L'Asne de l'Apologue qui trouua le chant du Coucou preferable à celuy du Rossignol, à cause que celuy du premier n'estoit pas si obscur, ny si inégal, nous apprent qu'il n'appartient pas à tout le monde de dire son auis de l'Eloquence. C'est pourquoy ie vous prie de ne me pas croire si temeraire, que ie vouluſſe rien prononcer determinément & comme en dernier reſſort. Il me ſuffit de vous expliquer priuément mes ſentimens particuliers, que ie ſuis touſiours preſt de quitter à la premiere connoiſſance qui me viendra de ce qui leur doit eſtre preferé. Attendant cela ie me tiens ferme aux leçons que ces grands Orateurs Grecs & Romains nous ont laiſſées. Ie leur voy mettre à tous l'Eloquence infiniment au deſſus de la Grammaire, qu'ils luy font meſme aſſez ſouuent mal-traiter. Cela me fait croire qu'on ne ſçauroit donner à la premiere trop d'honneſte liberté, & qu'elle n'a peut-eſtre rien qui luy ſoit plus contraire que cette multitude infinie de nouuelles regles Grammaticales, dont il me ſemble qu'on la veut injuſtement opprimer.

F I N.

Fautes suruenuës dans l'Impression.

PAge 5. ligne 12. *Dictatique*, lisez *Didactique*.
P. 6. l. 17. *insolenter*, lis. tout en vn mot *insolenter*.
P. 23. l. 6. *sur tels*, lis. *sur de tels*.
P. 30. l. dern. *sont*, lis. *font*.
P. 42. l. 2. *Democrite*, lis. *Heraclite*.
P. 46. l. 12. *excellif*, lis. *excessif*.
P. 58. l. 5. *sans en prendre*, lis. *sans que le Ciel en prenne*.
P. 70. l. 5. *qui*, lis. *que*.
P. 89. l. 2. *tout*, lis. *toute*.
P. 93. en marge *Pollio*, lis. *Pallio*.
P. 105. l. 1. *de*, lis. *ce*.
P. 110. l. 4. *Charité*, lis. *Charite*.
P. 113. l. 5. ostez le tiret aptes *se*.
P. 114. l. 16. *celebert*, lis. *celeber*.
P. 132. l. 2. *pas suiet*, lis. *pas sans suiet*.
P. 134. l. 18. *s'ils auoient*, lis. *s'ils y auoient*.
P. 149. &c. *Biblioteque*, lis. *Bibliotheque*.
P. 157. l. 2. *recens*, lis. *recens*.
P. 161. l. 19. *declinaison*, lis. *delineation*.
P. 169. mettez *in Dione* qui est à la marge vis à vis de la sixiesme ligne.
P. 180. l. 10. *demander*, lis. *mander*.
P. 192. l. 5. *inconnné*, lis. *inconnu*.
P. 203. l. 14. *Chysippus*, lis. *Chrysippus*.
P. 205. l. penult. *Frondites*, lis. *Frondities*.
P. 217. l. 17. *qu'elle*, lis. *quelle*.
P. 220. l. 5. *vid*, lis. *vit*.
P. 222. l. 10. *prohibe*, lis. *prohibé*.
P. 230. l. 17. *que ces*, lis. *que sous ces*.
P. 236. l. 21. *d'vn*, lis. *d'vne*.
P. 239. l. 1. *engendrent*, lis. *engendrer*.
P. 253. l. 16. *est l'Eau*, lis. *est de l'Eau*.
Pr 261. l. 5. effacez *qui*.
P. 277. l. 10. effacez le premier *les*.

P. 290. l. 13. *passer le fils*, lis. *passer pour le fils, & ostez pour* qui suit dans la mesme ligne.
P. 313. l. 9. *moyens*, lis. *moyen*, & l. penult. *villes des* lis. *des villes*.
P. 344. l. 4. *d'oracles*, lis. *d'orages*.
P. 360. l. 14. *luy*, lis. *leur*.
P. 361. l. 10. *falut*, lis. *falust*.
P. 377. l. 15. *de ses*, lis. *des*.
P. 398 l. 13. & 14. *parce que*, lis. *par ceque*.
P. 431. l. 6. *ec*, lis. *ce*.
P. 438 l. 11. *pour*, lis. *par*.
P. 543. l. 8. *ad numerateur*, lisez en vn mot *adnumeratur*.
P. 550. l. 4. *qui*, lis. *que*.
P. 554. l. 3. *qui*, lis. *qu'il*.
P. 578. l. 15. *reprochant*, lis. *reprochant*.
P. 590. l. 15. *leur*, lis. *leurs*.
P. 591. dernier mot, *per*, lis. *pre*.
P. 596. l. 11. *personne*, lis. *personnes*.
P. 597. l. 10. *il y a*, lis. *il a*.
P. 635. l. 6. & 7. *auec laquelle elles taschent de*, lis. *dont elles sont portées a*.
P. 642 l. dern. *Tropiques*, lis. *Topiques*.
P. 657. l. 1. & 2. *si arresté*, lis. *si peu arresté*.
P. 660. l. 16. *croit*, lis. *croist*.
P. 676 l. 18. & 19. *Hominum*, lis. *Nominum*.
P. 684. l. 14. *raison*, lis. *raisons*.
P. 686. l. 23. *vn si long*. lis. *vn long*.
P. 689. l. 14. ostez la virgule apres *mentis*, & mettez vn poinct.
P. 728 l. 15. *ie pense*, lis. *ie ne pense*.
P. 732. l. 4. *qu'il en*, lis. *qui l'en*.

EXTRAICT DV PRIVILEGE du Roy.

PAR Lettres patentes signées, par le Roy en son Conseil, CONRAT, & scellées; Il est permis à M. DE LA MOTHE LE VAYER, de faire imprimer par tel Imprimeur qu'il voudra choisir, diuers Opuscules, ou petits Traitez en vn ou plusieurs Volumes, auec tres expresses deffences à tous autres de les imprimer ny vendre durant le temps & espace de cinq ans entiers, à compter du jour que chaque Volume sera acheué d'imprimer pour la premiere fois, sans le consentement dudit sieur DE LA MOTHE LE VAYER, sur peine de deux mille liures d'amande, applicables vn tiers au Roy, vn à l'Hostel-Dieu de Paris, & l'autre tiers au Libraire que l'Impetrant aura choisi, de confiscation des Exemplaires contrefaits, & de tous despeus, dommages & interests: Comme il est plus au long contenu ausdites Lettres de Priuilege:

Données à Paris le 14. jour de Mars, l'an de grace 1643.

Et ledit sieur DE LA MOTHE LE VAYER, a consenty qu'Augustin Courbé Marchand Libraire à Paris, jouïsse dudit Priuilege à l'esgard du present volume, ainsi qu'il a esté accordé entr'eux.

Acheué d'Imprimer pour la premiere fois, le 10. jour de Juillet 1648.

Les exemplaires ont esté fournis.

CATALOGVE DES LIVRES
COMPOSEZ PAR M
DE LA MOTHE LE VAYER.

Qui se vendent à Paris chez Augustin Courbé, dans la petite Salle du Palais, à la Palme.

Discours de la contrarieté d'humeurs qui se trouue entre de certaines Nations, & singulierement entre la Françoise & l'Espagnolle, auec deux discours politiques.

Petit discours Chrestien de l'immortalité de l'ame, auec le Corollaire & vn discours sceptique sur la Musique.

Discours de l'Histoire.

FFFff

Considerations sur l'éloquence Françoise de ce tems.

De l'instruction de Monseigneur le Dauphin.

De la Liberté & de la Seruitude.

De la Vertu des Payens, auec les Preuues des Citations.

Quatre Volumes d'Opuscules ou petits Traitez.

Contenant le Premier.

De la lecture de Platon & de son éloquence.
Du Someil & des Songes.
De la Patrie & des Estrangers.
Du bon & du mauuais Vsage des Recitations.
Des Voyages & de la descouuerte de Nouueaux païs.

Des Habits & de leurs modes differentes.

Du Secret & de la Fidelité.

Le second.

De l'Amitié.
De l'Action & du Repos.
De l'Humilité & de l'Orgueil.
De la Santé & de la Maladie.
De la Conuerfation & de la Solitude.

Des Richeffes & de la Pauureté.
De la Vieilleffe.

Le Troifiéme.

De la Vie & de la Mort.
De la Profperité.
Des Aduerfitez.
De la Nobleffe.
Des Offences & Injures.
De la bonne Chere.
De la lecture des Liures, & de leur Compofition.

Le Quatrième.

De la Hardiesse & de la Crainte.
De l'Ingratitude.
De la Marchandise.
De la grandeur & petitesse des Corps.
Des Couleurs.
Du Mensonge.
Des Monstres.

Opuscule sceptique sur cette commune façon de parler, n'auoir pas le sens commun.

Iugement sur les Anciens & principaux Historiens Grecs & Latins, dont il nous reste quelques ouurages.

Lettres touchant les nouuelles remarques sur la Langue Françoise.

Petits Traitez en forme de Lettres escrites à diuerses personnes studieuses.